U0107244

父亲身份
探寻血缘之谜

Paternity:
The Elusive Quest for the Father

Nara B. Milanich

[美] 娜拉·B.米拉尼奇　著　　马百亮　孙德昕　译

格致出版社　上海人民出版社

致　谢

本书的写作让我跨越了三大洲，深入20世纪的历史，涉足了完全陌生的学术领域——也就是说，它让我远离了任何类似舒适区的东西。如果没有他人在知识上的慷慨帮助，这一切是不可能发生的。富有洞察力的对话者一次又一次为我提供了路线图，支持我的同事们指出了路上的里程碑和陷阱，亲爱的朋友们则一路陪伴着我。

首先，我要感谢几位有才华、有奉献精神的图书馆员和档案管理员，他们来自意大利罗马的中央法学图书馆（Biblioteca Centrale Giuridica）、阿根廷布宜诺斯艾利斯大学医学院图书馆（Biblioteca de la Facultad de Medicina）、德国柏林的伊比利亚美洲研究所（Instituto Iberoamericano），以及华盛顿特区马里兰帕克分校和纽约市的国家档案和记录管理局（National Archives and Records Administration, NARA）。

我特别要感谢罗马第一大学医学史图书馆（Biblioteca Storia della Medicina）的玛利亚·孔福尔蒂（Maria Conforti）、在国家档案和记录管理局负责管理移民档案的比尔·克里奇（Bill Creech）、洛克菲勒档案中心（Rockefeller Archive Center）的李·伊尔齐可（Lee Hiltzik）、意大利比萨省图书馆（Biblioteca Provinciale di Pisa）的焦万纳·里奇（Giovanna Ricci）、加利福尼亚大学旧金山分校档案和特藏馆（Archives and Special Collections）的戴维·乌利希（David Uhlich）、美国公民和移民服务局历史办公室和图书馆（History Office and Library）的扎克·威尔斯克（Zack Wilske）。我在巴西圣保罗大学的奥斯卡·弗莱雷研究所（Instituto Oscar Freire）度过的时光是我研究期间的一个亮点。我非常感谢布宜诺斯艾利斯大学医学院图书馆馆员苏埃利·坎波斯·卡多索（Suely Campos Cardoso）和法律医学、医学伦理学和社会与职业医学系（Departamento de Medicina Legal, Ética Médica e Medicina Social e do Trabalho）的遗传学家希尔卡·加塔斯（Gilka Gattas）博士的专业帮助和热情接待。

与遗传学家的讨论有助于澄清过去与现在之间的联系。希尔卡·加塔斯不仅解释了基因科学，还解释了她在奥斯卡·弗莱雷研究所测试DNA时遇到的伦理困境。DNA诊断中心（DNA Diagnostics Center, DDC）的遗传学家迈克尔·贝尔德（Michael Baird）分享了他在美国基因检测行业三十多年工作的感受。

我的研究和写作能够得以实现，要感谢美国学术学会理事会（American Council of Learned Societies）伯克哈德奖学金（Burkhardt Fellowship）和国会图书馆克鲁格中心（Kluge Center）的慷慨支持。哥伦比亚大学巴纳德学院不仅提供了经济上的支持，最重要的是以学术休假和课程减少的形式，提供了最宝贵的礼物，那就是时间。我还要感谢哥伦比亚大学科学与社会中心（Center for Science and Society）、海曼中心研究员协会（Heyman Center Society of Fellows）、历史系和拉丁美洲研究所（Institute for Latin American Studies）的支持。

我非常感谢各地聆听过我的研究成果并帮助我做出改进的同事，他们来自波士顿大学法学院伊丽莎白·巴特·克拉克法律历史研讨会（Elizabeth Battle Clark Legal History Workshop），哥伦比亚-巴黎第一大学拉丁美洲历史研讨会（Columbia-Université Paris I Panthéon Sorbonne Latin American History Workshop），在阿根廷布宜诺斯艾利斯的圣安德烈斯大学举办的第四届儿童研究会议（Cuartas Jornadas de

父亲身份：探寻血缘之谜

Estudios sobre la Infancia）和公开研讨会（Seminario Abierto de Discusión），普林斯顿大学戴维斯中心关于"合法性"的研讨会（Davis Center seminar on "Legalities"），俄亥俄州立大学历史研究中心的家庭、亲属关系和家庭小组（Family, Kinship and Household group），乔治敦大学历史系，德国比勒费尔德大学跨学科研究中心（Zentrum für interdisziplinäre Forschung）的亲属关系和政治研究小组（Kinship and Politics research group），智利圣地亚哥波特莱斯大学的不平等观察站（Observatorio de Desigualdades），在佛罗里达州迈阿密举行的美国法律史学会拉丁美洲法律史会前讲习班（Preconference Workshop on Latin American Legal History），以及新墨西哥大学历史系国际历史小组（International History Group）。

在美国国内，我要感谢哥伦比亚大学法学院"解构与重构母亲身份"（Deconstructing and Reconstructing Motherhood）会议的与会者，历史系的国际历史研讨会、海曼中心研究员协会的成员，当然，还有巴纳德学院拉丁美洲史师生研讨会的参与者。我在巴纳德妇女研究中心（Barnard Center for Research on Women）就我的研究做了第一次公开演讲，当时听众们提出了一些我从那以后一直在思考的问题。我还要感谢新闻学院乔纳森·韦纳（Jonathan Weiner）科学写作课上的学生听众，巴勃罗·皮卡托（Pablo Piccato）的拉丁美洲研究生史学课上非常专注的学生听众，以及我自己在巴纳德学院的家庭、种族与国家研讨会（Family, Race and Nation seminar）上的学生听众。

几个研究助理对这个项目做出了至关重要的贡献，包括科林·金尼伯勒（Colin Kinniburgh）、克里斯托弗·迈耶（Christopher Meyer）、赛巴斯提安·穆尼奥斯

（Sebastian Muñoz）和杰克·纽鲍尔（Jack Neubauer）。我要特别感谢安妮·舒尔特（Anne Schult），如果没有她的研究和翻译，本书第六章就不可能完成。

我要感谢的朋友和同事有很多，他们提出书目建议，分享档案材料，讨论想法，阅读（有时是重读）章节，纠正令人尴尬的错误，提出一针见血的问题，提供有力的批评和慷慨的鼓励，并围绕书名进行头脑风暴。帮助塑造这本书的人包括：埃德穆特·阿尔贝（Erdmute Alber）、丹尼尔·阿森（Daniel Asen）、古斯塔沃·阿泽尼亚（Gustavo Azenha）、贝齐·布莱克默（Betsy Blackmar）、莉拉·卡伊马里（Lila Caimari）、弗朗切斯科·卡萨塔（Francesco Cassata）、苏埃安·考尔菲尔德（Sueann Caulfield）、戴比·库恩（Debbie Coen）、克里斯廷·科林斯（Kristin Collins）、伊莎贝拉·科斯（Isabella Cosse）、安杰拉·克里杰（Angela Creager）、伊里娜·德尼申科（Irina Denischenko）、亚斯明·埃尔加斯（Yasmin Ergas）、凯瑟琳·芬内尔（Catherine Fennell）、费德里科·芬克尔施泰因（Federico Finchelstein）、克劳迪娅·丰塞卡（Claudia Fonseca）、萨曼莎·福克斯（Samantha Fox）、阿莉莎·加尔韦斯（Alyshia Gálvez）、玛丽安娜·冈萨雷斯·勒·索（Marianne González Le Saux）、维基·德·格拉齐亚（Vicky de Grazia）、罗密欧·古斯曼（Romeo Guzmán）、让·霍华德（Jean Howard）、尼科·卡尔奇纳·豪森（Nico Calcina Howson）、伊丽莎白·凯·哈奇森（Elizabeth Quay Hutchison）、罗宾·贾德（Robin Judd）、丹尼尔·凯夫利斯（Daniel Kevles）、多萝西·科（Dorothy Ko）、托里·朗兰（Tori Langland）、安尼克·朗佩里埃（Annick Lempérière）、里卡多·洛佩斯（Ricardo López）、珍妮特·马丁（Jeannett Martin）、亚力杭德拉·马图斯（Alejandra Matus）、

索尼娅·米歇尔（Sonya Michel）、埃丽卡·米拉姆（Erika Milam）、史蒂夫·明茨（Steve Mintz）、玛克辛·莫利纳（Maxine Molyneux）、西莉亚·内勒（Celia Naylor）、杰克·纽鲍尔、马埃·恩盖（Mae Ngai）、杰西·奥尔辛科-格林（Jesse Olszynko-Gryn）、西尔瓦娜·帕特里亚尔卡（Silvana Patriarca）、安东内拉·佩利扎里（Antonella Pelizzari）、沙伦·菲利普斯（Sharon Phillips）、卡泰丽娜·皮齐戈尼（Caterina Pizzigoni）、亚力杭德拉·拉姆（Alejandra Ramm）、安娜·迪·罗比兰（Anna di Robilant）、斯蒂芬妮·鲁普（Stephanie Rupp）、伊丽莎白·施瓦尔（Elizabeth Schwall）、戴维·赛普（David Seipp）、肖巴纳·尚卡尔（Shobana Shankar）、比吉特·索兰德（Birgitte Soland）、里安农·斯蒂芬斯（Rhiannon Stephens）、诺厄·塔马金（Noah Tamarkin）、莫莉·坦博尔（Molly Tambor）、德博拉·瓦伦泽（Deborah Valenze）、乔纳森·韦纳（Jonathan Weiner）和约翰·韦特海默（John Wertheimer）。保罗·卡茨（Paul Katz）承担了艰苦的校对工作。埃米·查兹克尔（Amy Chazkel）和巴勃罗·皮卡托阅读了手稿并提供了极好的反馈，我的父亲杰里·米拉尼奇（Jerry Milanich）和母亲玛克辛·马戈利斯（Maxine Margolis）也是如此。我父亲还在图像和授权方面做出了专家级的工作。莉萨·铁尔斯滕（Lisa Tiersten）读了后期稿件，在一次谈话中重新定义了整个论点，接着又改进了无数的主题句。

我之所以挑选乔伊丝·赛尔策（Joyce Seltzer）做编辑，是因为她是出了名的特别亲力亲为。果不其然，她敏锐的反馈让这本书变得更好（而且基本上改掉了我爱用反问句的毛病）。贾尼丝·奥代特（Janice Audet）热情地接过了乔伊斯的工作。两位匿名审稿人提供了慷慨而有洞察力的批评，迫使我澄清自己的论点。帕特·佩恩（Pat Payne）抢救了几乎无法抢救的图像。谢里·格斯坦（Sherry Gerstein）大度地包容了我的强迫症。安吉拉·巴格塔（Angela Baggetta）的专业知识激励我专注于有趣的部分，即终点线!

这本书是我第一次涉猎医学史和科学史，而我是在医院的候诊室里完成它的，这真是一个不幸的讽刺。我要感谢几位医生的专业照顾，他们是：卡伦·希奥提斯（Karen Hiotis）、卡门·佩雷斯（Carmen Pérez）、埃米·铁尔斯滕（Amy Tiersten）、罗宾·沙弗兰（Robin Shafran）和吉利恩·卡波迪切（Jillian Capodice），感谢他们反复询问这本书的进展情况（对他们来说，这本书迟迟没有完成，这是难以置信的）。最好的卫生保健提供者不仅挽救你的生命，还帮助你恢复你身上的人性。

有几个人慷慨地与我分享了他们的故事。我深深地感谢弗里茨·席夫（Fritz Schiff）医生的儿子彼得·席夫（Peter Schiff），他讲述了他父亲和家人的回忆。安东尼奥·奇波利（Antonio Cipolli）的身世是本书第七章的主题，他和女儿杜尼娅·奇波利（Dunja Cipolli）或许比任何人都更能让我认识到对父亲身份的探寻的重大意义。我感谢他们允许我参与他们的探寻之旅。

对于贾莫科（Giacomo）和卢卡（Luca），我要说的是：是的，这本书花了我七年的时间。是的，我答应你们我会努力让下一本成为小说（和畅销书）。尼古拉·切托雷利（Nicola Cetorelli）在本书中最重要的角色是父亲。在我无数次的研究旅行和赶在截止日期之前完成写作任务的紧张周末，他愉快地接受了单身父亲的角色。他一直是一位了不起的伴侣，与我一起同甘共苦。我将本书献给他。

目 录

引言　谁是你爸爸?

由于人为的历史将父亲身份的概念进行了层层包装，我们很难理解，父亲身份其实是一个十分抽象的概念。

——玛丽·奥布莱恩（Mary O'Brien）:《生殖的政治学》

（*The Politics of Reproduction*，1981：29）

这部法庭剧的主角包括一位年轻的母亲、一个推定的父亲和一个可爱的红头发婴儿。时间是20世纪40年代初，战争还在国外肆虐，审讯在洛杉矶一个座无虚席的法庭进行。这可不是普通的亲子诉讼案。这位母亲叫琼·贝瑞（Joan Berry），23岁，是一位颇有抱负的女演员，婴儿是她的女儿卡罗尔·安（Carol Ann），而作为被告的父亲则是好莱坞名人查理·卓别林（Charlie Chaplin）。

贝瑞曾是卓别林的弟子，在过去那些快乐的时光里，两人一起朗读莎士比亚的作品，一起排练戏剧。这位54岁的演员对年轻女性的偏爱众所周知，现在，他被指控是贝瑞孩子的父亲。他承认了这段恋情，但强烈否认了亲子关系的指控。事件爆发一周后，卓别林娶了他的第四任妻子，剧作家尤金·奥尼尔（Eugene O'Neill）18岁的女儿。由于他的英国公民身份和左翼政治倾向，对于有些美国民众来说，卓别林的意识形态倾向与他的风流浪漫一样值得怀疑。至于贝瑞，她被描述成一个倒霉的纯真少女，"闪耀着好莱坞的魅力"，可能精神不稳定，"长得好看"，但据她自己的律师说，"智力有限"。[1]

但这个婴儿才是这场法庭秀的主角。在这场关于父亲身份的诉讼被提起时，卡罗尔·安还没有出生，而在漫长的传奇性诉讼过程中，她已经成长为一个可爱的蹒跚学步的孩子。她是法庭上的常客，坐在她母亲的律师面前的木桌上。媒体兴高采烈地报道了她五颜六色的围兜和她对于馅饼蛋糕的喜爱。尽管如此，法律诉讼仍然是一件严肃的事情。这关系到这个孩子的身份，进而决定着她会面临贫困还是衣食无忧，以及是否会有名分、遗产和父亲。她母亲的律师宣称，这起亲子诉讼案是孩子"为自己辩护的机会"，报纸上也重复了这一说法。[2]

这部法庭剧中也有其他角色：证人，比如卓别林的勤杂工和管家，他们证实两人曾经幽会；陪审团的成员，普通男男女女，包括几位家庭主妇、一位室内设计师、一位退休的物业经理。为了迎接镜头，他们在来法庭之前都精心打扮。贝瑞的律师本身就是法庭上的演员。在一段特别令人难忘的、长达三小时的结案陈词中，他谴责卓别林是"伦敦渣男"和"老色狼"[3]（而卓别林的律师则将他的当事人比作被钉在十字架上的耶稣）。最后，还有一些男女记者，他们激动地向公众报道整个事件。他们每天从法庭发回的报道包括对主角的服装（贝瑞的黄绿色外套）和情绪（查理的鬼脸）的描述。这个由性、名人和丑闻组成的场面令人兴奋，不仅挑动着美国读者的神经，而且通过全球通讯社向战争中的世界播送。

为期两年的官司经历了无数波折。在一项相关的刑事指控中，卓别林被指控出于不道德的目的跨州运送贝瑞，但被宣告无罪。他也一度因外国人的身份而差点被驱逐出境。至于关于卡罗尔·安的父亲身份的诉讼，由于陪审团陷入僵局，第一场诉讼以无效审判告终，并被要求重新审判。在这场诉讼开始时，罗斯福总统下令罢工的煤矿工人恢复战时生产，盟军正在地中海集结，准备进攻意大利。到这场诉讼结束时，罗斯福已经去世，盟军在欧洲的胜利已经过去了几个星期。然而，尽管这场吸引眼球的诉讼旷日持久，法官却在诉讼接近尾声时提醒在法庭上的人，"这个案子其实很简单"。它围绕着一个问题："被告真的是小女孩的父亲吗？"[4]

这个问题并不像看上去那么简单。父亲身份是一个历史悠久的文化、法律、政治和科学问题，根据长期的西方传统，这也是一个棘手的问题。母亲身份可以通过生育的事实来确定，而父亲身份却总是令人抓狂地无法确定。至少从希波克拉底时期开始，医学专家就一直在努力确定父亲身份，而罗马法、伊斯兰教法和犹太教法的法学家们也一直在关注这个问题。在荷马、莎士比亚、哈代和马查多·德·阿西斯（Machado de Assis）的文学作品中，父亲们一直在思考自己的父亲身份。从弗里德里希·恩格斯到西格蒙德·弗洛伊德，理论家们都认为父亲身份的不确定性是人类社会和人类心理的原始基础。对于20世纪早期的一代人类学家来说，对父亲身份的跨文化认识是"人类比较科学中最激动人心和最有争议的问题"。[5]

父亲身份不仅仅是一个供人沉思冥想的主题。正如卓别林和贝瑞之间的官司所表明的那样，它对男人和女人、对孩子和家庭都很重要，因为它不仅涉及遗产继承，还有现实和存在意义上的重要性。从历史上看，父亲身份的问题是在围绕子女抚养和继承权而起的纠纷中产生的。对于孤儿和被收养的孩子来说，这是一个与失去的身份有关的问题。最近，辅助生殖技术——配子捐赠、代孕——以新的方式提出了旧的问题。

父亲身份的利害关系不仅涉及私人，还关乎公众，因为它关系到国家和社会，而不仅仅是个人。这就是为什么围绕卡罗尔·安的父亲究竟是谁而起的争执会发生在法庭之上，并受到法律规定的约束。虽然亲缘关系经常被视为一种"前现代"或"非西方"的联系形式，但它是现代社会经济中公民身份的核心，也是划分公共和私人领域的关键标志。家庭关系对国家来说也很重要，因为它决定着一个人是否有资格获得战争抚恤金、社会保障和国籍，也决定着一个非公民是否拥有在一个国家定居的权利。从历史上看，失去亲缘关系的孩子会成为公共负担。因此，父亲身份的问题带来了个人和社会之间权利和责任平衡的问题。

当然，有争议的不是卡罗尔·安的血统，而是她父亲的身份。意味深长的是，虽然人们会问"谁是孩子的父亲"，却很少会质疑"谁是孩子的母亲"。父亲身份一直被认为是无法自然而然地确定的，而母亲身份却被认为是明白无误的。简而言之，父亲身份之所以会成为一个问题，是因为答案被认为是潜在地不可知的。此外，在父权社会中，父亲身份传统上所代表的最重要的资源——经济支持、遗产、国籍、父姓、"身份"——并不是通过母亲身份来传递的。当琼·贝瑞的律师劝说陪审团宣告卓别林是卡罗尔·安的父亲，以便"给这个孩子一个名字"时，他脑海里有一个预设，那就是只有父亲才有权这样做，而母亲则不行。[6]父亲身份的问题反映了父亲身份在经济、政治和文化方面独特的利害关系。

如果说对父亲身份的探寻有着悠久的历史，那么卓别林案则反映了这个故事在现代社会中的几个变化。像卡罗尔·安这样没有父亲的儿童是在法庭上享有自己权利的公民，这样的观念与以前认为儿童是慈善对象而不是权利主体的观念形成鲜明对比，这使得关于她父亲的身份的争议变得更加紧迫。媒体的作用也是新事物。小说家和剧作家早就知道，身份之谜是情节剧的最佳主题。到了20世纪，大众媒体开始把这样的故事讲给着迷的公众听。卓别林的故事自带流量，但这样的故事并不需要好莱坞明星来吸引全世界的观众。

最重要的是，在由卓别林与贝瑞主演的这场探寻父亲身份的大戏中，有了一个新的主角：科学家。事实上，有三位科学家参与其中。1944年2月，卓别林在律师的陪同下来到了当地的一个实验室，在那里他被抽取了少量的血液。一个小时后，贝瑞和她的孩子也来做了同样的事情。三名医学专家对这些样本进行了检测，随后在法庭上展示了他们的发现，辅助他们的是一个被一名旁观者称为"由字母、长单词和大图表组成的迷宫"的东西。[7] 他们进行的检测是对遗传血型的分析，三位专家的检测结果一致：琼·贝瑞是A型血，婴儿卡罗尔·安是B型血，根据血型遗传法则，她的父亲必定是B型血或AB型血。然而，卓别林是O型血。这位演员可能是一个臭名昭著的浪荡子，他承认与贝瑞有过一段恋情。但他不可能是卡罗尔·安的生父。

从20世纪20年代开始，出现了很多有望解开永恒的父亲身份之谜的科学方法，遗传血型鉴定只是其中之一。"医学专家希望，在代代相传的父母与孩子之间的血液中，存在着一些未知但至关重要的因素，把他们不可避免地联系在一起。"[8] 他们不仅在血型中寻找这一至关重要的因素，也在其他被遗忘已久的方法中寻找，包括血液的电子振动、结晶模式和颜色特征。除了血液，他们还研究了鼻子形状的遗传，以及牙齿结构和上颚隆起的相似性。通过对人体（尤其是面部）的测量分析，人们试图客观地揭示家族相似性这个明确无误但又模棱两可的现象。也许亲子关系的秘密就隐藏在人耳错综复杂的褶皱里，指纹上纤细的轮状和环状里，或眼睛、头发和皮肤的图案中。

各种科学方法层出不穷，但所有这些方法的核心假设都是一样的，那就是亲缘关系的真相存在于父亲和孩子身体的某个部位。这种方法不仅意味着一种揭示父子关系的新方法，还意味着一系列更广泛的主张：父亲身份是可知的；为了公众的利益，人们应该知道它，而且科学家也可以发现它。最根本的是，它暗示了一种关于父子关系到底是什么的认识，即父子关系是一种生物学的关系，而不是社会关系。

在DNA时代，这种对父子关系的理解是很常见的。今天，我们经常将血液样本或者口腔内膜样本送到遥远的实验室，以揭开我们身份的神秘面纱。我们把亲缘关系理解为一种生理事实，把身体理解为真相的来源，把科学理解为揭示真相的手段。但这样的想法是晚近才有的。在更古老的传统中，生物学意义上的父亲身份被认为是自然界不可言说的谜，不仅是未知的，而且确实是不可知的。父子关系与其说是身体上的，不如说是形而上的，是一种从行为和社会习俗推导出来的关系。在许多法律传统中，是婚姻造就了父亲身份：母亲的丈夫就是父亲。至于像卡罗尔·安这样的非婚生孩子，父亲身份是通过其他方式来确定的：他是那个和孩子母亲同居或者在公共场合亲吻孩子的人，那个被邻居看到付钱给奶妈的人。父亲身份主要不是源于生育行为的自然事实，而是通过一个人的言行和社会的观察而形成的社会事实。

按照这种社会逻辑，在中世纪的传统中，如果寡妇迅速再婚，然后生了孩子，孩子可以选择自己的父亲，而这取决于做第一个丈夫最小的孩子更有利，还是做第二个丈夫最大的孩子更有利。其他法律传统也规定了可分割的父亲身份。例如，斯堪的纳维亚法律认为，如果两个男人都与母亲有关系，那么孩子的抚养费可能会由他们分担。父亲身份也可以是不完整的，一个男人可能有责任在经济上支持一个孩子，但不让孩子使用他的姓氏，也不让孩子继承他的遗产。当父亲身份发生争议时，那些被叫来作证的人不是科学家或医生，而是朋友、同事、邻居、母亲或男子本人。

有些孩子根本就没有父亲。在英美法律中，私生子在历史上被认为是无父之子（filius nullius）。如果说在很多情况下需要一个父亲，那么在其他情况下，对"谁是你爸爸"这个问题是故意不作回答的。在奴隶社会，作为奴隶的孩子的父亲很可能是母亲的主人。涉及堕落的牧师或者丈夫不是他妻子孩子的父亲的时候，又当如何呢？被部署在国外的殖民者和士兵经常被免除对他们在那里生下的孩子的责任。因为父亲身份根植于社会权力关系之中，所以它也有潜在的破坏性。政治、道德和公共财政在某些情况下可能需要一个父亲，但在其他情况下可能需要其他东西——谨慎、压制、虚构。

我们对从血液检测中提炼出的亲子关系非常熟悉，它涉及一系列关于父亲身份是什么、了解父亲身份的必要性和如何知道父亲身份的假设，这些假设绝不是放之四海而皆准的，而且确实是很晚才出现的。在20世纪的前几十年里，这些思想变得越来越强大，不仅在美国，而且在整个美洲和欧洲都是如此。人们起初是试探性的，后来热情不断高涨，这些认识和技术在布宜诺斯艾利斯、柏林和洛杉矶都得到了实际应用。在此过程中，它们对大西洋两岸的公众产生了无穷的魅力，并塑造了国家和社会对亲缘关系、身份认同和归属感的思考方式。

但是，就像任何一项新技术一样，亲子鉴定也引发了一系列现实和伦理问题。这些问题包括：应该在何种情况下进行亲子鉴定，谁应该看到鉴定结果，以及披露结果是否总是一件好事。如果说传统上是社会、法官、母亲和男性本人定义了谁是父亲，那么亲子鉴定科学现在将这种权力赋予了一个新的权威，即生物医学专家。当专家的评估与旧有的社会和法律上的父亲身份观念相悖时，会发生什么呢？

围绕卓别林的父亲身份之争就体现了这种紧张关系。到20世纪40年代，血型遗传已成为公认的科学理论，科学家们认为，排除一个不可能的父亲的检测结果是决定性的、无可争议的。因为卓别林的血型与卡罗尔·安不相容，所以他不可能是她的父亲。卓别林的律师提醒陪审团说："遗传规律就像自然本身一样是确定无疑的。如果一个孩子的血管里没有某个人的血液，那么这个人就不会是孩子的父亲。"[9]

虽然自然可能是明确的，但法则却更加模糊。法官承认了血液检测作为证据的有效性，但向法庭解释说，在加利福尼亚州，它不被认为是决定性的。血液检测只不过是与其他证据（如证人证词或母亲的话）一起被考量的证据之一。琼·贝瑞的律师直接拒绝了血型分析的结果，称其"令人憎恶"，因为它只能排除一个不可能的父亲，但永远无法确定真正的父亲是谁。"卓别林绝不会输，婴儿绝不会赢！"他怒吼道。[10] 他敦促陪审团注意他们的决定的真正利害关系。"这些年来，没有人能阻止卓别林和他的好色行为——只有你们，陪审团的女士们、先生们！"[11]

在第二次也是最后一次审判中，陪审团的11位女士和1位先生对于这个问题有自己的想法。经过三个小时的讨论，他们得出了一个惊人的结论：查理·卓别林是卡罗尔·安的父亲。法庭上爆发出掌声和欢呼声，但许多观察人士对判决结果表示怀疑和愤怒。一位社论作者写道："加州的法庭实际上相当于判定了黑即是白，二加二等于五，上就是下。"事实上，这样的判决结果在美国法院并不罕见。批评者将其归因于陪审团的无知或法律固有的保守性。一位经验丰富的亲子鉴定律师将卓别林的惨败总结为"与科学、自然和真相背道而驰"。[12]

但是，哪种说法才是真相呢？虽然辩护律师敦促陪审团记住，"血液检测的客观科学证据证明，卓别林不可能是这个孩子的父亲"，但贝瑞的律师给这种检测赋予了不同的含义。[13]他在法庭上说："如果承认验血结果，实际上就是在说，'你这个小乞丐，滚出去'，让那个有钱的父亲随心所欲。"[14]在他看来，这场亲子判决与其说是关于生物学，不如说是关于道德和正义：一个富有的名人勾引不幸的年轻女性的权力。卓别林的父亲身份并非源于他与卡罗尔·安的血缘关系，而是源于他与她母亲的关系。这种逻辑并不是饱受诟病的洛杉矶陪审团所特有的。根据同样的逻辑，在许多法律传统中，丈夫被认作妻子孩子的父亲。根据同样的逻辑，私生子的父亲是不可知的，也许根本就不存在。简而言之，这是社会的逻辑，而不是生物学的逻辑。

法官认为这个案子很简单。陪审团只需要决定这名喜剧演员是不是婴儿的父亲，而血液检测应该帮助他们做到这一点。但是它并没有揭示答案，而是提出了一个更基本的问题：父亲的本质究竟是什么？血液检测没有揭露真相，而是暴露了两种可能的真相之间的紧张关系。它将社会与生物、揭露与压制、真相与道德之间的区别具体化，而不是将其消解。

像本案这样的亲子关系诉讼案显然是辩论这类问题的最佳场合，但在20世纪，关于父亲身份的棘手问题出现在各种令人惊讶的背景之下。对许多观察人士来说，现代世界实际上加剧了历史悠久的父亲身份之谜。城市化、移民、人口增长、不断变化的性观念和家庭观念，以及社会的异质性，已经削弱了亲属之间原始而亲密的纽带。然而，幸运的是，现代科学提供了一剂解药。除了消除亲子诉讼纠纷中的公说公有理婆说婆有理，它还可以解决继承诉讼，并找出通奸所生的后代。它将重建因现代生活的变迁而破碎的家庭，无论是由于在产房抱错婴儿，还是由于世界大战。新的亲子鉴定科学不仅被用于调查身份，还被用于调查性行为。它被用于强奸和性侵犯的调查，这时其对象不是孩子或父亲，而是母亲和她的性行为。亲缘关系科学利用普遍的遗传规律为无可争议的真相服务，但它的实际应用和社会意义显然是地方性的。

如果说新的亲子鉴定科学可以重新建立纽带，它也可能会使纽带破裂。就像卓别林的案例所表明的那样，它往往更擅长证明某个特定的人不可能是某个特定孩子的父亲，而不是明确地识别出孩子的父亲到底是谁。血液检测没有找到婴儿卡罗尔·安的父亲，它反而威胁着要剥夺她的父亲。证明父亲身份不成立也可以揭露一个长期存在的法律假定，即妻子生的孩子总是其丈夫的。考虑到这门新科学会让孩子成为孤儿，会危及婚姻并颠覆公共道德，它有潜在的弊端，而这可以作为限制它的一个强有力的理由。

在所有这些情况下，亲子鉴定科学都有助于定义和捍卫亲缘关系、性和婚姻，但有时也会破坏其稳定性。不过父亲身份不只是家庭的问题，它也与种族和国家的历史密不可分。这门科学萌芽于种族科学和优生学的有害土壤，其实际应用常常带有种族目的。在截然不同的政治背景下，民族国家利用亲子鉴定来划定种族界限，并将非我族类者拒之门外。在20世纪30年代，纳粹当局改写了有关亲子鉴定的法律和科学，试图找到隐藏在雅利安人中的犹太人。冷战时期的美国移民官员利用亲子鉴定来阻止中国移民，质疑他们与华裔美国公民的所谓亲缘关系。如果说亲子关系象征着一种相互关联和归属感，那么这门科学也被用来服务于歧视和排斥。

今天，对父亲身份的探求似乎有了一个全新的转变，甚至可能得出一个明确的结论。20世纪80年代，DNA指纹技术的出现在人类历史上首次使以99.9%的确定性确定父亲身份成为可能。这一技术催生了一个价值数十亿美元的全球产业。对亲子关系绝对可靠的鉴定曾经是科幻小说的主题，而今天，这已经变得无处不在，这种确定性的承诺也变得稀松平常。

然而，尽管现代基因科学拥有前所未有的力量，但父亲身份问题仍然纠缠在一堆尚未解决的社会、经济和政治问题中。在过去的一百年里，亲缘关系技术可能发生了巨大的变化，但它们提出的问题却出人意料地保持不变。目前尚不清楚亲子鉴定是否应该受到监管，以及谁应该了解其真相。换句话说，谁有权力决定父亲的身份，是个人、社会和国家，还是以营利为目的的公司？这些技术还迫使社会考虑它们为谁的利益服务这个问题：它们服务的是男人还是女人，是儿童还是成人，是公共利益还是私人利益？富裕国家如今经常要求对非白人移民进行DNA检测，这进一步唤起了种族排斥的幽灵。技术揭示了多种可能的父亲身份——社会的、情感的、法律的、生物的——的存在，当它们相互矛盾时，哪一个应该占上风呢？事实上，这回避了实质性的问题，即父亲身份到底是什么？

对父亲身份历史的探索揭示了先例和模式、教训和警告，它们可以阐明我们目前与基因和生殖技术的关系。这方面的历史不仅与新技术有关，也与跨国收养、同性婚姻这样的新的社会实践密切相关。它帮助我们认识到，父亲身份、母亲身份、家庭和身份一直是具有可塑性的范畴，随着时间和地点的变化而发生变化。追溯过去那些有关父亲身份的创造性定义有助于我们审视当前看似前所未有的实践和关系。

历史也表明了新知识和新真相模棱两可的影响。虽然科学在阐明父亲身份的过程中发挥了特别强大的作用，但它并没有解决这个问题，而只是使其变得更加复杂。今天，经过一个世纪的科学进步，我们仍然无法回答这个历史悠久的问题：父亲是谁？事实上，对我们来说，也许这个问题比以往任何时候都更加难以回答。

注释

题记引自 Mary O'Brien, *The Politics of Reproduction* (London: Routledge & Kegan Paul, 1981), 29。

[1]　Tom Caton, "Chaplin Assailed in Scott Argument", *Los Angeles Times*, December 30, 1944, A1.

[2]　"Judge Refuses Chaplin Plea", *Baltimore Sun*, March 9, 1944, 1.

［3］ Marcia Winn, "Rips Chaplin as 'Liar, Cad, and Buzzard'", *Chicago Daily Tribune*, December 30, 1944, 1.

［4］ "Chaplin Jolted Twice in Court Pleas; Selection of Joan Berry Jury Begins", *Los Angeles Times*, December 15, 1944, A1.

［5］ Bronislaw Malinowski, "Foreword", in Ashley Montagu, *Coming into Being among the Australian Aborigines: The Procreative Beliefs of the Australian Aborigines* (1937; repr., Abingdon: Routledge, 2004), xvi.

［6］ "Film Comedian Called 'Menace' and 'Crucified'", *Los Angeles Times*, January 3, 1945, 2.

［7］ Marcia Winn, "Physicians Say Chaplin Is Not Father of Baby", *Chicago Daily Tribune*, December 28, 1944, 7.

［8］ "Science May Turn to 'Mother Instinct' in Puzzle to Establish Parentage in Baffling Case", *New York Tribune*, August 17, 1930, C2.

［9］ "Chaplin Case to Jury Today", *Baltimore Sun*, January 3, 1945, 11.

［10］ Winn, "Physicians Say Chaplin Is Not Father of Baby".

［11］ "Film Comedian Called 'Menace' and 'Crucified'".

［12］ Sidney Schatkin, *Disputed Paternity Proceedings*, 3rd ed. (New York: Matthew Bender and Company, 1953), 255—256. 引语出自《波士顿先驱报》(*The Boston Herald*)。

［13］ "Film Comedian Called 'Menace' and 'Crucified'".

［14］ "Hints Chaplin Test in Baby Case Is Phony", *Chicago Daily Tribune*, March 2, 1944, 1.272.

第一章　寻找父亲

父亲身份就像尼罗河的源头一样神秘。

——法国立法者，1883 年

在圣安东尼被尊崇的许多神迹中，有一个与亲子鉴定有关。他在费拉拉（Ferrara）传教时，一位哭泣的贵妇走近这位方济各会修士，请求他的帮助。她的丈夫醋意大发，总是怀疑她几个月前生的孩子不是他的，并威胁要杀了她和孩子。安东尼安慰这个悲痛欲绝的女人，向她保证上帝绝不会抛弃无辜的人。不久，他碰见这位丈夫和几个朋友走在一起，后面跟着被蔑视的妻子和婴儿。安东尼拦住他们，爱抚着孩子，说："孩子，告诉我谁是你的父亲？"婴儿转过头来，目不转睛地盯着那个吃醋的丈夫。然后他叫出这个人的名字，宣布："他是我的父亲。"这个男人惊呆了，他大哭起来，拥抱了他的孩子，并表达了他对妻子的爱和尊重。[1]到了文艺复兴时期，人们以壁画、大理石和青铜浮雕的形式纪念婴儿说话这一奇迹和圣安东尼主持的这场亲子鉴定。

对证明父子关系的迷恋由来已久。希波克拉底讨论了通过外貌相似性来确定亲子关系的方法，而前伊斯兰阿拉伯社会也用一种面相学方法来确定亲子关系。一位古代犹太圣人声称，把一个人的血滴在另一个人的骨头上，如果血渗入骨头，就表明两个人有血缘关系。一份来自13世纪的中国的法医文本描述了一项类似的检测：将两个人的血液混合在一个盛水的容器中，如果血液融合到一起，就表明他们之间有血缘关系，否则就是没有。在这个程序的基础上，20世纪30年代，一位日本科学

在一项奇迹的亲子鉴定中，圣安东尼让一个婴儿开口说话，并指认其有疑心的父亲。1511年，提齐安诺·维伽略（Tiziano Vecellio，即提香）在湿壁画中描绘了这一场景。

资料来源：Titian, *The Miracle of the Newborn Child*, 1511, Scuola del Santo, Padua, Wikimedia。

图1.1

家声称，基于不同血型的亲子鉴定起源于古代亚洲。

但是，在20世纪以前，关于父亲身份的问题常常被系统地视为法律的问题，而不是奇迹或医学的问题。宗教界和世俗界、古代和现代的法学家都很关注亲子关系。也许最著名、最具全球影响力的是罗马法中的提法，即"父亲身份总是不确定的"（pater semper incertus est），因为它不能被观察到，只能凭直觉或假定，而"母亲身份是确定的"（mater certissima est），因为生育的事实是可以观察到的。这种强烈的不对称是西方思想中父母亲身份的历史特征，而罗马的亲子法就体现了这样的特征。

罗马法还确立了第三个原则，即"父亲身份是由婚姻决定的"（pater est quem nuptiae demonstrant）。也就是说，根据法律，女人的丈夫就是她孩子的父亲。父亲身份可能在本质上是不确定的，但婚姻造就了父亲。当然，其推论就是，在母亲未婚的情况下，父亲必然是不确定的。如果父亲身份是通过婚姻而变得可知的，那么在婚姻之外，父亲身份就是不可知的。这些基本原则不仅影响了罗马法，也影响了伊斯兰教、犹太教和基督教的教会法。这些并不是基因理论出现之前的世界的古老原则，在很大程度上，它们在今天的现代法律制度——包括英美法系和大陆法系——中依然有效。

不确定的父亲这一角色也出现在从荷马到莎士比亚的文学作品中。在《奥德赛》中，忒勒马科斯对雅典娜说："聪明的孩子知道自己的父亲。"而在《威尼斯商人》中，朗斯洛特却反其道而用之，他告诉老高波："明智的父亲知道自己的孩子。"在文艺复兴时期的诗歌和戏剧中，强大但总是假定的父亲身份反复出现。[2]《亨利四世》《约翰王》和《冬天的故事》中的父亲们都在思考父亲身份和亲子相似性的问题。启蒙思想家同样探索了身体相似性的模式，这是他们对遗传和世代、天性和教养问题的广泛关注的一部分。[3]

到了19世纪，人们对父亲身份更加着迷。传统上，英美法律要求确定父亲的身份，因为没有父亲的孩子必须由教区抚养，但1834年的《新济贫法》（New Poor Law）推翻了这一点，男人不再需要对他们的私生子女负责。[4]正如一位地方法官所解释的那样，以前"一个放荡的女人"可以"随便找一个不幸的年轻人……信誓旦旦地说自己生的孩子是他的"。[5]这项改革将父母的抚养责任完全转移到母亲身上，以防止女性沉溺于不道德的行为。然而仅在十年之内，这项改革就在公众的强烈抗议中被推翻。免除父亲的责任不仅造成了私生子和杀婴现象的增加，还迫使社会承担抚养非婚生子女的费用。由于经济上的原因，确定孩子父亲身份的必要性再次显现出来。

在欧洲大陆，类似的道德和经济考量也支配着私生子现象。在18世纪的法国，未婚母亲必须进行怀孕申报，指明是谁让她怀孕的。但是19世纪的法律把父亲的未知性提升为一个本体论真理——与英国法律不同，它没有任何逆转。1804年的《拿破仑法典》禁止亲子诉讼，这样做就抹杀了婚外父亲的身份。未婚妇女不能再对致其怀孕的人提出指控，而婚外出生的孩子无权获得经济支持，也无权使用父亲的姓氏。法学家们指控说，亲子鉴定诉讼引发了丑闻，让淫荡的女性从自己的不道德行为中获利，并鼓励骗子用虚假的亲子鉴定来危害正直的家庭。更重要的是，调查亲子关系是毫无意义的，因为真相永远不可能被知道。母亲身份是"一个看得到的生理事实，受感官的支配"。但父亲身份是"自然之谜"，"一种无法给出任何明确证据的行为"。19世纪，法学家最常用的比喻是，大自然用一层"无法穿透的面纱"掩盖了父亲身份。[6]没有人能窥见它的背后。

在随后的几十年里，拿破仑认为父亲身份是不可知的，因此不应该成为法律调查的对象，这样的想法传遍了欧洲大陆和拉丁美洲，后来又在殖民帝国的部分地区传播开来。尽管不是不可能，但从法律上确定私生子的父亲确实变得更加困难。法律并没有把父亲身份定义为一种源于生育的经验事实，而是一种只有当一个人自愿承认时才会产生的意志行为。只要这个人不承认，就不可能有父亲身份。这种观念以牺牲母亲和孩子的利益为代价，更加有利于男性，因为这意味着母亲和孩子无权获得父亲的救助。

值得注意的是，19世纪有关父亲身份的法律违背了当时正统的科学观念。在科学和社会专注于生物遗传并认为它是决定人类生命的一个因素的时代，法学家却宣称父亲是不可知的。《拿破仑法典》中有关内容的核心是这样一种观念，即父亲身份和母亲身份在本体论上是不同的。这种观念也与一种新兴的科学共识相悖，即父母对生育下一代的贡献是平等的。[7]

换句话说，这种亲子关系法律反映的不是盛行的科学信条，而是社会和政治思想。从法国到拉丁美洲新独立的共和国，在那些刚刚经历过革命剧变的国家中，社会秩序的缔造者把捍卫父权制家庭视为他们的关键任务。对父亲身份不可知的坚持强化了家庭，因为它强化了合法家庭对非法闯入者的权利，强化了男性对妇女、儿童和家庭遗产的控制。父亲身份无法确定的观念也带有经济和政治自由主义的印记。让男性来选择是否承认自己的孩子，这反映了关于个人自由、隐私和财产权的自由主义思想。[8]新生的民族共同体的缔造者寻求捍卫秩序、道德、父权制和遗产。确定所有父亲的身份会破坏这些目标。

至于婚内的父亲身份问题，19世纪的民法倾向于强化古罗马的婚生推定，这使丈夫更难对自己作为妻子孩子的父亲这一身份提出质疑。婚姻和合法的家庭必须受到保护，即使这样做有时意味着要对孩子父亲身份的假定予以默认。在这里，父亲的意志也起了作用，因为如果一个男人与一个女人结婚，这意味着他愿意做她孩子的父亲。尽管法学家援引自然来为他们抹杀非婚的父亲身份的做法辩护，但对婚内和婚外父亲身份的不同对待方式表明，决定父亲身份的是社会，而不是自然。父亲的身份及其可知性取决于与生育有关的社会环境。

父亲身份不确定性的主题在19世纪的文学作品中也很盛行。丈夫因怀疑妻子的忠贞而备受折磨，这样的现象为巴尔扎克、托马斯·哈代、奥古斯特·斯特林堡、居伊·德·莫泊桑和马查多·德·阿西斯等作家提供了主题。[9] 在这些文学作品中，男人对自己父亲身份的不确定性是一种具有腐蚀性的痴迷，它摧毁了男人自己、男人和女人的关系，以及男人和男人的关系。关于孤儿的故事中也出现了身份未知的父母。19世纪的文学作品中有很多勇敢的年轻人，他们的父母不在身边或不为人知。[10] 对于《雾都孤儿》中的奥利弗、《汤姆·索亚历险记》中的汤姆、《苦儿流浪记》中的雷米以及霍雷肖·阿尔杰（Horatio Alger）笔下的人物来说，正是父母的缺失推动了他们的人生之旅，促使年轻的主人公独自闯荡世界，而读者也跟着他们一起，分享他们的人生起伏和酸甜苦辣。

在19世纪社会理论家讲述的关于人类起源的故事中，父亲的不确定性也许扮演了最核心的角色。对于维多利亚时代的思想家来说，父亲的不可知性可以解释人类社会的进化、现代经济关系的兴起、性别角色的变化以及人类心灵最深处的秘密。约翰·巴霍芬（Johann Bachofen）、弗里德里希·恩格斯、刘易斯·亨利·摩根（Lewis Henry Morgan）等人讲述了这样一个故事：在原始人类社会，杂婚和"群婚"是常规。因此，父亲的身份永远无法确定，社会组织也因此采取母系社会的形式。恩格斯的著名论点是："母亲作为自己子女唯一确实可靠亲长的这种最初地位，便为她们，从而也为所有妇女保证了一种自此以后她们再也没有占据过的崇高社会地位。"但是这种原始的母权制——或者瑞士理论家巴霍芬所说的"母权"——注定要瓦解。随着一夫一妻制的出现，男性对自己的后代变得确信无疑，这使父系继嗣和继承成为可能。可见，私有财产和父权制的兴起直接源于父亲身份的确定性。和在法律中一样，在社会理论中，也是婚姻造就了父亲。恩格斯认为《拿破仑法典》是"一夫一妻制三千年来存在的最后结果"。他把这种从杂婚到一夫一妻制、从不确定性到确定性、从母权制到父权制的转变描述为"人类所经历过的最激进的革命之一"。在他和他的同时代人讲述的故事中，父亲身份影响了人类文明的发展：对父亲身份的认识将一个进化阶段与下一个进化阶段区分开来。[11]

父亲身份也是心理学理论的核心。弗洛伊德认为，当孩子了解到生育的事实，意识到父亲的身份必然是不确定的，并开始在对"家庭罗曼史"的理想投射中想象自己的父亲可能另有其人时，心理发展的一个关键转折点就发生了。父亲身份是一种智力推理，而不是一个经验事实，可以假设但从未真正可知，这样的观念在他的作品中反复出现。[12]因此，弗洛伊德将其19世纪的前辈们所描述的历史过程重新定义为一种心理过程，用儿童所经历的发展阶段概括了人类文明的发展阶段。[13]在这两种说法中，无法解决的父亲身份不确定性问题是推动社会或个人发展的动力。

对父亲身份不确定性的关注在20世纪依然在继续。到了20世纪20年代和30年代，原始母系社会理论在很大程度上已经失宠，但新一代理论家将父亲身份不确定性的问题从遥远的人类过去转移到当代"野蛮人"的性生活。在这些年里，关于某些"原始"民族是否理解生理上的亲子关系的争论搅动了整个人类学学科。辩论的一方是现代人类学的创始人之一布罗尼斯拉夫·马林诺夫斯基（Bronislaw Malinowski），他认为他们不理解。根据他在南太平洋特罗布里恩群岛（Trobriand Islands）的人种学研究，马林诺夫斯基声称，"土著人"不了解父亲在生育过程中的生物学作用。他的说法挑战了维多利亚时代的理论家，后者声称父亲身份的不确定性不可避免地促生了母权制，阻碍了家庭和私有财产的发展。根据马林诺夫斯基的说法，在岛上的原住民中，对生物学父亲身份的无知与婚姻、家庭和关于父亲身份的社会观念并存。这种社会观念认为，一个男人成为父亲，不是因为他与孩子的血缘关系，而是因为他与孩子母亲的社会关系。当然，学术界对父亲身份的持久关注更多地反映了欧美研究者对父亲身份关系的看法，而不是他们研究对象的看法。[14]

马林诺夫斯基的观点是对19世纪群婚理论和原始母系社会理论的重要修正。然而，像早期的理论家一样，他把父亲身份置于他对美拉尼西亚社会生活和人类学的描述的中心。考察原始人是如何理解父亲身份的，这可以"直接导向对亲缘关系、社会组织、宗教信仰、图腾制度和巫祝仪式的研究"，简而言之，可以导向人类学研究的核心。[15]对于所有这些思想家来说，关于父亲的知识定义了人类文化发展本身：过去和现在的野蛮人肆意滥交，甚至也许不知道婴儿是如何产生的。

这样的想法从学术界渗入大众的想象。科幻小说尤其关注性与社会的关系，并提出这样的问题：如果生育塑造了人类社会，那么科技又会如何改变生育和社会？最有名的答案出自阿道司·赫胥黎（Aldous Huxley）于1932年出版的《美丽新世界》（*Brave New World*）。赫胥黎设想了一个颠覆了性观念的未来反乌托邦，杂婚被文明化，核心家庭被野蛮化。小说中的一个人物将"家庭生活中可怕的危险"——一夫一妻制、贞洁、父亲、母亲——与原始人更健康的性生活进行了对比。在书中，一个角色影射马林诺夫斯基，描述了特罗布里恩群岛的田园生活："怀孕是祖先鬼魂的杰作，谁也没有听说过什么父亲。"[16]在赫胥黎想象的未来，技术已经消灭了父母亲和一夫一妻制，消解了亲缘关系的生物、情感和社会纽带。换句话说，科学把人类带回了马林诺夫斯基的南太平洋和恩格斯的原始群婚制。

20年后，阿瑟·克拉克（Arthur C. Clarke）设想了另一个场景，在这个场景中，科技彻底改变了性和社会秩序。1953年出版的《童年的终结》（*Childhood's End*）被很多人认为是克拉克的杰作。在这部作品中，未来的人类社会发现了一种"绝对可靠的方法——就像指纹识别一样确定，基于对血液的详细分析"来确定父亲的身份。[17]这种亲子鉴定法与"无风险避孕法"（克拉克在避孕药问世十年前写作了这部作品）一起，"扫除了清教徒式反常行为的最后残余"，抹去了早期的性观念和婚姻观念。如果说在恩格斯想象的过去，一夫一妻制解决了父亲身份不确定的问题，那么在克拉克想象的未来，是科技解决了这个问题。他们都认为父亲身份的不确定性决定了婚姻、家庭和社会的组织方式。因此，父亲身份变得确定无疑，这有一种改变社会的力量。克拉克的作品还表明，直到20世纪50年代，对生物学父亲身份的结论性检测仍然是科幻小说的内容。

几十年后，父亲身份的不确定性在第二波女权主义者的理论中再次出现。这些理论与上一代的女权主义者遥相呼应，后者曾利用原始母权制的观念来解释和批判现代父权制的兴起。在1972年的一篇文章中，格洛丽亚·斯泰纳姆（Gloria Steinem）提到了一个"父亲身份尚未被发现的时代，当时人们认为（在一些部落文化中仍然如此）女性生孩子就像树结果一样"。与19世纪的思想家相呼应，她将对父亲身份的发现与对火的驯化和核能的发现相提并论。[18]对父亲身份最彻底的女权主义批判是玛丽·奥布莱恩1981年的经典著作《生殖的政治学》。[19]作者认为，父权制起源于男性与生殖的关系。因为生育涉及"男性种子的让渡"，男性体验到的是疏离感、否定和不确定性。为了解决这个问题，他们不仅创造了婚姻，还创造了公共领域和私人领域之间的整体划分。奥布莱恩写道，"无论是古代的泥屋还是现代的大家庭，私人领域是确定特定父亲身份的必要条件"，因为男人只有在明确界定的家庭范围内，才能确定自己的父亲身份。在父权制这个"巨大而压抑的结构"的核心，"存在着一个不妥协的现实，即与父亲身份有关的疏离感和不确定性"。换句话说，父权制的存在是为了让男人知道他们的孩子。[20]

奥布莱恩引用了在后来的女权主义思想中很大程度上失宠的生物决定论。然而，在同时代的社会生物学家和灵长类动物学家那里，将生物学意义上的父亲身份置于父权制核心的理论引发了一种不协调的共鸣。灵长类动物学家莎拉·布莱弗·赫迪（Sarah Blaffer Hrdy）指出，无论是猴子还是人类，"作为雄性灵长类动物的麻烦"是无法确定自己的后代。这一基本的生物学事实提出了一个巨大的进化挑战，并在雄性灵长类动物中引起了一系列形态学和行为学上的适应性变化，例如，睾丸大小（体积更大，为了保证足够的精子输送，增加受孕几率），糟糕的为父之道（很常见，因为如果你不确定孩子是不是你的，为什么要在他们身上投资呢？），以及新生儿在外貌上与父亲相似的倾向（这样，男性就能通过婴儿的脸来确定自己的父亲身份，尽管最近的研究对这一被广泛研究的现象提出了质疑）。[21]

贯穿这一漫长的父亲身份不确定性的历史——贯穿法律、文学、社会理论、民族志、科幻小说、女性主义和社会生物学——的是一个持久的假设，即生物学事实和社会事实是截然不同的，而且生物学事实决定社会事实。父亲身份不可知的自然事实深刻地塑造了我们最原始的社会和认知结构。通过历史的、心理的或进化的机制，这种不确定性塑造了我们的思想、身体、行为和社会结构。

这种观点的持久性有力地促使人们接受它的主要前提：父亲身份的不确定性是永恒不变的自然事实。与其说父亲身份是一个生物学事实，不如说它是一个历史观念。不确定性的说法掩盖了父亲身份在社会实践中一直是"确定"和"可知"的程度。在历史上，社会有明确的、权威的、持久的社会和法律规则来确定父亲的身份。婚生子女的合法性推定当然就是这样一条规则（不管是不是"虚构的"，它明确无误地为已婚母亲所生的每个孩子都赋予了一个父亲）。即使在没有婚姻的情况下，从中世纪的英国到大革命前的法国，再到19世纪早期的智利，在各种各样的社会中，父亲身份通常都是通过确定所有有争议事实的经验证据来确立的。如果一个男人支付了助产士的费用，雇用了一个奶妈，或者对婴儿表现出关爱，社会和法院会将这些视为承认父亲身份的社会行为。与母亲的亲密关系或同居同样可以作为父亲身份的证据。当地牧师、仆人和邻居的证词或母亲自己的声明也可以作为证据。父亲身份本质上必然无法确定的说法，模糊了社会根据不同文化和不同时代的规则来界定亲子关系时的明确程度。这不仅是因为法院、家庭和社会依靠社会方法来发现一个自然事实，而且因为父亲身份本身就是一个社会事实。

此外，父亲身份的不确定性这一说法还掩盖了这样一个事实，即有些父亲的身份总是更加不确定。这是因为无法了解父亲身份并不总是一个"问题"，事实上，这可能在策略上有利于维护社会秩序。在许多殖民和后殖民社会，跨肤色、跨种姓和跨阶级的婚姻是被污名化或禁止的。跨越这些界限的性行为往往是另一回事，不仅被容忍，而且成了统治结构的一部分。但是，这种结合产生的孩子怎么办？法律和社会规范会抹去他们父亲的身份，这有助于保护父权特权、世袭利益和社会种族秩序。

大西洋奴隶社会就是这方面的典型，在那里，"子女随母"（partus sequitur ventrem）的原则认为，女奴生下的孩子都是奴隶。萨莉·海明斯（Sally Hemings）的孩子们将和他们的母亲一样成为奴隶，而他们的父亲托马斯·杰斐逊的身份在正式场合中被认为是未知的，无论如何，在法律上都是不相关的。这种策略性的公共虚构持续了几乎200年之久，虽然海明斯的后代所知道的事实并非如此，更不要说多年来由非裔美国记者和历史学家进行的很多研究了。为了奴隶主、他们的白人亲属和整个奴隶制度，奴隶制的法律抹去了父亲身份。在奴隶制结束很久之后，杰斐逊的亲属、盟友和传记作家依然在这样做。他们一直否认托马斯·杰斐逊可能是海明斯的孩子的父亲，而其他人则同样顽固地试图揭露他的父亲身份，两种做法都表明这一探索具有巨大的社会和政治利害关系。[22]

这种策略性地抹去父亲身份的做法背后的逻辑在奴隶社会尤其强大，但这并不是奴隶社会所特有的。19世纪，在整个拉丁美洲和欧洲大陆实行的拿破仑时期的家庭法都是如此。禁止人们通过提交亲子鉴定诉讼来确认父亲的身份，与其说是尊重生物学事实，不如说是确保这个事实不会被发现。这条法律恰恰压制了像证人证词这样的社会知识，而在历史上，这些知识曾在法院和社会中定义过父亲身份。因此，使父亲身份不确定的不是自然，而是法律。

类似的逻辑在殖民地社会也很盛行，欧洲人认为那里的父亲身份与宗主国的父亲身份在本体论上不同的。正如一位长期居住在东非的意大利人所说的那样，"对于土著妇女来说，父亲身份的确定即使是可能的，也有很大的不同"，因为非洲女性被认为比欧洲女性更淫乱。[23]这样的观念成为个别殖民者不愿为他们的混血后代承担责任的理由。1912年，法国改革了由拿破仑颁布的长达一个世纪的禁止亲子诉讼的规定，允许母亲采取法律行动来确认其子女父亲的身份。但是这项改革没有在法国的殖民地实施，因为它将允许法国男人和当地女人所生的孩子确认他们的父亲，从而获得法国公民身份。[24]当涉及地位较高的男性和地位较低的非白人女性时，父亲身份被认为是不可知的，但是，当白人女性生下非白人婴儿时，父亲通常被认为是显而易见的。如果父亲身份的不确定性是一种历史观念，那么有些父亲的身份比其他人更不确定这一事实表明，这也是一种政治观念。父亲身份的不确定性不仅仅是一种观念，还是一种意识形态，一种被策略性地用来为奴隶制、父权制和帝国服务的意识形态。

父亲身份的不确定性已经持续了几千年，但它并不是永恒不变的。它是有历史的，这意味着它会随着时间的推移而变化，随着政治、经济、文化和法律环境的变化而变化。即使我们说19世纪是父亲身份不确定性的高潮，这也并不是因为1800年前后人类生育的自然事实发生了变化。这些事实在殖民地和宗主国也没有什么两样。如果今天巴西和法国关于亲子关系的法律规定有所不同，那并不是因为巴西人在生理上与法国人不同。随着时间和空间而发生变化的是人们对这些事实的思考方式。认识到这一变化，我们可以把父亲身份从生物学领域抽离，并使其回归它应该属于的领域，那就是历史。[25]

在20世纪的前几十年，这一历史发生了一个戏剧性的新转折。除了父亲身份不确定性的传统观念之外，一套新的观念——现代父亲身份——开始在大西洋两岸流行开来。根据这套观念，父亲身份是一种生理状况，父亲是生物学意义上的祖先。此外，借助新的方法，他的身份是可以被确定的。如果说以前父亲身份不仅被认为是未知的，而且可能是不可知的，那么这一刻就预示着父亲身份的诞生是一个经验事实。如果说在过去，父亲身份有时还是不为人知更好，那么现代的父亲身份则推动了揭示的必要性。在19世纪，法律是父亲身份的主要仲裁者，但是科学的权威日益增强。在过去，父亲身份总是植根于权力关系，受到殖民主义和奴隶制的影响，但现代父亲身份的种族变化尤为明显。最后，这种新的父亲身份概念是公开的：在国家的推动下，在法院和媒体上形成。因此，现代父亲身份有三个源头：科学、国家和大众传媒。

如果说现代父亲身份是一套观念的话，那么科学的亲子鉴定就是实现它的方法。从20世纪20年代开始，评估亲子关系的新方法迅速增多，但这并不一定能使父亲身份变得可知。随后几十年的科学进步也只是让父亲身份在有限的情况下可能被确定。相反，人们对父亲身份的思考方式的转变——从一个难以解决的自然之谜转变为一个可以被发现的经验事实——使得想象一种对父亲身份的检测成为可能。

检测的概念同样意义重大。人们早就意识到父母和孩子之间的身体相似性，有时会将其作为亲子关系的证据。家族相似性通常被认为是任何人都可以一目了然的，而亲子鉴定意味着一种基于专业知识并有望得出客观结论的形式化方法。这种方法需要专门知识，尽管最初它不一定是科学或医学性质的。直到20世纪30年代，英国和美国的法庭依然会聘请艺术家通过分析身体相似性来帮助确认亲子关系。然而，随着时代的发展，医生和科学家越来越成为父亲身份无可争议的仲裁者。

现代父亲身份预示着从法律认识论向科学认识论的转变。虽然法庭还是确定父亲身份的主要场合，但19世纪的法律谜题已经被越来越多地理解为生物医学谜题。语言本身就反映了这种转变。从19世纪30年代到19世纪80年代，"亲子关系法"的使用频率一直在增加，直到1900年左右才降到最低值。从20世纪初开始，"亲子鉴定"这个新表达的使用率急剧上升。古老的法律框架正在被新兴的亲子鉴定科学所取代。[26]

这门新科学产生于两个主要源头，第一个是个体身份鉴定。19世纪后期见证了一场"鉴定革命"，因为国家和边界的出现以及前所未有的全球移民潮促使各国监控公民和外国人的流动和身份。[27]这种监控需要新的身份鉴定技术，包括基于文件的技术，如护照，以及其他通过身体特征确定身份的技术。后者包括19世纪法国著名警官阿方斯·贝蒂荣（Alphonse Bertillon）发明的人体测量技术，以及摄影技术和指纹识别技术。[28]亲子鉴定遵循类似的逻辑，将身体视为家庭身份而非个人身份的真实来源。

亲子鉴定科学的另一个主要源头是遗传论，即认为遗传决定性地塑造了人的本性和差异。"遗传"一词首次出现在19世纪，查尔斯·达尔文1859年出版的《物种起源》（*On the Origin of Species*）使其成为生物学的一个核心概念。早在19世纪80年代，"优生学之父"（达尔文的表弟）弗朗西斯·高尔顿（Francis Galton）就曾指出："每个人身上是否都有明显的、不可否认的、可以证明出身和亲缘关系的证据，这个问题的答案可能是肯定的，也是值得费心去探究的。"[29]20世纪20年代亲缘关系检测的诞生恰逢科学、政治和大众对优生学和种族科学的兴趣迅速高涨，这并非巧合。亲子鉴定是同一思潮的产物，并与这些领域密切相关。

虽然亲子鉴定科学与优生学和种族卫生学一样，都利用了遗传主义思想这个共同源泉，但它在几个重要方面与后两者不同。优生学家关心的是人类遗传基因的分类和改良。他们认为遗传要么是好的，要么是坏的，应该鼓励好的遗传，阻止坏的遗传。因此，他们试图通过婚姻、生育和移民政策来塑造种族或民族的适应性。

与其相比，亲子鉴定科学家不寻求塑造生殖结果，而仅仅是发现结果。他们并不认为遗传有好坏之分，只是利用遗传知识来揭示生物学意义上的亲缘关系。他们的目的非常实际，就是要确定父亲的身份。因此，他们的研究对象是个人的身体，通常是母亲、孩子和推定的父亲，而不是人群。与优生学和种族科学的宏大抱负相比，亲子鉴定显得温和而无害。它没有声称人类与生俱来的优劣。它是实用的，而不是乌托邦或反乌托邦的。

然而，对父亲身份的科学探究并不一定是善意的。种族思想是现代亲子鉴定科学的一个决定性特征，其技术与20世纪上半叶的优生和种族工程有着深刻的联系。亲子鉴定科学推动了种族研究的合法化，并成为遗传主义最普通而持久的应用之一。在欧洲德语区，20世纪20年代发展起来的父母身份检测在20世纪30年代和40年代演变成种族血统检测。第二次世界大战以后，原来的种族学家和纳粹合作者被禁止从事早期的职业活动，他们中的许多人悄悄为法庭提供亲子鉴定服务，以此谋生。

即便亲子鉴定成了一项独立的研究——而且对有些人来说是一项有利可图的研究——大多数研究人员也并没有着手去发现一种实用的亲子鉴定方法。亲缘关系检测技术经常是其他研究的意外副产品。当科学家们在1910年左右发现人类血型遵循孟德尔遗传定律时，他们并非在寻找亲子鉴定的方法，但这一发现为解决亲子关系争议提供了一种实用的手段。20世纪的亲子鉴定科学主要利用了19世纪的种族科学、鉴定学和犯罪学的技术。直到20世纪40年代，依然有一些亲子鉴定人员使用贝蒂荣的人体测量方法，而此时距离这种方法被警察部门抛弃已经过去了半个世纪。亲子鉴定是许多领域的附带研究，但没有一个领域专注于此。医生、体质人类学家、优生学家、生物学家和法医学专家都涉足亲缘关系评估，将其作为对种族、遗传、细菌学、血清学、法医学和鉴定学等更广泛兴趣的一部分。由于从业者的多样性，它的技术同样是兼容并包的，而且经常会有争议。

早期那些旨在确定生理亲缘关系的兼容并包的方法提出了一个明显的问题：它们真的有效吗？有可能通过牙齿、指纹和耳廓的形态确定亲子关系吗？答案通常是否定的。在20世纪的大部分时间里，亲子鉴定科学不仅仅是不成熟的和实验性的，有时候显然是荒谬的。旧金山的一位医生声称，他可以用血液振动仪来揭示父亲身份，这台机器可以测量血液的电子振动。德国种族科学家认为，通过对鼻子、耳朵和其他特征的详细分析，他们已经解决了如何确定父亲身份和种族身份的问题。

但是，亲子鉴定科学还包括对血型的遗传学分析，这一系列研究最终促成了现代遗传学的诞生，其先驱者卡尔·兰德施泰纳（Karl Landsteiner）为此获得了诺贝尔奖。即使是可疑的想法也会借助科学之名，并经常由备受尊敬、有充分资历的专家兜售。其中一些想法至今仍然是荒谬的（比如血液振动仪），但也有一些在被提出时令人难以置信的想法最终竟然得到了证实（比如一滴血就能揭示出父亲身份的想法）。只有后见之明才能区分什么是荒谬，什么是预言。

亲子科学应该被视为一个知识领域，它的重要性并不是因为其真相的有效性，而是因为人们一开始就意识到对它的需求。[30]与其问在20世纪发展起来的亲子鉴定是否有效，不如问一个更有意义的问题：它们发挥了什么作用？这就把焦点从科学真实性转移到了社会功能上。如果将DNA指纹和血液振动仪放在同一个框架下思考，将会引发一个新的问题：不是它们是否起作用，而是它们是如何起作用的。

现代亲子关系反映了这样一种信念：确定父亲身份既是一种社会需要，也是一种科学可能性。第一次世界大战后，性别角色的巨大变化激发了人们对亲缘关系科学的兴趣。在欧洲和美洲，女性对民权的要求和获得、工作和消费关系的改变，以及新的社会和性自由，引发了对"现代女性的暴政"的批评。[31]这种"暴政"促使一些男性权利组织呼吁改革亲子法——他们认为这些法律对他们有偏见，并呼吁扩大科学检测的范围，以抵御虚假的亲子关系主张。女性权利倡导者也在为推动这方面的改革而游说，但是原因大相径庭。在20世纪前几十年里，长期以来谴责未婚母亲和非婚生孩子的拿破仑式法律和维多利亚式道德似乎越来越过时。曾几何时，那些未婚生育的母亲似乎应该为自己的过错承担责任，但现在，活动人士有力地挑战了这一双重标准。从法国到阿根廷，他们成功地发起了改革法律的运动，反对那些免除男性对其私生子责任的法律。[32]在这种情况下，亲子鉴定也获得了吸引力。这些新技术会不会保护男性不受狡猾的女性的伤害，保护女性不受不负责任的男性的伤害呢？现代父亲身份的性别政治并没有形成定论。

围绕童年的现代意识形态也激发了对父亲这个角色的科学探寻。19世纪后期，新的知识领域——人口统计学、公共卫生、社会卫生学、优生学、性学——使家庭受到了新的国家权力形式的影响。[33]政府当局赋予儿童生物政治意义，将他们的福利与社会的优生、道德和经济命运联系起来。他们认为亲子鉴定科学是生殖健康的工具，因为没有父亲的孩子被认为更容易生病和死亡。与此同时，曾经在工厂和田地里工作的孩子被越来越多地送去上学和玩耍。孩子日益缩水的经济价值增加了父母责任的风险。谁来承担这个新的、无生产力的人生阶段所带来的负担呢？

现代的童年观也将流浪儿童重新想象为享有权利的公民，而长期以来他们曾经一直是私人慈善的对象。孩子们现在享有更多获得父亲支持的权利，以及一项以前根本不存在的权利——身份的权利，这种权利出现的背景可以是出生登记的新规程，也可以是有关亲子关系调查的新立法。这些权利凌驾于男人的隐私权、合法家庭的遗产继承权和公共道德的要求之上，而这些在19世纪曾被认为是隐瞒父亲身份的正当理由。[34]

现代亲子关系在一定程度上也是现代福利国家的产物。国家当局越来越关注寻找父亲，以免贫穷的孩子压垮公共财政。正如一位挪威政治家所说："匿名的父亲身份是对孩子和国家的犯罪。"[35]在20世纪，大型的官方福利机构被用来追踪生父，确定他们的父亲身份，并让他们在经济上对他们的孩子负责，也就是说，让父亲身份既为人所知又得以实现。[36]各国还努力使家庭关系易于辨认，因为政府是通过家庭给予社会保障、军人养恤金和国籍等现代资源的。一位巴西观察人士断言，"文明的立法体系和当代的社会结构使公民有必要融入血缘关系的网络"。[37]

如果说20世纪性别、性、童年和家庭的转变塑造了现代亲子关系及其鉴定技术，那么跨大西洋的种族观念和实践也起到了同样的作用。亲子关系科学起源于优生学和种族科学，但现代亲子关系的种族化在应用中尤为明显。就像亲子关系一样，种族被理解为一种与生俱来的生理特征，一种可能被隐藏的、模糊或未知的基本真相。种族真相和亲子关系真相被越来越多地认为可以相互参照和揭示，比如因为一个人的父亲是未知的，所以这个人的种族被认为是不确定的，或者一个孩子的种族被认为可以通过他的父亲是谁来确定。白人妇女生下棕色婴儿的故事在经典文献中广为流传，在现代语境中被反复使用，至今依然存在，这样的故事很好地体现了这种概念上的联系。[38] 这是一个关于跨种族结合的故事，但也是关于种族和亲子关系之间相互模糊化的故事。父亲身份的不确定性似乎强化了种族混合、污染和不明确。在跨大西洋的想象中，父亲身份本身是不确定的这一根深蒂固的信念，为种族焦虑的滋生提供了肥沃的土壤。它还塑造了种族治理。从纳粹德国到战后的移民政策，亲子关系一直是20世纪各国努力建立和维护种族、国家和公民身份边界的核心。

现代亲子关系的一个更无形但同样强大的推动力是民众对宗谱起源的强烈迷恋。人体测量学家阿方斯·贝蒂荣曾经指出："无论在哪一个时代，身份问题总是能引起男人的兴趣。从本质上来说，难道不正是这类问题构成了关于丢失、交换和寻回孩子这种经久不衰的故事主题的基础吗？"[39] 那个发现自己是绅士儿子的好斗孤儿可能来自19世纪的小说，但关于身份的故事在20世纪仍然很流行。普通人很容易想象新的亲缘关系科学的用途，因为他们很熟悉这样的情节：孩子出生时被调换或被吉卜赛人绑架；被抛弃的母亲、她无辜的孩子，以及无良的浪荡子；通奸的妻子和她戴绿帽的丈夫；白人母亲和她种族不明的孩子。

从20世纪20年代开始，报纸对科学在解决这类问题中的作用表现出浓厚的兴趣。这经常发生在涉及富人和名人的耸人听闻的丑闻中，比如查理·卓别林所卷入的亲子诉讼。关于性和丑闻的八卦，关于失而复得的身份的故事，以及科学在寻找父亲过程中的轰动性作用的故事，这些都具有广泛的跨文化吸引力。这样的故事在日益扩大的国际通讯社网络中到处传播。媒体向热切的公众解释新的科学发展（其准确性常常令人怀疑），在一些国家，如美国，它是法官、律师和官员了解进展情况并采取相应行动的主要媒介。可见，媒体不仅仅是消极地传播信息的渠道，它也积极地催生了关于父亲身份的新思维方式，并传播了与之相关的技术。

现代父亲身份是在第一次世界大战后的几十年里在横跨大西洋的环境中兴起的，

地域范围包括北美洲、拉丁美洲和欧洲。它在这片广袤土地上的历史最好从跨国视角来讲述，以便解释这些思想的传播，并且最好从比较的视角来讲述，以便捕捉不同社会对这些思想的反应有何异同。来自某些国家（阿根廷、巴西、德国、意大利和美国）的故事虽然不是详尽无遗的，但具有代表意义，既捕捉了全球模式，也捕捉了地方性的差异。

在20世纪上半叶，密集的流通和交换网络横跨大西洋两岸的科学界。在与亲子鉴定科学最相关的专业知识领域，即法医学、优生学、遗传和种族科学，情况更是如此。通过多语言期刊、国际会议、个人合作和友谊，科学家们分享支持亲缘关系科学的知识、实验室技术，甚至是材料供应（如血清）。当然，这个网络也延伸到了世界上的其他地方，例如日本和埃及，但跨大西洋的网络最为密集。

然而，科学知识的生产和流通并不是平均分布在这个地理空间的。欧洲德语区和美国是20世纪早期科学现代化无可争议的中心，像血型检测这样的关键技术都是从这里的实验室中诞生的。拉丁美洲一直对欧洲和北美洲亦步亦趋，而不是反之。但随着科学家们在这些地方穿梭，空间上的高低之分也变得模糊：一些关键的亲子鉴定科学家是犹太人，他们从欧洲逃到美国和拉丁美洲，把他们的专业知识带到该学科不太成熟的国家。此外，亲子鉴定科学从来就不是一套单一的实践和观念，不同地方的研究者会开发出他们自己的亲子鉴定方法，因此存在地域上的差异。从这个意义上说，这门科学没有明确的中心和边缘。

现代亲子鉴定科学跨大西洋的摇篮也反映了欧美家庭法的共同传统。这一传统超越了欧洲大陆和拉丁美洲的大陆法系与英美普通法系之间的明显区别，也超越了不同国家法律之间的重要变化和特点。整个欧美社会的家庭法都建立在罗马法的基础之上，并借鉴了类似的父母亲身份、亲缘关系、婚生和非婚生等方面的结构。在20世纪初，这些法律都包括一个基本的假设，即母亲身份天生是确定的，而父亲身份天生是不确定的；也包括婚生推定原则，即已婚妇女的丈夫总是会自动成为她孩子法律上的父亲；还包括这样一种认识，即婚外生育在道德上和法律上的地位都是低下的，对未婚母亲和私生子女的歧视是理所当然的，限制私生子女发现其父亲的权利是合理的。在20世纪初，这些国家不仅拥有共同的法律传统，而且在随后的几十年里，随着社会和政治上的变化逐渐侵蚀了历史悠久的法律正统，它们改革的轨迹也往往是平行的。[40]

最后，现代亲子关系源于一套关于亲缘关系的共同文化传统。欧美的亲缘关系建立在先天与后天、生物与社会、真实与虚构等一系列对立之上，而母亲身份和父亲身份正是这种对立的缩影。母亲身份与自然、生物学和生理学上的确定性联系在一起，而父亲身份则与文化、法律和认识上的推定联系在一起。在这种框架之下，自然界中存在着亲缘关系的真相，而知识在于揭示这些真相。[41]科学的亲子鉴定——一项有望从法律和文化的虚构中拯救自然真相的程序——在世界的这一部分是有意义的，因为这与主流文化对亲缘关系的理解是一致的。

可以肯定的是，无论是过去还是现在，欧美的亲缘关系都有明显的民族和地区差异，以及种族和阶级差异。拉丁美洲的情况尤其如此，那里的婚姻和亲缘关系的历史模式与欧洲和北美形成了鲜明的对比。在20世纪初，拉丁美洲的结婚率是世界上最低的，而非婚生子率是世界上最高的。到了20世纪20年代和30年代初，也就是现代亲子科学发端的年代，该地区许多国家的非婚生子率比欧洲高出10倍。[42]难怪对于许多拉美观察人士来说，身份不明的父亲似乎是一个特别紧迫的问题。因此，欧美亲缘关系的范畴意味着可比性而非同一性，对于跨国家和跨地区的差异可以进行有效的对比。

现代父亲身份意味着一套新的认识和实践，对父亲身份的古老探寻被赋予了新的含义。事实上，现代性和进步的概念一直是欧美对父亲身份的思考方式的核心。维多利亚时代的理论家们把目光投向过去，着迷于远古人类的血统以及他们与现在的不同之处。后来的人种学家和人类学家则把目光投向一侧，专注于当代野蛮人的"原始父亲身份"，这与他们自己的文明理解形成了反差。[43]致力于发展亲子鉴定科学的医学和法医专家被这些历史和民族志所吸引。他们经常围绕古人和土著人对于父亲身份丰富多彩的认识而展开写作。[44]原始社会的父亲身份使他们着迷，因为这是他们定义自己的科学探索的陪衬。如果说父亲身份的过去是无知和怀疑，那么它的现在是理解，而它的未来也许是一种确定。不仅科学家这样认为，媒体也赞扬科学家是"现代的所罗门"，他们为"人类有史以来的……生活和艺术作品"中"模糊的父亲身份"这一问题提出了解决方案。[45]现代亲子鉴定的部分定义是它对自身现代性的坚持。

然而，这种坚持掩盖了强大的延续性因素。事实上，许多寻找父亲的"新"科学方法都是对以前方法的回收利用，坦率地说，这些方法找到父亲的能力也很有限。最重要的是，这种连续性是社会性的。现代亲子鉴定预示着对父亲身份、自己的身份和祖先的新思考方式，但实际上它并没有取代旧的方式。科学可以揭示父亲身份的真相，这一想法激起了人们的兴趣，但也引发了深刻的矛盾，因为它可能挑战已有的关于性别、性行为和家庭的正统观念。以前的观念一直存在于大众信仰中，并在各种背景下得到政治、法律、宗教和军事权威的捍卫。最令人惊讶的是，医生和科学家本身——现代亲子鉴定的完美化身——有时会把传统观念置于现代科学真理之上。

20世纪对父亲身份的探寻暴露了社会性和生物性、科学与法律、真理和正义、道德和社会秩序之间长期存在的紧张关系。它没有解决这些紧张关系，而是使其具体化。因此，这不是一个关于一套新的信仰、实践和技术如何根除旧的信仰、实践和技术的故事，而是一个一直持续到现在的关于有争议的父亲身份的故事。

在圣安东尼亲子鉴定的神迹中，圣安东尼问婴儿："谁是你的父亲？"孩子转向那个男人，并宣布："他是我的父亲。"婴儿可能给出了正确的答案，但圣安东尼问了错误的问题。现代亲子关系的历史表明，真正困难的问题不是孩子的父亲是谁，而是我们希望他是谁。

注释

题记引自 Rachel G. Fuchs, *Contested Paternity: Constructing Families in Modern France* (Baltimore: Johns Hopkins University Press, 2008), 2。

[1] 这个故事的另一个版本出现在 Emmanuele de Azevedo, *Vita di Sant' Antonio di*

Padova (Bologna: Lelio dalla Volpe, 1790), 90—92。

[2] Tom MacFaul, *Poetry and Paternity in Renaissance England* (New York: Cambridge University Press, 2010); MacFaul, *Problem Fathers in Shakespeare and Renaissance Drama* (Cambridge: Cambridge University Press, 2012).

[3] Jenny Davidson, *Breeding: A Partial History of the Eighteenth Century* (New York: Columbia University Press, 2009).

[4] Ivy Pinchbeck and Margaret Hewitt, *Children in English Society* (London: Routledge & K. Paul, 1969), chapter 8; Michael Grossberg, "Duped Dads and Discarded Children", in *Genetic Ties and the Family: The Impact of Paternity Testing on Parents and Children*, ed. Mark A. Rothstein (Baltimore: Johns Hopkins University Press, 2005), 97—131; U. R. Q. Henriques, "Bastardy and the New Poor Law", *Past & Present* 37 (1967): 103—129; Laura Gowing, *Common Bodies: Women, Touch and Power in Seventeenth-Century England* (New Haven, CT: Yale University Press, 2003); Lisa Forman Cody, "The Politics of Illegitimacy in an Age of Reform: Women, Reproduction, and Political Economy in England's New Poor Law of 1834", *Journal of Women's History* 11, no. 4 (2000): 131—156.

[5] 法官的话引自 Henriques, "Bastardy and the New Poor Law", 106。

[6] "无法穿透的面纱", 见 Fuchs, *Contested Paternity*, 52。关于自然之谜和母亲身份, 见 Nara Milanich, *Children of Fate: Childhood, Class, and the State in Chile, 1850—1930* (Durham, NC: Duke University Press, 2009), 54; Camille Robcis, *The Law of Kinship: Anthropology, Psychoanalysis, and the Family in France* (Ithaca, NY: Cornell University Press, 2013)。

[7] Staffan Müller-Wille and Hans-Jörg Rheinberger, *A Cultural History of Heredity* (Chicago: University of Chicago Press, 2012).

[8] Suzanne Desan, *The Family on Trial in Revolutionary France* (Berkeley: University of California Press, 2006); Isabel V. Hull, *Sexuality, State, and Civil Society in Germany, 1700—1815* (Ithaca, NY: Cornell University Press, 1997); Milanich, *Children of Fate.*

[9] Balzac, *Old Goriot* (1835); Thomas Hardy, "The Imaginative Woman" (1894); August Strindberg, "The Father" (1887); Machado de Assis, *Dom Casmurro* (1899); Guy de Maupassant, "Useless Beauty" (1926).

[10] Jenny Bourne Taylor, "Nobody's Secret: Illegitimate Inheritance and the Uncertainties of Memory", *Nineteenth-Century Contexts* 21, no. 4 (2000): 565—592; Goldie Morgentaler, *Dickens and Heredity: When Like Begets Like* (New York: St Martin's Press, 2000); Ross Shideler, *Questioning the Father: From Darwin to*

Zola, Ibsen, Strindberg, and Hardy (Stanford, CA: Stanford University Press, 1999).

[11] Friedrich Engels, *The Origin of the Family, Private Property and the State* (Harmondsworth: Penguin Books, 1985); "母亲作为自己子女唯一确实可靠亲长的……社会地位", 原文见该书第42页; "一夫一妻制三千年来存在的最后结果", 原文见该书第98页; "人类所经历过的最激进的革命之一", 原文见该书第86页; Johann Jakob Bachofen, *Myth, Religion, and Mother Right: Selected Writings of J. J. Bachofen* (Princeton, NJ: Princeton University Press, 1992); Rosalind Coward, *Patriarchal Precedents: Sexuality and Social Relations* (London: Routledge & Kegan Paul, 1983); Carol Delaney, "The Meaning of Paternity and the Virgin Birth Debate", *Man* 21, no. 3 (1986): 494—513。

[12] *Family Romance* (1909); *Moses and Monotheism* (1939); "Notes upon a Case of Obsessional Neurosis" (1909).

[13] Ann Taylor Allen, "Feminism, Social Science, and the Meanings of Modernity: The Debate on the Origin of the Family in Europe and the United States, 1860—1914", *American Historical Review* 104, no. 4 (1999): 1110.

[14] Delaney, "The Meaning of Paternity".

[15] Foreword to Ashley Montagu, *Coming into Being among the Australian Aborigines: The Procreative Beliefs of the Australian Aborigines* (1937; repr., Abingdon: Routledge, 2004), xvii.

[16] Aldous Huxley, *Brave New World* (New York: Harper Collins, 2010), 44—45.

[17] Arthur C. Clarke, *Childhood's End* (New York: Ballantine, 1953), 73.

[18] Allen, "Feminism, Social Science, and the Meanings of Modernity"; Gloria Steinem, "Wonder Woman", in *The Superhero Reader*, ed. Charles Hatfield, Jeet Heer, and Kent Worcester (Jackson: University Press of Mississippi, 2013), 209; Cynthia Eller, *The Myth of Matriarchal Prehistory: Why an Invented Past Won't Give Women a Future* (Boston: Beacon Press, 2000).

[19] Mary O'Brien, *The Politics of Reproduction* (London: Routledge & Kegan Paul, 1981), 8.

[20] O'Brien, *The Politics of Reproduction*. "男性种子的让渡", 原文见该书第29页; "无论是古代的泥屋还是现代的大家庭, 私人领域是确定特定父亲身份的必要条件", 原文见该书第56页; "巨大而压抑的结构" 和 "存在着一个不妥协的现实, 即与父亲身份有关的疏离感和不确定性", 原文见该书第60—61页。

[21] Sarah Blaffer Hrdy, *Mother Nature: A History of Mothers, Infants, and Natural Selection* (New York: Pantheon Books, 1999), 217. 关于包括人类在内的不同

物种中父亲身份确定性的文献非常多，见Steven J. C. Gaulin and Alice Schlegel, "Paternal Confidence and Paternal Investment: A Cross Cultural Test of a Sociobiological Hypothesis", *Evolution and Human Behavior* 1, no. 4 (1980): 301—309; Steven M. Platek and Todd K. Shackelford, *Female Infidelity and Paternal Uncertainty: Evolutionary Perspectives on Male Anti-Cuckoldry Tactics* (Cambridge: Cambridge University Press, 2006); Kermyt G. Anderson, Hillard Kaplan, and Jane B. Lancaster, "Confidence of Paternity, Divorce, and Investment in Children by Albuquerque Men", *Evolution and Human Behavior* 28, no. 1 (2007): 1—10。

[22] Annette Gordon-Reed, *Thomas Jefferson and Sally Hemings: An American Controversy* (Charlottesville: University of Virginia Press, 1999).

[23] Giulia Barrera, "Patrilinearità, razza e identità: L'educazione degli italo-eritrei durante il colonialismo italiano (1885—1934)", *Quaderni Storici* 37, no. 109 (2002): 26.

[24] Emmanuelle Saada, *Empire's Children: Race, Filiation, and Citizenship in the French Colonies* (Chicago: University of Chicago Press, 2011).

[25] 尽管很少有关于父亲身份及其科学的历史或民族志研究，但以下几项出色的研究值得一提：Heide Castañeda, "Paternity for Sale: Anxieties over 'Demographic Theft' and Undocumented Migrant Reproduction in Germany", *Medical Anthropology Quarterly* 22, no. 4 (2008): 340—359; Sueann Caulfield, "The Right to a Father's Name: A Historical Perspective on State Efforts to Combat the Stigma of Illegitimate Birth in Brazil", *Law and History Review* 30, no. 1 (2012): 1—36; Sueann Caulfield and Alexandra Minna Stern, "Shadows of Doubt: The Uneasy Incorporation of Identification Science into Legal Determination of Paternity in Brazil", *Cadernos de Saúde Pública* 33 (2017): 1—14; Sabrina Finamori, "Os sentidos da paternidade: Dos 'pais desconhecidos' ao exame de DNA" (PhD diss., Universidade Estadual de Campinas, 2012); Claudia Fonseca, "Following the Path of DNA Paternity Tests in Brazil", in *Reproduction, Globalization, and the State: New Theoretical and Ethnographic Perspectives*, ed. Carolyn Browner and Carolyn Fishel Sargent (Durham, NC: Duke University Press, 2011); Claudia Fonseca, "A certeza que pariu a dúvida: paternidade e DNA", *Estudos Feministas* 12, no. 2 (2004): 13—34; Giulia Galeotti, *In cerca del padre: Storia dell'identità paterna in età contemporanea* (Bari: Laterza, 2009); Shari Rudavsky, "Blood Will Tell: The Role of Science and Culture in Twentieth-Century Paternity Disputes" (PhD diss., University of Pennsylvania, 1996)。

[26] 谷歌Ngram分析证明了这种转变。在整个20世纪，"亲子鉴定"一词的使用频率一直很高，在20世纪80年代又出现了一次飞跃，这与亲缘关系评估中

DNA 技术的出现相吻合。分析是用英语进行的，因为在罗曼语族中表示"亲子鉴定"的短语(prueba / prova / preuve)既有"测试"的意思，也有"证明"的意思，因此涵盖了社会法律方法和科学方法。

［27］ Gérard Noiriel and Ilsen About's, *L'identification: Genèse d'un travail d'état* (Paris: Belin, 2007).

［28］ Simon Szreter and Keith Breckenridge, *Registration and Recognition: Documenting the Person in World History* (Oxford: Oxford University Press, 2012); Jane Caplan and John C. Torpey, *Documenting Individual Identity: The Development of State Practices in the Modern World* (Princeton, NJ: Princeton University Press, 2001); Mercedes García Ferrari, *Ladrones conocidos, sospechosos reservados:Identificación policial en Buenos Aires, 1880—1905* (Buenos Aires: Prometeo Libros, 2010).

［29］ Francis Galton, "Personal Identification and Description", *Journal of the Anthropological Institute of Great Britain and Ireland* 18 (1889): 191.

［30］ 这里我引用了莎伦娜·珀尔（Sharrona Pearl）对19世纪面相学的研究：*About Faces: Physiognomy in Nineteenth-Century Britain* (Cambridge, MA: Harvard University Press, 2010)。

［31］ "Charlie Chaplin to Speak on Tyranny of U.S. Women", *St Petersburg Times*, May 26, 1928. 这个短语来自维也纳的一个男权运动团体。关于现代女性及其所引发的焦虑，见 Alys Eve Weinbaum, The Modern Girl around the World Research Group, Lynn M. Thomas, Priti Ramamurthy, Uta G. Poiger, Madeleine Yue Dong, and Tani E. Barlow, eds., *The Modern Girl around the World: Consumption, Modernity, and Globalization* (Durham, NC: Duke University Press, 2008); Susan K. Besse, *Restructuring Patriarchy: The Modernization of Gender Inequality in Brazil, 1914—1940* (Chapel Hill: University of North Carolina Press, 1996); Atina Grossmann, *Reforming Sex: The German Movement for Birth Control and Abortion Reform, 1920—1950* (New York: Oxford University Press, 1995)。

［32］ Fuchs, *Contested Paternity;* Allen, "Feminism, Social Science, and the Meanings of Modernity"; Asunción Lavrín, *Women, Feminism, and Social Change in Argentina, Chile, and Uruguay, 1890—1940* (Lincoln: University of Nebraska Press, 1998); Marcela M. A. Nari, *Políticas de maternidad y maternalismo político:Buenos Aires, 1890—1940* (Buenos Aires: Editorial Biblos, 2004).

［33］ Elinor Ann Accampo, Rachel Ginnis Fuchs, and Mary Lynn Stewart, *Gender and the Politics of Social Reform in France, 1870—1914* (Baltimore: Johns Hopkins University

Press, 1995); Joshua Cole, *The Power of Large Numbers: Population, Politics, and Gender in Nineteenth-Century France* (Ithaca, NY: Cornell University Press, 2000); Nancy Stepan, *The Hour of Eugenics: Race, Gender, and Nation in Latin America* (Ithaca, NY: Cornell University Press, 1991); Alexandra Minna Stern, *Eugenic Nation: Faults and Frontiers of Better Breeding in Modern America* (Berkeley: University of California Press, 2016); Alexandra Minna Stern, "Responsible Mothers and Normal Children: Eugenics, Nationalism, and Welfare in Post-Revolutionary Mexico, 1920—1940", *Journal of Historical Sociology* 12, no. 4 (1999): 369—397.

[34] Fuchs, *Contested Paternity;* Anne-Emanuelle Birn, "Uruguay's Child Rights Approach to Health: What Role for Civil Registration?", in *Registration and Recognition: Documenting the Person in World History*, ed. Simon Szreter and Keith Breckenridge (Oxford: Oxford University Press, 2012), 415—447; Nara Milanich, "To Make All Children Equal Is a Change in the Power Structures of Society: The Politics of Family Law in Twentieth Century Chile and Latin America", *Law and History Review* 33, no. 4 (2015): 767—802.

[35] "Feminist Movements Are Different Abroad", *New York Times Magazine*, October 10, 1915, 11—12.

[36] Helena Bergman and Barbara Hobson, "Compulsory Fatherhood: The Coding of Fatherhood in the Swedish Welfare State", in *Making Men into Fathers: Men, Masculinities and the Social Politics of Fatherhood*, ed. Barbara Hobson (New York: Cambridge University Press, 2002), 92—124.

[37] Antônio Ferreira de Almeida Júnior, *As provas genéticas da filiação* (São Paulo: Revista dos Tribunais, 1941), 6—8.

[38] Werner Sollors, *Neither Black nor White yet Both: Thematic Explorations of Interracial Literature* (Cambridge, MA: Harvard University Press, 1999); 有关当代案例，见 Maïa de la Baume, "In France, a Baby Switch and a Lesson in Maternal Love", *New York Times*, February 24, 2015, https://www.nytimes.com/2015/02/25/world/europe/in-france-a-baby-switch-and-a-test-of-a-mothers-love.html?rref=world/europe&module=Ribbon&version=context&region=Header&action=click&contentCollection=Europe&pgtype=article&_r=0; Helen Weathers, "Why Am I Dark, Daddy? The White Couple Who Had Mixed Race Children after IVF Blunder", *Daily Mail*, June 13, 2009, https://www.dailymail.co.uk/news/article-1192717/Why-I-dark-daddy-The-white-couple-mixed-race-children-IVF-blunder.html。

[39] Alphonse Bertillon, "The Bertillon System of Identification", *Forum* 11 (1890—

1891): 330—341.

[40] Mary Ann Glendon, *The Transformation of Family Law: State, Law, and Family in the United States and Western Europe* (Chicago: University of Chicago Press, 1996); Harry D. Krause, "Bastards Abroad: Foreign Approaches to Illegitimacy", *American Journal of Comparative Law* 15, no. 4 (1967): 726—751; Milanich, "To Make All Children Equal".

[41] 关于父亲身份和母亲身份，见Coward, *Patriarchal Precedents*。关于真相的揭示，见 David M. Schneider and Richard Handler, *Schneider on Schneider: The Conversion of the Jews and Other Anthropological Stories* (Durham, NC: Duke University Press, 1995), 222。关于先天和后天对欧美亲缘关系的定义，见Marilyn Strathern, *After Nature: English Kinship in the Late Twentieth Century* (Cambridge: Cambridge University Press, 1992); Janet Carsten, *After Kinship*(Cambridge: Cambridge University Press, 2004); Sarah Franklin, "Anthropology of Biomedicine and Bioscience", in *The SAGE Handbook of Social Anthropology*, 2 vols. (London: SAGE Publications Ltd, 2012), 42—55。

[42] 在拉丁美洲国家，非婚生儿童占新生儿总数的20%到60%以上，而在大多数欧洲国家，这一数据仅为个位数。Göran Therborn, *Between Sex and Power: Family in the World, 1900—2000* (London: Psychology Press, 2004); J. A. Bauzá, "Importancia del factor ilegitimidad en la mortalidad infantil", *Boletín del Instituto Internacional Americano de Protección a la Infancia* 14, no. 3 (1941): 397; Béla Tomka, *A Social History of Twentieth-Century Europe* (London: Routledge, 2013)。

[43] Edwin Sidney Hartland, *Primitive Paternity: The Myth of Supernatural Birth in Relation to the History of the Family* (London: D. Nutt, 1910).

[44] Fritz Schiff, *Blood Groups and Their Areas of Application*, Selected Contributions to the Literature of Blood Groups and Immunology, vol. 4, part 2 (1933; repr., Fort Knox, Kentucky: U.S. Army Medical Research Laboratory, 1971), 311—313; Fritz Schiff, "Abstammungsproben in alter Zeit", *Deutsche Medizinische Wochenschrift* 27 (1929): 1141—1143; Alexander S. Wiener, "Determining Parentage", *Scientific American* 40, no. 4 (1935): 323—331; A. Almeida Júnior, *Paternidade* (São Paulo: Companhia Nacional, 1940); Arnaldo Amado Ferreira, *Determinação médico-legal da paternidade* (São Paulo: Comp. Melhoramentos de São Paulo, 1939).

[45] "现代的所罗门"，见 "Can Scientists Tell Babies Apart?", *Science News-Letter* 18, no. 488 (August 16, 1930), 98; "模糊的父亲身份"，见 "How the Blood Tests Made a Love Test", *Atlanta Constitution*, April 24, 1921, G4。

第二章　江湖庸医和血液振动仪

伟大科学家的工作可能错误百出，而一个江湖庸医的工作可能充满惊人的意义。

——亚伯拉罕·戈德法布（Abraham Goldfarb），

纽约市立大学生物系，1930年

1921年，罗莎·维托里（Rosa Vittori）夫人在旧金山法院对她的前夫提起诉讼。保罗·维托里（Paul Vittori）拒绝为她两个月大的女儿弗吉尼娅（Virginia）支付抚养费，因为他坚持认为这个孩子不是他的。保罗是意大利移民，一名有轨电车售票员，而罗莎来自西班牙。两人已经结婚两年了，其间争吵不断，这只是他们婚姻灾难性终结的最新转折。当他们最终站在法庭上时，这对夫妇已经因为虐待问题而离过两次婚。在一次争吵中，罗莎甚至掏出了一把左轮手枪，并因此而被短暂监禁。这是一个相当传统（虽然有些激烈）的家庭悲剧，但保罗拒绝承认这个孩子，这让维托里一家很快登上了世界各地的报纸。

这对夫妇出现在旧金山高等法院法官托马斯·格雷厄姆（Thomas F. Graham）的法庭上。格雷厄姆法官是当地有名的人物，在担任法官的20年里，他因善于调解夫妻纠纷而被称为"调解之王"。《旧金山纪事报》（*San Francisco Chronicle*）定期报道他的法庭调解，如《格雷厄姆法官调解：吵架的夫妻重归于好》《法官又一次促成和解》。格雷厄姆法官支持夫妻结束婚姻的权利，但对动辄离婚的社会现象表示遗憾，他在法庭和公开演讲中都传达了这一信息。然而，对于罗莎和保罗·维托里来说，和解是不可能的了，这甚至已经不在法庭讨论范围之内。法庭讨论的重点是，婴儿弗吉尼娅的父亲到底是谁？

在解决这个问题时，法律完全站在罗莎·维托里一边。如果说离婚越来越常见，那么挑战孩子的合法性就完全是另一回事了。加州法律遵循的法律传统根深蒂固，可以追溯到罗马法，认为已婚男子就是他妻子孩子的父亲。法律使得丈夫很难，有时甚至不可能挑战这种"婚生推定"，这是一种旨在保护合法子女权利和社会中婚姻完整性的限制性条款。

然而，代表维托里夫人的年轻律师并没有依据这条法律，而是选择了一种不同的、极不寻常的方法：血液检测。律师斯坦利·诺兰（Stanley F. Nolan）当时24岁，从法学院毕业才几年。他读到过在巴黎和约翰斯·霍普金斯大学进行的旨在通过血液来证明血缘关系的科学实验。受这些实验的启发，他提出可以通过科学检测来确定小弗吉尼娅父亲的身份。诺兰联系了一家大型公共机构——中央急救医院，但被告知他们"没有这种检测设备"。这家医院的医生建议他去咨询妇产科专家。也许当地大学的专家能帮上忙。[1]

这位年轻律师的做法标新立异，也很有先见之明。当时世界上任何地方都没有使用血液检测来确定亲子关系的常规做法，也不清楚他读到过的在巴黎或约翰斯·霍普金斯大学进行的是什么检测，但他的提议表明有关这种检测的想法已经在流传。此外，似乎足够可信的是，律师认为这种检测虽然可能还没有被广泛了解或常规使用，但它不仅存在，而且还可以帮助他的客户。

当地报纸上刊登了一篇关于这个奇怪案件的文章。最终这篇文章并没有提供结论，而是指出这位律师将"努力引起科学家对该案件的兴趣，因为他相信医学和法律都将因此而受益"。与此同时，两个明显的问题仍然没有得到解决：谁是孩子弗吉尼娅的父亲？科学能帮忙解决这个问题吗？律师、法官和这对不幸的夫妇都没有预料到这些问题会引起多大的兴趣。

维托里诉讼案可能是美国同类案件中的第一起，它出现在科学、法律和大众对亲子鉴定兴趣真正爆发的风口上。很快，学术期刊、专业会议和国际媒体就充斥着关于血缘、身体和父母亲身份的话题。《亚特兰大宪报》（*Atlanta Constitution*）指出："在人类血液中那些细微漩涡的深处，大自然已经留下了每个人的遗传特征。在每个人的血细胞里，有他父亲身份的确凿记录。"[2] 在20世纪20年代，大自然小心掩盖了的关于父亲身份的"确凿记录"似乎随时会被揭露。布宜诺斯艾利斯的一位人类学家开发了一种基于孟德尔遗传原理的技术来解决继承纠纷。在俄罗斯、奥地利和斯堪的纳维亚半岛，科学家们设计了基于身体相似性的亲子分析。在柏林，一家法院接受了一项基于血型的亲子鉴定的结果。此后不久，圣保罗的两名法医成为西半球最早进行血型检测的医生。从克利夫兰到哈瓦那，医院试图用科学方法解决那些抱错婴儿的轰动案例。到20世纪20年代中期，德国和奥地利的法院开始在亲子纠纷中将接受生物证据作为常规做法，在几年内，至少进行了5 000次这样的检测。基于遗传血型的方法与那些更可疑但往往更吸引人的说法相竞争，后者声称可以通过血液晶体、电子振动和轻粒子来确定血统。

通过报纸，全球公众关注着实验室和法庭里激动人心的事态发展。在美国，读者在《大众科学月刊》（*Popular Science Monthly*）和《大众机械》（*Popular Mechanics*）等杂志，甚至在侦探小说中了解到亲子鉴定的技巧。阿根廷人通过著名杂志《面孔与面具》（*Caras y Caretas*）跟踪这方面的最新动向。《印度时报》（*Times of India*）的读者了解到，科学证据如何消除内布拉斯加州农村一位父亲心中的疑虑。有些关于神奇科学成就的说法是真实的，有些则不然，而新闻界很少做出这样的区分，慢慢地，科学可以通过考察血液和身体特征来确定亲缘关系的想法得以确立。

这样的发展标志着现代亲子鉴定科学的诞生。在19世纪，父亲的生物学身份不仅被认为是未知的，而且是不可知的，被一层"不可穿透的面纱"所掩盖。到了20世纪20年代，这种观点变得越来越古怪。科学似乎准备揭开这层面纱，揭示一般亲缘关系，尤其是父子关系不可言说的奥秘。当纽约市的一群法医聚集在一起讨论亲子鉴定科学的最新进展时，他们甚至愿意考虑一些令人难以置信的新说法的可能性，一位参与者指出，"看似不可能的事情"已经发展成为充满希望的新领域。对于律师斯坦利·诺兰和许多观察人士来说，问题不在于这样的检测是否可行，而在于提出怀疑的父亲、被遗弃的母亲或尽职的年轻律师可以从哪里得到这样的检测。

在格雷厄姆法官举行首次听证会两周后，维托里案发生了戏剧性的转折。诺兰找到了一位愿意进行必要检测的专家——一位名叫阿尔伯特·艾布拉姆斯（Albert Abrams）的当地医生。艾布拉姆斯医生对三个人——罗莎、保罗和弗吉尼娅——的血液进行了分析，并宣布了他的结论，他认为这是"绝对确凿的"。尽管保罗·维托里坚决反对，但他就是弗吉尼娅的父亲。[3]格雷厄姆法官判决这位犯错的父亲每月向前妻支付25美元的抚养费，并宣布艾布拉姆斯的检测是"医学界多年来最重要的事件之一"。[4]

做出这一惊人突破的学者阿尔伯特·艾布拉姆斯不是普通的医生，甚至有人会说他根本就不是医生。可以肯定的是，这个旧金山人于19世纪80年代初在著名的海德堡大学获得了医学学位，并在医学研究和治疗方面取得了成功。在维托里案发生时，他隶属于成立不久的斯坦福大学医学院。但在过去的十年里，艾布拉姆斯越来越多地超越了正统医学的范畴。他提出了一种理论，认为身体是一种电子系统，他称之为"艾布拉姆斯电子反应"（Electronic Reactions of Abrams, ERA）。根据这一理论，身体患病和健康的部位都会发出电子振动，这种振动可以用一种特殊的机器测量，然后由训练有素的诊断专家进行解释。艾布拉姆斯声称，通过他自己发明的一系列惊人的小发明，他能够诊断和治疗一系列疾病，比如结核病、梅毒和癌症。到维托里案发生时，他已经创办了一份期刊、一个实验室和一所专门研究电子医学的特殊学校。他的追随者也越来越多，既有接受过以他的方法训练的医生，也有从他的方法中获益的心怀感激的病人。但最早让艾布拉姆斯成为国内和国际关注焦点的是维托里案。[5]

艾布拉姆斯是怎么得以在维托里案中为法庭提供服务的，我们不得而知，但最有可能的情况是，他在报纸上看到诺兰寻找血液检测的消息，并主动提出可以提供服务。[6]如果确实是这样的话，它预示着科学、法院和媒体之间的协同作用促进了亲子鉴定的传播。

不管艾布拉姆斯是怎么参与其中的，维托里案都是他展示自己科学才能的绝佳机会。在那之前，他的追随者们只知道他有治愈疾病的能力，不知道他还有识别不负责任的父亲的能力。但在艾布拉姆斯的发明中，有一种被称为"血液振动仪"的机器（又被称为"电放射性测量仪"），据说它可以测量一滴血中的电子振动。根据艾布拉姆斯的说法，血液振动的频率随着年龄、性别、种族和其他特征的不同而变化。他计算出了不同种族血统的血液振动频率（犹太血统为7欧姆；爱尔兰血统为15欧姆；德国血统为13欧姆；等等）。此外，因为"血液的振动频率会传递给后代"，而且"子女与父母的振动频率相同"，通过比较不同个体的血液可以揭示他们是否有血缘关系。[7]

艾布拉姆斯就是这样确定保罗·维托里就是弗吉尼娅的父亲的。因为这个案例碰巧涉及两个不同"种族"（这个概念在当时包含了我们现在所说的国籍）的父母，它也展示了血液振动仪在种族识别方面的非凡能力。弗吉尼娅的血液显示："通过电子振动测量发现，她父亲一边是意大利血统，母亲一边是16/25的西班牙血统和3/25的法国血统。"[8]振动仪创造性地融合了那个时代的两大民间和科学痴迷：电和遗传。它还反映了现代亲子鉴定及其科学的一个持久特征：无论是基于血型、身体特征还是电子振动，它都与生物种族的概念密不可分。

在给出令人震惊的结论几个月后，艾布拉姆斯指出："对于受传统束缚的普通人来说，科学发展到现在能够通过几滴血的检测来确定亲缘关系，这似乎是不可思议的。"[9]事实上，一些怀疑者认为他的检测"荒诞不经"，医学界后来也谴责艾布拉姆斯是"20世纪江湖骗子的教主"。[10]

然而，对于每一个坚定的怀疑者，都有一位专家认为，也许（只是也许）艾布拉姆斯是靠谱的。1921年9月，在纽约市法医学学会的会议上，与会者们对这种新的亲子鉴定方法进行了"相当多的讨论"，并决定任命一个委员会对其进行调查。如果它的功效能够得到证实，就应该将阿尔伯特·艾布拉姆斯的名字"永远铭刻在法医学的史册上"。[11]一群有声望的科学家愿意接受这样一种可能性：一台机器可以通过测量电子振动来揭示亲子关系的秘密，这种说法本身并没有什么荒谬之处。这也许非同寻常，但并非不可能。毕竟，纽约的一位助理法医提醒他的同事们，"在过去的几年中，在血清学方面取得了广泛的进展"，"过去看来不可能的事情后来发展成了具有真正诊断价值的检测"。[12]

如果说艾布拉姆斯的亲子鉴定是可信的，那是因为他正是在20世纪20年代大多数人都期望发现它的地方找到了它，那就是血液。血液承载着自我的本质，这是一个非常令人信服的想法。血液可能是很多文化中最常见的用来指代种族、身份和家庭的东西，它是"我们亲属系统的主要象征"，是"一种寓意丰富的液体"。[13]通过血液检测确定父亲身份的想法结合了古代文化中将血液和血统联系起来的做法，以及现代对遗传的关注。如果说在传统观念中，血液是血统隐喻意义上的所在地，那么艾布拉姆斯的振动仪则让血液成为血统字面意义上的所在地。

艾布拉姆斯并不是第一个通过血液确定亲缘关系的人。几年前，宾尼法尼亚大学一位名叫爱德华·泰森·赖克特（Edward Tyson Reichert）的心理学教授基于结晶学技术提出过类似的主张。他和一位同事收集了一百多种脊椎动物的血液样本，并不辞辛劳地测量了它们血红蛋白结晶图案的角度。他们推测这方面的差异可以用来区分不同的物种，并阐明它们之间的进化关系。旧的物种比较方法依赖于形态相似性，但这种方法被越来越多地批评为过于主观。毕竟，相似和不同可能取决于观察者个人的视角。赖克特的研究是当时一大波研究的一部分，这些研究试图发现一种基于某些可测量的生化特性的、更客观的比较方法。[14]

今天，赖克特的理论被认为对分子生物学和进化关系的理解有重要的贡献。但是他还试图利用结晶学来寻找人类之间的相似性和差异性，这一点被人们遗忘了。如果晶体的图案可以用来区别物种，那或许也可以区别人种，甚至是个体。也许每个人的血红蛋白都有一个特殊的晶体图案，就像指纹那样。从种族人类学到法医学，结晶学的实际应用似乎无穷无尽。当然，除此之外，还有在亲缘关系上的应用。赖克特对孩子和父母血液的研究表明："孩子血液中存在的某些现象在父亲的血液中也很明显。"1913年，赖克特告诉记者："在接下来的一年里，我会有确凿的证据来证明可以通过血液晶体追踪遗传。"[15]

和几年后出现的血液振动仪一样，结晶学激发了大众的想象。赖克特的研究被报刊广为报道，甚至出现在侦探小说里。著名作家亚瑟·里夫（Arthur B. Reeve）在《大都会》（Cosmopolitan）杂志上讲述了20世纪初一位名叫克雷格·肯尼迪（Craig Kennedy，被称为"美国的福尔摩斯"）的"科学侦探"的冒险经历。在一次冒险中，这位侦探巧妙地运用了结晶学，揭开了一位假扮成金发女人的"女黑人"的伪装。肯尼迪侦探问他满脸惊讶的同事："不知道你是否听说过赖克特血液检测？事实上，通过研究血液样本的晶体，人们已经可以区别不同种族的人，从而判断他们是中国人、高加索人，还是黑人。"种族检测不可避免地暗示了亲缘关系检测："他们甚至希望不久就能准确区分个体之间的差异，以至于可以通过这些检测追踪亲缘关系。"[16]

尽管小说中的侦探和赖克特本人对此都抱有乐观的期待，但亲子关系的结晶学证据从来没有被找到。尽管如此，他的探索也不是完全徒劳的，因为它让大众为几年后阿尔伯特·艾布拉姆斯和他的振动仪的问世做了准备。罗莎·维托里的律师解释道，他最初之所以会想到亲子鉴定，是因为他曾经读到过这种方法。在维托里案的两年前，《旧金山纪事报》上刊登了一篇关于赖克特结晶学理论的文章，这篇文章可能是这位律师灵感的来源。因此，在某种意义上，正是因为有了报纸，赖克特的检测最终进入了法庭——尽管律师所读的这篇文章实际上并不存在。[17]

起初，艾布拉姆斯的亲子鉴定只是法官格雷厄姆法庭上另一个有趣的小插曲，但是很快，有关报道就传遍了整个国家，然后传遍了全世界。电报消息传到了英国、法国和意大利。几家澳大利亚报纸猜测，"美国佬的新理论"将如何适用于发生在珀斯的一桩离婚案。一位法国人警告说："勾引者们，当心你的血象图！"在巴西东北部的一个小城市，当地报纸预测，艾布拉姆斯将"被来自世界各地的请求搞得应接不暇"，因为这项发明有望"揭开巨大的谜团、无数的惊喜和惊天的骗局！！"阿根廷的一家杂志宣称："这种技术使用的普及……将对世界产生非凡的影响。"[18]

在美国，阿尔伯特·艾布拉姆斯从一个只在当地略有名气的人物变成了全国性的名人。在维托里案几个月后，《大众机械》的80万读者可以了解到热气球、电子表、吊桥和振动仪。[19]对这个案子的询问让诺兰律师和格雷厄姆法官应接不暇。正如那家巴西报纸所预测的，艾布拉姆斯收到了源源不断的帮助请求。

其中一个请求来自亚特兰大。一年多来，这座城市一直被一起据称是医院搞错婴儿的事件所吸引。在这起事件中，两个家庭争夺一个婴儿。其中一个家庭的律师在报纸上看到了艾布拉姆斯的检测，于是向格雷厄姆法官发出了一封信，询问他这个检测是否"可靠"。艾布拉姆斯给这位律师寄了一些材料，让他收集客户的血样。[20]在波士顿，一名"被吉卜赛人偷走"的孩子的母亲向医院请求验血，以确定被警方找回的小男孩是不是她的儿子。在芝加哥，这项技术有望解决两名波兰妇女之间的冲突，她们都声称自己是同一个孩子的母亲。格雷厄姆法官评论说，"我现在终于体会到了所罗门的判决中的智慧"，他保证"血液检测和医学专家的证词"将确定谁才是真正的母亲，并将作伪证者送进监狱。[21]与此同时，一些大胆创新的人为艾布拉姆斯的方法找到了全新的应用。在伊利诺伊州，一名农民对一头小公牛的所有权提出了异议，要求"进行一项类似于最近在加州用于确定一个孩子父母身份的血液检测"，以证明这头牛的归属。一位兽医作证说这项检测不适用于牛血。[22]

如果说振动仪能帮人找回被抱错的婴儿、被偷的孩子，以及偶尔丢失的公牛，那么在公众心中，它最广泛的用途是解决像维托里案那样涉及有争议的父亲身份问题的案件。在维托里案几周后，艾布拉姆斯又被格雷厄姆法官的法庭传唤，这次找他的是玛米·德尔塞科（Mamie Del Secco）夫人，她想证明她的前夫不是她8岁儿子的父亲，以争取成为孩子的唯一监护人。血液振动仪再次提供了一个戏剧性的解决方案，它肯定了前夫的父亲身份。在这一年的大部分时间里（以及此后的十年里），报纸都在关注一桩闹得沸沸扬扬的离婚案，它的主角是富可敌国的纽约国家城市银行（National City Bank of New York）董事长詹姆斯·斯蒂尔曼（James A. Stillman）。斯蒂尔曼指控称，与他结婚20年的妻子的第四个孩子菲菲·波特（Fifi Potter）是受雇于他们庄园的一个"加拿大印第安人"的孩子。在另一起引人注目的通奸案中，圣母大学的法学教授约翰·蒂尔南（John Tiernan）认为，他妻子奥古丝塔（Augusta）的第四个孩子的父亲是南本德（South Bend）的一个男装经销商。在长达几个月的时间里，这两个案件耸人听闻的曲折情节吸引了公众的注意力，而艾布拉姆斯的检测是有关报道的核心内容。最终，两个孩子都被证明是她们母亲的丈夫亲生的。这些报纸还探讨了血液检测在"罗素婴儿案"中的适用性。在20世纪20年代早期，这场令英国社会震惊的离婚和亲子纠纷案催生了对媒体如何报道离婚的法律限制。[23]

20世纪20年代，有关离婚、通奸和婚外情的丑闻成为媒体报道的主要内容，而有关父亲身份的问题成为这些报道的标准组成部分。诉讼当事人和律师开始询问父亲身份，有时还会正式要求验血，以作为亲子关系的证据。媒体对那些关注度很高的案件的报道通常都会提到这类证据。哪一方要求检测、检测是否会进行、检测会显示什么，这些都成为丑闻公共叙事的组成部分。那些最受关注的案件都会涉及富人——圣路易斯的一位"纨绔子弟"；贝塞斯达的煤炭商人；纽黑文的一位胸衣制造商；父母双方都是名门望族的科尼柳斯·范德比尔特·惠特尼（Cornelius Vanderbilt Whitney）。这些事件中的母亲，这些与有钱有势的男人分居的妻子和情妇，通常是舞女、"歌舞团女演员"和曾经的"舞台丽人"。与此同时，艾布拉姆斯带着他的血液振动仪四处奔波，"从一个海岸到另一个海岸，用他的检测作为与性有关的案件的证据"。在芝加哥，他主持了电子医学大会，并与蒂尔南夫妇见了面。在纽约，他在卡内基音乐厅做了一次演讲，入场费的收益被用来资助该市一家以他的名字命名的免费诊所。在波士顿，他对挤在科普利广场酒店（Copley Plaza）的餐厅和阳台上的1 000多名热情听众发表了讲话。[24]现代亲子鉴定成了公共话题，与轰动效应和名人文化紧密地交织在一起。

但普通男女也卷入其中。他们在报纸上看到了艾布拉姆斯的检测，并从中看到了能够解决他们私人问题的灵丹妙药。在医生向来自洛杉矶的艾弗雷特·坎贝尔（Everett Campbell）展示了血液振动仪的检测结果之后，他接受了自己作为一个女婴的父亲的身份。[25] 1921年4月，来自俄克拉何马州拉蒙特（人口只有585人）的沃马克（C. W. Womack）夫人写信给艾布拉姆斯医生，说："我从报纸上看到您可以进行血液检测，想知道像我这样的情况，您是否能够帮助我。"她是三个孩子的母亲，但与她疏远的丈夫拒绝承认只有三个月大的小女儿。"想不到一个父亲会做出这样的事情，我感到很遗憾。我想向全世界、他本人、他的律师以及我的律师表明，孩子的确是他的。"[26]

这些关于被诱惑和被戴绿帽、被欺骗和被遗弃的故事完全可以媲美19世纪的小说。但不同之处在于，科学可以解决这些最私人化的争端。巴尔的摩的一份报纸指出："科学准确地确定了父子关系，世界上从此就不再充满痛苦、猜疑、谎言和不忠。"[27]《亚特兰大宪报》预测："随着时间的推移，不会再有更多关于亲子关系的争议……法院只需说'血液振动仪显示某人是孩子的父亲，检测结果就代表着法律'。"[28]

这项技术特别适用于20世纪20年代，因为在性的现代化的狂热氛围之下，这样戏剧化的事件数量不断激增。摩登女郎、弗洛伊德和菲茨杰拉德让人产生了这样的印象（或许现实并非总是如此）：传统的性观念正在瓦解。性别角色也在发生转变。在第一次世界大战期间，数量空前的女性进入劳动力市场，表明她们有能力胜任曾经被认为无法胜任的工作。就在维托里案的几个月前，美国宪法第19条修正案确立了妇女的选举权，并随之确立了她们的政治公民身份。一些同时代的人在这些转变中发现了"丈夫和父母权威的削弱"。[29] 然而，尽管性规范发生了变化，或者也许正因为如此，维多利亚时代与性有关的一个核心问题依然存在，那就是父亲身份的不确定性。

阿尔伯特·艾布拉姆斯和他神奇的血液振动仪有了用武之地。他告诉记者："一次简单的血液检测就能毫无疑问地解决这个问题。"[30] 他这里所说的"问题"是指一个2岁小男孩的父亲的身份问题，因为纽约银行家詹姆斯·斯蒂尔曼对他是不是自己的亲生儿子提出了质疑。广而言之，这个"问题"是现代性别角色的狂风暴雨。

对艾布拉姆斯的发明的一种解释是它记录了对女性通奸的道德恐慌。让艾布拉姆斯登上头版的最臭名昭著的案例——维托里案、德尔塞科案、蒂尔南案和斯蒂尔曼案——都涉及已婚夫妇。被戴绿帽的丈夫来自美国（白人）的各个阶层：他们中有移民出身的街头售票员，有法学教授，也有出身高贵的银行家，他们的故事发生在旧金山、纽约，也发生在印第安纳州的小镇。科学亲子鉴定的想法获得了人们的认可，这或许是因为它反映了焦虑的丈夫们面对快速的社会变化而普遍产生的幻想。

但是，如果血液振动仪可以揭露女性的不忠，那它同样可以暴露男性的罪恶。毕竟，给艾布拉姆斯博士写信寻求帮助的并不是俄克拉何马州拉蒙特市的沃马克先生，而是他的妻子。她请求医生为她在丈夫和大众面前昭雪冤屈，就像她说的那样："我想让他们知道我是一个忠诚的妻子，让他们不再怀疑我说的话。"[31] 像许多未来的亲子鉴定师一样，艾布拉姆斯强调，他的技术将成为伸张正义的工具，为被冤枉的女性伸张正义。他在一次关于维托里案的采访中指出："我相信，在诸如此类的案件中，这项发明将引发一场革命，在一个女孩被一些试图逃避法律责任的无赖所伤害的情况下，它将防止发生不公正的事情。"多亏这个血液振动仪，"我能想象那些混蛋现在瑟瑟发抖的样子"。[32]

然而，这些案件也并不总是符合要为女性伸张正义的简单叙事。在艾布拉姆斯的两个引人注目的案例中，妻子们请求用血液振动仪来证明她们的"罪行"，而不是她们的清白。为了获得监护权（如德尔塞科夫人）或惩罚不忠的前情人（如蒂尔南夫人），妻子们请艾布拉姆斯来证明有争议的孩子不是她们丈夫的。艾布拉姆斯的亲子鉴定方法和其他类似的方法将解决一系列的冲突，并服务于各种利益。

可见，血液振动仪的性别政治是流动的、不稳定的。从这个意义上讲，艾布拉姆斯的发明预示了亲子鉴定的性别政治。基因技术可以服务于男性的利益，也可以服务于女性的利益，至于这些利益究竟是什么，这取决于具体情况。技术可能会恢复旧的社会和性别秩序，也可能会带来新的社会和性别秩序。科学有时不仅不能解决长期存在的问题，还可能会创造新的问题。沃马克太太把艾布拉姆斯和他的检测视为自己的盟友，但也许从一开始，正是媒体对通奸的报道在沃马克先生的心里埋下了怀疑的种子。现代亲子关系和亲子鉴定技术的一个核心悖论是：科学所承诺的准确性往往会在人们心中埋下了怀疑的种子。

〰〰〰

在两年多的时间里，血液振动仪和它的发明者不断登上头条新闻。但是，随着血液检测成为美国亲子鉴定诉讼公开叙事的核心内容，它在法律实践中的地位受到了强烈的质疑。在斯蒂尔曼案中，持怀疑态度的律师拒绝接受艾布拉姆斯的分析结果；在亚特兰大医院抱错婴儿案中，对方律师认为血液振动仪无法识别真正的父母，就像占卜板无法识别一样。在这两个案子中，血液检测被无休止地讨论，但最后都没有进行。格雷厄姆法官两次接受了艾布拉姆斯的血液检测结果，但另一位旧金山法官拒绝将艾布拉姆斯的发现作为证据。在蒂尔南案中，蒂尔南夫妇都与艾布拉姆斯见面，恳求他进行检测。但他以自己希望继续做一名公正的专家为由，拒绝在法院没有正式提出请求的情况下这样做，而法院始终没有提出请求。

艾布拉姆斯对合法性的追求很能说明问题。虽然血液振动仪很令人激动，但是除了在格雷厄姆法官的法庭上之外，它似乎没有在其他任何法庭上决定判决的结果。甚至在格雷厄姆法官那里，它真正带来的影响也不确定：虽然很多报纸都报道说艾布拉姆斯的检测结果是使法官相信维托里父亲身份的决定性因素，但该判决可能只是遵循了加州法律中传统的婚生推定原则。[33]

艾布拉姆斯的血液振动仪显然没有得到科学界或者法律界的普遍认可。他的机器所做的事情，是确立了生物亲子检测的概念。最初，这个概念与艾布拉姆斯和他的发明密切相关，但这种情况并没有持续多久。维托里案发生几个月后，报纸上对有争议的亲子鉴定案件的报道开始援引通用的科学"血液检测"，而不再提艾布拉姆斯。谁做了这样的检测？其过程是怎样的？这些细节通常都没有具体说明。因此，虽然艾布拉姆斯是他的方法的一个特别有效的代言人，但获得合法性的不是血液振动仪本身，而是现代亲子关系的持久观念，即科学家可以揭示父母和孩子之间的生物学联系。

1912年《洛杉矶先驱晚报》（*Los Angeles Evening Herald*）对维托里案的报道。

资料来源：“Parentage of girl Determined by Blood Test”，*Los Angeles Evening Herald*, February 15, 1921, 1。

图2.1

媒体促进了这个想法的形成。20世纪20年代是"标语和感官刺激"盛行的时代，美国报纸为了吸引读者，热衷于报道有关性和犯罪的故事。[34]现代亲子关系是搭着媒体丑闻的顺风车而来的。但艾布拉姆斯的故事不仅与性有关，也与现代科学的奇迹有关。尽管小报新闻是这一时期的一个标志，但血液振动仪的壮举实际上是在更传统的报纸上得到报道的。媒体把它说成一个丑闻故事，但这也是一个科学突破的故事。它采取了一种说教的立场，向读者解释亲子关系的科学，虽然它提供的教导经常是不完整或混乱的。

媒体不仅传播了这些发展，而且帮助推动了这些发展。通过把科学家、律师和公众联系到一起，报纸推广了新的亲子鉴定技术。在维托里案中，艾布拉姆斯很可能是通过《旧金山纪事报》的报道，得知诺兰律师要为婴儿弗吉尼娅做亲子鉴定的。俄克拉何马州拉蒙特市的沃马克夫人是在报纸上看到艾布拉姆斯博士的消息后才写信给他的。在维托里案判决几个月后，《亚特兰大宪报》发表了一篇长文，讲述了这次神奇的亲子鉴定、它在维托里案和斯蒂尔曼案中的应用，以及它在亚特兰大仍未解决的抱错婴儿案中的可能应用。[35]亚特兰大一对父母的律师看到了这篇文章，几天内就联系了格雷厄姆法官，想知道血液检测是否对他自己的客户有帮助。他既小心谨慎，又对新闻标题感兴趣，他说："虽然我担心报纸把这一理论作为新闻报道的依据，但我觉得这个话题还是值得研究的。"[36]《亚特兰大宪报》上的文章（包括其中的九张照片和两幅插图）随后被《旧金山纪事报》转载。三天后，《旧金山纪事报》接着报道了亚特兰大那位律师的调查，标题兴高采烈地写着"《旧金山纪事报》的报道可能会帮助佐治亚州人"。通过把佐治亚州的律师和父母与加州的科学家和法官联系在一起，报纸本身就成为故事的主角。[37]

此外，媒体还作为新方法的仲裁者刺激了亲子鉴定科学的发展。格雷厄姆法官判决婴儿弗吉尼娅是保罗·维托里的女儿，这可能更多地依赖于加州法律中的婚生推定原则，而不是血液振动仪的检测结果，但是这样的新闻标题讲述了一个不同的故事："法院接受用'血液检测'来确定父母亲身份""通过血液检测解决亲子关系的争议""法院通过血液检测确定婴儿的父母亲身份"。通过报道（或许是不正确的报道），法院接受了血液振动仪的有效性，并开创了一个司法先例，媒体促进了这种先例的产生。换句话说，报纸并不是被动地传达判决，而是在舆论的法庭上积极地推动了判决的形成。在随后的几十年里，随着新技术的出现，媒体将继续扮演这一角色。

艾布拉姆斯吸引了一批热情的支持者，虽然他们可能一直是少数，但呼声很高，而且其中有很多名人。英国医学协会前任主席热情地支持艾布拉姆斯的检测。就在维托里案刚被媒体报道之际，中国海军的首席外科医生受美国医学会的邀请访问了美国，他称艾布拉姆斯的亲子鉴定"绝对可靠"，并亲自订购了一台血液振动仪。[38] 在一次气氛热烈的学术会议上，纽约法医学协会的成员对艾布拉姆斯的检测表现出热情而谨慎的好奇。他们的主要保留意见是艾布拉姆斯声称他的检测万无一失，这个绝对化的断言让那些习惯于与或然说作斗争的科学家感到不安。尽管如此，他们还是对这种方法表现出了极大的兴趣，一位成员认为："毫无疑问，这个检测有一定的价值。"[39]

艾布拉姆斯不仅吸引了一群追随者，还获得了特许经营权。只需要200美元，"信誉良好的医生"就可以参加电子医学方面的培训课程。维托里案发生六个月后，每个月都有几十名医生前往旧金山，参观他的实验室，学习他的方法。对于那些不能去加州的人，也有函授课程。艾布拉姆斯还用他的另一项发明——振动协调仪（oscilloclast）——提供租赁服务，预付200美元，每月再付5美元。到1921年底，已有130多名从业者租用了这种机器，有些人还租用了多台机器，并且这个数字很快就翻了一番。[40] 与此同时，艾布拉姆斯创办的杂志《物理-临床医学》（*Physico-Clinical Medicine*）每年的订阅费是2美元（在美国、加拿大和墨西哥以外是2.5美元），他的书每本5美元。[41] 据估计，到1923年10月，使用他的方法的医生已经增加到3 000人。[42] 虽然大多数从业者可能对他的诊断和治疗技术感兴趣，但他们也从事亲子鉴定。艾布拉姆斯在伦敦的追随者、美国医生麦考尼（McCouney）向记者讲述了他如何帮助一位富有的病人确定女佣孩子的父亲（与这位富人的怀疑相反，孩子的父亲并不是他的儿子，而是另有其人，并且巧合的是，这个人也是麦考尼医生的病人）。[43]

与此同时，艾布拉姆斯这种非常规的方法还吸引了医学领域以外的名人，包括作家阿瑟·柯南·道尔（Arthur Conan Doyle）爵士和厄普顿·辛克莱（Upton Sinclair）。受《皮尔逊杂志》（*Pearson's Magazine*）的委托，辛克莱调查了艾布拉姆斯耸人听闻的说法，以揭发丑闻著称的他被自己在旧金山艾布拉姆斯诊所目睹的一切所吸引。对于艾布拉姆斯公众地位的提升来说，辛克莱的赞誉性报告《奇迹之家》（*The House of Wonder*）可能与他让大批心怀感激的病人恢复健康所起的作用一样大。这篇文章在美国广泛流传，也在法国和巴西发表。[44]

事实上，艾布拉姆斯的信徒远远超出了美国的范围。他的小发明的承租人来自五个不同的国家。在里约热内卢也可以学到讲授艾布拉姆斯检测方法的函授课程。[45]他在英国拥有一群特别活跃的弟子，这可能要归功于英国医学协会前主席非常公开，也非常有争议的支持。他还在墨西哥的政治精英中培养了一批忠实的追随者。前独裁者波尔菲里奥·迪亚斯（Porfirio Díaz, 1877—1910年在位）的私人医生也是其中之一。1923年，墨西哥总统阿尔瓦罗·奥夫雷贡（Álvaro Obregon, 1920—1924年在位）邀请艾布拉姆斯为他的健康问题提供建议，并派了一辆私人汽车去埃尔帕索接他。奥夫雷贡的继任者普卢塔科·卡列斯（Plutarco Calles, 1924—1928年在位）也是他的追随者。由于在墨西哥革命期间服兵役，卡列斯饱受慢性疾病的困扰，为了缓解病情，他咨询了两个北美的医学权威，一个是梅奥医学中心，另一个就是阿尔伯特·艾布拉姆斯。[46]

但是艾布拉姆斯的方法也引起了广泛的怀疑。在一些（或许是大多数）正统的医学从业者中，有关亲子鉴定的科学检测不仅受到了怀疑，而且受到了蔑视。密歇根大学医学院院长称其"荒谬可笑"，巴黎巴斯德研究所所长称其为"胡说八道"。[47]当一个"被吉卜赛人偷走"的孩子的母亲来到波士顿一家医院要求进行血液检测时，医院的医生毫不讳言："这种血液检测起源于旧金山，然后传到芝加哥，在艾奥瓦州再次被提到（原文如此，但这里说的应该是印第安纳州，指的是蒂尔南案）。接下来我们在斯蒂尔曼案中听说了它……最后它传到了古板的波士顿。不过，我可以向你保证，我们医院不会进行这样的检测。"这位母亲只好"非常失望"地回家了。在艾布拉姆斯在科普利广场酒店受到大批崇拜者热烈欢迎一周后，这份尖刻的声明上了头版新闻。[48]

艾布拉姆斯最直言不讳、最强有力的批评者是美国医学协会。美国医学会认为揭露江湖庸医是其核心任务之一，它精心策划了一场充满敌意、一心一意要贬低这位古怪的治疗师的运动，但是这场运动只取得了部分成功。该组织负责调查江湖骗子行为的宣传部收到了大量来自医生和公众对艾布拉姆斯电子反应疗法的询问。它的权威喉舌《美国医学会杂志》（*Journal of the American Medical Association*）发表了多篇痛斥艾布拉姆斯的文章，然后以小册子的形式向医生和公众分发了数千份。[49]该杂志的编辑莫里斯·菲什拜因（Morris Fishbein）几十年来一直是医学界的代言人，他写了一些关于庸医的畅销书，而庸医主要指的就是艾布拉姆斯。在20世纪30年代后期，美国医学协会出版了一份面向公众的出版物，宣称"阿尔伯特·艾布拉姆斯的名字……在本世纪头25年的江湖医术史上独占鳌头"[50]。

美国医学会之所以会如此愤怒，原因很简单。随着艾布拉姆斯电子反应疗法的从业者开始在美国各地的社区中涌现，传统医生发现自己很难与该方法奇迹般的主张展开竞争。艾布拉姆斯治疗可怕疾病的技术几乎"是对传统医学的嘲笑，他将诊断和治疗置于与测量发电机输出功率或电路中故障位置一样的实证基础之上"。[51]如果艾布拉姆斯的发明做到了他所声称的一切，那么诊断和治疗只要打一个电话就可以了，这意味着传统医学已经过时。美国医学会认为艾布拉姆斯电子反应疗法不过是一个让其创始人发家致富的骗局，但显然这个组织本身也受到了经济利益的驱动，它担心艾布拉姆斯会影响传统医生的合法性和生计。

然而，值得注意的是，虽然美国医学会不遗余力地抨击艾布拉姆斯的疗法，但对他的亲子鉴定却没有什么兴趣。在全国性的报纸报道血液振动仪的亲子鉴定结果一年多之后，《美国医学会杂志》才首次提到艾布拉姆斯，并且即便此时，它所谴责的也是他的医学治疗，而不是他的亲子鉴定。在艾布拉姆斯的亲子鉴定科学检测掀起热潮时，《美国医学会杂志》发表了一篇题为"血液检测能确定亲子关系吗？"的评论。这篇评论实际上是对血型遗传（当时是亲子鉴定研究的平行领域）这种新兴研究的综述。[52]它对阿尔伯特·艾布拉姆斯只字未提，虽然那几周的报纸上充斥着这位"以他在确定父母身份方面的功绩而闻名"的专家的报道。[53]美国医学会的反艾布拉姆斯运动针对的是他不可思议的疗法，但完全忽视了他同样不可思议的亲子鉴定。[54]

这种选择性的关注无疑反映了艾布拉姆斯电子反应疗法对传统医学从业者构成的威胁。推而广之，还可以从中窥见20世纪20年代初亲子鉴定与医学科学之间的关系。大多数医生可能认为艾布拉姆斯的亲子鉴定非常可笑，专家们在媒体上也这么说，但他们并不认为这是一种威胁。这是因为美国医学会还没有将亲子鉴定作为一个专业领域。20世纪20年代初，生物检测诞生了，但它最初是作为一种流行的想法诞生的，后来才成为一种科学实践。在美国，这个想法不是由医学界首创的，而是由新闻媒体首创的。

年近六旬的阿尔伯特·艾布拉姆斯"身材矮小，体格健壮，精力充沛，秃顶"，举止很有绅士风度。艾布拉姆斯最初是一名医生，他在当时最负盛名的机构接受训练，并隶属于当时最负盛名的机构。早在维托里案发生的20多年前，艾布拉姆斯就已经是受人尊敬的医生了。他先后娶了两位有钱的妻子，但是两位妻子都先他而去。他家境富裕，游历广泛，并怀有文学抱负。他的作品《医生日记散叶》（*Scattered Leaves from a Physician's Diary*）中有他对早期行医生涯的回忆。

随着时间的推移，这位受人尊敬的医生和文雅的文人彻底超越了医学正统的界限。他以最冷静的言辞提出了最惊人的主张，却以绅士的耐心对待批评他的人。当加利福尼亚大学的一位生物化学家对血液振动仪表示怀疑时，艾布拉姆斯平静地回答说："布卢尔（Bloor）医生完全有理由怀疑我的血液检测理论。""他承认自己从未听说过我的方法，所以我不应该指望他相信。"艾布拉姆斯邀请反对者到他的实验室参观。[55]有些反对者被他优雅的沉着冷静所折服。针对《美国医学会杂志》对艾布拉姆斯的恶毒谩骂，厄普顿·辛克莱指出："艾布拉姆斯博士遵循的原则是无视对他的研究的攻击，他认为从长远来看，救死扶伤的人即使受到反对，依然会在世界上取得成功。"[56]

在艾布拉姆斯的支持者中，有像辛克莱这样的社会批评家和詹姆斯·巴尔（James Barr）爵士这样的医学权威，这绝非偶然。詹姆斯·巴尔爵士出生在爱尔兰，是英国医学协会的主席，以其对囚犯提供医疗服务而闻名。艾布拉姆斯塑造了一个平民主义的形象，他为"无论贫富的所有人"建立免费诊所的方案受到了广泛的宣传。他慷慨陈词，阐述了血液振动仪对拒绝承认其私生子的有钱人所产生的影响。"百万富翁的财产现在的继承人是他的婚生子女"，但他的亲子鉴定会"剥夺这些傲慢之人的财产"。[57] 富有的艾布拉姆斯医生不仅信奉医学上的旁门左道，他还在科学上扮演着劫富济贫的罗宾汉的角色。

后来，正当艾布拉姆斯声名远扬或者说声名狼藉的时候，他突然去世了。1924年1月，他死于肺炎，此时距离维托里案首次被报道正好过了三年。他去世时，《科学美国人》(Scientific American)杂志正在对艾布拉姆斯的电子反应疗法进行一项重大调查。对于他在媒体聚光灯下蓬勃发展的职业生涯而言，这也算是一个恰当的结束。在他去世后，该杂志发布了一份报告，结论是"艾布拉姆斯的电子技术""往好了说是一种幻觉"，而"往坏了说是一个巨大的骗局"。[58] 大多数人都认为艾布拉姆斯死后，他的光环很快就消失了。尽管艾布拉姆斯的铁杆追随者们坚持了几十年，但他作为一个受欢迎的大众现象很快就消亡了，速度和他当年的成名一样快。但是，就像对他的职业生涯的评价一样，对他的消亡的评价也是基于他的医学疗法和他所谓奇迹般的万灵药的命运。

事实证明，他的亲子鉴定方法存在的时间要长久得多。当然，这并不是因为血液振动仪确实可以判断亲子关系，甚至不是因为大多数人相信它可以，而是因为艾布拉姆斯的事迹预演了探寻父亲的过程在这个世纪的剩余时间里开展的方式。美国医学协会有力地塑造了人们对艾布拉姆斯的定义和记忆。今天，艾布拉姆斯因为他古怪的治疗主张而被人们记住，因为美国医学会专注于他的医学治疗，而不是他的亲子鉴定。但是在20世纪20年代，正是亲子鉴定让艾布拉姆斯变得家喻户晓。维托里案让这位古怪的医学从业者首次出现在全国性的报纸上，媒体对他参与"性审判"的报道一直比对他的医疗方法的报道多。这种歪曲的报道令他的支持者感到沮丧。正如厄普顿·辛克莱所哀叹的那样："我们的新闻报道令人费解，它把艾布拉姆斯拒绝承认一个孩子是私生子的消息传遍了全国，却只字未提一个事实，那就是他的诊所里每天都有患有我们种族的三种可怕疾病——梅毒、结核病和癌症——的人被治愈。"[59] 报纸可能不公平地贬低了艾布拉姆斯在医疗上的成就，但整个事件表明媒体在传播亲子鉴定和使其合法化方面起了核心作用。在日间电视节目痴迷于亲子关系丑闻之前很久，艾布拉姆斯的生涯就清晰地表明了现代亲子关系的公共性，以及科学、法律和媒体是如何创造它的。

作为一名商人，艾布拉姆斯也是非常有先见之明的：他不仅断言一滴血就能揭示出身，还认识到可以从这一事实中获利。让艾布拉姆斯成为"20世纪江湖骗子的教主"的，不是他古怪的主张或疯狂的发明（20世纪初，许多空想家和骗子在正统医学的边缘徘徊），而是他为这项事业带来的商业智慧。艾布拉姆斯吸引了一批追随者，并获得了特许经营权。在艾布拉姆斯去世时，诋毁他的人声称他打造的商业帝国的价值至少有200万美元（艾布拉姆斯一直声称，他的收益被用于建立免费诊所和培训设施了）。没有什么比这样一个事实更能表明他的品牌的价值了，那就是它启发了无数模仿者和抄袭者，艾布拉姆斯对其中一些人提起了欺诈诉讼。[60]

艾布拉姆斯还是邮购疗法的开拓者。只要花10美元，病人或医生把滴在白色取样纸上的血液样本发出去，就能得到诊断结果。正如《科学美国人》的报告所指出的那样："他使纽约的病人能够由旧金山的医生进行检查。"[61] 通过邮件诊断可怕疾病的做法在当时是荒诞不经的，在今天的许多人看来依然如此。但是，艾布拉姆斯邮购亲子鉴定的做法预示了如今商业DNA检测所使用的方法：一个人采集一份血样（也可以是剪下的头发、口腔拭子或唾液样本），并将其装在一个特殊的信封中，送到一个很远的实验室，然后由实验室寄出结果。1993年，第一家生物技术公司开始直接向美国消费者推销亲子鉴定方法。[62] 艾布拉姆斯所采用的商业模式比现代基因检测行业早了近70年。

这些发展在几十年后才会出现。更直接的是，阿尔伯特·艾布拉姆斯对整个亲子鉴定事业产生了深远的影响。在那之后的很多年里，亲子检测在美国的公共话语中仍然带有明显的骗术色彩。在艾布拉姆斯去世几年之后，又发生了一起医院抱错婴儿的丑闻，一位评论者呼吁人们在使用科学评估方法时要谨慎，他说："在庸医横行的真正人类学边缘，通过血液、容貌和种种其他不相干的东西来检验人的血缘关系，这样的情况有很多。"[63]也许格雷厄姆法官、媒体和部分美国公众最初的轻信可以解释后来悄悄出现的怀疑。未来的血液亲子鉴定将很难获得美国法院的认可，包括那些得到科学家明确支持的鉴定方法。

人们很容易将阿尔伯特·艾布拉姆斯视为现代亲子鉴定及其技术进步的一个阻碍，认为他的骗术给未来更合法的亲缘关系评估方法蒙上了一层阴影。然而，艾布拉姆斯最重要、最持久的遗产可能恰恰相反，那就是让美国公众意识到父亲身份是可以被了解的，而且现代医学是了解父亲身份的途径。艾布拉姆斯并不是第一个提出这种主张的人，但在20世纪20年代的几年里，他为这个主张提出了一个特别引人注目的版本。这位老练的万灵药推销员身上的众多讽刺之一是，他的主要遗产是在对父亲身份的探寻和医疗科学之间建立了更紧密的联系。

到了1924年，阿尔伯特·艾布拉姆斯已经去世了，格雷厄姆法官仍然坐在法官席上，他开始通过一种新的现代媒介——广播节目——提供婚姻建议。年轻的律师斯坦利·诺兰回到了默默无闻的职业生涯中，罗莎、保罗和弗吉尼娅·维托里已经彻底从公共记录中消失了，但是在欧洲和拉丁美洲的部分地区，其他的科学亲子鉴定方法才刚刚起步。在1921年，诺兰的建议——科学可能会帮助一个没有父亲的婴儿找到父亲——是非常不同寻常的，但是到了20世纪20年代末，这已经成为一种传统认识和公认的法律实践。

注释

题记引自 "Scientists Doubt Findings of Russian Savant Claiming Blood of Jews and Gentiles Differs", *Jewish News Service*, October 17, 1930。

[1] "Paternity of Child up to Experts/Baby Not Mine, Declares Italian", *San Francisco Chronicle*, January 29, 1921, 9.

[2] "How the Blood Test Made a Love Test", *Atlanta Constitution*, April 24, 1921, G4.同一篇文章也出现在 *San Francisco Chronicle*, May 1, 1921, SM6。

［3］ "绝对确凿的"，见 "Court Establishes Parentage of Baby by Electric Blood Test"，*New York Tribune*, February 14, 1921, 1。

［4］ "Easy to Determine Child's Parentage"，*Los Angeles Times*, February 13, 1921, IV11.

［5］ 在维托里案之前，艾布拉姆斯只在一群追随者中为人所知。他和他的研究大多没有出现在主流媒体上，所以诺兰不可能知道。一位追随者在写给艾布拉姆斯的刊物的信中说："一年多以前，我还没听说过'艾布拉姆斯'这个名字。我记得在一份报纸上看到过他的名字，上面说有人请他利用几滴血来确定一个孩子的父母。" 见 Robert Rosen, "Preliminary Report on the Electronic Reactions of Abrams"，*Physico-Clinical Medicine* 7, no. 11 (January 1924): 2。

［6］ 事实上，医生和法官在维托里案之前就认识了。几年前，格雷厄姆法官曾主持艾布拉姆斯和他的妻子家人之间的围绕艾布拉姆斯已故妻子遗产的纠纷。见 "Long Contest over Will of Mrs. Blanche Abrams Settled"，*San Francisco Chronicle*, December 23, 1916, 12。

［7］ 欧姆表，见 "Racial Rates"，*Physico-Clinical Medicine* 4, no. 2 (December 1919): 219; "血液的振动频率会传递给后代""子女与父母的振动频率相同"，见 "The Physics of Human Phenomena"，*Physico-Clinical Medicine* 4, no. 2 (December 1919): 197—201。

［8］ "Court Establishes Parentage of Baby by Electric Blood Test"。

［9］ "A Blood Polemic"，*Physico-Clinical Medicine* 6, no. 1 (September 1921): 3.

［10］ "荒诞不经"，见 "Blood Test Bunk, Says Dean Cabot"，*Los Angeles Times,* September 30, 1922, I16; "20世纪江湖骗子的教主"，见 James Harvey Young, *The Medical Messiahs: A Social History of Health Quackery in 20th Century America* (Princeton, NJ: Princeton University Press, 2015), 137。物理学家罗伯特·米利肯（Robert Millikan）被要求检查一台设备，以供一项欺诈案调查使用，他将该设备描述为"那种大孩子造出来愚弄小孩子的玩意"，见 Young, *The Medical Messiahs*, 140。

［11］ Minutes of the Society of Forensic Medicine, New York City, October 1921, *Medico-Legal Journal* 38 (1921): 80.

［12］ Minutes of the Society of Forensic Medicine, 94.

［13］ "亲属系统的主要象征"，见 Porqueres i Gené, "Kinship Language and the Dynamics of Race", in *Race, Ethnicity and Nation: Perspectives from Kinship and Genetics*, ed. Peter Wade (New York: Berghahn Books, 2007), 127；"一种寓意丰富的液体"，见 Douglas Starr, *Blood: An Epic History of Medicine and Commerce* (New York: Random House, 2012), 72。

[14] Bruno J. Strasser, "Laboratories, Museums, and the Comparative Perspective: Alan A. Boyden's Quest for Objectivity in Serological Taxonomy, 1924—1962", *Historical Studies in the Natural Sciences* 40, no. 2 (2010): 149—182.

[15] 关于赖克特贡献的回顾，可参见http://www.historyofinformation.com/expanded. php?id=2681。"孩子血液中存在的某些现象在父亲的血液中也很明显"，见 Arthur St. George Joyce, "Blood Will Tell", *Technical World Magazine* 20, no. 2 (October 1913): 188—191 and 294。这篇文章的大部分内容被转载于 "Blood Will Tell: According to European Scientists They Will Make Identification of Criminal Certain", *Washington Post*, November 30, 1913, MS4。"在接下来的一年里……"，见 "Blood Test for Parentage. University Professor Can Determine Ancestry by Character of Blood Crystals", *Washington Post*, June 22, 1913, R2。

[16] Arthur Benjamin Reeve, *The Ear in the Wall* (New York: Harper, 1916), 311, 312.

[17] "Making Blood Tell: Science's Newest and Surest", *San Francisco Chronicle*, December 29, 1918, SM2. 这篇文章没有提到亲子鉴定，但引用了《大众科学月刊》上的一篇文章，该文确实讨论了这一应用，见 Anna Heberton Ewing, "Blood Will Tell", *Popular Science Monthly*, December 1918, 72—73。这位律师可能混淆了一些事实：在这段时间里，还有另一位来自约翰斯·霍普金斯大学的赖克特——弗雷德里克·赖克特（Frederick L. Reichert），他就血型在亲子鉴定中的应用发表过文章，见 Frederick L. Reichert, "On the Present Status of the Inheritance of the Blood Groups", *Eugenical News*, June 1922, 65—67。

[18] 英国的情况见 "Machine to Determine Paternity", *Manchester Guardian*, February 17, 1921, 7; "Paternity Proved by Mechanism", *Manchester Guardian*, February 18, 1921, 7; "Positive Paternity", *Observer*, August 7, 1921, 13。法国的情况见 Tristan Le-Roux, "Séducteurs, Gare a l'Hematogramme!", *La Presse*, April 3, 1922, 1; *Le Journal* (Paris), *L'Ouest-Eclair, La Griffe。Journal hebdomadaire de critique, politique, et satirique* 等也报道了这项发明。意大利的情况见 "Un apparecchio per l'accertamento della paternità", *La Stampa*, February 18, 1921, 2。澳大利亚的情况见 "The Parent Finder. Invention to Save Honor. New Yankee Theory", *Horsham Times* (Victoria), July 8, 1921, 3; "Find-the-Father Test", *Daily News* (Perth), April 4, 1921, 3。巴西的情况见 "As maravilhas da sciencia", *A Lucta*, May 25, 1921, 2 (Sobral, Ceará)。阿根廷的情况见 "Invención de un notable aparato", *Caras y Caretas*, no. 1236, June 10, 1922, 124。

[19] "Blood Vibrations Determine Parentage", *Popular Mechanics*, July 1921, 9—10. 读者能够了解的情况，见 Clifton Fadiman, "What Does America Read?", in

America as Americans See It, ed. Frederick Julius Ringel (New York: Harcourt, Brace, 1932), 77。

[20] "Use Ouija Board in Baby Tangle, Suggests Lawyer", *Atlanta Constitution,* May 10, 1921, 1.

[21] 波士顿的情况见 "No Blood Test to Pick Boy's Mother", *Boston Daily Globe*, October 18, 1922, 1。芝加哥的情况见 "Mothers Bare Souls in Fight for Illicit Baby", *Chicago Daily Tribune*, June 12, 1923, 6。

[22] "No Blood Test for Bull", *New York Tribune*, October 10, 1922, 8; "Farmers' Counsel in Illinois Cites Decisions Favoring Innocent Offspring", *New York Times*, October 7, 1922, 3.

[23] Lucy Bland, "'Hunnish Scenes' and a 'Virgin Birth': A 1920s Case of Sexual and Bodily Ignorance", *History Workshop Journal* 73, no. 1 (2012): 118—143.

[24] "从一个海岸到另一个海岸……", 见 "Expert Explains How Blood Test Proves Paternity", *Atlanta Constitution*, October 1, 1922。《纽约论坛报》(*New York Tribune*) 刊登了艾布拉姆斯讲座的宣传广告, October 7, 1922, 6; "Dr. Abrams Talks on His Medical Theory", *Boston Daily Globe*, October 9, 1922, 16。罗素离婚案见 "Dream Babies that Would Perplex a Modern Solomon", *San Francisco Chronicle*, October 8, 1922, SM3。

[25] "Father by Blood Test", *New York Times*, June 19, 1922, 30. 在艾布拉姆斯的著作中, 这位图迪库姆(C.L.Thudicum) 医生作为研究过他的方法的医生之一被提到。图迪库姆还与约翰·蒂尔南就血液测试进行过 "长期通信", 见 "Professor Invokes Blood Test to Fix Infant's Paternity", *New York Tribune*, September 6, 1922, 7。

[26] 沃马克夫人致艾布拉姆斯医生的信见 Page Collection, University of California San Francisco (UCSF) Archives。

[27] "Has Science Found Answer to Question of Parentage?", *Baltimore Sun*, October 29, 1922, part 6, 2.

[28] "How the Blood Test Made a Love Test", *Atlanta Constitution*.

[29] Frederick Lewis Allen, *Only Yesterday: An Informal History of the 1920s* (1931; repr., New York: John Wiley & Sons, 1997), 74.

[30] "How the Blood Test Made a Love Test", *Atlanta Constitution*.

[31] 沃马克夫人致艾布拉姆斯医生的信。

[32] "The Parent Finder".

[33] "赫尔佐克医生(Dr. Herzog) 表示, 居住在旧金山的一位协会成员告诉他,

格雷厄姆法官根据艾布拉姆斯的证词对一起案件作出了裁决，但这不是因为医学证词，而是因为婚生推定原则。"见 Minutes of the Society of Forensic Medicine, 94。

[34] Michael Schudson, *Discovering the News: A Social History of American Newspapers* (New York: Basic Books, 1978), 129.

[35] "How the Blood Test Made a Love Test", *Atlanta Constitution* and *San Francisco Chronicle*.

[36] "Vittori Blood Test Case Made Famous", *San Francisco Chronicle*, May 3, 1921, 5.

[37] 报纸还转载了该案的通信记录。《旧金山纪事报》刊登了这对父母的律师写给格雷厄姆法官的信，《亚特兰大宪报》在头版刊登了艾布拉姆斯的专家报告及格雷厄姆法官对该报告的评估，这些报告已寄给亚特兰大的律师。"Vittori Blood Test Case Made Famous"; "Use Ouija Board in Baby Tangle".

[38] "Blood Test to Fix Parentage Stirs Doctors", *San Francisco Chronicle*, February 19, 1921, 10；"订购"出自 *Physico-Clinical Medicine* 6, no. 1 (September 1921): 30。

[39] Minutes of the Society of Forensic Medicine, 94.

[40] 统计资料摘自《物理–临床医学（第6期）》后的附属材料，见 *Physico-Clinical Medicine* 6 (September 1921): 30—34。

[41] 艾布拉姆斯的杂志《物理–临床医学》中给出了1919年和1921年的价格；20世纪20年代的巴西报纸上也出现了艾布拉姆斯的课程广告。

[42] "3 000人"见"Man to Dine, He Says, On Electric Vibrations", *New York Tribune*, October 2, 1923, 1。

[43] 该采访由一位《晚报》记者（可能是在伦敦）进行，并在澳大利亚一家报纸上转载。"Solomon Outdone", *Cairns Post* (Queensland), June 24, 1922, 12. 艾布拉姆斯的追随者图迪库姆医生也进行了亲子鉴定，并与维托里案判决的批评者展开持续争论，见 Letter from C. L. Thudichum to Mr. Sam H. Clark (editor of *Jim Jam Jems*), no date, criticizing the publication for "your attack on Dr. Abrams re the Vittori paternity case", Page Collection, UCSF Archives。

[44] "As theorias scientificas do dr. Abrams", *O Jornal*, March 18, 1923, 11; "La Maison du Miracle", *Bulletin de l'Ordre de l'Étoile d'Orient*, no. 3 (July 1923): 22—40.

[45] 1921年2月，《马尼亚邮报》（ *Correio da Manhã* ）的广告栏刊登了一系列课程广告。

[46] 关于迪亚斯的私人医生，见 *Physico-Clinical Medicine* 6, no. 1 (September 1921): 42。奥夫雷贡总统的邀请，见"Dr. Abrams Arrives", *Los Angeles Times*, July

2, 1923, II2。艾布拉姆斯对当选总统普卢塔科·卡列斯的治疗，见Sophie Treadwell, "Calles Pledges Further Aid to Mexican Laborers", *New York Herald Tribune*, November 23, 1924, 6。艾布拉姆斯也出现在墨西哥的媒体上，见 "Un doctor que se las trae", *El Siglo de Torreon* (Coahuila), March 27, 1923, 3；更具批判性的文章，见V. Salado Alvarez, "Un brujo moderno", *El Siglo de Torreon*, April 8, 1923, 3。

[47] "Blood Test Bunk, Says Dean Cabot", September 30, 1922, *Los Angeles Times*, I16; "Scoff at Blood Tests", *Los Angeles Times*, February 21, 1921, I5; 又见 "Paternity Blood Test Finds Paris Skeptical", *New York Times*, February 19, 1921, 3。

[48] "No Blood Test to Pick Boy's Mother", *Boston Daily Globe*, October 18, 1922, 1.

[49] American Medical Association, *Minutes of the House of Delegates Proceedings, Annual Sessions*, 1923, 13; 1924, 13; 1925, 12.

[50] Morris Fishbein, *The Medical Follies* (New York: Boni and Liveright, 1925); and Fishbein, *The New Medical Follies* (New York: Boni and Liveright, 1927); "The Name of Albert Abrams", *Hygeia*, May 1938, 462. 肯·雷恩斯（Ken Raines）列举了《美国医学会杂志》对艾布拉姆斯的完整报道，参见http://www.petitioneurope. com/radionique/index.php/abrams-dr。

[51] "是对传统医学的嘲笑……"，见 "Our Abrams Investigation-I", *Scientific American*, October 1923, 230。

[52] "Is Parentage Determinable by Blood Tests?", *JAMA* 79, no. 15, October 7, 1922, 1246—1247.

[53] 这篇来自《亚特兰大宪报》的评价在同一周在《美国医学会杂志》上作为社论发表，见 "Expert Explains How Blood Test Proves Paternity", *Atlanta Constitution*, October 1, 1922, A14。同日，艾布拉姆斯在卡内基音乐厅的演讲广告也被刊登，见 *New York Tribune*, October 7, 1921, 6。

[54] 在所有关于艾布拉姆斯的报道中，《美国医学会杂志》从未提及他的亲子鉴定。此外，自维托里案起，艾布拉姆斯的亲子鉴定在媒体引发了轩然大波，但在整整1年之后，该杂志才开始谴责他。艾布拉姆斯因亲子鉴定而成名，但你永远无法从对他抨击最猛烈的报道里了解到这一点。这或许可以解释，为什么在艾布拉姆斯的生平历史中找不到有关亲子鉴定的介绍。

[55] "Blood Test to Fix Parentage Stirs Doctors", *San Francisco Chronicle*, February 19, 1921, 10.

[56] "Albert Abrams: A Defense by Upton Sinclair", *JAMA* 78 (April 29, 1922): 1334.

[57] "The Parent Finder".这段长篇采访刊登在一家澳大利亚报纸上，但似乎是由

一名英国采访者所为。

[58] Austin C. Lescarboura, "Our Abrams Verdict", *Scientific American*, September 1924, 158.

[59] Upton Sinclair, "The House of Wonder", *Pearson's Magazine*, June 1922, 14.

[60] $2,000,000: Fishbein, *Medical Follies*, 116. 或许可以预见的是，这一成功也成为反犹太主义批评的素材。一位英国评论者指出："艾布拉姆斯是美国犹太人，所以自然地，几乎是本能地，他会利用自己的发现取得商业上的成功。"见 A.J. Clark, "Universal Cures, Ancient and Modern", *British Medical Journal* 2, no. 3329 (October 18, 1924): 733。

[61] Lescarboura, "Our Abrams Verdict", 160.

[62] 身份基因（Identigene）公司声称自己是第一家直接向消费者推销DNA检测的公司。"Identigene Turns 20! Identigene DNA Laboratory Celebrates 20 Year Anniversary", http://www.identigene.com/news/identigene-turns-20-identigene-dna-laboratory-celebrates-20-year-anniversary。

[63] Editorial, "Solomon in Cleveland", *New York Herald Tribune*, September 26, 1927, 20.

第三章　血液之用

科学研究不应该仅仅着眼于当前的实用，因为到后来，应用会自发地从新征服的真理中出现。

——莱昂内·拉特斯（Leone Lattes），意大利血清学家，1927年

1924年1月，距离阿尔伯特·艾布拉姆斯去世还不到两周，一群法医专家聚集在柏林听一场讲座。戴着眼镜的演讲者弗里茨·席夫（Fritz Schiff）医生是市立医院一名细菌学家，他演讲的主题是使用血液检测的方法来确定亲子关系，但席夫的血液检测方法与艾布拉姆斯开创的电子检测方法几乎没有共同之处。他解释了人类的四种血型是如何根据可预测的模式从父母传给孩子的，以及如何在父母身份有争议的情况下应用这些模式。[1]

他的听众可能已经对他演讲的内容很熟悉了。对血型遗传的系统研究早在10多年前就开始了，德国是这方面研究的中心。然而，虽然科学家们推测血型可以用来确定父亲身份，但这仍然是一个纯粹的假设命题。英国医学杂志《柳叶刀》（The Lancet）在18个月前曾指出："迟早，这个检测肯定会被用作（司法）证据。"[2]现在，弗里茨·席夫就提议要这么做。就这样，在离旧金山很远的地方，就在艾布拉姆斯去世不到一个月时，另一项通过血液检测进行亲子鉴定的技术即将诞生。

可以肯定的是，这是一种非常不同的检测。与艾布拉姆斯轰动一时但很快退场的血液振动仪不同，它将先在科学界，然后在司法界获得广泛的合法性。几个月后，这种新方法就在德国各地的法院得到了应用。很快，它就会传播到中欧、北欧、拉

丁美洲、澳大利亚和北美洲的其他国家。随着这种方法成为第一个被广泛应用的亲子鉴定方法，席夫本人也成为世界上遗传血清学这个新领域里最重要的专家。然而，10年后，他的事业岌岌可危，身为犹太人的席夫被迫逃离德国。他在工作中建立的国际声誉和专业网络挽救了他和家人的生命。但是那些把他赶出德国的迫害者却利用他在遗传血清学方面的研究来达到荒唐的目的。

现代亲子鉴定科学提出了亲子关系的秘密在于身体的观点，并承诺将发展揭开这个秘密的新技术。席夫的血型鉴定和艾布拉姆斯的血液振动仪只是20世纪20年代出现的众多血液检测技术中的两个。虽然只有席夫的方法得到了系统的实际应用，但许多方法得到了广泛的宣传，并影响了法庭和公众关于对父亲的科学探寻的看法。席夫曾告诫："科学事实并没有为特别的血液神秘性提供任何理由。"然而，这种神秘性被证明是无法抗拒的。在这些年中，"血液"是一个越来越政治化的隐喻，也越来越带有不祥的种族含义。对父亲身份的血清学证据的探寻与这一背景密切相关，对生物学的亲子关系的探索与对生物学的种族的同时探索密不可分。[3]

严格来说，席夫提出的鉴定方法根本不是用来鉴定亲子关系的，而是用来鉴定非亲子关系的。血型分析可以排除那些不可能是父亲的人，或者至少排除其中一些，但它无法确定某个孩子的父亲到底是谁。这可能解释了为什么它最初在全球公众中激起的兴趣远不如神奇的血液振动仪。在德国及其他国家，血液检测亲子关系的引入和迅速传播几乎没有在国际媒体上得到报道。就连国际科学界也迟迟没有意识到这些发展的影响。但这种方法并不引人注目的首次亮相预示了它最终的重要性。席夫的检测是基于四种血型，但随着时间的推移，新的血清学特性的发现——MN血型、Rh血型、P血型和其他血型——意味着血型鉴定将变得越来越强大，能够排除更多不可能的父亲，因此在法医学领域更有用。直到20世纪70年代，它一直是最广泛使用的确定父母亲身份的方法。

随着时间的推移，血清学变得越来越强大，但它的局限性塑造了它的用途和价值。事实上，尽管早期的血型科学有局限性，但有时正是因为有局限性，它才被证明是一种法医学上有用的亲子鉴定方法。即使是20世纪20年代最基础的方法，也会被广泛、多样和创造性地应用。因为虽然这种新方法利用了普遍的遗传规律来服务无可争议的生物学真相，但它产生的真相总是受到当地环境的影响。这种遗传血型鉴定技术最早发端于柏林，很快就在大西洋两岸广泛传播，但与此同时，它被用于解决截然不同的问题。现代亲子鉴定技术带来的不是全球趋同，而是完全相反的结果：在法庭如何使用它以及社会赋予它何种意义方面，出现了显著的地方差异。

人类血型的发现还可以向前追溯25年。1900年左右，奥地利研究人员卡尔·兰德施泰纳注意到一些人的血液在接触其他人的血液时会发生凝集。从这些凝集的方式中，他识别出了三种血型（第四种血型较为罕见，将会在以后被识别出来）。这些血型后来被称为A型、B型、O型和AB型。

人类血型的发现将对人类健康产生重大影响，并为科学研究开辟广阔的新领域。血型不相容性的知识使安全输血成为可能，并促进了溶血病的治疗。溶血病是指因为胎儿的血型与母亲的血型不相容而导致胎儿死亡。它在法医犯罪学中也有应用，因为血液的特征让它可以追踪到某些特定的人，而不是其他人。研究表明，不同种族的血型分布不同，这让一些科学家相信他们已经找到了种族的生化标记。1930年，卡尔·兰德施泰纳因其对血型的研究而获得了诺贝尔奖。[4]

虽然兰德施泰纳已经预料到这些应用中的一些，但他没有意识到血型的另一个关键特征：遗传特征。10年后，海德堡的一个实验室发现了这一点。一位名叫路德维克·赫斯菲尔德（Ludwik Hirszfeld）的波兰年轻科学家和他的导师——德国人埃米尔·冯·东格恩（Emil von Dungern）招募了他们的同事以及同事的妻子和孩子作为研究对象，以检验血型是可遗传的这一假设。他们一共研究了72个家庭的348人。研究结果汇总在一张图表中，图表按同事的名字排列：J教授、K教授、W博士、H博士等，并记录了他们本人和他们妻子、子女的血型。赫斯菲尔德后来开玩笑说："多年来，人们都在谈论一个古怪的教授（冯·东格恩）和他的助手（赫斯菲尔德），他们小心翼翼地询问同事们的婚姻是否幸福，以免一顶绿帽会破坏他们所发现的科学定律。"[5]

这些家庭血型的图表揭示了一个显著的模式：人类的血型不但会从父母遗传

给孩子，而且遵循固定的、可预测的孟德尔遗传模式。格雷戈·孟德尔（Gregor Mendel）在19世纪对豌豆的研究被重新挖掘出来，人类身上发现的第一个遵循孟德尔定律的特征是血型。[6]这些定律很简单，但正是因为简单，它们才具有极其强大的力量。A型和B型为显性，O型为隐性。从赫斯菲尔德和冯·东格恩的调查以及其他人的后续研究中，出现了一系列关于可能继承和不可能继承的公理。根据孩子及其父母中一方（通常是母亲）的血型，可以预测另一方（父亲）可能的血型。在父亲身份有争议的情况下，如果这个男人的血型不在可能的范围之内，他就可以被明确排除。通常以"可能"和"不可能"关系图表的形式呈现的遗传规律在无数的医学、法律和大众文本中被复制。

无数关于遗传血型"可能"和"不可能"组合的图表出现在医学和大众文本中。

资料来源：重新制作自Edward Podolsky, *Sex Today in Wedded Life* (New York: Simon Publishing, 1942), 99。

图3.1

血型的某些特征使它们特别适合用于法医鉴定。它们是稳定的、明确的，它们的遗传特征是可预测的、普遍的。一个人的血型不会随着疾病、环境影响或衰老而改变，每个人都有一种血型，可以通过简单的检测来确定。这些特征将血型与其他生理特征区分开来。有些特征已知是可以遗传的，如眼睛的颜色，但它们遵循复杂的规律，无法预测。同样，一个人的基因组成或基因型的外在表现或显型往往很难或不可能评估。血型只有四种，而眼睛、头发和肤色的变化是无穷的。同时，许多遗传性状会受到环境的影响。一个人的身高不仅与遗传有关，也与营养有关；头发的颜色是遗传的，但可以通过阳光或人工染色改变。即使是最稀有的血型也经常出现，足以使它们适合实际应用。因此，血型优于某些特征，比如多指或者满头白发，这些特征虽然遵循可预测的遗传规律，但是非常罕见，通常情况下是无用的。

由于所有这些原因，血型是遗传主义者的圣杯，"是理想的人类遗传标记，是不受后天影响的自然"。它开辟了一个广阔的研究领域，为现代基因科学奠定了基础。[7] 此外，它也有直接的实际应用。赫斯菲尔德关于绿帽的玩笑——血型可能会暴露虚假的父子关系——预示了它们将很快被用于一个最明显的用途。

然而血型并不能提供一个确定的亲子鉴定结果。因为只能检测四种血型，所以排除错误父亲的概率约为16%。例如，如果母亲和孩子是同一血型，就不能排除父亲的血型，因此也不能排除可能的父亲。渐渐地，随着新的血液特征被发现，排除的能力也增强了。然而，这种排除本身的基本逻辑并没有改变，那就是血型检测可以排除"不可能的父亲"，从而为那些被错误指控为父亲的男性开脱，至少在某些情况下是这样。但是，它无法确定真正的父亲。

虽然赫斯菲尔德和冯·东格恩早在1910年就预料到血型可以在法医学中用来确定亲缘关系，但是他们的发现并没有立即被科学家和法学家接受。十年之后，研究人员才开始进行大规模的家庭研究，以核实在海德堡大学的教授家庭中首次发现的普遍模式。[8] 也许第一次世界大战的爆发可以解释这种滞后，但具有讽刺意味的是，正是战争本身创造的一次意外实验重新点燃了人们对血型遗传方式的兴趣。

1919年，赫斯菲尔德和他的儿科医生妻子汉娜（Hannah）被派到萨洛尼卡（Salonika），为马其顿前线的同盟国士兵提供医疗服务。不同民族和种族的士兵聚集在一起，偶然提供了一个科学实验的机会。赫斯菲尔德夫妇开始检测士兵们的血型，这些士兵包括当地的希腊人、土耳其人、犹太人，以及来自中欧、西欧、东欧和许多亚非殖民地的士兵，他们发现这16个不同民族和种族的士兵的血型并不是随机分布的，某些血型往往在某个群体中占主导地位。此外，这些血型似乎呈现出明显的地理分布，从西欧向东，B型血的比例上升，A型血的比例下降。在此之前，科学家们一直在徒劳地寻找种族的生物标记，探索了从头骨形状到指纹的一切。赫斯菲尔德夫妇的发现提出了一种诱人的可能性：血型就是人们长期寻找的种族标记。[9]

他们的研究引发了全球范围内关于血型种族分布的研究热潮。一个新的科学领域——种族血清学——诞生了。在接下来的十年里，来自数十个国家的研究人员进行了数百项研究，试图将血型与种族以及被认为是退化的遗传性形式（例如癫痫、犯罪行为和"弱智"）联系起来。后来的事实证明他们高兴得太早了。正如赫斯菲尔德夫妇的研究所表明的那样，不同血型的比例在某些群体中有所不同，但研究未能找到许多人寻求的东西，即种族的血清学标记。然而，这并没有让更坚定的种族科学家相信他们的研究对象本质上是难以把握的，而只会激励他们继续寻找。

为了更好地理解血型遗传机制，科学家们还重新审视了亲子遗传的问题。1926年，一位著名的美国研究者指出："为了将血型在不同群体的分布用于种族关系的研究，必须证明它们是遗传的，并且必须阐明它们的遗传方式。"[10]现在，科学家们重新拾起了赫斯菲尔德和冯·东格恩十年前在海德堡对教师家庭所做的研究。世界各地的一系列调查记录了父母和孩子的血型。这项研究完善了科学家对血型遗传机制的理解，证实了一个核心观点，即血型是根据孟德尔定律从父母传给孩子的。这些家庭研究调查的不是"一般意义上的"父母和孩子，而是由特定种族或民族定义的家庭——英国人、美国人、意大利人、德国人、挪威人、日本人、韩国人、澳大利亚原住民，这一事实反映了普遍的遗传观念是如何把种族和父母身份联系在一起的。

因为事实证明血型不是确定父亲身份的理想工具，这促使科学家们寻找更好的确定父亲身份的方式。其中包括苏联生物化学家马诺依洛夫（E. O. Manoiloff）和他的学生安娜·波利亚科娃（Anna Poliakowa），二人都是列宁格勒国家公共卫生委员会的成员。马诺依洛夫早期的研究试图识别区分男性和女性血液的生化标记。他写道："既然有不同性别激素的存在，在人类不同种族的血液中一定有一些与特定种族相对应的特殊物质。这种特殊物质成为特定种族的标记，可以用来区分不同的种族。"[11] 20世纪20年代，他开始检测犹太人和俄罗斯人这两个"种族"群体的血液，试图找到这种物质。

没过几年，马诺依洛夫就有了一个惊人的意外发现：一种他认为可以揭示一个人种族身份的化学反应。他描述了一个非常简单的实验，简单得让人想起一个孩子用厨房橱柜里的东西做出来的混合物。他将红细胞和盐混合起来，然后用玻璃棒搅拌，"使其变成浓稠的乳剂"。然后，他先后加入了在任何一位化学家的工具箱中都很常见的五种普通染料和化学物质："加入一滴第一种试剂，摇匀；加入五滴第二种试剂，再次摇匀；加入三滴第三种试剂，摇匀；加入一滴第四种试剂，摇匀；最后加入三到五滴第五种试剂。"[12] 由此产生的溶液会随着血液"种族"的不同而变成不同的颜色：犹太人的血液呈蓝绿色，而俄罗斯人的血液呈蓝红色。马诺依洛夫这个简单的方法能用来区分犹太人和俄罗斯人，准确率超过91%。安娜·波利亚科娃的后续研究又揭示了更多的"种族化学反应"：朝鲜人的血液呈红紫色；爱沙尼亚人的血液呈红褐色；波兰人的血液呈红绿色；等等。

马诺依洛夫和安娜·波利亚科娃关于血液颜色的实验开始于1922年，在1925年首次发表。与此同时，人们对血型的种族和家族遗传的兴趣高涨。此外，两种研究之间有明显的对话。[13] 这个实验后来被称为"马诺依洛夫种族反应"，它似乎提供了一种区分种族的简单、优雅、明确的技术，比血型的方法更加有力。他的发现被其他科学家引用，并促使他们尝试复制。[14] 美国媒体为之痴迷，宣布"非犹太人和犹太人的血液不同"，并惊叹于马诺依洛夫的技术"惊人的准确性"。[15] 非裔美国人和犹太人的媒体对此持怀疑态度。人类学家鲁思·本尼迪克特（Ruth Benedict）在接受犹太新闻社采访时指出马诺依洛夫的说法"最多只能说……是值得怀疑的"。美国黑人联合通讯社（Associated Negro Press）的一位医学专栏作家提出了不同的批评。他并没有质疑这种方法的有效性，但表示，当它揭示白人种族纯洁性的虚构时，可能会"不受白人的欢迎"。[16]

正如马诺依洛夫指出的那样，他的发现可以用于法医学上的亲子鉴定。一位听说过他的实验的医生给了他三瓶血液，两瓶来自成人，一瓶来自儿童，并让他"通过血液来判断这个孩子是谁的"。马诺依洛夫确定第一瓶血液属于一名犹太人，这个结论"给医生留下了深刻印象"，这位医生透露，事实上两位可能的父亲中有一位是犹太人。接下来，马诺依洛夫检测了另一名男子和孩子的血液，并将三个小瓶放在一起，用一盏相当于50—100支蜡烛的电灯照亮。孩子的血看起来和第一瓶更像。马诺依洛夫得意地断定那个犹太人就是孩子的父亲。

后来他回忆道，医生"对我的调查结果非常满意"，因为这个结果证实了他一直以来的怀疑。医生解释道，这名犹太男子与一名俄罗斯女子结婚，但在她的孩子出生后，犹太男子怀疑她与一名俄罗斯情夫有染。通过证明孩子的血液属于犹太人，这个实验消除了丈夫的猜疑。

因此，马诺依洛夫的"种族化学反应"也可以应用于亲子鉴定，而他的学生安娜·波利亚科娃更系统地开发了这一应用。马诺依洛夫最初的实验集中在犹太人和俄罗斯人身上，依靠祖先可以追溯到三代人的受试者来寻找"最纯正"的血统，并引发最强烈的化学反应，而波利亚科娃则比较了"混血"婚姻（父母的"种族"不同）和"纯种"婚姻（父母的"种族"相同）所生子女的血液。她得出的结论是，"纯种"婚姻的子女的血液表现出与父母血液相同的化学反应，而"混血"子女的血液化学反应强度则取决于不同种族血统的具体组合。例如，如果父亲是俄罗斯人，母亲是犹太人、亚美尼亚人或波兰人，孩子的血液化学反应会更接近母亲，但如果父亲是俄罗斯人，母亲是德国人、芬兰人或鞑靼人，孩子的血液化学反应会更接近父亲。波利亚科娃得出的结论是：马诺依洛夫的种族化学反应对确定亲子关系"显然具有重大的实际意义"。例如，如果母亲和孩子的血液产生了不同的化学反应，可以推测父亲肯定是不同"种族"的人。[17]

马诺依洛夫和波利亚科娃并不是最早将种族检测转化为亲子检测的研究者。爱德华·泰森·赖克特的结晶学和阿尔伯特·艾布拉姆斯的血液振动仪据说也有这样的功能。对于这些研究者和许多其他人来说，种族身份和父亲身份既是同源的，又是相互揭示的。两者都被认为是存在于身体内的基本生物学真相。但它们也可能隐藏起来，难以捉摸，科学家们坚持不懈地寻找能揭示它们的生理标记。马诺依洛夫和波利亚科娃利用种族知识来发现亲缘关系，但是在其他情况下，尤其是1933年后的德国，亲缘关系的知识将被用来确定种族身份。现代亲缘关系的一个决定性特征是它在概念上和实践上不断参照种族关系。

血型研究也体现了这种联系。赫斯菲尔德在萨洛尼卡进行的种族差异研究启发了家庭研究，而家庭研究使血型可能被应用于法医学上的亲子关系鉴定。关于血型科学的早期研究讨论了血型的种族意义及其在亲子关系中的应用，科学家倾向于同时研究种族和家族的遗传特征。[18]就在弗里茨·席夫倡导在亲子鉴定案例中进行血型检测的时候，他也在进行一项关于柏林犹太人血型分布的重大研究。[19]20世纪20年代，欧洲德语区是种族血清学的全球发源地，也是早期亲子鉴定的中心，这并非偶然。两者是一起诞生的。

科学家们最初对将血型应用于实际的亲子鉴定持谨慎态度，他们不知道基因遗传规律是否真的固定不变，还是可能存在例外。1923年，意大利血清学家、第一本关于血型的教科书的作者莱昂内·拉特斯写道："鉴于目前的情况，我们不会完全根据血液检测的结果来确定亲子关系。"《美国医学会杂志》对此表示认同："现在科学中还没有任何血液检测可以用来确定父母的身份。"[20]

然而，没过几年，随着证据的迅速积累，这些曾经的保留意见被抛弃了。到20世纪20年代中期，研究人员已经收集了来自8个国家的1900个家庭的数据，其中包括将近4500名儿童。这些研究中规模最大的是由弗里茨·席夫主持的，涉及约500个家庭。[21]海德堡研究中发现的血型遗传规律几乎是无可争议的。四年前，拉特斯曾对血型在法医学中的应用持保留态度，但四年后，他改变了想法。"与此同时获得的数据证实了这一怀疑"，即孟德尔定律的任何例外都不是由于生物学规律，而是由于技术错误或通奸。如果血液检测尚未在司法程序中使用，那并不是因为其科学价值受到质疑，而是像《美国医学会杂志》现在所断言的那样，是因为"关于检测性质的许多错误信息已经被传播"，这或许是指艾布拉姆斯所遗留下来的影响。[22]

国际科学界也已经改变了看法，认为血型科学已经准备好在法庭上首次亮相。但事实证明，这样的声明来得太晚了。在德国，基于人类血型的亲子鉴定早已经开始了。

如果说德国是法医亲子鉴定的摇篮，那么弗里茨·席夫就是它的助产士。1889年，席夫出生于一个犹太家庭，父亲早逝，他与母亲和妹妹一起生活。他学的是医学，后来在第一次世界大战中担任卫生员，在黎凡特和土耳其广泛游历，并曾短暂地做过战俘。席夫以其独特的兼收并蓄的求知欲著称。在职业生涯早期，他发表过关于克里特岛的人类学、耶路撒冷的卫生状况、捷克的颅骨学、伤寒和肺结核的文章。

20世纪20年代初，席夫已成为柏林一家医院细菌学实验室的负责人。目前尚不清楚他最初对血型遗传产生兴趣的时间和原因，但是到1923年，他已经开始了对种族和家庭的研究。大约在这一时期，他也阅读了莱昂内·拉特斯1923年出版的《血液在生物学、临床和法医学中的独特性》（*Individuality of the Blood in Biology and in Clinical and Forensic Medicine*），这是法医血清学领域的第一部著作。席夫一直是一个充满好奇心的人，他把这本书从意大利语翻译成了德语，并与作者结下了终身的友谊。

在整个20世纪20年代和30年代初，席夫掌管着一个蓬勃发展的实验室，并指导了许多学生。他同样把自己对科学的好奇心带回了家。席夫会在家庭聚会上四处走动，收集在场者的血样，这可能是他血型遗传研究的一部分。[23]他是一位多产的研究者，在不到30年的时间里发表了大约150种作品，包括几十部关于血型遗传，特别是亲子鉴定的法医学应用的著作。其中有一本名为《血型研究技术》（*The Technique of Blood Group Research*，1926年首次出版）的操作手册，它成为欧洲法医实验室专家的首选资源。1933年出版的《血型及其应用领域》（*The Blood Groups and Their Areas of Application*）也成为一部被广泛引用的经典著作。这本书既反映了席夫兼收并蓄的兴趣，也反映了更广泛的与现代父亲身份有关的意识形态，不仅向读者介绍了法医血型检测的理论和技术，还探索了从中国到巴比伦与父亲身份有关的文化信仰。

席夫首先以将科学知识转化为实际应用而闻名。也许是他在知识上的兼收并蓄让他敢于从实验室走进法庭。从1924年在柏林对法医协会的演讲开始，他就孜孜不倦地倡导在亲子纠纷中进行血液检测。他为法庭做了最早一批血液检测。席夫后来成了世界上最有经验的亲子鉴定师，据他的朋友莱昂内·拉特斯说，他"作为一名研究血液遗传问题的医学-法律专家，在世界各地享有盛誉"。这是一名意大利同事在一本阿根廷期刊上做出的评价，这本身就可以表明其真实性。[24]

在柏林演讲的几个月后，席夫与病理学家格奥尔格·施特拉斯曼（Georg Strassmann）合作，为当地法院进行了第一批亲子鉴定的血液检测。施特拉斯曼是柏林大学法医学研究所的所长，因此他与法庭和法律界有着宝贵的联系，而席夫本人此前在这些领域没有任何经验。[25]席夫指导施特拉斯曼进行检测，并向他提供血清。很快，两人开始为法庭提供血液检测，并向科学界和法律界宣传这种新方法。[26]

席夫还将注意力转向了公众。虽然国际新闻界没有注意到这些发展，但德国媒体和公众马上就产生了兴趣。事实上，席夫把这种新方法的普及归功于报纸。与此同时，他发现这种公众的关注是一种潜在的负担。最大的挑战不是捍卫检测的准确性或推广它的有用性，而是恰恰相反：降低过高的公众期望。各家报纸用具有误导性的标题称赞这项新技术，暗示一种确定父亲身份的决定性方法即将问世。和在美国一样，德国媒体在塑造现代父亲身份的过程中也是一个热心的参与者，但也许过于热心了。席夫担心，面对这些期望，这种方法可能会失去可信度。[27]

在这方面，也许幸运的是，这项技术的结果最初是令人失望的。两年来，血型分析对实际的父子关系案例没有影响，因为它没能做出一次排除。其效果发挥的延迟反映了仅基于四种血型的检测能力是有限的。当然，这可能也反映了这样一个事实：德国母亲们在法庭上提出申请要证明的父亲身份绝大多数都是真实的。毕竟，血型分析只能澄清那些涉及虚假父亲身份的案件。

尽管如此，这种方法还是传开了，欧洲德语区的其他从业者也开始采用这种方法。这种方法之所以能够迅速传播，一个很重要的原因是它快捷、简单、成本低。除了手稳、眼尖、血清好之外，确定血型不需要特殊的技能或设备。虽然不同科学家的操作会有细微的差异，但基本的程序简单明了。医生从手指上抽取血液样本，在玻片上或试管中将其与A型或B型血清混合。几分钟后，可以观察到四种可能的凝集模式：只有与A型血清混合的样本发生凝集；只有与B型血清混合的样本发生凝集；与A型和B型血清混合的样本均未发生凝集；或者两者都出现了凝集，从而表明血液样本与A型、B型、AB型或O型四组中的一组相对应。可以肯定的是，检测人员必须熟练掌握这门精细的技术，被其简单性所迷惑的新手可能会得出错误的结果，但是这个问题是可以通过指导来补救的。这就是为什么像席夫这样的血清学家可以很容易地把这项技术教给像施特拉斯曼这样的法医。

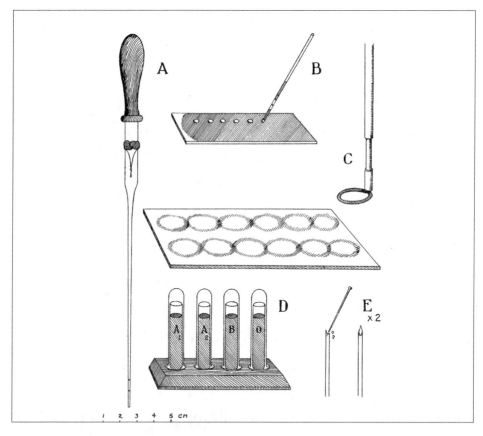

血型检测程序相对简单，不需要复杂设备。

资料来源：重新制作自David Harley, *Medico-Legal Blood Group Determination: Theory, Technique, Practice* (London: William Heinemann Books, 1943), 37。

图3.2

父亲身份：探寻血缘之谜

1926年，血型检测终于有了一个决定性的发现。这时，这项技术已经在德国法院的大约100起案件中被使用，并已经传播到奥地利。在维也纳的一个儿童抚养案件中，被推定的父亲是一名工程师，他被发现与母亲和孩子的血型不相容，从而证明他不可能是孩子的父亲。[28]在取得了第一个成功的结果后，检测数量迅速增加。最初的检测请求是由当事人的律师提出的，但很快，法院和儿童福利机构也开始提出血液检测的请求。

这种增加并非毫无争议。1927年，席夫卷入了一场与普鲁士上诉法院法官的激烈争执，后者质疑该方法的有效性。这场争执引发了一场关于血液检测的全国性辩论，作为其最著名的倡导者，席夫被推到了聚光灯下。他和当律师的妹夫一起成功地应对了这个挑战。[29]科学家和法学家团结起来为血液检测辩护，检测数量有增无减。[30]

起初只是涓涓细流，很快就涨成了滔滔洪水。到1929年，德国法院在大约5 000起亲子鉴定案件中使用了血液检测。作为德国国立卫生研究院（Reichsgesundheitsamt）的特别顾问，席夫收集了这些数据。他评论说，这个数字会让"那些即使熟悉德国情况的人也感到惊讶"。在奥地利，在1926年引入血液检测后的三年里，维也纳的检测机构大约进行了700例检测。到20世纪30年代初，较大的德国各州和奥地利的司法部已经发布了对血型分析的官方认可，这是法院用来指导司法程序的指令。[31]

这种方法也传播到了欧洲德语区之外。1926年，苏联一个医学委员会授权通过血型检测来确定父子关系。这种方法在捷克、波兰以及斯堪的纳维亚半岛都取得了成功。到1930年，丹麦法院已经审理了500多起涉及亲子血液检测的案件。在接下来的几年里，哥本哈根大学法律医学研究所（Institute of Legal Medicine）进行了超过3 000次这样的检测。挪威和瑞典的法院也开始在有争议的亲子关系案件中接受血型证据，但数量较少。[32]

这种方法也传播到了欧洲以外。1926年那位维也纳工程师是第一个通过血型检测而被证明不是孩子父亲的人，这个案件被美联社发现，并被从里约热内卢到波士顿的各地报纸所报道。此后不久，圣保罗的一名法官开始要求当地一家法医学研究所进行检测，这显然是这种新方法在西半球的第一次系统应用，而且这可能并非偶然。一年后，该方法在澳大利亚珀斯儿童法院的一桩无效婚姻案件中被使用，这是英联邦国家首次使用血型检测，但这次检测并没有形成定论。1929年，血型检测帮助解决了哈瓦那妇产医院的一起抱错婴儿事件。此后没过几年，哥伦比亚和秘鲁的法院开始要求在亲子鉴定案件中进行这项检测。[33]

尽管如此，它并没有在所有地区都被采用。除了媒体报道的个别案例外，在20世纪30年代，血型检测基本没有出现在美国的亲子鉴定程序中。[34]到1940年，只有七个州通过了在这类案件中承认血清学证据的法律，比德国的很多州和奥地利晚了10年。当然，美国法院关于血液检测局限性最著名的例子是卓别林案。在法国，法院直到1937年才首次承认血型检测，此后就其可接受性作出了相互矛盾的决定。在1939年以前的英国，只有21起亲子诉讼中使用了血型检测。[35]在所有这些地方，将血型证据引入亲子诉讼不仅过程缓慢且发展不平衡，而且往往会引发激烈的争议。

对于这些地域差异的原因，以及为什么欧洲德语区国家会迅速而热情地接受血型检测，一个解释是该地区遗传科学的先进水平。在对父亲身份的科学探索过程中，大部分重要的里程碑事件都与在德语区机构受训或隶属于这些机构的研究人员有关，其中包括兰德施泰纳发现血型、冯·东格恩和赫斯菲尔德关于血型遗传的研究和赫斯菲尔德夫妇在萨洛尼卡的研究。[36]最早、规模最大的血型遗传家族研究中的许多也是在德国进行的，其中最著名的是弗里茨·席夫的研究。

然而，德国和奥地利很难宣称自己垄断了亲子鉴定科学。1923年，兰德施泰纳移民到美国，与美国合作者一起继续对血型科学做出重要贡献。其中包括1927年发现的M抗原、N抗原和P抗原，这使在亲子分析中做出排除的可能性增加了一倍，以及后来在1940年发现的Rh血型系统。[37]兰德施泰纳在这项研究中的合作者成了美国血型检测的首要倡导者。在意大利，莱昂内·拉特斯是法医血清学的国际发言人。20世纪20年代，人们在意大利进行了大量的家庭和种族-地区血型研究。然而，无论是美国还是意大利，对亲子鉴定的热情都不如奥地利或德国。

仅仅是尖端亲子鉴定科学的存在，并不能保证它在地方法院的使用或被公众接受，法律和社会因素才是决定性的因素。科学与法院之间的结构性关系可能会促进或抑制科学证据的接受度。在包括德国司法系统在内的大陆法系中，只有法院认证和任命的法医（Gerichtsarzt）才能为法庭进行法医学分析。德国的法医与英美法系的专家证人不同，后者是由诉讼当事人聘请的，因此代表了当事人的利益。英美法院的专家证人制度鼓励当事人对对方专家的资格提出质疑，并对包括亲子鉴定在内的新科学知识提出质疑。相比之下，在德国法院，法医的专业知识是为法院服务的，因此凌驾于诉讼对抗之上。法院从"法医研究所、医学-法律委员会、司法部和类似机构"获得"专业而公正"的科学信息。[38]这种安排往往有利于将科学知识引入司法领域。[39]美国没有这样的机构，这也许可以解释为什么媒体作为实验室、法庭和公众之间的非正式交流渠道发挥了如此重要的作用。律师和非专业人士通常是从报纸上了解新的科学进展的。

在20世纪20年代，亲子鉴定被添加到德国法医的工具清单之中。[40]席夫的合作者格奥尔格·施特拉斯曼就是一名法医，这或许也解释了他们最初是如何将血液检测引入法庭的（席夫最初没有获得法医资格）。这些专业合作的重要性远远超出了法庭。席夫、施特拉斯曼和其他人很快组成了一支直言不讳的骨干队伍，积极倡导在科学、法律和公共场合进行血液检测。

德国的亲子鉴定法也对法院接受生物证据具有影响。在德国，血液检测主要用于单亲母亲提起的儿童抚养案件。它在这些诉讼中的应用受到德国亲子法中"显然不可能"（obvious impossibility）概念的推动。根据这一概念，在受孕期间与母亲同居的男人将被推定为孩子的父亲，除非他"显然不可能"让那位母亲怀孕。"显然不可能"的概念传统上指的是被推定的父亲患有阳痿或在母亲受孕期间并未和她在一起。这一假设的一个例外是以原告的性伴侣不止一个为理由的异议（exceptio plurium）：如果证实了母亲有不止一个性伴侣，则他们中的任何一个都不能被认定为孩子的父亲。然而，如果母亲能够证明一方的父亲身份"显然不可能"，则另一方可能要承担责任。血型鉴定碰巧符合"显然不可能"的原则，因为不可能的亲子关系正是这种方法所能揭示的。男性也可以利用血型排除法来证明自己"显然不可能"是孩子的父亲。更为罕见的是，女性可以用它来推翻以原告的性伴侣不止一个为理由的异议，将一个性伴侣排除在外，由另一个性伴侣承担责任。

司法机构和法律可以为法医证据提供便利，但科学解决方案要想被接受，必须解决一个已经存在的问题。血液检测所解决的问题——它被要求去做的工作——在不同的社会中存在很大差异。在20世纪20年代的德国和奥地利，这个问题会涉及未婚母亲及其非婚生子女。这种情况在婚外生育率极高的欧洲德语区国家很常见。在德国，约12%的孩子是未婚父母所生，而在法国，这一比例略高于8%，英国的比例为4.6%，而荷兰的比例不到2%。在奥地利，这一比例达到了惊人的27%，是整个欧洲最高的。[41]

非婚生子女及其母亲的困境激起了公众的强烈不满。非婚生子女的高死亡率尤其令人担忧，各种政治派别的德国官员都对人口下降感到担忧。1922年，一项法律规定非婚生子女由当地的福利机构负责，并为他们指定监护人，负责监督他们的福利救济。[42]这种新的监护制度试图确保孩子得到父亲的抚养。

这些发展的影响在法庭上也能感受到。席夫估计，在德国每年15万婚外生育的婴儿中，大约有一半会对被推定的父亲提起法律诉讼，以获得经济支持。[43]这种诉讼也可能是由不断变化的文化规范所推动的：随着不再受传统性道德观念束缚的所谓"新女性"的崛起，单身母亲更可能倾向于提起亲子诉讼。[44]此外，法院似乎对她们的请求表示同情。尽管不同地区差异很大，但证据表明，母亲在55%到86%的情况下赢得了亲子诉讼。[45]

一些司法官员对这种情况感到不安。亲子鉴定程序往往是"公说公有理婆说婆有理"的争议，他们认为这些争议是肮脏的、令人沮丧的。一位维也纳法官指控道："在其他任何领域，我们都不会遇到像在亲子诉讼中那样多的谎言和伪证。"[46]那些涉及以原告的性伴侣不止一个为理由的异议的案件尤其麻烦和漫长。在有些案件中，多达五名男子作为可能的父亲被传唤到法庭。[47]在这种情况下，有一种新的方法有望迅速有效地解决这种不体面的纠纷，因此受到了许多法官的欢迎，并且很快引起了儿童福利机构、媒体及公众的关注。[48]正如席夫所指出的那样："法院经常面临超出人的能力范围的任务。在这种情况下，血液检测往往可以给出清晰的结果。"[49]

然而，血液检测仅能对部分问题给出清晰的结果，而不是所有的问题。例如，基于血型排除的检测无法为孤儿找到父亲，只能排除那些显然不可能是父亲的人。也就是说，他们可以找出一些似是而非的指控，为一些无辜的人正名。如此一来，血型检测确定的不是父子关系，而是一个同样重要的事实：宣誓被告是她唯一的性伴侣，也是她孩子唯一可能的父亲的那个母亲，其实撒了谎。因此，早期血液检测有限的排除能力产生了一种不同于从业者最初想象的结果。它揭示的不是亲子关系，而是伪证，甚至是滥交。这种方法评估的是关于母亲的某些社会事实，而不是关于父亲的某些生物学事实。

事实上，血型检测不只是揭示了女性的不诚实，它的价值也取决于这一点，它的有效性与诬告的发生率成正比。随着德国和奥地利的科学家进入法医学领域，进行了成百上千次检测，他们的成功需要大量女性的伪证行为才能产生决定性的科学结果。因此，这项技术与对男性的辩护密切相关。

一些观察人士为他们的科学中未曾设想的性别政治而哀叹。赫斯菲尔德指出："血清学的作用只是排除父亲身份，这更多是保护男人，而不是孩子或母亲。"他和其他法医专家时不时地表达了这样的希望——"随着科学的进步，随着可以确定真实父亲而不是排除不可能父亲的血型新特征被发现"，妇女和孩子可以从中受益。但包括科学家和法学家在内的许多其他观察人士认为，排除性检测已经有了重要的社会功能：保护男性。他们声称，在引入血型检测之前，"成百上千个错误的判决"让无辜的男人对陌生人的孩子承担责任。在20世纪20年代德国关于血液检测的医学法律著作中，"母亲的任性"这个表达反复出现。[50]

血液亲子鉴定很快从妇女要求男子抚养子女的民事诉讼转移到一个新的司法领域：男子指控妇女作伪证的刑事诉讼。德国刑事诉讼中相对宽松的证据规则促进了这种转移。[51]1926年，在符腾堡州的小镇埃尔旺根（Ellwangen），一个刑事法庭听取了包括弗里茨·席夫在内的科学专家的证词。血液检测排除了被推定的父亲，因此法院判定该母亲犯有伪证罪，并判处她六个月监禁。遗传性血液检测作为一种测谎仪（当时正在开发的另一种技术）的前景是极具启示意义的。这起案件引起了国际通讯社的关注，从印度到爱尔兰，再到阿根廷各省，许多报纸都进行了报道——这是通讯社对欧洲德语区血液检测新进展为数不多的几次报道之一。[52]

其他伪证定罪的案例接踵而至。[53] 本来，引入血型鉴定是为了迅速解决亲子纠纷，现在却有可能引发一种全新的诉讼。没过几年，司法程序就被修改，以便在提起亲子鉴定诉讼之前，利用检测来筛除欺诈性的请求，从而避免了最终的伪证指控。这一变化将科学证据从法庭对抗中移除，并使实验室成为所有亲子纠纷必须经过的第一站。从此，率先尝试确定父亲身份的人将是科学家，而不是法官。

血液检测不仅对女性、男性和儿童有影响，而且对进行血液检测的科学家也有影响，尤其是因为事实证明这种检测有利可图。1927年前后，在德国，每次血型分析的费用为10—12马克，而对母亲、孩子和被推定的父亲进行检测总共需要30—36马克。[54] 这不是一笔大数目，因为每月的儿童抚养费从最低的15马克到最高的50马克不等。[55] 但是要知道，这项检测只需要一名技术人员花几分钟就能完成。随着这种方法的推广和法院要求在所有儿童抚养案件中都预先进行血液检测，这创造了一种可能有利于个别科学家和法医机构的稳定需求。

弗里茨·席夫就是从中受益的科学家之一。在该程序引入后的最初几年里，席夫是柏林法院唯一的亲子鉴定人。[56] 到20世纪30年代初，他开始为德国和欧洲其他地方的法院提供血液检测服务并担任专家证人。事实证明，这种活动有利可图。法医分析不仅为他活跃的实验室提供了资金支持，也为他作为一个男性家长越来越多的经济责任提供了资金支持。1920年，席夫与青梅竹马的恋人希尔德加德·卡罗（Hildegard Caro）结婚。到1930年，这对夫妇已经有了三个年幼的儿子，分别是汉斯（Hans，1922年出生）、莱因哈特（Reinhart，1927年出生）和赫尔穆特（Hellmut，1930年出生）。家中还有席夫的母亲阿黛尔（Adele）和妹妹黑德维希（Hedwig）。[57] 席夫是家里唯一的经济支柱，几年之内，他的法医活动所产生的收入就构成了"他收入的绝大部分"。[58]

这些收入的重要性可以通过它们突然枯竭时造成的灾难性影响来衡量。20世纪30年代初，由于纳粹对犹太专业人士的限制，席夫失去了作为法庭专家的资格。用一位同事的话说，他"几乎没有钱养活自己"。作为亲子鉴定血液检测的创始人，席夫的经历无疑是不同寻常的。然而，它预示着亲子鉴定对个别专家和科研机构的经济重要性日益增加，特别是在20世纪30年代引入了更复杂、更费力，因此也更昂贵的方法时。

在关于子女抚养权的诉讼中越来越多地使用血型检测——以及这种方法明显的局限性——激励着科学家们继续探索其他的方法。激励他们的不仅是对遗传学或血清学的一般兴趣，还有对亲子关系这一具体的实际问题的兴趣。有一种生化标记物可以确定父亲的身份，这样的前景吸引更多的人去探索。东普鲁士柯尼斯堡大学的妇产科医生威廉·灿格迈斯特（Wilhelm Zangemeister）开始了这方面的研究。在妇女诊所为单身母亲接生非婚生子女时，灿格迈斯特产生了"要发明一种更可靠的亲子鉴定方法的愿望，以达到法医鉴定的目的"。[59]

1928年，他声称发现了这种新方法。当父母和孩子的血清混合在一起，通过测光仪（一种通过棱镜分散光线的仪器）进行观察时，浊度的变化变得清晰可见。对这种反应的一种描述为"一种小小的、舞动的斑点……在高倍显微镜下以特殊方式被照亮"。[60]而没有血缘关系的人的血清反应与此不同，因此利用这项检测可以区分亲属和非亲属。虽然灿格迈斯特无法解释其结果背后的生物化学原理，但他推测这种反应与因为对父亲精子中的白蛋白产生反应而形成的母体抗体有关。因此，他的检测不仅可以用来确定父母和孩子之间的遗传关系，还可以用来确定父母之间的性关系。通过这种方式，他的亲子鉴定方法不仅检测了亲缘关系，还检测了性关系。

灿格迈斯特的检测与马诺依洛夫的"种族反应"一样，是血清方面的幻想，它是否曾投入使用，我们不得而知。但他的发现引起了德国、英美和阿根廷科学界的广泛兴趣，并在《美国医学会杂志》和法医和优生学领域的各种出版物上发表。在巴西和美国，直到20世纪30年代中期，大众杂志上依然在热烈讨论灿格迈斯特的检测。[61]它所引起的关注表明，科学界和全球公众都为更好的亲子检测做好了准备。

事实上，亲子鉴定激发了一部分公众的兴趣。其中包括一个1926年在维也纳成立的、自称"男子权利联盟"（Rights for Men League）的组织。该组织呼吁消除获得解放的现代妇女通过压迫的男性而获得的不公正的特权。在两次世界大战之间的年代，新女性的形象是焦虑的现代性的风向标，男子权利联盟将自己定位为抵御她们日益增长的支配地位的堡垒。该组织每周出版一份名为"自卫"的时事通讯，自称拥有约2.5万名成员，当然这可能是杜撰的。它声称在国际上的追随者包括查理·卓别林，据说他最近与第二任妻子利塔·格雷（Lita Grey）轰动一时的离婚案使他相信"有必要在世界范围内发起一场解放受压迫丈夫的运动"。[62] 1929年，该联盟试图组织一次由心怀不满的男人参加的世界大会。寄给"美国男人"的邀请函被刊登在远至华盛顿斯波坎（Spokane）的报纸上。[63]

在该组织为男性伸张权利的愿景中，父亲身份是核心。除了离婚法的改革，它还呼吁为未婚父亲争取更大的权利，并要求改革自动将父亲身份分配给丈夫的婚生推定原则。联盟的创始人西古德·霍伯斯（Sigurd Höberth）本人也卷入了一场针对前妻的亲子诉讼案。该联盟呼应了法医专家对广泛存在的伪证的指控，称"根据奥地利现行法律，未婚母亲实际上可以任意选择孩子的父亲"，并呼吁在亲子鉴定诉讼中扩大血液检测的使用。事实上，该联盟似乎与科学亲子鉴定的发展密切相关：它于1926年3月正式成立，此时正是那位被推定为父亲的维也纳工程师成为第一个通过血液检测被证明不是孩子父亲的时候。该组织的纲领被报纸广泛报道，许多政界人士对其目标表示同情。主张扩大亲子鉴定范围的法医学专家指出，该组织的产生表明了那些被错误推定为父亲者的"痛苦心情"。一些妇女权利领袖驳斥了该组织的说法。[64]

1929年经济危机的爆发终结了该联盟举办世界男性代表大会的宏伟计划。一年后，该联盟富丽堂皇的维也纳总部变成了一家女鞋店。[65] 到那时，该组织已经围绕是否接纳女性成员的争议而分裂为两个分支，其中一个分支一直延续到霍伯斯在1938年去世。事实证明，该联盟拉上查理·卓别林以壮声势的做法很有预见性，因为这位喜剧演员后来将身陷20世纪最著名的亲子鉴定争议。它的几项提议同样具有预见性，这些提议成为法律，不是为了保护受压迫的男性，而是被用来为纳粹主义的种族政策服务。

与此同时，对父亲身份的探寻正在世界其他地方展开。1927 年 5 月，巴西的法医科学家成为西半球第一批（可能也是欧洲德语区之外的第一批）在司法调查中进行这种新型血液检测的人。[66]应圣保罗刑事法院的要求，法医机构奥斯卡·弗莱雷研究所（Instituto Oscar Freire, IOF）对奥林达·德·赫苏斯（Olinda de Jesus）、她的孩子朱莉亚（Julia）和被推定的父亲胡里奥·巴普蒂斯塔·达·科斯塔（Julio Baptista da Costa）的血液进行了分析。这是成百上千例此类检测中的第一例。

乍一看，圣保罗不太可能成为很早采用亲子鉴定的地方。虽然巴西是拉丁美洲优生科学的中心，但巴西科学家没有参与将血型检测引入法庭的研究。事实上，到 20 世纪 20 年代末，在巴西进行的血型研究屈指可数，并且没有一项涉及种族或家族遗传问题。[67]

巴西科学家接受这项新检测的速度和热情反映了这种方法的传播是多么容易。如果说尖端的亲子鉴定科学并不能自动使新方法被采用，那么反过来也是如此：奥斯卡·弗莱雷研究所的专家可以成为新检测的使用者，而不必成为该检测所依据的研究的从事者。事实上，作为巴西最有经验的验血专家，弗拉米尼奥·法韦罗（Flamínio Favero）和阿纳尔多·费雷拉（Arnaldo Ferreira）这两位医生既不是血清学家，也不是基因专家。他们都是从事尸体解剖和指纹鉴定等工作的法医专家。在这一点上，他们很像弗里茨·席夫指导过的合作者——从他这里学习过检测技术的格奥尔格·施特拉斯曼。法韦罗和费雷拉没有弗里茨·席夫这样的专家提供指导，但是利用奥斯卡·弗莱雷研究所图书馆里丰富的、多达六种语言的最新科学文献，他们很快就通过自学掌握了这种新方法。

事实上，大约一年之前，圣保罗的一名法官曾经邀请法韦罗和费雷拉进行血型分析，这与欧洲德语区法庭最早一批检测几乎同时。[68]这一事实表明，这种新方法不仅在科学家中迅速传播，而且在司法人员中也迅速传播。最终，法韦罗和费雷拉拒绝了法官的请求，因为他们说他们缺乏必要的血清和对这种方法的深入研究。[69]

这种情况并没有持续太久。里约热内卢附近的一个公共实验室很快开始生产血清，在奥斯卡·弗莱雷研究所图书馆的帮助下，法韦罗和费雷拉开始自学血液凝集的理论和方法。[70] 他们选择了第一次世界大战期间由马萨诸塞州的一位输血专家在法国开发的检测技术，这一事实本身就反映了血型检测在全球的传播。后来，他们也采用了席夫的方法。[71] 第二年，当又有一位法官与他们联系，请他们为法庭进行检测时，他们已经准备好了。

如果说这项新技术是从外国文献中学来的，那么他们应用这项技术来执行的任务则是巴西特有的。这个促使圣保罗第四刑事法院要求提供亲子鉴定科学证据的争议不涉及子女抚养的问题，而涉及对性侵犯的刑事调查。被告胡里奥·巴普蒂斯塔·达·科斯塔是一位47岁的医生和应用生物学老师（虽然两位进行血型检测的科学家注意到了这种讽刺意味，但他们并没有在专家报告中对此发表评论）。奥林达·德·赫苏斯是他家的仆人。五个月前，她生下了婴儿朱莉娅。达·科斯塔被指控强奸了她，虽然对仆人的性虐待无疑很常见，但这个案件尤其令人震惊，因为奥林达只有13岁。法官要求进行科学检测，以确定否认指控的达·科斯塔是不是孩子的父亲。

从表面上看，这是血型分析的一个奇怪应用。这项检测无法确定达·科斯塔是否犯有强奸罪，因为它无法将他或其他任何男人确定为婴儿朱莉娅的父亲。然而，虽然排除性的检测方法不能将刑事责任归到男性身上，但它可以将道德责任归到女性身上。因为如果检测可以确定达·科斯塔不是婴儿朱莉娅的父亲，那么她的母亲一定有另一个性伴侣。而一个"不诚实"的女性——即使她本人也还是个孩子——将很难以性侵犯为由提起刑事诉讼。如果可以确定达·科斯塔不是孩子的父亲，则他强奸孩子母亲的罪名可能就无法成立。

20世纪20年代的圣保罗是一个快速发展的工业城市，外国移民和农村移民人口大量涌入。城市现代化的种种危险——暴力、贫穷、劳动剥削——让奥斯卡·弗莱雷研究所的法医们忙个不停。法韦罗和费雷拉分析过城市犯罪受害者的伤口，研究过产业工人的残肢，还对死于非命者进行过尸检。此外，他们还花费了大量的时间和精力来检查少女的处女膜。

童贞研究是巴西的一个法医学专业。在20世纪前几十年，在巴西城市的工薪阶层中，奸污幼女、强奸、通奸、诱奸和其他性犯罪的指控比比皆是。[72]包括奥斯卡·弗莱雷研究所的专家在内，巴西的医学专家都是经验丰富的"处女膜学家"，即评估童贞状况的专家。在奥斯卡·弗莱雷研究所，这种检查很频繁。法韦罗和费雷拉发表过有关这一主题的科学著作。[73]考虑到怀孕生育这一事实，奥林达·德·赫苏斯失去贞操的基本事实并没有争议，法庭想要知道的是谁应该对此负责。使用基因分析而不是处女膜学来解决性犯罪的问题，这是一种解决人们熟悉的法医问题的新思路。

在针对胡里奥·巴普蒂斯塔·达·科斯塔的案件中，就像在许多其他案件中一样，血液检测的结果并非决定性的。被告的血型相容，这意味着不能排除他是孩子父亲的可能性。大概基于其他证据，法官最终判他无罪。[74]在接下来的几十年里，奥斯卡·弗莱雷研究所为法院进行了数百次亲子鉴定，其中很大一部分与奸污、诱奸和强奸这样的性犯罪有关。这是血液检测的一种典型的巴西式应用，它反映了这种技术可以用来执行不同种类的任务。这种基本方法的局限性取消了一些用途，但也创造了其他用途。

就像在德国伪证案件中一样，在奥斯卡·弗莱雷研究所，这些用途既涉及亲缘关系，也会涉及性，既涉及男性，也会涉及女性。亲子鉴定检测的不是男性的父亲身份，而是女性的诚信和性道德。孩子的基因组成只是评估母亲道德的一种方便方法，进而评估男性被告是否会因与她发生不正当关系而被追究责任。在这样的情况下，现代亲子鉴定是重写而不是挑战了传统的性别和性观念。

血型检测在欧洲和拉丁美洲部分地区得到发展，但在美国，它仍然是一个丰富多彩的新闻话题，而不是常规的法医工具。随着艾布拉姆斯的血液振动仪从头版消失，报纸无缝地转向讨论基于血型的亲子鉴定，并且通常对这两种方法不做区分。在整个20世纪20年代，这些报纸报道了在亲子纠纷中使用"血液检测"的情况，这些纠纷往往涉及富有的男人，如芝加哥服装商莫德尔（Modell）和科尼柳斯·范德比尔特·惠特尼。但故事的内容大部分是当事人要求做检测，而不是真正做了检测

（八年后，惠特尼的前情人仍然试图为她已经9岁的儿子做亲子检测，她宣布她打算去意大利咨询血清学家莱昂内·拉特斯）。媒体还报道了将血型分析应用于普通人特殊困境的案例，如内布拉斯加州一个小乡村发生的亲子关系纠纷，纽约一位大楼管理员寻找他被绑架的儿子，艾奥瓦州的两个妇女争夺同一个孩子。[75] 显然，律师和诉讼当事人有时会寻求科学的帮助，但在整个20世纪20年代，血液检测仍然是一种稀奇古怪的东西，足以成为新闻。

有一种故事经常出现在新闻中，那就是抱错婴儿案。在1930年芝加哥那个闷热的夏天，失业的工头威廉·沃特金斯（William Watkins）先生在给刚出生的儿子洗澡时，发现婴儿背上有一小块胶带，上面用红墨水写着"班伯格"（Bamberger）。他的妻子玛格丽特（Margaret）刚出院。在医院时，她和另一位新晋妈妈乔安娜·班伯格（Joanna Bamberger）住在同一个病房。沃特金斯在支付医药费时，与同样失业的泥瓦匠班伯格先生交上了朋友。惊慌失措的沃特金斯急忙跑到几英里外的班伯格家，很快在废纸篓里发现了一张类似的胶带，上面写着"沃特金斯"。父母们非常困惑，很快媒体和公众也感到困惑。到底哪个被换了，是标签还是婴儿？

在整个20世纪20年代，美国接连发生的抱错婴儿案表明了新型血液检测的另一种用途，它涉及的不是性、谎言和道德，而是身份之谜。血清学方法在这些故事中占有重要地位，科学家们试图利用公众的注意力来推动遗传血液检测的新进展。然而，在美国媒体中，这些事件强调的不是科学的成就，而是科学的局限性。

这次抱错婴儿事件只是在过去十年中至少发生过两次的戏剧性事件的最新版本。1919年5月，约翰·加纳（John Garner）太太和戴维·皮特曼（David Pittman）太太（两位母亲的名字从未出现在媒体报道中）分别在亚特兰大格雷迪医院（Grady Hospital）生下了女婴。加纳太太坚信孩子被抱错了，于是她和丈夫提起了法律诉讼。在此期间，他们监护的孩子死了。孩子出生两年后，案件仍未解决，加纳夫妇的律师提出进行血液检测。亚特兰大的报纸描述了"遗传理论的当地追随者"为应用"格雷戈尔·孟德尔"理论所做的努力。报纸这样向读者解释了孟德尔理论："在一个家庭中，排行为奇数的孩子的特征受到同性别父母的影响，排行为偶数的孩子的特征受到异性别父母的影响。据说科学已经表明，当这种情况发生时，彼此相似的父母和孩子之间不仅面部轮廓和一般特征很相似，而且指纹也几乎相同。"[76]显然，新闻界仍然在认真履行其教育职能，只不过它的教导可能很混乱。

这次检测可能涉及血型分析（加纳夫妇的律师解释说，在其他地方，科学家"将血液标本分为四类"，指的就是四种血型）。[77]如果是这样的话，这很可能是美国首次应用血型检测来确定亲子关系。确立了血型遗传规律科学共识的大规模家庭研究几年之后才会发生。无论如何，这次分析并没有定论。加纳夫妇的律师随后写信给阿尔伯特·艾布拉姆斯，要求进行另一种类型的血液检测，因为此时报纸上到处都是关于血液振动仪的报道。最终，亚特兰大法院拒绝接受任何检测，双方父母也未能达成一致，案件最后从公众视野中消失了。

第二个轰动性的抱错婴儿事件发生在1927年，这次是在克利夫兰。当萨姆·史密斯（Sam Smith）太太在美景医院（Fairview Hospital）生完孩子醒来时，护士祝贺她生了一个健壮的男婴。史密斯太太很激动：小乔治加入了三个姐姐和一个哥哥的行列。孩子出生一周后，她往尿布里瞥了一眼，结果让她大吃一惊：小乔治竟然是个女孩。原来，那家医院那天有三个姓史密斯的婴儿出生，而另外两个是男孩。她确信她的儿子被另一位姓史密斯的母亲错误地带走了，萨姆·史密斯太太拒绝在没有得到儿子的情况下离开医院，她的丈夫向法院提出了人身保护令申请。

媒体再次闻风而至。这一次，科学证据的可能性出现得更早，对故事来说也更为重要。报纸的标题是"科学将确定孩子的父母身份"和"血液检测可能决定父母亲的身份"。[78]一名法官召集了一个由六名专家组成的小组，其中包括两名人类学家、一名皮肤科医生和一名法医专家。史密斯太太对此表示怀疑。她告诉记者说："他们说他们会通过血液检查和检查婴儿的手和脚来证明这个孩子是我的，但是怀疑总是有的。我怎么能确定呢？"[79]

专家们检查了这对夫妇以及他们的其他四个孩子和女婴"乔治"，宣布婴儿与2岁的哥哥彼得有"同样的表情"，与10岁的姐姐安吉丽娜有同样的耳朵。[80]与此同时，来自全国各地的大量信件纷纷就如何解决史密斯案提出建议。一位南加州的手相师毛遂自荐，马萨诸塞州的一个人推荐了一种听起来很像血液振动仪的仪器。法官把所有的信件都转交给了科学家，科学家认为这些信件毫无价值。[81]《纽约先驱论坛报》(*New York Herald Tribune*) 祝贺克利夫兰的医生和法官，因为他们"令人钦佩地拒绝相信科学骗术"，而在涉及亲子关系的困境中，人们经常轻信骗子。这家报纸指出，克利夫兰的法官对可靠的血液分析进行了谨慎的使用。然后，它援引了基于血型和马诺依洛夫"特殊血液反应"的可靠检测的例子[82]（没有证据表明克利夫兰当局确实进行了马诺依洛夫的种族检测）。

然而，专家们自己也承认，史密斯案中的科学证据是"薄弱的"。现在，新闻标题变成了"血液检测没能解决抱错婴儿案"和"血液不能作证"。[83] 孩子出生一个月后，法官举行了最后的听证会，全国各地的报纸都在头版进行了报道。法庭上挤满了旁观者。根据失去史密斯夫妇、医院工作人员和专家小组的证词，法官宣布，一名粗心大意的护士错误地告诉史密斯太太她生的是男孩，"男婴乔治"根本就不存在。混乱的场面接踵而至。媒体报道称："在听证会上聚集在法庭的父母们哭着冲破栏杆，围住了伤心欲绝的母亲，纷纷表示慰问。"[84] 这个案件触动了人们的神经，许多观察人士认为结果是不公正的或不令人满意的，但这一判决是最终判决。

混淆婴儿是耸人听闻的事件，毫无疑问，媒体对其狂热的报道与事件的发生率完全不成比例。但它们标志着美国女性生育的一场真正革命：从家庭分娩到医院分娩的快速转变。1900年，只有不到5%的分娩是在医院进行的。到1921年，在许多城市，这一数字上升到至少30%，在一些城市甚至超过了一半。在整个20世纪20年代，医院分娩率不断增加。在史密斯太太要求归还婴儿乔治的克利夫兰，医院分娩率从1920年的22%跃升至十年后的55%。史密斯太太的前四个孩子很可能是在家里出生的。[85]

就像一位观察人士指出的那样："现在的分娩和过去有多么大的差别啊！如果史密斯太太不是在医院分娩，就不会造成这种混乱。"[86] 对许多妇女来说，在医院分娩——干净、安全、现代、科学——比在家里更可取。[87] 但产科病房也让人想起非人性化的工厂生产。"在这个追求效率的时代，当大量婴儿在医院里出生，他们的匿名性有点危险的意味。"在法律和文化中，母亲身份被认为是确定的，在出生的那一刻就可以得到直观的验证。然而，在现代医院的育婴室里，这种最亲密、最不可磨灭的联系可能会因为一时的粗心大意而被永远切断。当一个个婴儿"被包在襁褓里，在一排白色摇篮里哇哇大哭",谁能把他们区分开来呢?[88]在这里,亲子鉴定肩负着一项新任务:既不是寻找父亲,也不是约束女性,而是修复被现代医学本身撕裂的脆弱的身份。

医生们倾向于将婴儿混淆视为"第一次做母亲的噩梦"。在一个"组织良好"的医院里,这种情况根本不会发生。[89]莫里斯·菲什拜因是美国医学会的首席发言人,也是阿尔伯特·艾布拉姆斯的死对头。他指出史密斯案将激励科学家们"在人类血液中找到确定无疑的鉴定手段"——不是为了找回被抱错的孩子,而是为了证明这种事情从未发生过。菲什拜因有点不可思议地声称,整个史密斯事件"减轻了许多疑虑重重的母亲的怀疑和恐惧"。[90]

三年后,沃特金斯-班伯格抱错婴儿事件表明,这种恐惧可能真的不是母亲想象的虚构。这应该是三个抱错婴儿事件中影响最大的一个,也是媒体最精心报道的一个。它还最突出地展示了科学的作用。从它首次在报纸上以"婴儿混淆难倒圣贤"和"抱错婴儿事件依然让圣贤发愁,但科学有望解决问题"为标题被报道,媒体把这个故事描述为一个令人激动的科学谜题。父母们刚一拿出可疑的标签,芝加哥公共卫生专员阿诺德·凯格尔(Arnold H. Kegel)博士(著名的骨盆底肌肉运动就是他发明的)就召集了一个由11名专家组成的小组,对婴儿和父母进行检查,以寻找他们身份的线索。眼科、皮肤科、解剖学、产科、病理学和法医学的专家对指纹、胎记、头部大小和血型进行了分析。收集了所有的证据以后,11名科学家中有9人认为婴儿被调换了,这一判决得到了凯格尔局长的支持。

然而,孩子的父母仍然无法确信该结论。班伯格先生彻底否认这一结果,他一度做出了一个戏剧性的举动:他在与官员会面时气冲冲地离开,带着现在被认为是沃特金斯家孩子的孩子消失了。[91]沃特金斯夫妇似乎更愿意接受科学的裁决,但内心也很矛盾,所以他们的律师建议另一种权威:一个"由母亲组成的陪审团",可以在"科学和法律都失败时",利用母性本能解决这个难题。[92]一个自称"伊利诺伊州母亲联合会"(Associated Mothers of Illinois)的组织呼吁对医院的程序进行改革,以避免未来类似的混乱。她们在喜来登酒店组织了一场据说会有2 000人参加的集会,但实际上只有75人到场。在此期间,班伯格夫妇为他们监护的婴儿进行了洗礼。沃特金斯夫妇以疏忽为由，向医院提起诉讼，要求获得10万美元赔偿。医院断然否认这些婴儿曾经被混淆过，并声称他们一直与真正的父母在一起，从而否认凯格尔专员和科学小组的判决。医院抱怨说，卫生部门介入此案"引起了不必要的宣传，包括被要求解开'谜团'的各种专家的照片和声明"。[93]换句话说，科学与其说是解决这个（不存在的）难题的手段，不如说是媒体闹剧中另一个耸人听闻的元素。

在这起案件首次浮出水面一个月后，班伯格夫妇突然改变了主意，同意婴儿确实被交换了的说法。这两对夫妇在精心安排的新闻摄影师面前见面，并交换了婴儿。

这起案件的解决是决定性的，但关于它是如何达成的，出现了两个版本的故事。从那以后，科学家们会称赞这个案例是现代血清学的胜利。[94]在芝加哥（就像最近在其他抱错婴儿事件中一样），在古巴和法国，血型鉴定解决了原本难以解决的身份难题。[95]弗里茨·席夫指出，涉及两对父母和两个婴儿的混淆是最适合使用这项技术的。兰德施泰纳的合作者亚历山大·维纳（Alexander Wiener）很快成为美国最著名的亲子鉴定者之一，他计算出在这种情况下能够做出排除的概率是十分之七。[96]换句话说，血型分析可以解决绝大多数抱错婴儿的问题。在沃特金斯和班伯格之争如火如荼的时候，维纳利用这个案例给《美国医学会杂志》写了一封信，解释血型划分背后的科学原理，以及当时刚发现的MN血型因子。[97]在两个婴儿被交换两个月后，卡尔·兰德施泰纳因发现人类血型而获得了诺贝尔奖，这是一个恰当的巧合。

这是科学界对这个案件的叙述。然而，媒体、公众和家长讲述了一个完全不同的故事，他们从一开始就提到了一个关键的细节。事实证明，就在沃特金斯注意到新生儿身上有可疑标签的一周后，大约在案件首次在媒体上亮相的时候，就对婴儿及其父母的血液进行了检测，发现婴儿确实被混淆了。换句话说，在报纸上上演的整个沃特金斯-班伯格事件——专家小组、母亲陪审团、洗礼、法律诉讼、医院断然否认混淆——发生在血液检测决定性地证明婴儿被交给了错误的父母之后。这里所说的决定性，是从血型科学家的角度来说的。

在流行的说法中，血型检测只是众多科学方法中的一种，所有这些方法都不具有决定性，没有一种是绝对可靠的。[98]媒体报道称血液检测"失败了"。[99]可以肯定的是，科学家是这个故事的核心主角，这一说法有时可以从字面上去理解。专家们在凯格尔专员办公室对婴儿的检查被打断，以允许"科学家和婴儿摆姿势拍照"。专家小组里的指纹专家是一个古怪的维也纳人，他扮演了主要角色。在照片中，他大汗淋漓地俯下身，试图哄一个婴儿张开拳头，以便取木炭指纹。他感叹说："哎呀，真是太不容易了！"[100]

但是，这些专家虽然很吸引眼球，却没有给出答案。媒体强调了科学为解决婴儿身份之谜而进行的激动人心但最终徒劳的尝试。例如，芝加哥警方鉴定部门的负责人将婴儿的木炭指纹描述为"一团污迹"。[101] 负责审理此案的市法院法官认为，根据他的经验，"人的证词比所有这些科学都要好"。[102] 报纸讨论了母性本能的权威性，认为与科学家的智慧相比，这才是"最古老也是最可靠的知识"，"虽然还没有经过科学的检验，但人们经常说，'知子莫若母'，在母亲和孩子之间，血液的呼唤是不可抗拒的"。[103] 确实，为什么媒体要选择相信科学方法呢？毕竟，一个在开始之前就已经被解决了的谜题根本算不上是谜题。

至少从报纸上的描述来看，有争议的婴儿的父母同样持怀疑态度。沃特金斯夫妇在婴儿的身份问题上犹豫不决，主要是他们对婴儿与其他家庭成员外貌相似性的看法不断变化。班伯格先生对科学小组的结论完全不以为然，据说他嘲讽道："我受够了这种科学的把戏，我妻子知道这是我们的孩子，我想一个母亲的直觉应该和专家一样好。"[104] 由母亲组成陪审团这一提议本身明显地与专家组成的陪审团相对立，这表明也许科学终究不是确定亲子关系的最佳方式。可以肯定的是，这个陪审团的妈妈们被描绘成有点荒谬的样子，但她们并不比古怪的维也纳指纹专家和他的木炭污迹更荒谬。

大约十年前，在阿尔伯特·艾布拉姆斯事件期间，美国媒体就出现了用科学方法确定父母身份的想法，显然，公众依然对这个想法很迷恋。然而，迷恋与信仰不同：媒体和公众把这个想法当作娱乐，却没有完全接受它。事实上，争论亲子鉴定的有效性是其吸引力的一部分。

班伯格-沃特金斯案几年后，宾夕法尼亚州一名地方检察官在一起亲子诉讼案中对血型的价值表示怀疑。他说："我第一次听说血型这个东西是在芝加哥，两个孩子在医院里被弄混了。嗯，他们做了一次又一次血型检测，据我所知，他们至今还在做，一个妈妈最终决定，'这是我的孩子'，另一个妈妈说，'这是我的孩子'，然后她们都高高兴兴地回家了，忘记了血型检测这件事。"在这里，这个故事的寓意与科学家讲述的完全不同。正如一家报纸所总结的那样："母亲们把事情掌握在自己手中，置专家的说法于不顾，把婴儿给换了。"[105]

到20世纪30年代初，血型检测在德国和奥地利的法院中被广泛使用且没有争议，并且已经扩展到巴西和其他国家，尽管规模要小得多。在美国，人们对科学解决这类问题的能力持怀疑态度，但这种方法的合法性更低，适用范围也更有限。最重要的是，它继续与丑闻和轰动联系在一起。在这些语境中，"血液"的含义各不相同。

1932年，巴西法医专家阿弗拉尼奥·佩肖托（Afrânio Peixoto）指出："现在血液的声音开始被听到。"[106]对于司法界和大众来说，血清学检测已经变得越来越熟悉了，尽管这种声音有点嘈杂——不同的方法具有不同的合法性。"声音"这个表达是很恰当的，因为媒体就是这样报道的，国际公众也是这样听到的。

美国媒体特别喜欢把当时流传的许多亲子鉴定血液检测混为一谈。它将血型分析与血液振动仪混为一谈，并将孟德尔的遗传描述为一种出生顺序理论。[107]《大众科学月刊》同时描述了兰德施泰纳的检测和灿格迈斯特的"全新方法"，从而将获得诺贝尔奖的研究和这位普鲁士妇产科医生可疑的方法相提并论。[108]然而，新闻界倾向于把20世纪20年代和30年代初流行的各种检测混为一谈，这既不是因为它的无知，也不是因为它的轻信。毕竟，科学家有时会做同样的事情。莱昂内·拉特斯在他关于血型的基础教科书中引用了灿格迈斯特的亲子鉴定研究，马诺依洛夫和波利亚科娃在最负盛名的美国体质人类学期刊上发表了他们的研究成果。[109]科学与伪科学、探索与欺骗、真理与诡计之间的区别都是在事后很久才划定的。在血液中寻找亲子关系的各种方法——无论是基于振动、结晶、颜色，还是凝集——都是在彼此对话的过程中发展起来的。与其纠结于这些技术中的哪一种在起作用，更有趣的问题是：它们起了什么作用？

在所有这些方法中，血型检测获得了最强烈的科学共识和最广泛的实际应用。但是，决定其价值的不是该方法的内在力量，而是这个方法所面对的社会和法律问题。现代亲子鉴定承诺为未知的父亲（有时是未知的母亲）的问题提供科学的解决方案，但这些解决方案有所不同，它们所要解决的问题的性质也有所不同。弗里茨·席夫肯定无法预料到他引入法院的简单技术在大西洋两岸引发的广泛反响。在德国和奥地利，这项检测消除了在法庭上出现的母亲作伪证的危机。在巴西，它是解决性犯罪指控的新工具。在美国，它与医院抱错婴儿事件有关，但在媒体和公众中的可信度有限。血液的声音涉及种族和家庭、女人和男人，它还涉及真理和正义、性和道德、亲缘关系和身份。但是，这个声音从来都不仅仅是科学事实的声音，它在世界各地的回响大相径庭。

注释

题记引自 Leone Lattes, "I gruppi sanguigni e la ricerca della paternità", *Atti della Società lombarda di scienze mediche e biologiche* 16 (1927): 319。

[1] Fritz Schiff and Lucie Adelsberger, "Die Blutgruppendiagnose als forensische Methode", *Aerztliche Sachverständigen-Zeitung* 11 (1924): 101—103; Fritz Schiff, "Wie häufig läßt sich die Blutgruppendiagnose in Paternitätsfragen heranziehen?", *Aerztliche Sachverständigen-Zeitung* 24 (1924): 231—233. 讲座内容，见 Mathias Okroi and Peter Voswinckel, "'Obviously Impossible' — The Application of the Inheritance of Blood Groups as a Forensic Method. The Beginning of Paternity Tests in Germany, Europe and the USA", *International Congress Series* 1239 (2003): 711—714; Gunther Geserick and Ingo Wirth, "Genetic Kinship Investigation from Blood Groups to DNA Markers", *Transfusion Medicine and Hemotherapy* 39 (2012): 163—175。

[2] "迟早，这个检测肯定会被用作（司法）证据"，见 "Blood Groups and Paternity", *Lancet*, August 5, 1922, 285。

[3] "科学事实……"，见 Fritz Schiff, *Die Blutgruppen und ihre Anwendungsgebiete: Indikation und Technik der Bluttransfusion* (Berlin: Verlag von Julius Springer,

1933), 英文版本为 *The Blood Groups and Their Areas of Application*, Selected Contributions to the Literature of Blood Groups and Immunology, vol. 4, part 2 (Fort Knox, Kentucky: U.S. Army Medical Research Laboratory, 1971), 335。关于这一时期欧美的血液、种族和政治，见 Rachel E. Boaz, *In Search of "Aryan Blood": Serology in Interwar and National Socialist Germany* (Budapest: Central European University Press, 2012); Jonathan Marks, "The Origins of Anthropological Genetics", *Current Anthropology* 53, Suppl. 5 (2012): 161—172; Pauline M. H. Mazumdar, "Blood and Soil: The Serology of the Aryan Racial State", *Bulletin of the History of Medicine* 64, no. 2 (1990): 187—219; William H. Schneider, "Chance and Social Setting in the Application of the Discovery of Blood Groups", *Bulletin of the History of Medicine* 57, no. 4 (1983): 545—562; William H. Schneider, "Blood Group Research in Great Britain, France, and the United States between the World Wars", *Yearbook of Physical Anthropology* 38 (1995): 87—114; Myriam Spörri, *Reines und gemischtes Blut: Zur Kulturgeschichte der Blutgruppenforschung, 1900—1933* (Bielefeld: Transcript Verlag, 2013)。

［ 4 ］ Schneider, "Chance and Social Setting".

［ 5 ］ Emil von Dungern, and Ludwik Hirschfeld (*sic*), "Concerning Heredity of Group Specific Structures of Blood", *Transfusion* 2, no. 1 (1962): 70—74 ［ 最初出版于 1910 年，见 Emil von Dungern, "Ueber Nachweis und Vererbung biochemischer Strukturen und ihre forensische Bedeutung", *Münchener Medizinische Wochenschrift* 57 (1910): 293—295 ］。"多年来……"，见 Ludwik Hirszfeld, *Ludwik Hirszfeld: The Story of One Life* (Rochester: University Rochester Press, 2010), 19。

［ 6 ］ 美国医生鲁本·奥滕伯格（Reuben Ottenberg）在较早的一项研究中也得出了同样的结论，但鉴于该研究规模较小，所以人们通常认为埃米尔·冯·东格恩和路德维克·赫斯菲尔德是最先发现孟德尔血型遗传模式的人。

［ 7 ］ "是理想的人类遗传标记……"，见 Pauline M. H. Mazumdar, *Species and Specificity: An Interpretation of the History of Immunology* (Cambridge: Cambridge University Press, 2002), 301。关于血型对现代遗传学的重要性，见 Schneider, "Blood Group Research"。

［ 8 ］ 1920—1926 年间冗长但不完整的有关家庭研究的书目，见 Laurence H. Snyder, "Human Blood Groups: Their Inheritance and Racial Significance", *American Journal of Physical Anthropology* 9, no. 2 (1926): 233—263。更长的清单，见 Leone Lattes, *Aspetti biologici della ricerca della paternità* (Modena: Facoltà di

Giurisprudenza della R. Università di Modena, 1927)。该书按出版日期（1910—1925
年和1926年）划分研究，但没有引用实际研究，据推测，其中大部分研究与施
耐德列举的研究重叠，并开展于1920年之后。

[9] Schneider, "Chance and Social Setting"; Mazumdar, "Blood and Soil"; Boaz, *In Search of "Aryan Blood"*.

[10] Snyder, "Human Blood Groups", 236. 他在评论中把对萨洛尼卡的研究和相关研究的讨论与对埃米尔·冯·东格恩和路德维克·赫斯菲尔德的实验的探讨联系起来。

[11] E. O. Manoiloff, "Discernment of Human Races by Blood. Particularly of Russians from Jews", *American Journal of Physical Anthropology* 10, no. 1 (1927): 15—16. 关于马诺依洛夫的研究，参见 Charles E. Abromavich Jr. and W. Gardner Lynn, "Sex, Species, and Race Discrimination by Manoilov's Methods", *Quarterly Review of Biology* 5, no. 1 (March 1930): 68—78。

[12] 这五种试剂分别是甲基蓝和甲酚紫（染色剂）、硝酸银（用于早期摄影和炸药）、盐酸（用于化学产品）和高锰酸钾（氧化剂、消毒剂和漂白剂）。

[13] 马诺依洛夫援引了兰德施泰纳的著作和萨洛尼卡的研究，以及其他关于血型的种族和地理分布的研究。他和波利亚科娃都没有援引席夫的亲子关系研究，或许是因为这项研究过于新颖了。

[14] Leone Lattes, *Individuality of the Blood in Biology and in Clinical and Forensic Medicine* (Oxford: Oxford University Press, 1932). 莱昂内·拉特斯在该书的大量参考书目中引用了马诺依洛夫和波利亚科娃的研究。其他研究人员试图复制他的研究结果，但是都失败了，见 Boaz, *In Search of "Aryan Blood"*, 129—130。

[15] "非犹太人和犹太人的血液不同"，见 *Science News-Letter* 18, no. 493 (September 20, 1930): 180。《科学新闻快讯》（*Science News-Letter*）是一份非营利性出版物，致力于为美国新闻界提供有关最新科学发展的高质量信息。"惊人的准确性"，见 "Have You a Double?", *Popular Science Monthly*, April 1926, 16。

[16] "Scientists Doubt Findings of Russian Savant Claiming Blood of Jews and Gentiles Differs", *Jewish News Service*, October 17, 1930. "不受白人的欢迎"，见 Algernon Jackson, "Chemical Test May Determine Race Identity", *Philadelphia Tribune*, December 24, 1931, 15。几家非裔美国人的报纸报道了这个故事。其他由人类学家提出的批评包括欧内斯特·胡顿（Earnest Hooton）的说法，引自 Jonathan Marks, "Blood Will Tell (Won't It?): A Century of Molecular Discourse in Anthropological Systematics", *American Journal of Physical Anthropology* 94, no. 1 (1994):61。

[17] Anna Poliakowa, "Manoiloff's 'Race' Reaction and Its Application to the Determination of Paternity", *American Journal of Physical Anthropology* 10, no. 1 (1927): 23—29.

[18] Lattes, *Individuality of the Blood; and Schiff, Blood Groups and Their Areas of Application.* 当然，探讨过种族血清学和亲属关系血清学的血清学家包括赫斯菲尔德、鲁本·奥滕伯格、劳伦斯·施耐德、弗里茨·席夫和奥托·雷歇。

[19] Fritz Schiff, "Die Blutgruppenverteilung in der Berliner Bevölkerung," *Klinische Wochenschrift* 36 (1926): 1660—1661; Fritz Schiff, "Die sogenannten Blutgruppen des Menschen und ihr Vorkommen bei den Juden", *Jüdische Familienforschung* 4 (1926): 178—180. 席夫得出的结论是，该市的犹太居民和非犹太居民之间没有明显的区别。Boaz, *In Search of "Aryan Blood"*.

[20] Leone Lattes, "La dimostrazione biologica", *La Riforma Medica* 39, no. 8 (1923): 172; "Is Parentage Determinable by Blood Tests?", *JAMA 79, no. 15*, October 7, 1922: 1247.

[21] Lattes, *Aspetti biologici*.

[22] Lattes, "I gruppi sanguigni e la ricerca", 310. "关于检测……"，见 "Blood Tests for Paternity", *JAMA* 87, no. 14 (October 2, 1926): 1130。这让人怀疑，这是否在暗指两年前艾布拉姆斯事件挥之不去的影响。

[23] 2016年5月12日作者对彼得·席夫（弗里茨·席夫的小儿子）的电话采访。

[24] Leone Lattes, "Necrologia. Dr. Fritz Schiff", *La Prensa Médica Argentina* 27, no. 2 (1940): 2134.

[25] 格奥尔格的父亲弗里茨·施特拉斯曼也是一位著名的法医专家，早在1903年，他就在一场亲子关系纠纷中被请来进行躯体分析。

[26] 关于施特拉斯曼以及他们早期合作，见 "Wie häufig läßt sich die Blutgruppendiagnose in Paternitätsfragen heranziehen?"; Georg Strassmann, "Über individuelle Blutdiagnose", *Deutsche Zeitschrift für die gesamte gerichtliche Medizin* 5 (1925): 184—192。

[27] 关于媒体的夸大预期，见 Schiff, "Wie häufig läßt sich die Blutgruppendiagnose in Paternitätsfragen heranziehen?"; Fritz Schiff, "Kann eine Blutuntersuchung in Vaterschaftsfragen herangezogen werden?", *Juristische Wochenschrift* 54 (1925): 343—344; Fritz Schiff, "Die Blutuntersuchung bei strittiger Vaterschaft in Theorie und Praxis", *Deutsche Zeitschrift für die gesamte gerichtliche Medizin* 7 (1926): 360—375。又见 Spörri, *Reines und gemischtes Blut*, chapter 7。

[28] 对这一案件的讲述，见 Paul Moritsch, "Über den Wert der Blutgruppenbestimmung

in der Paternitätsfrage", *Wiener Klininische Wochenschrift* 39 (1926): 961—962。

[29] 关于这场争论，见 Spörri, *Reines und gemischtes Blut*, chapter 7。

[30] Julius Schwalbe, "Die praktische Bedeutung der Blutgruppenuntersuchung, insbesondere für die Gerichtliche Medizin: Eine Umfrage", *Deutsche Medizinische Wochenschrift* 30 (1928): 1240—1244.

[31] 关于5 000起亲子鉴定案件，见 Schiff, *Blood Groups and Their Areas of Application*, 331。"那些即使熟悉德国情况的人也感到惊讶"，见 Fritz Schiff, "The Medico-Legal Significance of Blood Groups", *Lancet* 214 (1929): 921。关于奥地利的700 例检测，见 Magdalene Schoch, "Determination of Paternity by Blood-Grouping Tests: The European Experience", *Southern California Law Review* 16 (1942): 177—192。关于从20世纪20年代末到30年代初德国各地司法部颁布的一系列法令，见 Fritz Schiff, "Anhang. Veröffentlichungen von Justizbehörden", in *Die Technik der Blutgruppenuntersuchung für Kliniker und Gerichtsärzte: Neben Berücksichtigung ihrer Anwendung in der Anthropologie und der Vererbungs- und Konstitutionsforschung* (Berlin: Springer, 1932), 74—80。

[32] 苏联的情况见 Lattes, *I gruppi sanguigni e la ricerca*, 312—313；捷克斯洛伐克和波兰的情况见 Schoch, "Determination of Paternity by Blood-Grouping Tests", 182；哥本哈根大学的情况见 Louis Christiaens, *La recherche de la paternité par les groupes sanguins: Étude technique et juridique* (Paris: Masson et cie, 1939), 86。

[33] 关于美联社的报道，见 "Accepts Blood Test in Paternity Case", *Boston Daily Globe*, March 11, 1926, A10; "A investigação de maternidade pelo exame do sangue", *A Manhã*, April 7, 1926, 1；澳大利亚的情况见 "Blood Test. Paternity of a Child. Court Case", *Sydney Morning Herald*, February 21, 1928, 11; 古巴的情况见 Antonio Barreras y Fernandez and Manuel Barroso y Mensaque, "Informe sobre investigación de la paternidad", *Revista de Medicina Legal de Cuba* 7, no. 12 (December 1929): 375—386; 哥伦比亚的情况见 Guillermo Uribe Cualla, "Investigación de la paternidad por los grupos sanguíneos", *Revista de la Facultad de Medicina* 4, no. 1 (1935): 32—33; 秘鲁的情况见 Leonidas and Jorge Avendaño, "Investigación de la paternidad y grupos sanguíneos", *La Crónica Médica* 52, no. 864 (1935): 198—205 (该案件实际发生在1932年)。

[34] 美国的情况见 "Chicagoan Asks Blood Tests to Determine Child's Father", *Atlanta Constitution*, April 8, 1926, 4; "Blood Test for Paternity", *Times of India*, December 27, 1926, 7。

[35] 法国的情况见 Schoch, "Determination of Paternity by Blood Grouping Tests",

183; England: Christiaens, *La recherche de la paternité*, 82。

[36] 赫斯菲尔德一家是波兰人，但在德国接受的训练；当然，路德维克早年在海德堡工作过。战前，这对夫妇移居苏黎世。

[37] MN血型是兰德施泰纳和他的同事菲利普·莱文（Phillip Levine）发现的；Rh血型是兰德施泰纳和亚历山大·韦纳（Alexander Weiner）发现的。韦纳和莱文由此成为亲子鉴定的重要公共发言人。其他早期美国血型测试权威包括鲁本·奥滕伯格和劳伦斯·施耐德。

[38] Malcolm McDermott, "The Proof of Paternity and the Progress of Science", *Howard Law Journal* 1 (1955): 41.

[39] Schoch, "Determination of Paternity by Blood-Grouping Tests"; Morris Ploscowe, "The Expert Witness in Criminal Cases in France, Germany, and Italy", *Law and Contemporary Problems* 2, no. 4 (1935): 504—509.

[40] 在德国的一些州（巴伐利亚、萨克森和符腾堡），法医研究所将血液检测纳入他们的职责范围。在其他地方，如柏林、法兰克福和纽伦堡，个别血清学或遗传方面的专家被认证为法庭专家，负责分析血型证据。Schiff, "The Medico-Legal Significance of Blood Groups", 922.

[41] Béla Tomka, *A Social History of Twentieth-Century Europe* (London: Routledge, 2013), 88. 瑞典(15.8%)紧随其后，其次是德国。这些是1930年的数据。

[42] Michelle Mouton, *From Nurturing the Nation to Purifying the Volk: Weimar and Nazi Family Policy, 1918—1945* (Cambridge: Cambridge University Press, 2007); Georg Lilienthal, "The Illegitimacy Question in Germany, 1900—1945: Areas of Tension in Social and Population Policy", *Continuity and Change* 5, no. 2 (August 1990): 249—281.

[43] 关于15万例婚外生育，见Fritz Schiff, "Die sogenannte Blutprobe und ihre sozial Bedeutung", *Fortschritte der Gesundheitsfürsorge: Organ der deutschen Gesundheitsfürsorgeschule* 9 (1928): 356, 引自 Spörri, *Reines und gemischtes Blut*, 278。

[44] Atina Grossmann, *Reforming Sex: The German Movement for Birth Control and Abortion Reform, 1920—1950* (Oxford: Oxford University Press, 1995).

[45] Mouton, *From Nurturing the Nation to Purifying the Volk*, 204. 数据分别来自明斯特和威斯特伐利亚。

[46] Maria Teschler-Nicola, "The Diagnostic Eye – On the History of Genetic and Racial Assessment in Pre-1938 Austria", *Collegium Antropologicum* 28 (2004): 11.

[47] Mouton, *From Nurturing the Nation to Purifying the Volk*, 206.

[48]　Spörri, *Reines und gemischtes Blut*, chapter 7.

[49]　Schiff, *Blood Groups and Their Areas of Application*, 332.

[50]　"成百上千个错误的判决"，见Otto Reche, "Anthropologische Beweisführung in Vaterschaftsprozessen", *Österreichische Richterzeitung* 19 (1926): 157; "母亲的任性"，见Emil Blank, "Pater semper incertus?", *Österreichische Richterzeitung* 20 (1927): 136—138。类似的评论见 Albert Harrasser, Albert Harrasser "Zur prozessualen Bedeutung des naturwissenschaftlichen Vaterschaftsbeweises", *Österreichische Richterzeitung* 25 (1932): 125—126; Albert Hellwig, "Meineidsverhütung durch Blutgruppenprobe", *Kriminalistische Monatshefte* 3 (1929): 75—77。

[51]　"Blood Tests to Establish Paternity", *JAMA* 100, no. 7, February 18, 1933, 510.

[52]　"Paternity Suit Blood Test", *Irish Times*, December 3, 1927, 7; "Paternity by Blood Test", *Times of India*, December 5, 1927, 9; "El examen de sangre como determinante de la paternidad", *El Orden*［Santa Fe］, December 28, 1927, http://www.santafe.gov.ar/hemerotecadigital/diario/35/?page=1&zl=2&xp=-252&yp=-150. 本案也出现在多家美国报纸上。

[53]　施特拉斯曼报告说，早在1924年9月，他就介入了一起伪证案，不过似乎没有定论，见Strassmann, "Über individuelle Blutdiagnose"。赫尔维格（Hellwig）讲述了波茨坦的一起案例，见Hellwig, "Meineidsverhütung durch Blutgruppenprobe"。

[54]　血液检测的费用引自Hans Mayser, "Erfahrungen mit gerichtlichen Blutgruppenuntersuchungen", *Deutsche Zeitschrift für die gesamte gerichtliche Medizin* 10 (1927): 638—651; Georg Strassmann, "Die forensische Bedeutung der Blutgruppenfrage", *Zeitschrift für Medizinal-Beamte und Krankenhausärzte* 40 (1927): 327—336。不同地区的费用有所不同。

[55]　在一些地方，子女每月抚养费的数额是根据母亲的社会经济地位确定的，在另一些地方则根据当地生活费用确定。这些关于威斯特伐利亚的数据引自Mouton, *From Nurturing the Nation to Purifying the Volk*, 207—209。

[56]　Strassmann, "Ein Beitrag zur Vaterschaftsbestimmung", *Deutsche Zeitschrift für die gesamte gerichtliche Medizin* 10 (1927): 343.

[57]　弗里茨·席夫最完整的传记是Mathias Okroi, "Der Blutgruppenforscher Fritz Schiff (1889—1940): Leben, Werk und Wirkung eines jüdischen Deutschen" (PhD diss., Universität zu Lübeck, 2004)。传记信息来自对彼得·席夫的采访。

[58]　Nielsen, cited in Okroi, "Der Blutgruppenforscher Fritz Schiff", 75.

[59]　Wilhelm Zangemeister, "A New Paternity Test", *Medico-Legal Journal* 46 (1929): 5.

[60] "Blood Serum Test Proves Parentage: New Method Developed by Professor at German University Is Reported Successful", *Baltimore Sun*, December 15, 1929, AT4.

[61] 除了德国的科学期刊外,《美国医学会杂志》《英国医学杂志》(*British Medical Journal*)、《遗传学杂志》(*Journal of Heredity*)、《法医学杂志》(*Medico-Legal Journal*)、《美国警察科学杂志》(*American Journal of Police Science*)、阿根廷的《世界医学新闻》(*Actualidad médica mundial*)、美国的通俗刊物《大众科学》和《大众科学月刊》、巴西的通俗刊物《卡雷塔》(*Careta*) 和《佩诺克日报 (累西腓)》[*Jornal Pequeno* (Recife)]也报道了灿格迈斯特的研究。

[62] John MacCormac, "Americans Answer Men's Rights Call", *New York Times*, August 5, 1929, 5; "Fair Deal to Men from Women Is League's Aim", *The Milwaukee Journal*, August 10, 1929; "Charlie Chaplin to Speak on Tyranny of U.S. Women", *St. Petersburg Times*, May 26, 1928.

[63] "Here's News! Folks in Far-off Vienna Are Taking Pity on the Men in Spokane", *Spokane Daily Chronicle*, August 9, 1929.

[64] "痛苦心情", 见 Blank, "Pater semper incertus?", 136 ; Reche, "Anthropologische Beweisführung in Vaterschaftsprozessen", 157—159。关于该组织及其创始人, 见 Elisabeth Malleier, "Der 'Bund für Männerrechte' Die Bewegung der 'Männerrechtler' im Wien der Zwischenkriegszeit", *Wiener Geschichtsblätter* 58, no. 3 (2003): 208—233; Kerstin Christin Wrussnig, "Wollen Sie ein Mann sein oder ein Weiberknecht?", (Diploma diss., University of Vienna, 2009)。该组织为当代 "男权" 网站和激进分子所熟知。

[65] "League for Rights of Men Abandoned", *Montreal Gazette*, October 6, 1930, 13; "Alas! Poor Yorick", *Christian Science Monitor*, March 12, 1931, 16.

[66] 欧美的血型科学家和研究血型的历史学家都很少关注拉丁美洲的发展。在这方面, 意大利人莱昂内·拉特斯是一个例外, 他关注过巴西、阿根廷和古巴的相关文献。

[67] Flamínio Favero and Arnaldo A. Ferreira, "Determinação da paternidade pelos grupos sanguineos", *Archivos da Sociedade de Medicina Legal e Criminologia de São Paulo* 2, no. 1 (November 1927): 53—72. 其中引用了几项巴西的研究, 这些研究报告了几种血型的相对比例以及种族 (或国籍) 的数据, 但没有将这两者联系起来。巴西第一个专注于不同血型的种族和地理分布的研究可能是 Octávio Torres's "Estudo geral sobre os grupos sanguineos", *Archivos Brasileiros de Medicina* 21 (1931): 189—214。后来这种研究变得很普遍, 见

Sueann Caulfield and Alexandra Minna Stern, "Shadows of Doubt: The Uneasy Incorporation of Identification Science into Legal Determination of Paternity in Brazil", *Cadernos de Saúde Pública* 33 (2017): 1—14。

［68］这一邀请应该发生在1925年或1926年。

［69］Favero and Ferreira, "Determinação da paternidade pelos grupos sanguineos".

［70］位于尼泰罗伊（Niteroi）的生命研究所（Instituto Vital）在提供血清之前生产疫苗、药品和其他医疗产品。奥斯卡·弗莱雷研究所第一篇关于血液测试的论文是在法韦罗的指导下完成的，参考书目涉及很多种语言，见José Augusto Lefevre, *Da hereditariedade dos grupos sanguineos e sua applicação na investigação da paternidade* (São Paulo: Irmãos Ferraz, 1928)。

［71］Arnaldo Amado Ferreira, *Determinação médico-legal da paternidade* (São Paulo: Companhia Melhoramentos de São Paulo, 1939), 133.

［72］直到20世纪60年代，童贞检查在奥斯卡·弗莱雷研究所都很普遍。关于巴西的处女膜学，见 Sueann Caulfield, *In Defense of Honor: Sexual Morality, Modernity, and Nation in Early-Twentieth-Century Brazil* (Durham, NC: Duke University Press, 2000)。

［73］Flamínio Favero, *Classificação de Oscar Freire para as fórmas hymenaes* (São Paulo: Editora Limitada, 1930); Arnaldo Amado Ferreira, "Conceito de defloramento na legislação penal brasileira", *Revista Judiciária* 1, no. 2 (1935).

［74］Exames e Pareceres Medico-Legais, IOF, vol. 2, 1925—1927, L. 149, F. 154. 关于被告的职业，见Diário Oficial do Estado de São Paulo。科学文献 (Favero and Ferreira, "Determinação da paternidade pelos grupos sanguineos") 和当地媒体 ("Sociedade de Medicina Legal e Criminologia", *Correio Paulistano*, September 16, 1927, 6; *Diario Nacional*, September 16, 1927, 4) 都报道了这一案件。后来，它在关于奥斯卡·弗莱雷研究所历史中受到称赞，见Amar Ayush, "Revisão da Experiência do Instituto Oscar Freire na Perícia Hematológica de Paternidade e Maternidade" (Thesis, Faculdade de Medicina, Universidade de São Paulo, 1966)。

［75］芝加哥服装商莫德尔的情况，见 "Chicagoan Asks Blood Tests to Determine Child's Father", *Atlanta Constitution*, April 8, 1926, 4;科尼柳斯·范德比尔特·惠特尼的情况，见 "Dancer Asks Blood Test of Paternity", *Boston Daily Globe*, August 16, 1922, 8, "Dancer to Again Sue Whitney", *Los Angeles Times*, July 25, 1930, 3;内布拉斯加州一个小乡村发生的亲子关系纠纷的案例，见 "Blood Test for Paternity", *Times of India*, December 27, 1926, 7;纽约一位大楼管理员寻找他被绑架的儿子的案例，见 "N.Y. Father Plans Blood Test of 'Sonny'", *Baltimore*

Sun, September 24, 1927, 22; 艾奥瓦州的两个妇女争夺同一个孩子的案例，见 "Unwed Mother Pleads in Court for Babe", *Des Moines Register*, October 2, 1927, 61。

[76] "How the Blood Test Is Made a Love Test", *Atlanta Constitution*, May 1, 1921, G4.

[77] "Vittori Blood Test Case Made Famous", *San Francisco Chronicle*, May 3, 1921, 5. 这封信是写给艾布拉姆斯的。

[78] "Science to Decide Parentage of Baby", *Baltimore Sun*, September 16, 1927, 1; "Blood Tests May Decide Parentage", *Boston Daily Globe*, September 19, 1927, 8.

[79] "Baby Test Due Tomorrow: Mother in Cleveland Eagerly Awaits Verdict to Be Given by Experts in Asserted Shuffle", *Los Angeles Times*, September 18, 1927, 10.

[80] "Family Examined in 'Baby Puzzle'", *Boston Daily Globe*, September 22, 1927, 32.

[81] 信件参见 "See No Way to End Tangle over Baby: Doctors Doubt They Can Determine Whether Cleveland Woman Is Girl's Mother", *New York Times*, September 19, 1927, 27。

[82] "Solomon in Cleveland", *New York Herald Tribune*, September 26, 1927, 20.

[83] "Blood Tests Fail to Solve 'Baby Shuffle'", *Atlanta Constitution*, September 20, 1927, 1; "Blood Will Not Tell, Say Doctors", *Boston Daily Globe*, September 20, 1927, 32.

[84] "Girl Awarded: Judge Rules on Birth Tangle", *Los Angeles Times*, September 23, 1927, 1.

[85] Richard W. Wertz and Dorothy C. Wertz, *Lying-in: A History of Childbirth in America* (New Haven, CT: Yale University Press, 1989), 133; Judith Walzer Leavitt, *Brought to Bed: Childbearing in America, 1750—1950* (Oxford: Oxford University Press, 1988). 这种转变在城市中最为明显。农村地区的医院分娩率也在增加，但速度要慢得多。

[86] "George or Georgia?", *Washington Post*, September 24, 1927, 6.

[87] Leavitt, *Brought to Bed*.

[88] "在这个追求效率的时代……" 和 "被包在襁褓里……"，见 Marjorie MacDill, "If Hospitals Mix up Babies", *Science News-Letter*, 13, no. 359 (1928): 115。

[89] "第一次做母亲的噩梦" 和 "组织良好"，见 "Hospital Babies Always Labeled", *New York Times*, September 25, 1927, XX13。

[90] Morris Fishbein, "Mixed Babies", *New York Herald Tribune*, October 9, 1927, SM15.

[91] "Bamberger Flees with 'Watkins' Baby", *Chicago Daily Tribune*, July 25, 1930, 1.

[92] "Shuffled Babes Tossed on Lap of Mothers' Jury", *Chicago Daily Tribune*, July

27, 1930, 3.

［93］ "Hospital Adds New Defense in Mixed Baby Case", *Chicago Daily Tribune,* August 9, 1930, 1.

［94］ Antônio Ferreira de Almeida Júnior, *As provas genéticas da filiação* (São Paulo: Revista dos Tribunais, 1941), 223—224; Arnaldo Amado Ferreira, *A perícia técnica em criminologia e medicina legal* (São Paulo: n.p., 1948), 391.

［95］ 古巴的情况见Barreras y Barroso, "Informe sobre Investigación de la Paternidad"; 法国的情况见Wiener, "Blood Tests for Paternity", *JAMA* 95, no. 9 (1930): 681。

［96］ Schiff, *Blood Groups and Their Areas of Application*, 328; Alexander Wiener, "On the Usefulness of Blood-Grouping in Medicolegal Cases Involving Blood Relationship", *Journal of Immunology* 24 (1933): 454.

［97］ Wiener, "Blood Tests for Paternity", 681.

［98］ "Baby Shuffle Still Puckers Sages' Brows", *Chicago Daily Tribune*, July 22, 1930, 1.

［99］ 在关于本案的第一篇完整文章中首次报道了血液检测，但血液检测被认为无法令人信服，见"Baby Mix-up Stumps Sages; Try New Tests", *Chicago Daily Tribune*, July 20, 1930, 1。一天后，媒体报道称:"到目前为止，确定他们身份的各种测试都失败了。"见"Hope to Settle Baby Mixup in Hospital Today", *Chicago Daily Tribune*, July 21, 1930, 5。

［100］ "Shuffled Babies Howl as Science Toils on Puzzle", *Chicago Daily Tribune*, July 23, 1930, 3.

［101］ "一团污迹"，见"Bamberger Flees with 'Watkins' Baby", 1, 8。

［102］ "人的证词……"，见"Shuffled Babies Howl as Science Toils on Puzzle", *Chicago Daily Tribune*, July 23, 1930, 3。

［103］ "Science May Turn to 'Mother Instinct' in Puzzle to Establish Parentage in Baffling Cases", *NY Herald Tribune*, August 17, 1930, C2.

［104］ "Bamberger Flees with 'Watkins' Baby", 1, 8.

［105］ Shari Rudavsky, "Blood Will Tell: The Role of Science and Culture in Twentieth-Century Paternity Disputes" (PhD diss., University of Pennsylvania, 1996), 83。关于故事的寓意与科学家讲述的完全不同，见"Five Years after the Famous Baby Mix-up," *Philadelphia Inquirer*, Magazine Section, 1935, 参见 http://fultonhistory. com/Newspapers%2023/Philadelphia%20PA%20Inquirer/Philadelphia%20PA%20 Inquirer%201935/Philadelphia%20PA%20Inquirer%201935%20-%204115.pdf; "Whose Baby Am I?", *Liberty Magazine*, October 11, 1930: 36—44。

［106］ Afrânio Peixoto, *Novos rumos da medicina legal* (Rio de Janeiro: Editora

Guanabara, 1932), 98.

[107] "Topics of the Times. Blood Will Not Tell Paternity", *New York Times*, October 9, 1922, 10; "Blood Tests May Decide Parents of Little Child", *Atlanta Constitution*, May 4, 1921, 1.

[108] John E. Lodge, "Can You Prove Who You Are?", *Popular Science Monthly* 127, no. 6 (December 1935): 15.

[109] Lattes, *Individuality of the Blood.*

第四章　陌生人的城市

已故父亲的自由意志必须永远得到尊重。

——布宜诺斯艾利斯民事法庭法官阿道弗·卡萨瓦尔（Adolfo Casabal）

这次亲子鉴定历时六周，花费了15万比索，涉及对四代16个人的躯体检查。其中3个人已经不在人世，只能通过照片来观察。死者之一是被推定的父亲罗克·阿尔卡迪尼（Roque Arcardini），由于他放纵的私生活，才有了这次亲子鉴定的必要性。

1914年，61岁的阿尔卡迪尼在布宜诺斯艾利斯去世，留下了价值数百万比索的遗产。他还让两个家庭陷入了严重的冲突。第一个家庭是他的原生家庭，包括他年老又体弱多病的母亲、他的三个姐妹，以及多个侄子和侄女。第二个家庭是他在生命的最后十年左右组建的，由他的伴侣（两人从未结过婚）和三个年幼的孩子组成，但孩子父亲的身份不明。现在法庭要确定这些孩子是否真的是罗克·阿尔卡迪尼的孩子和继承人，否则他庞大的遗产就属于他的母亲和姐妹。

1914年，无论是在阿根廷，还是在其他任何地方，通过研究躯体来解决遗产纠纷都是一种很不寻常的做法。阿尔卡迪尼家族聘请了罗伯托·莱曼·尼切（Roberto Lehmann Nitsche）博士，他是南美首家自然历史博物馆拉普拉塔博物馆（Museum of La Plata）人类学部主任。他检查了16个人的鼻子和耳朵，研究了他们的发际线，评估了他们的瞳色和肤色。在阿尔伯特·艾布拉姆斯第一次因他的血液振动仪而成为全球头条新闻的7年前，在弗里茨·席夫发明开创性的血型分析的10年前，莱曼·尼切提出了一种不同的鉴定父子关系的方法，一种不是在血液中，而是在躯体上寻找证据的方法。虽然阿根廷和其他地方的法院在审理有关血缘关系的案件时有时会考虑外貌相似性，但阿尔卡迪尼案被誉为世界上第一个专家应用现代"孟德尔定律"确定亲缘关系的案件。莱曼·尼切提交给法庭的专家报告广为流传，几十年来一直被拉丁美洲和欧洲的专家们引用。[1] 在随后的几年里，大西洋两岸的科学家们发明了各种通过分析躯体特征和躯体相似性以确定亲缘关系的方法，而在此过程中，他们往往彼此独立。这些方法有很多不同的叫法，如躯体学方法、形态学方法、人类学方法、人类形态学方法、族谱学方法、比较分析法，或在德语中被称为"相似性方法"的方法。

莱曼·尼切向处于"美好年代"的布宜诺斯艾利斯的法庭引入了一种新的科学技术来调查这个老问题：谁是孩子的父亲？但他的方法也重新定义了这个问题本身。在阿根廷，就像在许多其他国家，特别是大陆法系国家一样，父亲身份与其说是躯体证据问题，不如说是社会认知问题。他的新方法强化了现代父亲身份的核心概念：现代大众社会需要对父亲身份以及如何确定父亲身份有新的认识。无论是侧重于血液还是躯体，亲子鉴定的科学重新定义了父亲身份本身，将一种社会特征转变为躯体特征。

很早以前，人们就注意到子女看起来像父母中的一方或双方。关于遗传的新知识有望为这种相似性提出一个科学的解释，揭示客观和可预测的躯体特征的遗传模式。早在19世纪80年代，英国博学家、优生学之父、查尔斯·达尔文的表弟弗朗西斯·高尔顿就指出："每个人身上是否都有明显的、不可否认的、可以证明出身和亲缘关系的证据，这个问题的答案可能是肯定的，也是值得费心去探究的。"[2] 耳朵、鼻子或人体测量分析能提供这样的证据吗？像法医牙科或指纹鉴定这样的个人识别技术会从躯体上发现亲缘关系吗？

从血液中寻找亲缘关系的生化标记，从躯体上寻找躯体或形态标记，这两者是相互交织的，它们互为补充，而不是相互排斥。这两种方法都试图利用人类遗传知识，将其转化为确定亲缘关系的实用方法。两者同时出现，经常出现在同一个地方，有时甚至出现在同一批科学家中间。在司法程序中，这两种方法经常被同时使用。

但血液和躯体也有所不同。血型分析简单、快速、廉价，而且由于群体遗传的普遍规律，它客观而明确。当血型检测得出排除性的结论时，它的结果是不容置疑的。但它的实际用途也很有限：它可以排除不可能的父亲，却永远无法确定谁是真正的父亲。直到20世纪50年代，血型分析所能做的不过是把一大群人划分为可能的或不可能的父亲。

相比之下，形态学相似性的视觉评价似乎是非常主观的。没有任何躯体特征能像血型那样具有明确的客观性，即使已知它具有遗传性。常见血型有四种，但鼻子和耳朵的形状却千变万化。如何识别、描述或衡量特征之间的相似性呢？两个被称为"看起来很像"的人之间更难以形容的相似之处又当如何呢？往好里说，比较躯体特征可能是复杂、费力和昂贵的，往坏里说，它主观得让人怀疑。然而，尽管躯体特征有令人困惑的不精确性，却很有希望提供一种能确定父亲身份的方法。专家们利用各种新技术和旧技术，分析这些相似之处，对其加以描述和测量，甚至试图对其进行量化，以便识别高尔顿所说的"不可否认的、可以证明出身和亲缘关系的证据"。这是莱曼·尼切博士1914年在布宜诺斯艾利斯法庭上为自己设定的任务。

19世纪50年代初，罗可·阿尔卡迪尼（Rocco Arcardini）和父母从意大利北部的皮埃蒙特大区移民到这个城市时，他只有五六岁。他们离开了一个人口不到2 500人的村庄，来到了一个近10万人口的遥远城市，其中三分之一的居民和他们一样是外国移民。[3] 在布宜诺斯艾利斯站稳脚跟之后，这个家庭很快又生了四个孩子。阿根廷1869年进行第一次人口普查时，罗可——如今换了个西班牙名字"罗克"——已经是一个小青年，和他的父亲路易斯（Luis）一起做裁缝。他们所在的街上到处都是商店、工匠作坊和仓库，里面住着阿根廷工人阶级和越来越多像他们一样的移民。但他们全家很快就会离开这里，因为他们的财富开始增加。[4]

在19世纪的最后几十年里，随着阿根廷融入全球市场，该国经历了一个惊人的经济增长过程。肥沃的大草原出产的小麦、羊毛和肉类被装到开往欧洲的汽船上。

作为交换，阿根廷获得了外国资本和大量外国工人，其中大多数和阿尔卡迪尼一家一样来自意大利。阿根廷经济蓬勃发展，其国内生产总值的增长速度超过了世界上任何一个国家。到了1914年，第一次世界大战中断了商品、资本和移民的跨大西洋流动，罗克·阿尔卡迪尼也在这一年去世，而此时阿根廷已经成为世界上最富有的十个国家之一。

在这一转变的风口之上，阿尔卡迪尼家族已经做好了充分利用这一机遇的准备。路易斯·阿尔卡迪尼开始进行一系列精明的投资，这些投资与阿根廷的快速发展密切相关。他购买了一家意大利籍阿根廷航运公司的股票，并开始在布宜诺斯艾利斯购买小型房产。[5]随着城市人口的增长，这家人抓住了城市房产升值的机会，将房产出租给屠夫、殡葬业者和杂货商。

他们还把目光投向了首都以外的地方。19世纪70年代，随着繁荣的出口刺激了商品生产的扩大，阿根廷发起了一场无情的运动，从土著居民手中夺取位于国家边境的土地。这些土地被公开拍卖，买家以极低的价格买下它们，然后看着它们的价值飙升。罗克·阿尔卡迪尼此时还是个年轻人，但他逐渐成为这个家庭的家长，也是那些土地拍卖的受益者之一。[6]与此同时，他出生在阿根廷的弟弟安东尼奥（Antonio）娶了一个西班牙妻子，并在财政部获得了一个高级职位，在国家将土地出售给私人买家之际，这个内部职位无疑对家族很有帮助。罗克在阿根廷出生的两个妹妹——玛丽亚·路易莎（María Luisa）和埃米莉亚（Emilia）——分别嫁给了一位法国商人和一位意大利船主，进一步扩大了家族的商业网络。

到罗克·阿尔卡迪尼去世的时候，他的财产清单占据了报纸专栏的大部分篇幅。仅在布宜诺斯艾利斯市和郊区的一份土地清单就花了五年时间整理，估计价值超过400万比索。[7]这个来自皮埃蒙特的裁缝家族已成为阿根廷最富有的农场主，如果罗克·阿尔卡迪尼在传承遗产时能像积累遗产时那样精明就好了。

与他的兄弟姐妹不同，罗克从未结婚。他以风流著称，在世纪之交，他开始与一位名叫塞莱斯蒂纳·拉鲁德（Celestina Larroudé）的法国移民公开同居。在法庭记录中，她被描述为罗克的"情妇"和"一个地位低下的女人"，罗克"把她从朝不保夕的悲惨命运中拯救了出来"。[8]难怪他的家人会"坚决"反对他们的婚姻。两人没有结婚就生活在一起，在处于"美好年代"的布宜诺斯艾利斯，这种做法虽然不太体面，但是很常见。不久，拉鲁德就有了三个孩子，分别是玛丽亚·马法尔达（María Mafalda，生于1903年）、罗克·温贝托（Roque Humberto，生于1904年）和玛丽亚·卡门（María Carmen，生于1905年）。罗克在民事登记官面前承认罗克·温贝托和玛丽亚·卡门是他亲生的。他没有正式承认最大的孩子玛丽亚·马法尔达，但他的父亲身份通过民事和宗教等其他方式表现了出来。玛丽亚出生在阿尔卡迪尼家族拥有的一处新装修的房产里，她的母亲塞莱斯蒂纳就住在那里。[9] 她的洗礼证书显示她的父母身份不明，但注明她是被罗克·阿尔卡迪尼"收养"的，尽管收养在阿根廷法律中并不正式存在。罗克的姐姐是这个女孩的教母，几年后，又成为她妹妹的教母。罗克的长期律师是罗克·温贝托的教父。这个男孩的名字进一步表明了罗克的父亲身份。

在一起十多年的时间里，罗克和塞莱斯蒂纳经常发生争吵，有时是因为塞莱斯蒂纳的酗酒问题，有时是因为照顾孩子的问题。罗克批评塞莱斯蒂纳给孩子们喂牛奶而不是普通的食物。[10] 但是大家都说，他也非常关心她和孩子们。在他死后，作为法庭记录一部分的笔记记录了这个家庭的日常生活。在一张便笺上，罗克写道："塞莱斯蒂纳，我不过去了，天真的很冷。让孩子们早点睡觉，给我捎个信，告诉我需要我从店里给你带点什么。"在小男孩生病时他写下的另一张便笺上，他说："告诉我小罗克怎么样了。别让他起来，给他盖好被子。"[11]

罗克的父爱关怀程度堪称典范。然而，出于对自己原生家庭的尊重，罗克·阿尔卡迪尼选择没有将这种家庭关系正式化。他一直没有娶塞莱斯蒂纳，尽管他答应在他母亲死后就娶她（罗克去世时，他的母亲已经87岁，卧床不起）。他在法律上承认了他和塞莱斯蒂纳所生的三个孩子中的两个，但从未承认老大，不知道是出于何种原因，或许是因为偏爱，或许是因为疏忽。然而在1908年，罗克做了一件奇怪的事：他起草了一份文件，声明这三个孩子既不是他的，也不是塞莱斯蒂纳的，他们在刚出生时就被买来偷偷带进家里。他让塞莱斯蒂纳在文件上签名，她签了。

两人继续生活在一起，孩子们也一天天长大。1914年3月，罗克将10岁的罗克·温贝托送到当地一所寄宿学校，在办理手续时，他含糊地称自己是这个新学生的"养父"。有一次，他到学校带这个男孩出去参观。几天后，这位61岁的慈父突然去世，死因不明。

随着罗克·阿尔卡迪尼的去世，两个家庭失去了一家之长。在他突然去世之后的日子里，悲痛的家人做了两件事。首先，他们寄钱给塞莱斯蒂纳和孩子们。接着，他们提起了法律诉讼，挑战三个孩子作为遗产继承人的地位。

罗克起草的关于伪造生育事实的奇怪文件再次出现。罗克的家人声称塞莱斯蒂纳假装怀孕了三次，并秘密购买了这些婴儿，以"保护和巩固"她与罗克的关系。[12]罗克的妹妹玛丽亚·路易莎——两个女孩的教母声称，他给孩子们的任何关心或支持都反映了他的"慈善和宗教情怀"，而不是他的父亲身份。[13]多名证人证实了这一欺诈行为，在宣誓证词中称塞莱斯蒂纳在衣服里塞了衣服，假装怀孕。塞莱斯蒂纳反驳说，这个说法显然是假的。她根本就不知道文件的内容，当时之所以会签字，就是为了取悦罗克。至于那些证人，她说，他们都被阿尔卡迪尼家族收买了。在本案中，母亲身份也是有疑问的，但由于父亲身份的特殊利害关系，调查只涉及罗克与孩子们的关系。这是一场漫长的调查：在关于三个孩子的身份和罗克·阿尔卡迪尼财产命运的一系列诉讼中，"伪造生育"的指控只是第一个。

据人类学家莱曼·尼切所说，像阿尔卡迪尼事件（这一事件很快就广为人知）这样的事情在"美好年代"的阿根廷太常见了。"一旦一个拥有一定社会地位和财产的未婚男子去世"，自称是其子女的人会"如雨后春笋般涌现"，提出虚假和轻浮的继承要求。他声称："在其他国家很少会出现如此大量的这类事件。"[14]

在莱曼·尼切看来，问题在于阿根廷的法律结构。包括阿根廷在内的拉丁美洲和欧洲大陆大部分地区都属于大陆法系，对父亲身份有共同的定义。根据大陆法系法学家的说法，父亲身份作为一种生理事实是未知和不可知的。因此，它可以通过以下两种方式之一确立：一是通过婚姻授予，即已婚妇女的丈夫自动被认为是她孩子的父亲；二是在未婚夫妇的情况下，孩子可以通过"身份占有"（在英语中的表达是possession of status，在西班牙中的表达是posesión de estado）获得父亲，这一原则依据的是男人的行为和孩子作为其儿子或女儿的名声。根据罗马法的传统，身份占有的构成须满足三个要件——姓氏（nomen）、待遇（tractatus）和名声（fama），即如果一个男人让孩子使用他的姓氏，也把孩子当成自己的来看待，并且在社会上被认为是孩子的父亲，那么他就是这个孩子的父亲。这一定义的核心是父亲的意志：使一个人成为父亲的是他想要成为父亲的强烈愿望。通过在他的同伴或社区面前表现出他对孩子或母亲的父亲身份，一个男人既表现出他作为父亲的意识，也表现出他接受这个角色的意愿。就像在阿尔卡迪尼案中那样，关于父亲身份的问题经常在继承权纠纷中出现，在这种情况下，被推定的父亲在绝大多数情况下已经死亡。因此，要证明身份占有，就需要去揣度一个已经无法表达自己意志的人的内心想法。

身份占有不仅仅是确立父亲身份的一种方法，它还定义了什么是父亲身份，什么不是父亲身份。父亲身份不是从生育行为中自动产生的，而是由社会和意志决定的。它是通过一个人的言行而形成的。母亲被排除在这个验证父亲的过程之外。阿根廷的法律和其他许多地方的法律一样，禁止她在法庭上否认孩子的父亲。这似乎不合逻辑，毕竟，谁会比孩子的母亲更清楚谁是孩子的父亲呢？但事实上，这完全符合父亲身份的概念，即它不是事实的问题，而是意志的问题，特别是男人的意志，而不是母亲的意志。这就解释了为什么在严格意义上，塞莱斯蒂纳伪造了三个孩子出生的书面声明与诉讼无关。法官会提出这样一个问题："如果放任一个女人反复无常，家庭稳定的原则会变成什么样子呢？"[15]

按照尊重父亲意志的逻辑，大陆法系不仅不重视母亲的证词，而且从一开始就限制了子女提起亲子诉讼的权利。孩子不能要求一个不愿意承认父子关系的人承担父亲的角色。这样的限制还有另外一个好处，那就是保护男性和合法家庭不受对其遗产和良好声誉的不必要的诉求。《拿破仑法典》是大陆法系中父子关系概念的基础，众所周知，它完全禁止父子关系调查，阿根廷的邻国智利和其他一些国家的法律也是如此。阿根廷的法律相对宽松一些，允许一些非婚生子女对被推定的父亲提起诉讼，并提出一系列证明这些父亲身份占有的证据。这种相对的开放性正是我们如此了解罗克、塞莱斯蒂纳和孩子们的亲密家庭生活的原因：法庭仔细研究了他们的社会和情感生活，尤其是罗克·阿尔卡迪尼的态度和行为，因为正是通过这些证据才能评估他的内心想法。他认为自己是孩子的父亲吗？他愿意接受这种身份吗？他在世界面前用行动证明这一点了吗？

对于越来越多像莱曼·尼切这样的批评人士来说，阿根廷的法律相对宽松，允许人们在利害攸关的司法诉讼中提出这样的问题，这已经成为问题。他认为，身份占有的逻辑在一个更古老的、以农村为主的、非正式结合大量存在的社会中是有意义的。由于教区牧师稀少且距离遥远，婚姻一度难以实现。在非婚姻关系很普遍的地方，社会必须允许在证明父亲身份方面有一定的灵活性。但在现代城市的大众社会中，身份占有的原则已成为一种祸害。现在，被推定的孩子像雨后春笋一样冒了出来，要求不属于他们的权利。任何人都可以站出来，在几个不诚实的证人的帮助下，把死者的一系列行为和事迹归因于他的父亲身份。在世纪之交，与身份占有的确切含义有关的诉讼在阿根廷的扩散表明了其不稳定和不断演变的特征。[16]在20世纪第一个十年，乌拉圭人一直在讨论是否要放宽本国限制性的亲子法，他们把邻国阿根廷视为一个反面教材："在阿根廷，没有一个富人死后没有变成别人的亲生父亲。"[17]

没有统计数据表明在阿根廷的"美好年代"，围绕父亲身份和遗产的纠纷是否真的在增加，但很容易理解，在令人眼花缭乱的社会变革中，为什么情况似乎是这样的。在世纪之交，在布宜诺斯艾利斯出生的孩子中，大约有15%是非婚生的，莱曼·尼切将这一事实归因于他所谓的"新拉丁人"对婚外生育的宽容。事实上，这一比例低于当时大多数其他拉丁美洲城市和一些欧洲城市（包括莱曼·尼切的家乡柏林）。尽管如此，15%仍然是一个相当大的数字。此外，由于阿根廷的经济繁荣，有更多的财富成为争议的对象。在世纪之交之后，新来者再也不可能实现阿尔卡迪尼家族几十年前经历的那种迅速发迹，在大量外国劳工涌入的情况下，社会流动性停滞了。[18]也许巨大的财富和有限的流动性确实鼓励了贪婪的"儿女们"如雨后春笋般涌现——或者也许这种经济状况只是播下了对于这种状况的恐惧。

不管"布宜诺斯艾利斯的世界主义"是否真的像莱曼·尼切所说的那样引发了欺诈性的亲子鉴定诉讼的激增，它肯定会使确定父亲身份的旧方法复杂化。[19]跨国移民和飞速发展的城市化进程已经改变了这个国家及其首都。在20年的时间里，阿根廷的人口几乎翻了一番。[20] 在35年的时间里，布宜诺斯艾利斯的人口从30万增加到近160万，成为世界上增长最快的城市之一。到1914年罗克·阿尔卡迪尼去世时，有一半的阿根廷人口居住在城市，而布宜诺斯艾利斯一半的人口是在国外出生的——这个比例比当时世界上任何一个城市都要高。[21]

身份占有原则是基于对父亲的深入了解，但在这种环境下，这样的了解是不可靠的。在一场亲子纠纷中，法院的职责是通过证人——家庭成员、邻居和更广泛的社区成员——的证词，重构父亲的行为、态度和言语。但是，人口膨胀、移民涌入和城市发展破坏了旧的社会知识形式，使身份占有成为一种不合时宜的、有潜在危险的确定亲缘关系和授予遗产的方法。在一个充满陌生人的世界里，谁能了解某个父亲的情况呢？

在这方面，布宜诺斯艾利斯的情况是现代城市里父亲身份的缩影。在布宜诺斯艾利斯、柏林、芝加哥、维也纳、圣保罗和纽约等城市，对亲子关系进行科学测试并非偶然。提供科学专门知识和法律补救的实验室和法院最有可能设在这些地方。同时这里也是最容易引发亲缘关系和身份问题的地方。20世纪20年代，美国接连发生的抱错婴儿事件也反映了类似的情况。无论是布宜诺斯艾利斯的欺诈性继承人，还是克利夫兰和亚特兰大的医院里被抱错的新生儿，他们都反映了现代空间和机构——城市和医院——的匿名性是如何威胁到亲缘关系的。科学为识别身份和维护亲缘关系提供了一种新的方法。如果社会行为和名声无法继续作为父亲身份的可靠依据，也许依据可以在父母和孩子的躯体上找到。

如果说现代性创造了一种新的评估父子关系的科学方法的需求，那么在阿根廷，科学与国家政策之间的紧密联盟就准备提供这种方法。19世纪后期，犯罪学、优生学、社会卫生、公共医疗、身份鉴定科学等新的专业领域兴起，为犯罪、疾病、阶级冲突和其他与城市大众社会有关的问题提供了实证主义的解决方案。阿根廷处于这些发展的最前沿，是拉丁美洲优生学的中心，也是全球指纹科学的开拓者。政治家们尤其渴望利用科学知识来解决社会问题。[22] 因此，布宜诺斯艾利斯的法庭是第一次孟德尔式亲子鉴定的合适发源地。

现代性增加了对亲子关系进行躯体测试的需求，但是将躯体视为亲属身份密码的想法由来已久。从古至今的哲学家和医生都曾提到父母和孩子之间的外貌相似性。据说，希波克拉底曾经为一个因为孩子不像其父亲而被指控通奸的女人辩护。[23]现代早期的作家也曾讨论躯体或气质上的相似性作为父母身份证据的价值。除了基于行为和名声的社会和法律假设外，躯体上的相似性也可能出现在亲缘关系纠纷中。但正如观察人士所指出的那样，它也引起了人们的警惕，因为躯体上的相似性变化无常，作为亲子关系的指标有时可能会造成误导。毕竟，陌生人之间可能也会有不可思议的相似性，而孩子也可能根本就不像他们的父母。

由于母亲心理活动的神奇影响，利用相似性作为亲缘关系的证据变得更加复杂。现代早期一个广泛流传的观念认为，孩子的躯体会受到母亲心理活动的影响，这种观念在许多地方作为民间信仰一直流传到20世纪。例如，如果孕妇对樱桃的渴望得不到满足，可能会导致孩子身上有红色的胎记，而目睹公开处决的母亲可能会生出躯体畸形的婴儿。按照这一逻辑，人们普遍认为孩子的长相会像母亲在受孕时脑海中出现的男人，而不是让她怀孕的那个男人。换句话说，相似度并不一定意味着躯体上的亲缘关系。[24]

一些现代早期的权威对这种说法提出了异议，其中包括著名的意大利法医保罗·扎基亚（Paolo Zacchia）。扎基亚否认了母亲心理活动的神奇影响，认为躯体上的相似之处确实是亲缘关系的证据。在16世纪罗马教会法庭审理的亲子鉴定案件中，他本人曾就相似性的问题提供了专家证词。[25]20世纪早期的亲子鉴定师经常把扎基亚当做法医鉴定的鼻祖。

亲缘相似性在其他的法医学传统中也有体现。伊斯兰教法将相似性评估视为一门独立的专门知识，为了确定亲缘关系而对躯体线索进行的评估被称为"qiyāfa"，执行这一操作的人被称为"qā-if"，即能发现普通人看不见的迹象的面相专家。这种做法起源于前伊斯兰时代的阿拉伯社会，可能主要用于奴隶妇女所生的孩子。和在西方现代早期的法律医学中一样，这种做法是有争议的，但它得到了先知、其同伴和四大哈里发的认可。[26]

亲缘相似性引发了关于生殖、世代和遗传本质的问题，因此它从医学圈蔓延到文学和哲学的辩论中。从古代神话到莎士比亚的剧作，长得不像自己父亲的孩子，疑心重的丈夫在妻子所生的孩子脸上寻找自己作为父亲的证据，这些都是反复出现的情节。18世纪的英国观察人士认为这种相似现象是关于先天和后天作用的广泛争论的一部分。[27]法院也接受了这些想法。苏格兰一对夫妇被控伪造双胞胎儿子的出生，以确保家族财产的传承，这一著名诉讼在上议院引发了关于家族相似性的漫长讨论。大法官指出第二个双胞胎和他被推定的母亲"非常相似"，他宣称："这是上帝为了证明这个孩子的合法性而亲自留下的印记。"[28]

在19世纪到20世纪，这种"印记"虽然有争议，但在英美法庭上通常被作为证据接受。[29]这一做法与大陆法系形成了鲜明的对比。在拉丁美洲的亲子鉴定案件中，证人有时会评论一个孩子是否像一个男人，以此作为该男人是孩子父亲的常识性证据，但这样的观察很少成为法庭审议的话题。如果亲子关系是父亲意志的表达，而不是生理事实，那么相似性的证据在法律上是无关紧要的。[30]对相似性的不同司法处理反映了对父亲身份的不同理解。在大陆法系中，亲子关系主要是社会性的，而在英美法系中，生理上的特征更加重要。

然而，英美法系中将父亲身份视为一种生理事实的观念并不一定意味着这是一种评估父亲身份的科学模式。就在阿尔卡迪尼案发生的同一年，另一场家庭闹剧上演，其场景从英格兰乡村一直延伸到加州。查尔斯·斯林斯比（Charles Slingsby）中尉和他的妻子是4岁的泰迪（Teddy）的父母，而泰迪是约克郡家族财产的继承人。这名男孩的亲属质疑男孩的身份，称这对夫妇在旧金山逗留期间生下的"亲生"孩子在出生时就夭折了，斯林斯比太太通过当地报纸上的广告又得到了一个婴儿。

此案于1915年由英国法院审理，主要围绕这一涉嫌欺诈的证据展开。法官在听取双方的辩论时，开始研究泰迪和他所谓的父母的长相，因为他们当时也在场。他们之间的相似性给法官留下了深刻的印象，尤其是这个男孩的下巴和斯林斯比中尉非常相似，他决定请一位专家来评估这件事。法官的朋友乔治·弗兰普顿（George Frampton）爵士对当事人进行了评估。弗兰普顿不仅证实了泰迪和斯林斯比中尉的下巴很相似，还发现他的左耳和斯林斯比夫人有惊人的相似。因此，法官判定这个男孩是斯林斯比夫妇的亲生儿子，并将这一躯体评估的结果作为"绝对确凿"的证据。[31]

相当可观的财产、伪造生育的指控、躯体上的相似性、专家的评估：斯林斯比案拥有阿尔卡迪尼案的每一个特点，但有一点重要的不同。与罗伯托·莱曼·尼切博士不同，乔治·弗兰普顿爵士不是科学家，而是雕塑家（他最著名的公共作品包括大英博物馆门前的狮子）。当法官要找一位专家来评估斯林斯比的下巴时，他认为这个问题最好不是问"医生"，而是要问一位艺术家。[32]数百年来，艺术家一直作为家族相似性方面的法医专家提供咨询，这种做法一直持续到20世纪，尤其是在美国和英国的法庭上。[33]

媒体打趣称小泰迪为"那个左耳价值50万美元的男孩"。英国医学杂志《柳叶刀》对"斯林斯比的耳朵"进行了详细的解释，这个表达指的是耳朵边缘的内折叠现象。《柳叶刀》指出，这种特征实际上相当普遍，如果法庭请一位人类学家来做评估，他也不会认为这个特征很重要。但是这份杂志并没有质疑雕塑家的专业知识，也没有质疑地方法官的判断。相反，它指出："我们不了解乔治·弗兰普顿爵士的观察方法，但我们必须承认，雕塑家当然有表达意见的权利。"

这句话并非有意开玩笑。为了证明雕塑家观点的合法性，这篇文章接着叙述了一件关于科学家查尔斯·达尔文的轶事。在《人类的由来》（The Descent of Man）一书中，达尔文曾指出耳轮结节是揭示灵长类动物和人类共同起源的退化特征。达尔文本人就有这样的结节，而他最初之所以会注意到这个结节，还是为他雕刻半身像的雕塑家托马斯·伍尔纳（Thomas Woolner）提醒他的。事实上，这个结节最初以雕塑家的名字被命名为"伍尔纳耳尖"，后来才变成了"达尔文结节"。《柳叶刀》杂志指出，如果雕塑家能鉴定出具有如此非凡科学意义的躯体特征，那么他们肯定也能在亲子纠纷中对躯体特征作出鉴定。[34]如此说来，英国首屈一指的医学杂志认可了法庭对艺术家证词的依赖。

在20世纪的前三十年里，几起备受瞩目的亲子纠纷案件也利用了类似的证词。

　　　　　　　　　　　　　　　　　　　　　　　　　　　　　　　　　　父亲身份：探寻血缘之谜

1903年在德国发生的一起著名案件中，波兰的伯爵夫人奎列基（Kwilecki）被指控和布宜诺斯艾利斯的塞莱斯蒂纳和约克郡的斯林斯比夫人一样，通过伪造生育来实现遗产继承的目的。两名医生、一名来自警察局人体测量部门的专家和一名肖像画家被招来评估相似性，和在斯林斯比事件中一样，注意力被集中到一只耳朵上［其中一名医生是柏林大学的弗里茨·施特拉斯曼（Fritz Straussmann），他的儿子格奥尔格与弗里茨·席夫合作，将血型检测引入德国法庭］。[35]医学法律专家经常援引这个案例，将其作为在亲子纠纷中对外貌特征进行科学分析的先例。

可能是受到斯林斯比案的启发，几年后，在旧金山的一场亲子诉讼中，法官也邀请了一位著名的雕塑家对相似性进行评估。雕塑家本人对此持怀疑态度，他作证说："老实说，我不相信这是可能的。"事实上，邀请他的不是别人，正是曾经邀请阿尔伯特·艾布拉姆斯帮助亲子鉴定的托马斯·格雷厄姆，并且艾布拉姆斯和这位雕塑家都是这个案子中的专家证人。就像在奎列基案中一样，这一事实表明了科学和艺术是怎样被视为评估亲缘关系的互补模式的。[36]直到1932年，一位苏格兰房屋油漆工还在纽约市的法庭上展示了一尊特别委托制作的、已故房地产大亨的铜像，他声称这位房地产大亨是他的父亲。这尊雕像戴着一顶可拆卸的圆顶高帽，蓄着胡须，戴着眼镜。半身像的雕塑者被传唤到证人席上，以证明被推定的父亲和自称是他儿子的男子之间惊人的相似。[37]

可以肯定的是，艺术家们很可能只是偶尔作为证人出现在亲子关系纠纷中。报纸和法医学作者们密切关注他们的证词，这一事实表明，这一定是不寻常的，而在这类事件中，艺术家的权威并非无可争议。当那位苏格兰油漆工侧身走到铜像跟前，展示他与铜像的相似之处时，法庭里爆发出一阵笑声。到20世纪30年代初，这种评估偶尔还会被引入，但显然人们对此持怀疑态度。

然而，艺术家们被邀请参与这样的评估，这一事实表明，在20世纪的头几十年里，相似性的地位还是可以争取的。高尔顿曾思考"不可否认的、可以证明出身和亲缘关系的证据"，但是如何辨别这些证据？谁有能力这样做？这样的问题仍没有得到解决。英国和美国的法院并没有自动将对躯体相似性的评估委托给医学法律专家、人类学家或医生。一些法学家，甚至一些医学和科学专家（如《柳叶刀》杂志上的文章所述）并不把亲子鉴定视为生物调查，更不把它视为遗传分析，而是将其视为视觉评估。人的躯体可能藏有关于出身的可察觉的线索，但是对这些线索的评估既是一门科学，也是一门艺术。

然而，在英美的亲子纠纷中，最常评价相似性的人既不是艺术家，也不是科学家。事实上，他们不是任何方面的专家。他们是陪审团和法官——都是些普通人，根本不能声称自己有什么特殊的观察能力。[38] 在斯林斯比案发生几年后，整个英国被罗素离婚案所震惊，该案揭露了英国贵族骇人听闻的性生活细节，作为男爵的儿子和继承人，约翰·罗素否认自己是妻子所生的孩子的父亲。法官下令将婴儿抱到他的办公室里，并指出："一些陪审员也身为父母，他们知道婴儿长得像谁会引起什么样的讨论。"[39] 最终，上议院裁定，将一个婚内出生的孩子贬为私生子的证据是无法被接受的，这个孩子保住了他的合法性和男爵爵位。美国法院经常把孩子抱出来让陪审团检查，"孩子本身就是一件证物"，证人也可以证明他们在外貌、步态或手势方面的相似之处，特别是在所称的父亲已经去世的情况下。[40] 查理·卓别林的亲子鉴定诉讼达到了戏剧性的高潮：母亲、孩子和被推定的父亲被要求在陪审团席前站成一排，一动不动地站了45秒钟，让法官和陪审团成员仔细观察他们的面部特征。在美国的一些法庭上，法官和陪审团对相似度的评估一直持续到20世纪60年代。[41]

躯体上的相似性不仅是一种证据，还是一种非专家也能做出评估的证据。正如一位英国法学家在1923年所言："如果法官对自然规律足够熟悉，能够意识到一个70岁的妇女无法再生育，能够认识到如果一个丈夫长达一年的时间里没有接触过妻子，在此期间妻子生的孩子肯定不是他亲生的，那么他就不需要任何科学家证人向他证明'有其父必有其子'。"[42] 这句充满真知灼见的话把相似之处看作不言自明的事实。每个人都知道孩子和父母长得很像，辨别相似之处所需的只不过是陪审员的观察力。

这些自明之理并非没有争议。批评人士指出，如果把一个可爱的婴儿抱到陪审员面前，那么判决将依靠他们的心，而不是他们的评判能力。罗素离婚案的一名观察者称，一个无助的婴儿在法庭上咿咿呀呀，而这场审判可能会给其贴上"私生子"的烙印，这样的场景"是徒劳的，也是令人厌恶的"。[43] 还有就是关于真实性的基本问题。两个个体之间的相似性一定能证明他们的亲缘关系吗？人是怎么识别相似性的呢？当然，相似性有时更多取决于观察者，而不是被观察者的面孔或躯体。在英语中，对相似性最常见的批评是说它"是想象出来的"。[44]

亲子相似性是一目了然的，还是因为想象而带有欺骗性的呢？这两个在英美法医专家中争夺主导地位的观点似乎是对立的，但实际上在一个关键点上相吻合：两者都认为相似性分析超出了专家的职权范围，尤其是科学专家的职权范围。如果相似性本身是不可预测的，那么科学就无法解读它。如果这是一个简单的常识问题，那么科学就是多余的，因为即使是一个外行也能看出来。在20世纪头几十年，这两种观点都让位于另外一种认识，即父母和孩子之间的相似性既不是一目了然的，也不是想象出来的，而是遵循着可预测的遗传模式。对这些模式的专业知识使人们能够发现两个个体之间的亲缘关系。慢慢地，辨别血统的艺术和民间模式让位于与现代父亲身份相关的、自称的科学模式。

没有人比莱曼·尼切本人更清楚地表达了这一新思想，他指出："在遗传方面，大自然根本不像普通大众和那些没有受过生物学教育的人所认为的那样'反复无常'，而是很有可能存在科学法则，就像孟德尔和现代生物学所确立的那些法则一样。"[45]他认为对生理相似性的分析需要科学的专业知识。他说："一般来说，公众不知道如何充分细致地观察头发、虹膜、皮肤等的颜色……即使是你，亲爱的读者，也未必知道自己眼睛的颜色。"[46]

高尔顿曾经思索通过躯体辨别亲缘关系的可能性。现在，他的遗传学家同行——像莱曼·尼切这样的人类学家、优生学家和法医专家——开始接受这个挑战。就在英国遗嘱检验法庭传唤一名雕塑家对泰迪·斯林斯比的耳朵形状做出评估时，布宜诺斯艾利斯的一名法官正在审查第一次孟德尔式的亲子分析。

罗伯托·莱曼·尼切在德国出生并接受教育，1897年，25岁的他来到阿根廷，在拉普拉塔的自然历史博物馆担任人类学负责人。在接下来的30年里，他研究了阿根廷的大众文化、土著民族学、物质文化、语言学和考古学。他还是维多利亚时代杰出的种族科学家，对他来说，人体是可以阐明人类进化起源、种族差异和社会病理学的数据宝库。因此，他毕生工作的一个主线就是研究活人和死人的身体——后者收藏于拉普拉塔博物馆的古代遗迹，前者则来源于精神病院、监狱和原住民社区，他在这些地方进行研究，并担任刑事调查的法医顾问。[47]

在阿尔卡迪尼案中，莱曼·尼切运用了他丰富的躯体专业知识，但在一个关键方面另辟蹊径。法医人类学通常研究的对象都是低等的、返祖的躯体：土著人、工人阶级、病人、罪犯和疯子。莱曼·尼切进行躯体分析的对象是文明人，是富裕而受人尊敬的源于欧洲家庭的成员。他这样做是为了一个新的目的：不是改革或控制低等群体，而是保护高等群体的遗产。

他的躯体化方法反映了他的跨国科学背景。他的职业关系延伸至北美、大西洋彼岸和拉丁美洲。他与美国优生学家查尔斯·达文波特（Charles Davenport）、德国种族人类学家奥托·雷歇（Otto Reche）和欧根·菲舍尔（Eugen Fischer）、巴西人类学家和种族分类学家埃德加德·罗克特·平托（Edgard Roquette Pinto）、阿根廷指纹专家胡安·武切蒂奇（Juan Vucetich）等人保持通信。[48]由于他的背景，他的分析集中在人们熟悉的种族特征上。他系统地描述了每一个研究对象——3个孩子，他们的母亲塞莱斯蒂纳和来自阿尔卡迪尼家族四代的12个人，评估他们的耳朵、鼻子、面部形状、头发、皮肤和眼睛的颜色。根据莱曼·尼切的说法，色素沉积在他的分析中特别有用，因为它遵循了可预测的孟德尔显性和隐性定律，这样人们就可以根据父母的颜色来预测孩子的颜色。在这里，他引用了查尔斯·达文波特和格特鲁德·达文波特（Gertrude Davenport）关于眼睛颜色遗传基础的著名研究。对于那些因为已经去世而无法接受检查的家庭成员，如罗克·阿尔卡迪尼、他的弟弟安东尼奥和父亲路易斯，他利用了照片和其他家庭成员的记忆。他绘制了阿尔卡迪尼家族的家谱，声称这份家谱完美地展示了躯体特征的孟德尔式遗传。[49]

在阿根廷花了将近20年的时间研究种族和文化之后，莱曼·尼切的方法也融合了当地的知识。通过对阿根廷北部的土著群体和19世纪潘帕斯草原上的混血高乔人的民间传说的研究，他想到了一种新的躯体特征：毛发生长。人类胎儿全身都是被称为"胎毛"的绒毛，发际线模糊不清，头皮上的头发一直延伸到眉毛。莱曼·尼切称，在白种人身上，头皮在出生后的第一年就与没有毛发的前额有所区别。在非白人种族中，并没有这种情况。按照他的说法，正是因为这个原因，高乔人才把脱毛膏涂在额头上，试图抹去这一种族劣等的标记，却徒劳无功。[50]

根据这些种族知识，莱曼·尼切开始描述他的研究对象。大多数阿尔卡迪尼家族成员都有"显著的家族特征"——相似的侧面轮廓、鼻子、耳朵形状和肤色。他们的眼睛是蓝色的，其虹膜类型与他们祖籍意大利皮埃蒙特地区40%的人口"完全一致"。同样，塞莱斯蒂纳姣好的容貌"完全符合一个中欧人"的特征，与她的法国血统相吻合。然而，这三个孩子彼此都不一样，也不像他们被推定的父母。9岁的玛丽亚·卡门长得很漂亮，脸上满是雀斑，显然是"纯正的欧洲血统"，"相貌让人联想到意大利北部或法国"。但11岁的玛丽亚·马法尔达皮肤更黑，面部特征让人联想到西班牙南部。最引人注目的是，10岁的罗克·温贝托拥有"深色橄榄色皮肤"、深色头发和深色眼睛，在这位人类学家看来，这些特征属于黑人的色素沉着。更重要的是，这个男孩的发际线显然更像高乔人的发际线。因此，他总结说，从这个男孩的"劣等"躯体特征可以"毫无疑问地看出，他是欧洲人与原始有色人种的混血儿"。考虑到塞莱斯蒂纳和罗克都是欧洲人，这是一个至关重要的线索。[51]

莱曼·尼切以及同时代和后来的观察人士都声称，他的方法是创新的，因为它采用了"孟德尔遗传定律"。他们的意思是，这种方法追踪了已知的或假定的显性和隐性性状。换句话说，他的评估是基于这样一个前提，即父母和孩子身上呈现的某些特征不是"随机组合"，而是遵循着"理论上可以预测的模式"。[52]把他的方法定性为孟德尔式的方法，突出了它的现代性、科学性和独创性。就像血型检测一样，莱曼·尼切的躯体分析将人类遗传的知识应用于一个新的目的，即亲子关系的确定。

虽然他自以为自己的方法是科学的，但是这种方法也融合了关于相似性的旧观念。莱曼·尼切却认为，家庭成员会表现出一种"平均类型"或"家族相似性"（aire de familia）。"个体不是一个孤立的、独特的存在，而是一个或多或少的群体（家庭、世系）的一部分，这些群体的典型特征或多或少地反映了一个理想的类型。"当观察者凝视一系列的肖像画、照片或某一特定家庭的在世成员时，这个理想类型就会"出现在我们的脑海中"。[53]孟德尔式的分析在这里就不再适用了，取而代之的是艺术家，甚至是普通人的那种视觉观察。莱曼·尼切总结道，即使没有"具体表征"，科学家"对家庭平均类型的心理概念就已经足够了"。[54]如果他能看到家族的相似性，那它就是客观存在的。

在研究了阿尔卡迪尼家族、塞莱斯蒂纳和三个孩子的面部和躯体后，这位人类学家宣布了他的结论。根据他的专家意见，最大的两个孩子——罗克·温贝托和玛丽亚·马法尔达——都不是罗克·阿尔卡迪尼和塞莱斯蒂纳亲生的。至于最小的孩子玛丽亚·卡门，科学证据尚无定论。一个月后，法官宣布了他的判决：他驳回了莱曼·尼切的评估，并驳回了阿尔卡迪尼家族关于伪造生育的刑事诉讼。但诉讼远未结束。在刑事诉讼败诉后，这家人提起了民事诉讼，挑战孩子们与罗克之间的亲子关系。莱曼·尼切在圣诞节前收到了阿尔卡迪尼家族的第一笔2 000比索的报酬。[55]

随着诉讼进入一个新阶段，其他地方的科学家也开始开发他们自己的分析躯体的方法。在美国，优生学家开始对亲子鉴定感兴趣，提出了与莱曼·尼切非常相似的方法，尽管没有证据表明他们知道他的研究。匹兹堡大学的优生学教授罗斯韦尔·约翰逊（Roswell Johnson）认为，"以某种孟德尔式的方式遗传的"特征在亲子关系诉讼中可能有用。对孩子和被推定的父母进行100种测量——耳垂、头部形状、面部特征和骨骼——将产生一个"相关指数"，可以用来揭示亲缘关系。约翰逊乐观地断言："熟悉遗传的人可以很容易理解这种方法。"他向美国婴儿死亡研究与预防协会（American Association for the Study and Prevention of Infant Mortality）提出了自己的想法，该协会迅速通过了一项决议，请求联邦儿童事务局（Children's Buneau）资助对父子鉴定的进一步研究。[56]

虽然没有证据表明儿童事务局曾经接受该提案，但少数优生学家继续致力于对这个问题的研究。几年后，美国优生学之父——约翰逊的导师查尔斯·达文波特——在第二届国际优生学大会上致开幕词，他指出："我们对（某些）生理特征的遗传知识……足够精确，可以实际应用于血统可疑的情况。"在涉及一个母亲和两个可能的父亲的假设案例中，他断言，只要三个成年人的"家庭血统"可以被调查，父亲身份就可以被确定，"准确性可以高达75%到99%"。达文波特10年前建立的优生学档案局（Eugenics Record Office）是美国主要的优生学研究中心，此前曾经介入一名富人的遗产纠纷。[57] 优生学家认为，遗传科学是改善人类社会的关键，而评估生物学父亲身份的方法有助于实现这一目标。约翰逊认为，这种方法的真正价值不在于解决继承纠纷，而在于保护儿童福利。通过确定孩子的父亲，科学将有助于确保孩子的抚养费，并降低婴儿死亡率。

和大约同一时间出现的艾布拉姆斯的血液振动仪和抱错婴儿事件中的科学分析一样，"亲子关系优生测试"的前景也引起了美国媒体和公众的浓厚兴趣。达文波特在优生学大会上发表了稿子长达九页的演讲，关于亲子鉴定的评论只占了一小部分，但媒体对会议的报道却把这个话题放在了头条。[58] 然而，尽管公众对此很感兴趣，优生学领域的领军人物也做出了乐观的预测，但在美国，很少有人系统性地尝试发展躯体或形态学的亲子鉴定方法。从20世纪20年代开始，《美国医学会杂志》刊登了几十篇关于亲子血液检测的文章，但在20世纪的前60年，没有一篇关于躯体分析的文章出现在其页面上。《柳叶刀》对这一话题的关注只比《美国医学会杂志》稍微多一点。在20世纪20年代，人们对相似性的兴趣短暂上升后，法医学和优生学的刊物便放弃了这个话题。

考虑到相似性在英美亲子关系纠纷中是一种久已确立的证据，英美科学家对于开发分析相似性的方法相对缺乏兴趣，这一点值得注意，但两者或许并不矛盾。当相似性仅仅是法官、陪审团，有时是艺术家的猜测时，它对科学家可能没有那么大的吸引力，因为这种人们很熟悉的民间方法不容易被"科学化"。因此，像约翰逊和达文波特这样的优生学家仍然属于例外。他们的同事从未接受高尔顿在躯体上寻求亲缘关系的想法，而是专注于血液。英美的亲子鉴定主要依赖于血清学。

相比之下，在欧洲大陆和拉丁美洲，有关亲属相似性的科学研究开始兴起。早在1915年，也就是罗克·阿尔卡迪尼去世和罗伯托·莱曼·尼切首次涉足该领域的第二年，里约热内卢一位著名的法医学专家检查了两名妇女和一个被收养的孩子的躯体，以解决谁是孩子母亲的争议。15年后，巴西的法医学专家开始在圣保罗系统地使用躯体鉴定方法。与此同时，在挪威，1921年的一个亲子鉴定案件就是根据躯体相似性决定的。在苏联，波利科夫（Poliakow）博士开发了一种亲子鉴定技术，涉及125处特征比较。躯体分析法也在波兰和匈牙利得到采用，葡萄牙和西班牙的法医专家也对其使用进行了探讨。[59]

然而，就像对血液的分析一样，躯体分析法也是在奥地利和德国被早早引入司法实践的。20世纪20年代中期，一位雄心勃勃的种族人类学家在维也纳的一个法庭上首次引入了躯体检查。奥托·雷歇是维也纳人类学与民族学研究所（Vienna Institute of Anthropology and Ethnography）的所长，他的方法需要分析19个身体特征，包括耳朵、鼻子、头发和眼睛的颜色。他是在一位法官的要求下开发出这一方法的，这位法官对亲子关系诉讼中伪证的猖獗感到沮丧。几年后，德国的高级法院开始接受他的人类学分析。1931年，奥地利最高法院开始要求在有争议的亲子关系案件中进行这种分析。

之所以会出现通过躯体分析来确定亲子关系的多种探索，在一定程度上是因为科学家之间思想和知识的跨大西洋传播，但这也有自发产生的成分。奥托·雷歇和莱曼·尼切分别生活在大西洋两岸，但他们有很多共同点——两人是同一代德国人类学家，在相似的学术环境中受过训练，而且他们在职业上也是熟人。[60]两人都对躯体评估的问题产生了兴趣，但没有证据表明雷歇知道莱曼·尼切在阿尔卡迪尼案中的亲子鉴定工作，这比他本人的鉴定早了10年。[61]亲子鉴定实验通常是独立进行的，大西洋两岸对于遗传及其实际应用的关注为其提供了合适的环境。

在布宜诺斯艾利斯，阿尔卡迪尼案正在民事法庭上如火如荼。由于未能在刑事法庭上证明伪造出生，阿尔卡迪尼家族试图推翻罗克对孩子们的法律认可。罗克已经认可了两个小一点的孩子，即罗克·温贝托和玛丽亚·卡门。[62]阿尔卡迪尼家族主张，出生事实的欺诈性使这种认可无效，因为罗克无法知道他实际上不是孩子的父亲。法庭收集了数十名证人的证词，其中包括塞莱斯蒂纳的邻居、朋友、保姆和助产士。此外，法庭还收到了莱曼·尼切以及另外两名专家（均为医生）的科学报告。三人讨论了该案件，并交换了参考文献，但在撰写专家报告时发现无法达成一致意见，于是各自提交了结论。[63]

现在是检察官审查大量证据并为法官做出总结的时候了。检察官埃内斯托·奎萨达（Ernesto Quesada）是一位著名的公众人物，他是一位法学家和博学多才的学者，对罗马历史、歌德和突尼斯房地产立法都有研究。他立即被莱曼·尼切的专家报告所吸引（另外两位医生似乎没有提供报告来解释他们的结论）。认识到这种方法有可能彻底改变阿根廷法院常见的高利害性的亲子关系诉讼，他在国际判例中搜寻孟德尔式亲子关系分析的其他例子，但一无所获：在全球范围内，莱曼·尼切的方法显然没有先例。因此，为了满足自己强烈的求知欲，奎萨达决定亲自评估它的科学价值。布宜诺斯艾利斯的知识精英圈子很小，奎萨达和莱曼·尼切是熟人。检察官问这位人类学家是否可以利用他的科学图书馆。[64]奎萨达深入研究文献，写出了一份比莱曼·尼切的报告长两倍多的报告。[65]

奎萨达认为用科学的方法揭开亲缘关系之谜的想法十分诱人，但同时也提出了一系列的问题。莱曼·尼切怎么能如此确信著名的孟德尔定律没有例外呢？那该如何解释遗传返祖现象的存在呢？也许罗克·温贝托就像白羊所生的黑色羔羊，可以追溯到某个深肤色的祖先。也许环境会改变人的外貌。以肤色较浅的哥特人为例，他们入侵意大利之后，只过了短短几代人的时间，肤色就变得和地中海地区的人一样深。也许孩子们的外貌也同样被他们所处的环境改变了。孟德尔定律并非"绝对的或排他的"。即便是绝对的或排他的，莱曼·尼切对它们的应用也让奎萨达感到怀疑，因为它缺乏对母亲一方的任何分析。虽然莱曼·尼切检查了父亲家庭的十几个成员，除了对塞莱斯蒂纳（莱曼·尼切形容她有一个"不安的、虚假的表情"）的简短描述外，完全没有对她的血统做出任何评估。[66]

本案中三位科学专家得出了相互矛盾的结论，这让奎萨达更加困惑。莱曼·尼切宣称罗克·温贝托和玛丽亚·马法尔达不是罗克的孩子，而关于玛丽亚·卡门的证据不确定。然而，其中一名医生认为，这三个人中没有一个是塞莱斯蒂纳和罗克的后代，而另一名医生说他无法确定他们中任何一个的出身。如果孟德尔定律如此清晰、可预测和易于理解，为什么三位杰出的专家未能达成一致意见呢？[67]

因此，奎萨达的结论既圆滑又有力：孟德尔式的方法无法证明亲子关系。虽然他发现莱曼·尼切的结论难以令人信服，但还是接受了科学检测本身。奎萨达全身心地投入科学文献中，并最终得出结论："根据我们目前的知识水平"，科学"无法……判断一个人是不是另一个人的孩子"。[68] 但他提出了未来这样做的可能性。

1918年，在罗克·阿尔卡迪尼去世近三年半后，是法官亲自宣布阿尔卡迪尼遗产命运的时候了。他仔细查看了证人的证词、莱曼·尼切和两位医生的专家报告，以及检察官奎萨达的评估，然后宣布孩子们的亲子关系已经得到证实。罗克·阿尔卡迪尼是两个年幼孩子的父亲，在这起民事诉讼中，这两个孩子的身份受到了威胁。法官和奎萨达一样对莱曼·尼切的评估持怀疑态度。他总结道："如果从专家报告中可以提取出一些实际的结论，那就是在目前，科学的重要性在于，根据法律的要求，通过比较外貌特征和家庭类型来确定亲缘关系。"[69]

法官的结论既简短又明确。他的判决详尽地调查了证人证词、塞莱斯蒂纳奇怪的供词，以及洗礼登记，但他并没有花时间讨论那份冗长而复杂的人类学报告，也没有花时间阅读检察官对它更冗长的批评。这是因为莱曼·尼切和奎萨达提出的问题，即阿尔卡迪尼是不是这些孩子的生父，以及如何着手证明这一事实，与法官本人寻求回答的问题不同。对法官来说，主要的问题是罗克·阿尔卡迪尼是否在法律上承认这两个孩子是他亲生的，以及他是否有过与此相违背的行为。考虑到塞莱斯蒂纳的供述，以及罗克在世时反复流传的伪造出生的流言，法官试图确定罗克本人是否曾表现出对父亲身份的怀疑或厌恶。

法官的结论是他没有。罗克·阿尔卡迪尼的行为就像一个毫不含糊地接受自己父亲身份的人。这一点很重要，因为亲子关系是一种意愿行为，而不是事实问题。法官宣称："只要民法典的文字和精神仍然有效，我就不会违背（这个人的）意志，推翻死者在公共记录中并通过明确和反复的行为来确认的父亲身份，因为在我看来，意志应受到最大的尊重。"[70] 这位人类学家的分析并不是很有说服力，但最重要的是，它与法官试图回答的意志问题无关。

阿尔卡迪尼家族对这一判决提出上诉。他们的律师在一本名为"假孩子"（*Hijos*

Artificiales）的书中公布了法庭记录的大部分内容，或许是为了让公众舆论向有利于他们的方向倾斜。提起上诉后，他们再次败诉。从法律的角度来看，罗克·温贝托和玛丽亚·卡门是罗克·阿尔卡迪尼的孩子和继承人。在几年后的另一起诉讼中，他们的姐姐玛丽亚·马法尔达也证明了她作为罗克女儿的身份。虽然在她的洗礼登记中没有得到罗克的正式承认，但她依然能够证明自己作为他的女儿的"身份占有"。

根据阿根廷的继承法，这笔巨大的遗产被分配给了死者的母亲（罗克的母亲在诉讼期间去世）和他的后代（三个子女）。尽管如此，诉讼仍在继续。在20世纪40年代早期，在罗克去世近30年后，"合法"分支（继承罗克母亲那部分遗产的人）和"自然"分支（继承三个孩子所继承遗产的人）仍然深陷与财产分割有关的诉讼。[71] 此时，前者的代表是罗克妹妹的孙子孙女。其中一位是著名的律师，在罗克去世时他才1岁，是莱曼·尼切检查的16个家庭成员中年龄最小的一个。[72] 至于自然分支，最小的女儿玛丽亚·卡门的命运不得而知，而她的姐姐和哥哥都英年早逝，他们的那部分遗产传给了配偶和其他继承人。[73]

人类学家和法学家继续他们关于孟德尔式亲子鉴定的激烈辩论，在接下来的几年里发表了多篇反驳文章。莱曼·尼切没有被阿尔卡迪尼案的结果吓倒，继续为其他有争议的父子关系案件提供专家报告。其他科学家也采用了他的躯体鉴定方法。在阿根廷的法医学出版物中不时出现法医亲子鉴定，但它们值得发表的事实表明这仍然是一种新鲜事物。20年后，新一代科学家仍然记得阿尔卡迪尼事件、莱曼·尼切和奎萨达全面深入的研究，以及这个案子在法庭之外所引起的兴趣。至于孟德尔方法的失败，他们将其归咎于对一切新事物的怀疑。[74] 随着对父亲身份的科学评估逐渐取得进展，这将成为阿根廷和其他地方的科学家和一些法学家的共同呼声：如果法院拒绝亲子鉴定科学，那是因为他们不理解，或者是因为他们感觉受到了另一种形式的权威的威胁。

但阿尔卡迪尼案的问题不在于莱曼·尼切方法的新奇性，也不在于挥之不去的对于其科学有效性的怀疑，而在于它最初想要解决什么问题。莱曼·尼切试图确定罗克·阿尔卡迪尼是不是这三个孩子的亲生父亲，但阿根廷父子关系纠纷的传统对象并不是生物学意义上的父亲身份，而是身份占有，即这个男人对自己父亲身份的意识和接受。莱曼·尼切的方法挑战了这些古老的社会和意志观念，但并没有轻易推翻它们。阿尔卡迪尼案30年后，另一位沮丧的科学家发现，阿根廷的司法实践仍然固守着旧的父亲身份观念。他宣称："身份占有纯粹是主观的。生物学家不能同意法官的看法……即身份占有是明确的、决定性的亲子关系的证据。"[75]

这位愤怒的科学家不是别人，正是意大利血清学家莱昂内·拉特斯，他逃离了墨索里尼的种族政策，移民到阿根廷，担任亲子关系案件的专家。到这一时期（20世纪40年代末），血型鉴定作为一种证明父亲身份的方法已经广为人知，并被广泛接受，但令拉特斯懊恼的是，这并不意味着阿根廷法官接受了它。他讲述了一个富人的案件，这个富人找了一位比他年轻很多的情人，后者生了一个女儿。几年来，这个男人把孩子当成自己的女儿，为这对母女提供生活费，但随着关系冷却，他开始怀疑小女孩是不是他亲生的。血液检测发现，他不可能是孩子的生父，但他在孩子出生后最初几年的行为构成了"精确而完整"的法律证据，可以证明她的身份占有。因此，法庭判定该男子为女孩的父亲。[76] 在莱曼·尼切首次亮相失败的30年后，拉特斯遇到了同样的障碍：生物测试无法战胜身份占有原则。

在现代化混乱的背景下，旧的认知方式在不断变化。在已经准备接受科学权威的法庭上，阿尔卡迪尼家族对于罗克遗产的主张不仅依据一种新的确定父亲身份的方法，还依据一种新的定义父亲身份的生物学方式。他们的故事反映了布宜诺斯艾利斯"美好年代"特有的社会、经济和政治环境，但这起诉讼的结果并不是这个时代和地方所特有的。在亲子鉴定这门新科学与身份占有这一大陆法系中的传统观念之间，存在着十分明显的矛盾。1935年，法国一家法院驳回了血液证据，称其"违背了法国法律的一般体系"。在法国法律的一般体系中，亲子关系"不受直接证据的影响"，只受社会"推定"的影响。生物父亲身份和社会父亲身份之间的紧张关系至今仍是法国法律的一个显著特征。[77] 但是，生物学证据不仅仅是在大陆法系国家才会搁浅在社会父亲身份的浅滩上。正如查理·卓别林所发现的那样，美国法院有时也倾向于父亲身份的非生物学定义。这就是现代父亲身份的本质：在引入新的科学方法来确定父亲身份时，它加剧了不同方法之间的紧张关系。

最终，阿尔卡迪尼家族输掉了他们的诉讼，罗克·阿尔卡迪尼一半的财产也随之流失。孩子的父亲是谁？尽管亲子鉴定科学获得了越来越多的权威，但这个问题并不一定是由莱曼·尼切、莱昂内·拉特斯这样的科学家或卓别林案中的医生来解决的，而是由社区、邻居，有时是像罗克·阿尔卡迪尼这样的被推定的父亲本人来解决的。

注释

题记引自阿道夫·卡萨瓦尔的判决, la Instancia of Arcardini v. Arcardini (suc.), July 10, 1917, *Jurisprudencia Argentina* 2 (1918): 780。

[1] 莱曼·尼切的专家报告见 "Las leyes de herencia en caso de filiación natural", *Revista de la Universidad Nacional de Córdoba* 6, no. 9—10 (November/December 1919): 52—81。他还解释了分析背后的理论和方法，并刊登在1917年至1919年之间发表的四篇文章里，其中一篇是Roberto Lehmann Nitsche, "Peritaje somático en casos de filiación natural", *RCPML* 6 (1919): 80—93。该案例被以下文献引用：Leone Lattes, "Dimostrazione biologica della paternità", *La Riforma Médica* 39 (February 19, 1923): 169—172; Alejandro Raitzin, *La investigación médico-forense de la paternidad, la filiación y el parentesco* (Buenos Aires: Imprenta de E. Spinelli, 1934); Leone Lattes, "Demonstración biológica de la paternidad", *El Día Médico* (October 9, 1939): n.p.; Lorenzo Carnelli, *Los caracteres grupales, el derecho, y la ley* (Montevideo: Claudio García y Cia, 1940); Giuseppe Sotgiu, *La ricerca della paternità* (Rome: Croce Editore, 1951)。

[2] Francis Galton, "Personal Identification and Description", *Journal of the Anthropological Institute of Great Britain and Ireland* 18 (1889): 191.

[3] 这个村庄是多摩多索拉（Domodossola），其人口数据引自 Amato Amati, *Dizionario corografico dell'Italia*, vol. 3 (Milan: Dottor Francesco Vallardi, 1868), 456; Jose C. Moya, *Cousins and Strangers: Spanish Immigrants in Buenos Aires, 1850—1930* (Berkeley: University of California Press, 1998), 149。

[4] 以下内容根据阿根廷人口普查和重要记录（婚姻和洗礼记录）重构。有关该家族房地产交易的信息主要出现在有关其财产的法律诉讼中，例如在法学出版物中发现的有关押金和租金的诉讼。

［5］ 尽管这家名为"伊塔洛–普拉滕斯"（Italo-Platense）的公司在几年后就倒闭了，但它还是很有先见之明，预见到跨越大西洋的移民潮很快就会以前所未有的规模到来，见 Giuseppe Moricola, *Il viaggio degli emigranti in America Latina tra Ottocento e Novecento. Gli aspetti economici, sociali, culturali* (Naples: Guida Editori, 2008)。

［6］ 他作为特许权所有人在内乌肯省（Neuquén）以及更北边的南查科（Chaco Austral）地区活动，见 Melitón González, *El Gran Chaco Argentino* (Buenos Aires: Comp. Sud-Americana de Billetes de Banco, 1890)。

［7］ 关于1914年4月的清单和400万比索，见 Testamentaria Arcardini, *La Nación*, August 23, 1919, 7。

［8］ 阿道夫·卡萨瓦尔的判决，见 la Instancia, 770。

［9］ 在孩子出生两年后（1905年），一份租户的诉讼提供了房产的详细信息，这处房产位于塔夸里街（Calle Tacuarí）1242号，归玛丽亚·路易莎·阿尔卡迪尼所有，由罗克管理。值得注意的是，该诉讼由埃内斯托·奎萨达整理成文，他是关于三个孩子的诉讼的检察官，而律师是罗克·温贝托的教父。 Causa 166, *Fallos y disposiciones de la exma. Cámara de Apelaciones de la Capital*, vol. 175 (Buenos Aires: Adolfo Grau, 1909).

［10］ 以上以及其他细节根据一审、二审的诉讼记录重构，见 Casabal verdict, la Instancia, 781 and Arcardini v. Arcardini (suc.), November 9, 1918, Cámara Civil, 2da Instancia, *Jurisprudencia Argentina* 2 (1918)。大量记录中的部分内容，见 Drs. Rivarola, *Hijos artificiales. Algunas piezas del juicio sobre nulidad del reconocimiento de tres menores como hijos de D. Roque Arcardini* (Buenos Aires: Imprenta Tragant, 1917)。

［11］ Arcardini v. Arcardini (suc.), 2da Instancia, 777.

［12］ 阿道夫·卡萨瓦尔的判决，la Instancia, 769。

［13］ Arcardini v. Arcardini (suc.), 2da Instancia, 776.

［14］ Lehmann Nitsche, "Peritaje somático", 80—81.

［15］ 阿道夫·卡萨瓦尔的判决，la Instancia, 770。

［16］ Augusto Carette, *Diccionario de la jurisprudencia argentina* (Buenos Aires: J. Lajouane & Cia, 1908); Agustín Pestalardo, "La posesión de estado de hijos naturales", *Revista Jurídica y de Ciencias Sociales* 32 (1915): 260—275.

［17］ Cámara de Representantes de Uruguay, *Diario de sesiones* (1915), 236.

［18］ 关于布宜诺斯艾利斯的私生子，见 Isabella Cosse, "Estado y orden doméstico", unpublished paper, courtesy of the author, 3。与欧洲的比较，见 Victor von Borosini,

"The Problem of Illegitimacy in Europe", *Journal of the American Institute of Criminal Law and Criminology* 4, no. 2 (1913): 212—236。关于这一时期阿根廷的经济和社会变化，见Leandro Losada, *La alta sociedad en la Buenos Aires de la Belle Époque: Sociabilidad, estilos de vida e identidades* (Buenos Aires: Siglo Veintiuno Editores, 2008); Sandra Gayol, *Sociabilidad en Buenos Aires. Hombres, honor y cafés: 1862—1910* (Buenos Aires: Ediciones del Signo, 2000); Moya, *Cousins and Strangers;* Fernando Devoto and Marta Madero, *Historia de la vida privada en la Argentina: La Argentina plural, 1870—1930* (Buenos Aires: Aguilar, 1999)。

[19] Lehmann Nitsche, "Peritaje somático", 81.

[20] 从1895年到1914年（跨国移民因第一次世界大战而暂时中断），阿根廷的人口几乎翻了一番。

[21] Richard Walter, *Politics and Urban Growth in Buenos Aires* (Cambridge: Cambridge University Press, 2003), 7.

[22] 在阿根廷，科学专家和政治家之间有一种异乎寻常的紧密联盟，这使得历史学家们将阿根廷称为"法医学国家"，见Ricardo Salvatore, "Positivist Criminology and State Formation in Argentina", in *Criminals and Their Scientists: The History of Criminology in International Perspective*, ed. Peter Becker and Richard F. Wetzell (Cambridge: Cambridge University Press, 2006), 254。

[23] Lattes, "Dimostrazione biologica"。

[24] Silvia De Renzi, "Resemblance, Paternity, and Imagination in Early Modern Courts", in *Heredity Produced: At the Crossroads of Biology, Politics, and Culture, 1500—1870*, ed. Staffan Müller-Wille and Hans-Jörg Rheinberger (Cambridge, MA: MIT Press, 2007), 61—83. 大量关于母亲心理活动的神奇影响的文献，见Jenny Davidson, *Breeding: A Partial History of the Eighteenth Century* (New York: Columbia University Press, 2009), 213, footnote 19。

[25] De Renzi, "Resemblance, Paternity and Imagination"。

[26] Ayman Shabana, "Paternity between Law and Biology: The Reconstruction of the Islamic Law of Paternity in the Wake of DNA Testing", *Zygon* 47, no. 1 (2012): 214—239, 尤其是224—225; Ron Shaham, *The Expert Witness in Islamic Courts: Medicine and Crafts in the Service of Law* (Chicago: University of Chicago Press, 2010), chapter 6。

[27] Davidson, *Breeding: A Partial History of the Eighteenth Century*, 尤其是第一章。

[28] Courtney Kenny, "Physical Resemblance as Evidence of Consanguinity", *Law*

Quarterly Review 39 (1923): 298.

[29] 美国各州对这类证据的规定各不相同，但只有少数几个州断然否决了这类证据，见 E. Donald Shapiro, Stewart Reifler, and Claudia L. Psome, "The DNA Paternity Test: Legislating the Future Paternity Action", *Journal of Law and Health* 7 (1992—93): 1—47。英格兰的法庭接受这类证据，但苏格兰的法庭拒绝接受。

[30] 例如，我研究了智利在19世纪和20世纪初的数百起此类诉讼，发现几乎没有提到躯体相似性，见 Nara Milanich, *Children of Fate: Childhood, Class, and the State in Chile, 1850—1930* (Durham, NC: Duke University Press, 2009)。在阿根廷，法官偶尔会要求对亲子关系进行躯体评估，法院审判过程中也提到了相似性 (parecido)，但身份占有显然仍是最重要的因素，例如，参见 I. Torino, "El parecido", *Revista Argentina de Ciencias Médicas* 6 (1886): 23—32。

[31] "Boy Wins the Slingsby Suit", *Manchester Guardian*, February 4, 1915, 12.

[32] "Boy Wins the Slingsby Suit", 12.

[33] 关于现代早期让画家来评估相似性的做法，见 Lattes, "Dimostrazione biologica", 169。关于20世纪初英美法庭上的雕塑家和画家，见 Frances Newboldt, "Evidence of Resemblance in Paternity Cases", *Transactions of the Medico-Legal Society* 18, no. 31 (1923—1924): 39; "Evidence of Paternity", *The Lancet*, October 13, 1923, 840; "Likeness Not Proof of Paternity, Says Artist", *San Francisco Chronicle*, June 11, 1921, 4; "Art and Science to Fix Parentage of Boy in Court", *San Francisco Chronicle*, May 21, 1921, 6。

[34] "Family Resemblances", *The Lancet*, February 13, 1915: 337. 对这篇文章的部分转载，见 "Medical Comment on Slingsby Case", *New York Times*, May 6, 1915, 13。关于雕塑家辨别相似性能力的另一个正面评价是在罗素离婚诉讼的背景下做出的，见 "An Infant's Evidence", *Times of India*, August 5, 1922, 12。

[35] 弗里茨·施特拉斯曼为一本意大利刊物写了一篇关于此案的分析，见 "La rassomiglianza fisica in tribunale", *Archivio di psichiatria, neuropatologia, antropologia criminale, e medicina legale* 25 (1904): 109—115。又见 Annes Dias, Ulysses Nonohay, and Luiz Guedes, "Investigação de paternidade", *Archivos de Medicina Legal e Identificação* 5, no. 11 (1935): 111—129。

[36] "Likeness Not Proof of Parentage, Says Artist".

[37] "Bust of Wendel Stirs Laughter in Will Contest", *New York Times*, November 17, 1932, 3.

[38] "Evidence-Resemblance on the Issue of Paternity", *Medico-Legal Journal* 42 (1925): 171—172; Kenny, "Physical Resemblance as Evidence of Consanguinity".

[39]　"Ampthill Heir Denies Paternity of Child", *New York Times*, July 19, 1922, 11; "Russell Baby before the Jury. A Resemblance Test. Judge's Reference to All Parents' Experience", *Manchester Guardian*, July 19, 1922, 3.

[40]　"孩子本身就是一件证物", 见Roswell H. Johnson, "The Determination of Disputed Parentage as a Factor in Reducing Infant Mortality", *Journal of Heredity* 10, no. 3 (March 1, 1919): 121—124。

[41]　参见沙里·鲁达夫斯基（Shari Rudavsky）所引用的案例，见"Blood Will Tell: The Role of Science and Culture in Twentieth-Century Paternity Disputes" (PhD diss., University of Pennsylvania, 1996), 245, 308。关于英美法庭的此类证据，见Shapiro, Reifler, and Psome, "The DNA Paternity Test"。1972年，威斯康星州法院驳回了这一做法，见"Paternity Decision is Upheld", *Milwaukee Journal*, March 4, 1972, 12。

[42]　Kenny, "Physical Resemblance as Evidence of Consanguinity", 302.

[43]　"An Infant's Evidence".

[44]　Kenny, "Physical Resemblance as Evidence of Consanguinity", 299; "Physical Resemblance as Evidence in Cases of Disputed Paternity", *The Lancet*, December 26, 1925, 1349; Stanley B. Atkinson, "Heredity and Affiliation", *Medico-Legal Journal* 28 (1910—1911): 17—21; "Russell Baby before the Jury".以下文献也包含几个案例：Shapiro, Reifler, and Psome, "The DNA Paternity Test"。

[45]　Lehmann Nitsche, "Leyes de Herencia", 68.

[46]　Lehmann Nitsche, "Peritaje somático", 90.

[47]　Diego Alberto Ballestero, "Los espacios de la antropología en la obra de Roberto Lehmann-Nitsche, 1894—1938" (PhD diss., Universidad Nacional de la Plata, 2013).

[48]　各类通信, 见Robert Lehmann Nitsche Archives, Ibero-Amerikanisches Institut, Berlin (以下简称RLNA)。

[49]　关于眼睛颜色，见Gertrude C. Davenport and Charles B. Davenport, "Heredity of Eye-Color in Man", *Science* 26, no. 670 (November 1, 1907): 589—592。

[50]　Lehmann Nitsche, "Peritaje somático", 85—86.

[51]　Lehmann Nitsche, "Leyes de Herencia" : Piedmont: 69; central Europe: 61; children's racial origins, 62—63.

[52]　Lehmann Nitsche, "Peritaje somático", 91.

[53]　Lehmann Nitsche, "Peritaje somático", 88.

[54]　Lehmann Nitsche, "Peritaje somático", 89.

[55] Letter from Camilo Rivarola to Roberto Lehmann Nitsche, December 22, 1914, RLNA.

[56] Johnson, "Determination of Disputed Parentage", 124.

[57] Charles Davenport, "Research in Eugenics", in *Eugenics, Genetics and the Family,* Scientific Papers of the Second International Congress of Eugenics, vol. 1 (Baltimore, MD: Williams & Wilkins, 1923), 23.

[58] "Tracing Parentage by Eugenic Tests", *New York Times*, September 23, 1921, 8.

[59] 在1926年4月7日，即事发10多年后，里约热内卢的案例在报纸上被报道，见 "A investigação de maternidade pelo exame do sangue", *A Manhã*。这篇文章与维也纳新血型检测的报道形成对照。这篇文章的主旨是，巴西的躯体鉴定方法是结论性的，而维也纳的血液检测并非如此。挪威的情况见Maria Teschler-Nicola, "The Diagnostic Eye. On the History of Genetic and Racial Assessment in Pre-1938 Austria", *Collegium Anthropologicum* 28, Suppl. 2 (2004): 7—29。苏联的情况见 Albert Harrasser, "Zur prozessualen Bedeutung des naturwissenschaftlichen Vaterschaftsbeweises", *Österreichische Richterzeitung* 25 (1932): 125—126; Anna Poliakowa, "Manoiloff's 'Race' Reaction and Its Application to the Determination of Paternity", *American Journal of Physical Anthropology* 10, no. 1 (1927): 23—29。波兰和匈牙利的情况见Otto Reche and Anton Rolleder, "Zur Entstehungsgeschichte der ersten exakt wissenschaftlichen erbbiologischanthropologischen Abstammungsgutachten", *Zeitschrift für Morphologie und Anthropologie* 55, no. 2 (1964): 283—293。葡萄牙的情况见Azevedo Neves, "Do valor do retrato na investigação da paternidade", *Archivo de Medicina Legal* 3 (1930): 19—31。另见维克多·德尔菲诺（Victor Delfino）的评论："Valor del retrato en la investigación de la paternidad", *Medicina Latina* 7, no. 28 (1930): 343—344。

[60] 两人在20世纪20年代末有过通信往来，见Letters from Reche to Lehmann Nitsche, January 16, 1928, and November 28, 1927, RLNA。

[61] 莱曼·尼切在阿根廷的期刊上用西班牙语介绍了他的亲子鉴定工作，但似乎没有在德语出版物上介绍过。

[62] 这起诉讼并没有专门探讨第一个孩子玛丽亚·马法尔达与阿尔卡迪尼之间的亲子关系，虽然阿尔卡迪尼还没有正式承认她，虽然这三个孩子的家庭关系显然是相互关联的。这个问题要到后来的诉讼中进行处理。

[63] Letter from Larguia to Roberto Lehmann Nitsche, September 1917, RLNA.

[64] 该请求通过阿尔卡迪尼的律师代为转达，见Rodolfo Rivarola to Roberto Lehmann Nitsche, January 21, 1918, RLNA。在阿尔卡迪尼案前后，奎萨达和莱曼·尼切

就一些无关的话题保持着友好的通信。

[65] 奎萨达的报告见 "La prueba científica de la filiación natural. Aplicación del mendelismo a los casos forenses", *RCPML* 6 (1919): 595—612; *La prueba científica de la filiación natural. El mendelismo* (Córdoba: Bautista Cubas, 1919)。

[66] "绝对的或排他的"，见 Quesada, "La prueba científica", 604; "不安的、虚假的表情"，见 Lehmann Nitsche, "Leyes de herencia", 61。

[67] Quesada, "La prueba científica", 471.

[68] Quesada, "La prueba científica", 612. 这句话实际上引用了法官的判决，但该句只是作为脚注添加的。

[69] 阿道夫·卡萨瓦尔的判决，la Instancia, 778—779。

[70] 阿道夫·卡萨瓦尔的判决，la Instancia。阿尔卡迪尼家族对这一判决提出上诉，但在1918年11月，上诉法院维持了这一判决。

[71] 这起诉讼的"极其漫长的周期"给布宜诺斯艾利斯的一家法院留下了深刻的印象，见 María Luisa Arcardini de Costadoat contra Luis Jacobé, *Gaceta del Foro* 162 (January 3, 1943): 21。

[72] 他就是罗克的妹妹玛丽亚·路易莎的孙子埃米利奥·本哈明·帕西尼·科斯塔多亚（Emilio Benjamín Passini Costadoat）。他的弟弟卡洛斯·阿尔韦托（Carlos Alberto）也是一名公众人物，他还是一名律师（阿尔卡迪尼的继承人），写过关于继承法的文章。

[73] 最小的孩子玛丽亚·卡门（生于1905年）似乎在20世纪20年代中期就已去世，已婚但无子嗣。她的那部分财产留给了她的丈夫，而她的丈夫又把财产让渡给了一个叫路易斯·哈科韦（Luis Jacobé）的人。罗克·温贝托（生于1904年）死于20世纪30年代，他指定恩里克·罗特格（Enrique Rottger）为其全部财产继承人，而这位恩里克·罗特格可能就是那位著名的庇隆主义军官。这段叙述是在诉讼之后的几十年里从诉讼记录中整理出来的。

[74] 莱曼·尼切参与了马丁·拉蒙·阿拉纳（Martín Ramón Arana）和尼切福罗·卡斯泰拉诺（Niceforo Castellano）的案件，见 "Filiación-Juicio criminal", *Archivos de Medicina Legal* 6 (1936): 293—306（案件发生在1923年）。关于他的方法成为其他科学家的模板，见 Nerio Rojas y Eliseo Ortiz, "Informes medicolegales. Filiación natural", *Revista Argentina de Neurología, Psiquiatría y Medicina Legal* 1 (1927): 317—325。20年后对这种方法的引用见 Carnelli, *Caracteres grupales* and Lattes, "Aspetti biologici"。关于怀疑，见 Carnelli, *Caracteres grupales*, 15。

[75] Leone Lattes, "Processi giudiziari in tema di filiazione naturale", *Minerva Medicolegale* 70 (1950): 92.

［76］关于"精确而完整"的法律证据，见Lattes, "Processi giudiziari in tema di filiazione naturale", 91。这份专家报告被转载于Andrés Sein, José T. Erenchun, and Alfredo Ferrer Zanchi, "Los grupos sanguíneos en los juicios de filiación. Fallo judicial", *Archivos de Medicina Legal* 18 (1948): 71—102。拉特斯为法院提供了一份评论，见"Valor de las pruebas biológicas en la investigación de la paternidad", *Archivos de Medicina Legal* 18 (1948): 210—237。

［77］关于违背法国法律的一般体系，见M. Dalloz, *Recueil périodique et critique de jurisprudence* (1936): 41；Rachel G. Fuchs, *Contested Paternity: Constructing Families in Modern France* (Baltimore: Johns Hopkins University Press, 2008); and Emmanu elle Saada, *Empire's Children: Race, Filiation, and Citizenship in the French Colonies* (Chicago: University of Chicago Press, 2011)。同时代的法国法律，见Solenn Briand, Claire Delarbre, and Anne-Cécile Krygiel, "Filiation, Genetics and the Judge: Conciliating Family Stability and the Right to Biological Truth" (Themis Competition, European Judicial Training Network, 2016), http://www.ejtn.eu/PageFiles/14775/Written%20paper_France.pdf。

第五章　躯体证据

这幅家庭肖像……真的很美，然而，它却笼罩在最令人不安的阴影——怀
疑——之下。

——阿根廷法医专家路易斯·雷纳·阿尔曼多斯

（Luís Reyna Almandos），1934年

1926年，意大利北部一个小镇的警察逮捕了一名在墓地里游荡的男子，他迷迷
糊糊，魂不守舍，显然患有失忆症。在被送到一家精神病院后，他很快就稳定下来，
但工作人员对这个新来的人感到困惑。他不是一个精神错乱的流浪汉，他的举止表
明他受过良好的教育，很有教养。精神病院负责人在报纸上登载了这位所谓的"科
莱尼奥的陌生男子"（Sconosciuto di Collegno）的照片，照片旁边的文字是："有人认
识这个人吗？"

一位富有的维罗纳妇女朱莉娅·卡内拉（Giulia Canella）看到这张照片后大吃
一惊，因为照片中的男人与她失散多年的丈夫有很多相似之处。大约11年前，朱利
奥·卡内拉（Giulio Canella）在马其顿前线的战斗中失踪。他是一位学者和哲学老
师，是虔诚的天主教徒，也是一个顾家的男人，在当地一直备受尊敬。他的尸体未
被发现，但他的妻子从未放弃希望，坚信丈夫有朝一日会回来。于是她联系了精神
病院。

透过精神病院的门缝，她第一次偷偷地看到了这个神秘的大胡子男人，她确信
他就是朱利奥：身体孱弱，忘记了过去，但还活着。在他们第一次面对面的会面中，

工作人员故意将这次会面安排成一次在精神病院院子里的偶遇，他看到了她的脸，停下来，盯着她看，好像认出了她。朱莉娅激动万分，她拿出念珠，把目光转向天空。惊叹声脱口而出，泪水也忍不住流了出来，他们拥抱在了一起。[1]这个悲伤的妻子终于找到了她失散多年的丈夫。

几天后，朱利奥·卡内拉离开了精神病院，由妻子带回家照顾，并与两个孩子团聚，他们已经不记得自己的父亲了。新闻界和公众都很震惊。在那场毁灭性的战争结束整整十年后，一个家庭的悲剧性损失突然出人意料地有了一个美好的结局。

如果不是因为另一位失去丈夫的妻子的出现，故事可能就此结束了。在朱利奥·卡内拉离开精神病院几天后，精神病院的负责人收到一封匿名信，告知他们那个神秘男子根本不是朱利奥·卡内拉，而是一个名叫马里奥·布鲁内里（Mario Bruneri）的印刷工和无政府主义者。这名男子的妻子罗莎·布鲁内里（Rosa Bruneri）认出了这名陌生男子，他正是几年前抛弃她和儿子的丈夫。马里奥·布鲁内里是一名臭名昭著的骗子，曾因一系列罪名而被通缉。假装失忆正是他擅长的诡计。

这位神秘的失忆症患者是一位受人尊敬的教授和老兵，还是一个无政府主义骗子？这个问题引发了一场长达五年的诉讼。随着媒体跟踪调查，意大利公众舆论分为了两个阵营，即"布鲁内里派"和"卡内拉派"。随着法西斯官员和天主教会的一些部门被卷入其中，这起案件变得越来越政治化。人们的指控包括警察和司法部门的无能、阴暗的利益集团和黑暗的阴谋诡计。墨索里尼一度命令报纸停止报道此事。[2]

国际媒体也报道了这起案件，但巴西人对此尤其感兴趣。朱莉娅·卡内拉的父亲曾为这场漫长而昂贵的法律诉讼提供支持，以证明这个陌生男子的身份是朱利奥·卡内拉，他是里约热内卢的知名人士，已经在那里生活了大约40年。他是一位生意兴隆的商人，在巴西报纸上经常被尊称为"侯爵"。朱莉娅和朱利奥结婚后一直住在维罗纳，朱利奥实际上是她父亲的表弟，但朱莉娅出生在里约热内卢，是巴西公民。当她在地球另一端遭受苦难时，里约热内卢的上流社会站在了她的一边。[3]

确定这个陌生男子身份的尝试考验了关于识别的新技术和对神经精神病学的新理解。法医学专家进行了指纹和笔迹分析，并根据新兴的心理创伤理论进行了评估。

他们从躯体、心智和文化等方面将陌生男子与朱利奥·卡内拉和马里奥·布鲁内里进行了比较，以确定这个陌生人最像谁。

1931年，这起案件达到了戏剧性的高潮。经过四年的调查和多个下级法院的判决，意见存在分歧的高等法院做出了最终判决。与朱莉娅·卡内拉生活在一起的神秘失忆症患者并不是她失踪多年的丈夫朱利奥，而是马里奥·布鲁内里。因为逃犯布鲁内里早些时候犯下的罪行，法庭判处这名冒名顶替者四年监禁，就连他在最后一刻向墨索里尼本人提出的上诉也失败了。

对卡内拉家族来说，这个判决可能比朱利奥·卡内拉最初在战争中失踪更具灾难性。法院不仅宣告这个被他们声称是自己丈夫、父亲和女婿的男人在法律上不存在，还间接地指出朱莉娅·卡内拉与一个卑贱的罪犯非法同居。更糟糕的是，它给这场"夫妇团聚"后所生的两个（很快将是三个）孩子打上了"非婚生子女"的耻辱烙印。这个判决摧毁了一个人的公民身份，也摧毁了一个正直的资产阶级家庭的荣誉。卡内拉家族断然拒绝接受法院的判决。

1933年，这个陌生男子（此时在法律上是马里奥·布鲁内里）出狱，他的刑期因纪念法西斯主义上台十周年的大赦而减轻。他回到朱莉娅身边，朱莉娅始终坚持他就是自己的丈夫。但他们一直生活在丑闻的阴影之下，而罗莎·布鲁内里随时可能会以通奸罪对他们提起刑事指控。几个月后，卡内拉一家带着五个孩子乘船前往里约热内卢，迎接他们的是等候在那里的记者，他们急切地想拍下这个著名家庭的合影。在那里，这个持发给马里奥·布鲁内里的护照离开意大利的人受到了同情他的公众的欢迎，他被称为"朱利奥·卡内拉教授"，被认为是一个无辜的战争英雄，却在意大利当局手中遭受了严重的不公。在巴西，他还遇了到一个正在蓬勃发展的法医学专家群体，他们和意大利同行一样对此案非常感兴趣。没有哪个科学家比路易斯·席尔瓦（Luiz Silva）医生更孜孜不倦、直言不讳地试图解开这个谜团。[4]

席尔瓦医生是解决卡内拉家族困境的不太可能的人选。首先，他是一名牙医。席尔瓦是港口城市桑托斯的药剂学和牙科学院（School of Pharmacy and Dentistry）

教授兼联合创始人，他还为圣保罗州身份识别部门提供服务，并在其警察学院任教。20世纪初，在几起备受瞩目的悲剧性案件中，受害者通过牙齿被成功确认身份，因此，利用牙科记录来进行身份识别的法医牙科学得到了新的关注。[5]

席尔瓦精通这些新的法医学方法，但对牙科有着更大的抱负。他综合了法医鉴定、遗传思想、犯罪学和精神病学，开创了一个名为"法律牙科学"（legal odontology）的新领域。从席尔瓦30多年来为巴西报纸所著文章的标题可以看出，这个领域的跨度是十分惊人的，例如"牙齿与疯狂""镇静剂是心理改变的一个因素""工作场所事故和法医牙科学""身份识别是国家安全的基础"和"通过法医牙科学描绘迪奥戈·安东尼奥·费若（Diogo Antônio Feijó）神父的真实肖像"（与19世纪一位著名政治家的半身像设计有关）。[6]

卡内拉一家抵达巴西几个月后，席尔瓦到里约热内卢参加了一次关于身份识别的科学会议。他和另外两名法医专家被朱莉娅的父亲请到他位于时尚的格洛里亚山的家中。也许就是在那里，在那间能把里约热内卢瓜纳巴拉湾的壮丽景色尽收眼底的优雅房间里，牙医和失忆症患者进行了长时间的交谈。席尔瓦很快相信意大利法院犯了一个可怕的错误。席尔瓦总结道，这个陌生男子的魅力、学识和文雅与一个粗俗印刷工的身份完全不相符。这个神秘男子一定是朱利奥·卡内拉。但是，他能证明这一点吗？[7]

在取得了卡内拉家族的信任之后，席尔瓦开始了详尽的法医学分析，重新审视了意大利官员考虑过的证据，并确定了他认为是严重错误的事实和解释。但他也提出了一种全新的思考这个谜团的方式，即将其视为亲缘关系鉴定而非身份鉴定的问题。最初的调查集中在将陌生男子与朱利奥·卡内拉和马里奥·布鲁内里进行比较，但席尔瓦决定将他与卡内拉家族的成员进行比较。如果陌生男子真的是朱利奥·卡内拉，那么他也是卡内拉家第一次世界大战前所生的两个孩子的父亲。如果席尔瓦能证明他是孩子们的父亲，那么他的身份之谜就解开了。一开始的个人身份之谜，在席尔瓦手中变成了一项不同寻常的亲子鉴定调查。

根据席尔瓦的说法，面部外观在很大程度上是由口腔和颌骨决定的，而这是牙医专业知识的特殊领域。[8]因此，他对牙齿、口腔和颌面部结构的独特理解赋予了他对躯体相似性和亲缘关系的独特见解。席尔瓦制作了以下这些人的口腔模型：陌生男子、朱莉娅·卡内拉和她的父亲、第一次世界大战前朱莉娅和朱利奥·卡内拉生的两个孩子丽塔（Rita）和朱塞佩（Giuseppe）、战后朱莉娅和陌生男子生的两个孩子埃丽莎（Elisa）和卡米洛（Camillo）。经判断，第五个孩子——2岁的玛丽亚·贝亚特里切（Maria Beatrice）过于年幼，还不适合接受这样的检查。在检查的时候，陌生男子已经失去了大部分牙齿，但这显然并不妨碍席尔瓦的评估。朱利奥·卡内拉和朱莉娅·卡内拉是近亲，前者是后者父亲的表弟。人们认为这种关系可能会使家族内部遗传相似性的分析变得更加复杂，但是对席尔瓦来说，这一事实也没有什么影响。席尔瓦分析了牙弓和牙齿本身，研究了腭嵴，即口腔顶部的特征性隆起和沟壑。他分析了下巴的线条，测量了脸部的角度。报纸将这项奇特的研究称为"牙齿亲子鉴定"。卡内拉案提供了一个非常好的机会，可以展示法医牙科学在亲子鉴定中的应用。很快，席尔瓦将会运用他的新方法确定其他父亲的身份。

通过将卡内拉案重新定义为一项亲子鉴定调查，席尔瓦不仅提出了解决这一难题的新的科学方法，还凭直觉理解了这一事件的深层含义。这名陌生男子之谜不仅仅是一个失去身份的人的灾难；对大西洋两岸的公众来说，这也是一个家庭的社会和道德悲剧。意大利媒体称之为"20世纪最可怕的家庭悲剧"。阿根廷法医专家路易斯·雷纳·阿尔曼多斯也参加了里约热内卢的身份识别会议，并陪同席尔瓦前往朱莉娅父亲的家中，他也认为，围绕着朱利奥·卡内拉身份的怀疑是一种"永久的冒犯，无情地破坏了整个家族的荣誉"。[9] 当他观察朱利奥、朱莉娅、她的父亲和孩子们时，吸引他的不仅是身份问题，还有亲缘关系问题。这些都是尊贵而富裕的人，住在他们豪华的住所里，但是他们之间真正的婚姻关系、子女关系和兄弟关系是怎样的呢？有可能发现这张迷人的家庭肖像背后的真相吗？朱莉娅·卡内拉把这名陌生男子带到了家里，带进了卧室，与他一起生了三个孩子。这些孩子要么是一位可敬的妻子与其丈夫的合法后代，要么是朱莉娅和一名罪犯通奸所生的私生子女，正如意大利法院实际上宣布的那样。

对席尔瓦来说，这幅笼罩在怀疑的阴影之下的家庭肖像不仅暗示了道德灾难的深度，也暗示了它可能的解决方案。如果他能澄清这些关系，证明朱莉娅·卡内拉的配偶是她所有孩子的父亲，也是她的合法丈夫，他就可以把这位妻子、她的孩子，乃至整个家族从道德耻辱中解救出来。本着这种精神，他将自己关于这个案子的长篇科学论文中的一篇命名为"捍卫一个意大利男人的身份和一个巴西女人的荣誉"。席尔瓦对卡内拉家族的研究与大多数亲子鉴定调查不同，因为他不是要把孩子和父亲联系起来，而是要把父亲和孩子联系起来。但就像那些更传统的涉及未婚母亲和通奸妻子的亲子纠纷案件一样，这个案件也涉及一个女人的贞操和她孩子的好名声。寻找父亲的过程总是会牵涉母亲和孩子。虽然现代亲子鉴定带来了新的技术，但这种探索本身依然是以家庭荣誉、性道德和社会礼仪等传统观念为前提的。

在卡内拉一家来到巴西近一年后，经过数月的牙科研究，席尔瓦得出了他的结论。他选择在一份报纸，而不是在科学杂志上公布这一结论。在三周多的时间里，一位著名的圣保罗记者对整个卡内拉事件进行了详尽的重新审视，其中有九天是在介绍席尔瓦的研究。报道包括对这位博学的牙医的采访，以及他制作的口腔模型的模糊照片。它宣扬了"一位圣保罗科学家……所进行的研究，以及研究结果将引起的轰动"。[10]

席尔瓦宣布，朱莉娅·卡内拉在第一次世界大战前与朱利奥·卡内拉生的两个孩子与她和陌生男子生的两个孩子之间，口腔和面部都有许多惊人的相似之处。这表明四个孩子的父亲是同一个人。谜团就这样被解开了。在公墓里游荡时被发现的失忆者，被朱莉娅·卡内拉作为丈夫带回家的男人，意大利当局宣布的马里奥·布鲁内里，实际上就是朱利奥·卡内拉。

席尔瓦接着在意大利、巴西和阿根廷的科学期刊上发表了他的研究结果。他把副本寄给了教皇、意大利国王和贝尼托·墨索里尼。意大利媒体似乎没有报道他的研究，但这可能是因为法西斯的审查。事实上，意大利当局对席尔瓦的活动了如指掌。根据意大利警方的内部记录，"一位巴西朋友"——墨索里尼的跨国网络线人之一——将席尔瓦的科学研究成果发送给了意大利当局，当局称其"毫无价值"，但对其引发的"巨大骚动"表示不满。[11]

朱莉娅的父亲、朱莉娅·卡内拉、她较大的两个孩子丽塔和朱塞佩，以及陌生男子的面部侧影。根据路易斯·席尔瓦的说法，丽塔和朱塞佩的鼻子与他们的母亲、外祖父不同，却与陌生男子相同，这意味着陌生男子是他们的父亲。

资料来源：Reproduced from Luiz Silva, "Identificação odonto-legal do 'Desconhecido de collegno', Pericia de Investigação de Paternidade", *Revista de Identificación y Ciencias Penales* 14, no. 52—54 (1936): 73.

图 5.1

席尔瓦轰动性的发现可能引起了巨大的骚动，但并没有产生实际的法律影响。意大利的司法案件已经结案，巴西当局坚持保留陌生男子抵达巴西时的公民身份，即马里奥·布鲁内里的身份。但是，即使他的研究结果无法在法庭上被接受，至少可以在舆论的法庭上被接受。这可能就是席尔瓦选择在媒体公布调查结果的原因。

在接下来的五年里，这位不屈不挠的牙医继续围绕这一案件进行写作，为他的结论和卡内拉家族游说。他说："我孤军奋战，反抗这可怕的、剥夺了朱利奥·卡内拉教授……人格的司法错误。"1939年，意大利驻圣保罗领事终于同意向意大利当局提交席尔瓦的研究报告。他宣称："我个人这么做是为了向一位巴西妇女和她的孩子们致敬。"[12]这与家族荣誉的逻辑相呼应。

对于卡内拉一家来说，这一进展来得太晚了。当席尔瓦的报告通过意大利的外交渠道传送时，地球另一边的纳粹军队正在但泽附近的边境集结。不到两个月后，希特勒入侵波兰，重新审理此案的可能性不复存在。但对席尔瓦来说，目的已经达到了。在完善了他的科学方法并获得了一定的知名度后，他将用自己不同寻常的亲子鉴定方法为新的人群服务，并解决新的问题。

　　席尔瓦只是一位致力于寻找孩子父亲的巴西科学家，卡内拉家族只是卷入这一探索的一个不同寻常的家族。在20世纪30年代和40年代，拉丁美洲的科学家们讨论了不同的亲子分析方法的优缺点。在巴西，一个活跃的法医学群体开始进行亲子鉴定。在席尔瓦研究卡内拉案时，圣保罗的另一组科学家正在开发他们自己的亲子鉴定技术。几年前，首屈一指的法医学研究和教学中心——圣保罗大学的奥斯卡·弗莱雷研究所——为法庭进行了一次血型分析，这不仅在巴西是第一次，而且可能在西半球也是第一次。很快，亲子鉴定成为奥斯卡·弗莱雷研究所的一个固定项目。在接下来的30年里，该研究所所长弗拉米尼奥·法韦罗及其同事阿纳尔多·费雷拉对数百名男性、女性和儿童进行了检查。他们还培训了新一代研究亲子鉴定科学的法医学专家。除了传统的法医课程，如毒理学、精神病理学，以及如何进行尸检，奥斯卡·弗莱雷研究所的法医学课程还开始涵盖亲子鉴定技术。可见，对父亲身份的探寻成了法医技能的标准要素。[13]

　　然而，奥斯卡·弗莱雷研究所面对的客户与富有的卡内拉家族完全不同。他们的研究对象是这个蓬勃发展的工业大都市的多种族移民工人阶级。其中的男人是机械师、木匠、司机、门卫和商业雇员，其中的女人是工厂工人和家仆。与卡内拉家族不同，这些人并不是主动寻求科学评估的。凡是来到奥斯卡·弗莱雷研究所进行亲子鉴定的人，几乎都是被圣保罗的当地民事法庭或刑事法庭命令而来的。奥斯卡·弗莱雷研究所的这些客户是庸俗的个人戏剧的主角，但不是会受到国际报纸关注的那一种。有始乱终弃的指控，还有强奸和奸污的指控，这是巴西城市环境中司空见惯的刑事指控。有一些在非正式结合中出生的孩子得不到父亲的承认，要通过亲子关系诉讼获得被抚养权。有些亲子关系纠纷涉及两位可能的父亲，有些涉及丈夫指控妻子通奸，少数案例涉及对死者遗产的继承要求。虽然有一些母子关系的案例，但奥斯卡·弗莱雷研究被要求澄清的绝大多数是父子关系。阿根廷的阿尔卡迪尼案和最近巴西的卡内拉案都是非同寻常的轰动事件，而奥斯卡·弗莱雷研究所的工作表明，随着科学测试扩展到普通的人和情况，对于父亲身份的现代探索越来越常规化。

如果说奥斯卡·弗莱雷研究所的客户和他们的情况与卡内拉家族不同，那么他们所接受的检测也不同。席尔瓦考察的是嘴巴和面部，而奥斯卡·弗莱雷研究所的法医学专家考察的是躯体。来到位于圣保罗大学校园的奥斯卡·弗莱雷研究所后，母亲、孩子和被推定的父亲（有时还有其他亲属）会接受一系列复杂的检查。他们会被刺破手指抽血，他们的身体被测量、拍照、分类和描述，有时会涉及非常私密的细节。他们的指尖被涂上墨水，小心翼翼地压在一个长条形卡片上，供奥斯卡·弗莱雷研究所的科学家破译。他们的嘴巴被仔细检查，到20世纪40年代中期，科学家给他们小纸片，让他们咀嚼，以确定他们是否遗传了对苯硫脲（PTC）这种化学物质的味觉感知能力。[14]

随着时间的推移，席尔瓦和奥斯卡·弗莱雷研究所之间出现了明显的竞争。这位牙医吹捧他分析相似性的开创性方法，而法医学专家则专注于遗传，声称这代表了现代基因科学的前沿。席尔瓦宣称牙科学在确定亲子关系方面具有无与伦比的优势，而法医学家则强调对牙科学要保持谨慎。奥斯卡·弗莱雷研究所的科学家阿纳尔多·费雷拉指出，对亲子关系的科学判断是"最微妙、最有趣、最困难的法医学实践之一"[15]。科学期刊和会议上、报纸，以及他们为法庭撰写的专家报告都成为他们展开争论的战场。

这是在两个不同的城市机构工作的、法医学的两个不同分支的专家之间的局部竞争，但它显示了亲子鉴定科学中更大的趋势和紧张关系。20世纪30年代和40年代的圣保罗是一个缩影，反映了大西洋两岸对亲子鉴定越来越频繁的使用、对这种做法的强烈兴趣，以及关于这方面科学共识的完全缺乏。现代亲子鉴定科学不是一个单一的知识体系或专业知识。对父亲身份的探索是一个迫切需要解决的实际问题，它应用了各种各样的技术。这些方法中有些是新的，有些是过去的方法但被再次应用，有些是互补的，而有些显然是互相矛盾的。不同的方法不仅反映了科学上的分歧，也反映了社会方面的考量。父亲身份之所以会成为争论的来源，原因多种多样，既有意大利的失忆症患者那样的情况，也有失败的恋情、继承纠纷和性犯罪。就此而言，无论贫富贵贱，男男女女现在都可能会卷入这种调查。因此，亲子鉴定检查的对象不仅仅是躯体，人们的社会地位决定了他们的躯体会如何被审视。即使亲子鉴定可以发现生物学上的真相，它也必须注意社会和道德习俗。

虽然亲子鉴定科学的复杂化和向更多人的推广都是新事物，但它所采用的方法和技术却并非如此。席尔瓦和奥斯卡·弗莱雷研究所的法医都将19世纪的技术重新用于20世纪的新目的。席尔瓦的牙科学亲子鉴定很新颖，但它依赖法医牙科作为鉴定方法。奥斯卡·弗莱雷研究所的亲子鉴定同样使用了最初由维多利亚时代的犯罪学家、体质人类学家和种族科学家开发的技术，以识别个体的躯体，对不同的躯体做出区分，并识别被推定的种族血统。此时，这些方法被创造性地应用于亲缘关系分析。

其中一种技术就是指纹识别。在20世纪的头几十年，大西洋各国的警察都采用指纹技术来追踪犯罪嫌疑人。当时和现在一样，指纹主要是作为一种个人身份识别的方法。但科学家也怀疑指纹、手纹和脚纹中是否真的含有遗传因素。在19世纪，弗朗西斯·高尔顿已经系统地探索了"指沟"的遗传特征，他希望这可以作为种族身份的标志。但是，在比较了英国人、纯血统的威尔士人、黑人、希伯来人和巴斯克人的手纹后，他得出结论："上述任何一个种族的人都没有专属的特征。"[16] 然而，即使指纹对于辨别种族是无用的，也许它们可以用来解读家庭关系。另一位指纹学的先驱亨利·福尔兹（Henry Faulds）在1880年就曾思考过这种可能性："遗传因素在这些无限多样性中的支配地位有时非常显著。我发现家长身上的独特模式在孩子身上被非常准确地重复。"他推测，也许家庭成员之间会表现出指纹"类型"，也许可以用指纹来识别未知的家庭成员。[17]

在20世纪的头几十年，指纹技术成为被研究得最彻底的亲子鉴定技术之一。阿根廷是这项研究的中心。由于拉普拉塔市警察局长胡安·武切蒂奇（Juan Vucetich）开发了一套对指纹进行分类的系统，这个国家在指纹科学方面处于领先地位。在世纪之交，武切蒂奇的系统成为全球使用的两个系统之一。[18] 随后，他的同事和学生探索了这项技术在遗传方面的新应用："虽然作为一种个人身份识别系统，指纹识别被充分利用了，但在家庭身份识别方面，它还没有取得预期的所有成果。"[19]一位人类学家研究了自己家族五代人的指纹，其中包括他1岁的女儿，以寻找遗传特征（他的研究没有得出定论）。[20]在随后的几十年里，拉丁美洲、欧洲以及东亚的科学家们进行了无数关于指纹作为亲子关系标志的研究。[21]

他们的研究基于这样一个前提：个体指纹的独特性和某些指纹特征的遗传性之间不一定存在矛盾。毫无疑问，手指上无限复杂的纹路包含了独特而又代代相传的元素。换句话说，"家庭身份识别系统"可以与"个人身份识别系统"相协调。[22]与席尔瓦的牙科方法一样，最初应用于个人身份鉴定的法医技术现在扩展到亲缘关系的确定。1930年，汉堡的两位人类学家对警察部门被要求在亲缘关系纠纷中进行指纹分析的事实表示遗憾，毕竟，"在与亲子关系和遗传有关的问题上……这些人并非专家"[23]。遗传性指纹识别已经成为一个独立的专业领域，但警察无法掌握这一领域，因为他们的指纹识别经验仅限于个人身份识别。

尽管研究人员进行了不懈的努力，但高度可靠的家族识别系统从未实现。他们能在家庭成员的指纹中发现某些相似之处，但当他们对这些相似之处进行系统化时，却总是会遭受挫折，更别说是去预测这些相似之处了。奥斯卡·弗莱雷研究所的科学家们断言，指纹就像是埃及的圣书文字，"就像所有的大谜团一样，也许只要有一把小钥匙"就能够破译它们，[24]但是这把钥匙依然难以捉摸。尽管如此，直到20世纪50年代，指纹识别一直是奥斯卡·弗莱雷研究所亲子鉴定工作的标准要素，虽然法韦罗和费雷拉始终认为该方法得不出结论性的结果。德国的情况也是如此，直到1953年一次关于亲子鉴定的人类学家会议上，他们才勉强同意放弃指纹识别。据报道，直到1959年，匈牙利一家法院依然接受指纹作为亲子关系的证据。[25]事实上，通过指纹进行的亲缘关系分析从未被完全否定，随着血液检测变得越来越强大，它才被逐渐抛弃。如今，指纹被认为含有一些遗传因素，但其复杂性阻碍了任何的实际应用。

如果说指纹识别是一种被改用于亲缘关系分析的现代个体识别技术，那么坦率地说，亲子鉴定科学的其他方法，比如人体测量学，已经过时了。在19世纪末，人体测量学成为个体识别的标准技术。使用最广泛的系统是在19世纪80年代初由巴黎警官阿方斯·贝蒂荣开发的，他试图通过一种复杂的测量、描述和分类方法，使身份识别更加有说服力，更加准确。这位人体测量学家收集了受试者身体的一系列测量数据，至少在理论上，这些数据可以将一个身体与其他身体区别开来。人物肖像描述法（portrait parlé）以一种可以口头交流的形式详细描述一个人的身体特征。一张标准化的照片捕捉了被摄者面部的正面和侧面视图，这就是警方存档识别罪犯的标准照片的由来。

在19世纪末，贝蒂荣的人体测量法被世界各地的警察部门所采用，但事实证明，这种方法很耗时、难以应用且成本高昂。最重要的是，批评者质疑它是否能真正做到它所声称的那样，即最终确定一个人的身份，将这个人与所有其他人区别开来。到了世纪之交，指纹技术已经开始取代人体测量学，成为全世界个人识别的首选技术。

在亲子鉴定中，人体测量学获得了又一个鲜为人知的新生。它最初被设计用来描述单个的躯体，在这种情况下，它可以用来确定两个或多个躯体之间的遗传联系。1903年，波兰一名伯爵夫人被指控偷偷地收养婴儿和继承人，这就是著名的奎列基案，该案的专家小组中就有一位来自柏林警方的人体测量学家。奥地利第一位躯体亲子鉴定师是贝蒂荣方法的追随者，苏联早期的一种亲子鉴定方法也借鉴了这一技术。[26] 20世纪30年代，阿根廷、巴西和古巴的法医学专家利用人物肖像描述法来确定亲缘关系，虽然围绕这种方法的价值依然存在争论。[27] 有些人认为它的测量和描述技术可以得出关于亲缘关系的"决定性结论"，还有些人则完全不认可"人物肖像描述法或其他任何与此类似的方法"。[28] 然而，由于缺乏更好的选择，即使是持怀疑态度的实践者也使用了这种方法。奥斯卡·弗莱雷研究所的费雷拉认为，"外貌特征的相似性"是"不确定的"。[29] 但几十年来，该研究所的常规亲子鉴定方法包括"符合贝蒂荣方法"的人物肖像描述法，以及遵循该系统惯例在正面和侧面拍摄的照片。[30]

奥斯卡·弗莱雷研究所的科学家用从种族和优生科学中挑选出来的技术来补充指纹鉴定和贝蒂荣人体测量法。一种是生物类型学，这是一种根据复杂的生理、生物计量和其他特征对身体进行分类的系统，起源于法西斯时期的意大利。奥斯卡·弗莱雷研究所拥有一个生物类型学实验室，该实验室对受试者的身体进行检查，并宣布他们的生物类型——标准型、矮小型等，而这些生物类型被认为是遗传的，因此有助于亲子关系的确定。[31] 在描述受试者的种族特征时，该研究所的科学家采用了巴西社会学家埃德加·罗克特·平托的分类法。[32] 受试者被描述为白种人、混血（黑白混合）和黑种人。可见，奥斯卡·弗莱雷研究所的亲子鉴定分析借鉴了阿根廷的指纹学、法国的贝蒂荣人体测量法、意大利的生物类型学和巴西的种族分类学。所有这些都是个体识别、种族描述和优生分类的技术，被创造性地用于确定亲缘关系。

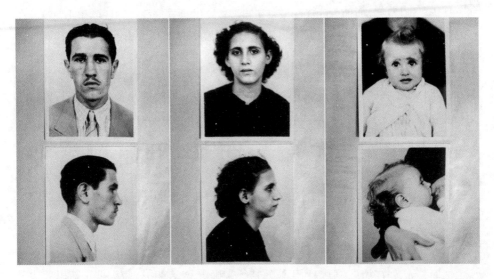

　　1942年的一项父亲身份调查中，奥斯卡·弗莱雷研究所根据贝蒂荣的方法对几个调查对象拍摄的照片。面部侧影照片中的婴儿正在吃奶。

　　资料来源：Laudos, Instituto Oscar Freire, L. 3540, 1942. 承蒙巴西圣保罗大学医学院法律医学、医学伦理学和社会与职业医学系（Departamento de Medicina Legal, Ética Médica e Medicina Social e do Trabalho）授权。

图5.2

　　奥斯卡·弗莱雷研究所的评估有一个显著特点，那就是他们利用种族知识的方式。欧洲和美国的科学家认为，亲子关系可以通过种族来解读。一种典型的情况是当父母双方来自不同的种族时，就像德国血清学家弗里茨·席夫指出的那样："如果父亲和母亲的种族存在明显差异，或者如果孩子显示出与母亲或被推定的父亲截然不同的种族特征，调查就会非常方便。"[33] 无论是马诺依洛夫和波利亚科娃对俄罗斯人和犹太人的血液分析，还是阿尔伯特·艾布拉姆斯的电子血液检测和其他技术，遵循的都是这种种族差异的逻辑。

　　奥斯卡·弗莱雷研究所的科学家们并不认可这一共识。他们的亲子鉴定对象反映了圣保罗工人阶级的多种族构成，科学家对他们进行了不同的种族分类或描述。但他们很少将种族差异视为有用的科学事实。这并不是因为科学家以某种方式超越了大西洋两岸的优生学和科学种族主义环境。恰恰相反，生物类型学和罗盖特·平托的分类学等技术正是这种环境的产物。但是在亲子鉴定方面，奥斯卡·弗莱雷研究所的实践者认为，那些被其他地方的科学家赋予重要意义的种族特征，如肤色和头发等，在确定亲子关系方面"价值不大"[34]。他们提出了一个明显的观点，即某些身体特征可能表明一个孩子是混血儿，但是和血型测试一样，这些特征并不能确定谁是孩子的父亲。例如，在一起涉及两名女性的案件中，她们的母亲被确认为黑人，而她们的推定父亲被归类为白人，他们认为："从对这些受试者的研究中无法得出有用的结论。"虽然这两个女儿被确认为混血，并表现出"白人和黑人结合产生的种族特征"，但这些是"一般特征，是任何白人个体与任何黑人个体结合的结果，而不是与具体某个当事人结合的结果"。[35]与其他地方的亲子鉴定形成鲜明对比的是，对于奥斯卡·弗莱雷研究所的科学家来说，种族差异并不是亲子关系的明显证据。现代亲子关系借鉴了种族知识，但是在不同的地方，这种知识所揭示的内容并不相同。

然而，无论在哪里，要想利用躯体特征来确定父亲身份，都需要重新思考父子关系的本质。19世纪的法学家曾将母子关系描述为"一个明确的事实，可以看见，可以……感受到"[36]。这是一种在出生时就可以知道的事实，在母亲的妊娠、分娩和哺乳期身体上都可以看到。相比之下，父亲的身份则被"掩盖"或"遮蔽"。现代亲子鉴定毫不夸张地揭开了男性身体上的这层遮蔽。科学评估像对待母子关系一样来对待父子关系，将其视为一种可以通过经验观察得到的身体状况。可以肯定的是，对父亲身体的审视并不像对母亲身体那样集中在生殖器官或功能上。父子关系的秘密可能隐藏在指尖和鼻子曲线里，也可能隐藏在孩子和被推定的父亲共有的一颗痣里。尽管如此，对被推定的父亲的检查依然可能是私密的。在他们的专家报告中，奥斯卡·弗莱雷研究所的科学家们注意到了男性身体的一些特征，比如一名男性在腹股沟下区域（即胯部）的瘢痕，以及另一名男性阴囊后面的红紫色小痣。[37]

随着亲子鉴定逐渐成为奥斯卡·弗莱雷研究所法医鉴定的常规内容，席尔瓦医生也扩大了自己的业务范围。随着卡内拉案被搁置，他将自己的业务范围扩大到更传统的亲子关系诉讼，特别是那些与遗传有关的案件。多亏了报纸，巴西公众现在已经熟悉了他非同寻常的亲子鉴定。除了对卡内拉案的广泛报道外，媒体还报道了席尔瓦和一名牙医同行之间一场火药味很浓的公开争论，后者质疑席尔瓦的牙科学在确定父亲身份方面的价值。到20世纪30年代末，"牙齿亲子鉴定"的想法以讽刺漫画和押韵诗的形式出现在大众媒体上。[38] 席尔瓦的名气越来越大，对他的专业知识的需求也越来越大。

1940年，有人为了一个叫劳尔·德·奥利韦拉（Raul de Oliveira）的年轻人的案子找到了席尔瓦。奥利韦拉来自距离圣保罗市约200英里的包鲁镇（Baurú），这里是一条铁路的起点，这条铁路绵延1 000英里，通向巴西内陆和玻利维亚边境。他时年23岁，出身贫寒，在当地的铁路铸造厂当学徒。他最近对他声称是自己父亲的那个人提起了诉讼。他的母亲玛丽亚·玛格达莱娜·德·赫苏斯（Maria Magdalena de Jesus）出生在葡萄牙一个贫穷的村庄。1913年，在她20出头的时候，她遇到了返乡探亲的巴西富商阿尔弗雷多·德·奥利韦拉（Alfredo de Oliveira）。几个月后，阿尔弗雷多说服玛丽亚和他一起回巴西，并给她买了二等舱的船票。根据劳尔的起诉书，几年后，阿尔弗雷多成了玛丽亚唯一孩子的父亲。阿尔弗雷多从未与他的"女友"结婚。1927年，35岁的玛丽亚死于伤寒，留下了10岁的劳尔。这个男孩从未得到阿尔弗雷多的承认，因此在巴西没有合法的家庭。一对和他母亲一起从葡萄牙来到巴西的文盲夫妇收养了他。阿尔弗雷多不愿意承认自己的父亲身份，但是同意给他们一笔抚养费，直到劳尔长大成人，可以自谋生计。

到阿尔弗雷多去世时，他已经在巴西生活了大约60年，并取得了很大的成功。他经营着一家成功的肉店，拥有多处房产，交往的都是富有的移民商人，其中大部分是葡萄牙同胞，但也有西班牙人和意大利人。因为他没有结婚，没有婚生子女，也从来没有在法律上承认劳尔是他的儿子，所以他的财产落到了他的姐妹手中。劳尔·德·奥利韦拉有充分的间接证据证明他是阿尔弗雷多的亲生儿子，但他的律师们注意到在这类问题上，"科学已经取得了令人震惊的进步"，并决定利用这些进步。[39]

怀着几年前在卡内拉案中表现出的那种一心一意的热情，席尔瓦展开了调查。但这个案子提出了一个前所未有的艰巨挑战，那就是劳尔的父母都已去世。如果可能的父亲，甚至母亲都无法鉴定，他怎么能确定谁是自己的父亲呢？席尔瓦制作了劳尔和他的姑姑们的口腔模型，然后诉诸另一种技术来解决这个问题，这个技术就是摄影。他获得了三个人的照片，详细阐述了他最初在卡内拉案中所尝试的技术，并将他的牙科学方法应用到这些照片上。在36张照片和38页的分析中，他评估了从鼻孔形状到嘴巴表情的一切特征。他对眉毛、下巴和耳朵进行了详细的测量，并将这些测量结果进行比较。他把一张脸的一部分嫁接到另一张脸上，把劳尔和阿尔弗雷多的半边脸融合在一起。他得到的结果是一系列怪诞的拼贴画，对当代观众来说，它们让人想起蒙提·派森（Monty Python）的喜剧。

一些亲子鉴定人员用家庭肖像来评估亲缘关系，给传统的实物注入了新的科学价值，而席尔瓦的方法需要创造独特的图像——带注释的表情、面部拼贴画、面部融合——这些都是专门为此目的制作的。他在每张照片上都标注了地点和日期，这可能是为了证明照片的真实性，但这样做的结果是让这些奇怪的肖像看起来像是有签名的艺术品。

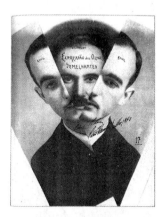

席尔瓦发现劳尔和阿尔弗雷多在"眼睛表情"、左耳和"脸型"方面有相似性，席尔瓦认为这些特征揭示了他们的亲缘关系。他在每张图片的脖子处签了名。

资料来源：重新制作自 João Maringoni, Emilio Viégas, and raul Marques Negreiros, *Um caso de investigação de paternidade* (São Paulo: revista dos Tribunais, 1940): 53, 57, 54。

图5.3

根据席尔瓦的说法，这些照片所揭示的真相是毋庸置疑的。劳尔和阿尔弗雷多之间的相似性"构成了众多具有辨识性的要素，让我们相信这两个人之间有直接的血缘关系"。[40]阿尔弗雷多的姐妹从程序的角度对这一分析提出质疑，声称阿尔弗雷多的照片是从死者的遗物中被偷偷拿走的，并且可能被修改过。她们还从科学的角度提出质疑，引用奥斯卡·弗莱雷研究所的费雷拉的研究成果，对照片是否能揭示两人之间的亲缘关系提出了质疑。照片在亲子鉴定中的作用引发了激烈的争论，也启发了创造性的实验。科学家们讨论了通常仅限于面部的二维表征是否可以代替躯体，还讨论了经过改动的家庭肖像的价值，以及画像是否可以代替照片。[41]他们尝试了不同的操作和解释技术。

虽然席尔瓦的"族谱学和面形测量技术"显然是独创的，但是通过对照片进行处理来揭示隐藏的血统的想法可以追溯到19世纪。早在19世纪70年代，弗朗西斯·高尔顿就尝试通过合成照片来捕捉"类型"。他拍摄了一系列属于"低级"社会群体（罪犯、精神病患者、犹太男孩）和"高级"社会群体（圣公会牧师、皇家工兵）的个人照片，然后把它们叠加起来，以便掩盖那些仅属于个体的特征，使群体共有的某种集体性的面部特征变得更加突出。十年后，法国摄影师阿蒂尔·巴蒂（Arthur Batut）尝试了一种类似的技术，在一个底片上曝光多张照片，通过让一系列幽灵般的面孔一个接一个地出现，揭示出"一个家族、部落或种族类型"[42]。在布宜诺斯艾利斯的阿尔卡迪尼案中，莱曼·尼切就参考了这些早期的实验，发明了一种类似的方法来捕捉他称之为"家族相似性"的难以捉摸的本质。他认为，通过将来自一个家族的多个个体的照片叠加在一起，个体的特殊特征将在视觉上被稀释，"家族"的特征将变得清晰可见。据推测，家族特征比父亲可能更独特的长相更适合与被推定的孩子进行比较。

用照片代替身体是一个特别紧迫的问题，因为父亲经常是缺席的。毕竟，往往是父亲的死亡引发了亲子关系之争。这一问题在拉丁美洲尤其普遍，限制性的法律，加上在确定父亲身份时，男子的自由意志是首要因素，使得在男子在世时很难提起亲子关系诉讼。阿尔卡迪尼案涉及一位已故的父亲，奥利韦拉案和席尔瓦所处理的其他案件也是如此。[43]在诸如此类的情况下，拉丁美洲的法医专家对将照片应用于亲子鉴定特别感兴趣。

奥斯卡·弗莱雷研究所的科学家也在亲子鉴定中使用了摄影技术，但他们的方法与席尔瓦不同，尤其是因为大多数父亲都还活着。他们渴望标准化，而不是创造性。根据贝蒂荣对警察摄影的要求，每个母亲、孩子和被推定的父亲都被照了正面照和侧面照，这保证了一致性和真实性。然后，这些照片被粘贴在案件记录中。结果是一系列不协调的照片，部分是家庭照，部分是标准照。

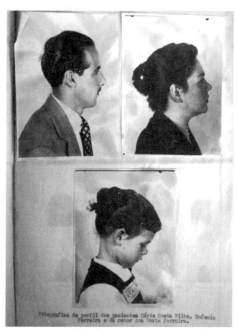

部分照片是家庭照，部分照片是标准照。图片内容是奥斯卡·弗莱雷研究所1955年的父子关系调查中的一组母亲、父亲与孩子。

资料来源：Laudos, Instituto Oscar Freire, L. 11525, 1955. 承蒙巴西圣保罗大学医学院法律医学、医学伦理学和社会与职业医学系授权。

图5.4

这些照片不仅反映了拍摄这些照片的科学家的意图，也让人们得以一窥调查对象本人可能是如何经历这一遭遇的。最引人注目的是他们外表的拘谨：大多数工人阶级的调查对象似乎都穿着他们最好的衣服。男士身着西装衬衫，打着领带，而精心打扮的女人会涂上口红，戴上耳环。一个女孩穿着有褶边的裙子，一个男孩小心地把头发梳得很整齐。从他们自我呈现的形象来看，去奥斯卡·弗莱雷研究所进行亲子鉴定是一件严肃的事情。年幼的儿童不太愿意成为法医调查的对象。在照片中，有些婴儿和蹒跚学步的孩子在哭泣，有些正在睡觉。有些孩子坐在膝盖上，侧面照片是在他们吃奶时拍摄的，因为这样可以使他们保持静止，并提供方便拍摄的角度。有时背景中会有年长的妇女，可能是祖母或外祖母，她们抱着孩子的头对着镜头，这表明当时在场的家庭成员中有的并不是法医调查的对象。那些不听话的孩子发出抗议的哭嚷，哭得面容扭曲，拍出来的照片很模糊，很难想象这样的照片会对亲子鉴定有多大的帮助。然而，多年以来，奥斯卡·弗莱雷研究所的科学家们尽职尽责地拍摄并归档了数千幅这样的照片。

　　一例父亲身份有疑问的案例中的照片，包括母亲、孩子、两位可能的父亲，由奥斯卡·弗莱雷研究所于1955年拍摄。

　　资料来源：Laudos, Instituto Oscar Freire, L. 10828, 1955. 承蒙巴西圣保罗大学医学院法律医学、医学伦理学和社会与职业医学系授权。

图5.5

就像血液振动仪、血型和DNA一样，亲子鉴定摄影也是一种基因技术。它探索了调查对象之间的关系，并试图发现他们在身体上的亲缘关系。在摄影中，证据当然是视觉的。在奥斯卡·弗莱雷研究所的肖像照片中，拍摄对象凝视着观看者，提出了一个隐含的问题：他是孩子的父亲吗？在科学家的手中，照片有望回答这个问题。[44]

在劳尔·奥利韦拉的诉讼中，这种基因技术至少部分地起到了作用。法官称赞席尔瓦的科学分析是"了不起的工作"，并且"轰动性地揭示了正在调查的父子关系"。[45]然而，鉴于被告对照片的反对意见，他下令进行另一种更加惊世骇俗的检查，那就是挖出阿尔弗雷多·德·奥利韦拉的尸体，因为席尔瓦要求对头颅进行测量，并制作口腔的石膏模型（"如果腭峥仍然完整的话"）。[46]阿尔弗雷多的姐妹们都吓坏了。死者三个月前刚刚下葬，现在却有人要把他挖出来，并把他的头从身体上取下来？法官对她们的顾虑无动于衷。他说："身体与头部的分离……只不过是对大自然深不可测的工作的预演，绝不是一种亵渎。"[47]

阿尔弗雷多的姐妹们显然不这么认为。她们同意接受劳尔的父子关系要求，以避免阿尔弗雷多的尸体被挖掘出来。这让人们不由得怀疑，这个令人震惊的提议是否有意促成双方的和解。事实上，这并不是一个不同寻常的请求。在其他的亲子关系诉讼中，也有过是否要开棺验尸的讨论。第二年，在另一场遗产纠纷中，席尔瓦要求挖出一个富有的圣保罗实业家的尸体。在阿根廷的一个案例中，一名地主在去世六年后被挖掘出来，以测试他组织中的MN血型。这一次，心存顾虑的一方是莱昂内·拉特斯，他试图说服法官，对遗体进行血液测试是徒劳的，但是法官没有听取他的意见。[48]

阿尔弗雷多·德·奥利韦拉的尸体没有受到打扰，但它已经两次解决了亲子诉讼。席尔瓦的分析赢得了法官的支持，他后来提出的那种亵渎促使阿尔弗雷多的姐妹们做出让步。在提起诉讼三个月后，那位出身低微的铁路学徒被宣布为阿尔弗雷多的儿子和继承人。[49]

法官认为席尔瓦的牙科学方法是一个"轰动性的发现"，但科学家却往往对无数的亲子鉴定技术持怀疑态度。通过比较身体特征来确定父亲身份提出了一系列棘手的方法论问题。两个个体之间的年龄或性别差异可能会产生外表的变化，而这些变化可能会掩盖遗传上的相似性。例如，如何才能剥离这些混杂的因素来发现一个年轻女孩和一个老人之间的亲缘关系呢？同样地，要将某一特征解释为亲缘关系的标志，研究人员需要有关该特征在一般人群中的相对发生率的信息。例如，如果红头发很罕见，那么孩子和被推定的父母都有红头发这一事实就是一个更为重要的证据。因此，想要评估红头发的重要性，就需要了解它在人群中的出现频率。同样的逻辑也适用于血型：共有的血型的重要性取决于该血型在一般人群中的相对频率。但是，虽然种族血清学领域产生了大量关于特定地方、种族、区域和国家人口血清学特征的研究，却很少有对其他身体特征的同等研究。一些科学家试图解决这些问题，特别是奥地利和德国的科学家。他们开发了转化指数，使他们能够辨别出不同年龄和性别的成人和儿童之间潜在的遗传相似性。他们还进行了一些研究，以确定特定群体中某些身体特征的发生率。有一项规模宏大的研究，要比较不同城市——维也纳、罗马、巴黎、里约热内卢——的人的外貌特征并绘制图表。[50]但是，可能有无限数量的躯体特征和同样无限数量的可能的种群，因此这些知识仍然是初级的。

异常的特征更有帮助。如果一个孩子和被推定的父亲身上都有像唇裂或多余的乳头和手指等特征，这就强烈地暗示了两者之间的生物学联系。20世纪20年代，挪威一家法院宣布，一名患有短趾症（一种指趾关节缺失的遗传性疾病）的儿童的父亲是一名患有同样病症的被告。此前，当地治安官作证说，在他任职的25年里，他"几乎与居住在这里的每一个人都认识"，从未遇到过其他患有这种疾病的社区成员。[51]这位治安官对当地小社区的个人了解本身就是一种遗传专业知识。但在一个巨大而匿名的大都市，这样的知识需要人口层面的研究。无论如何，这种异常现象太罕见了，无法提供一种系统的评估方法。在他们的专家报告中，奥斯卡·弗莱雷研究所的科学家强调了这种异常现象的重要性，但很少遇到它们。

另一个挑战可能更加棘手：像两张脸或两具身体之间的视觉相似性这样抽象

的、不可言喻的东西怎么能被描述出来，更不用说去证明它们了？一位德国人类学家把这个问题称为"将形式转化为数字"[52]。相似性是本质上的不同，还是程度上的差异呢？它的表达方式是叙述的、数字的还是视觉的呢？换句话说，是应该用文字来描述，用数字来表示，还是用视觉来说明呢？在寻求一种精确而明确地描述身体的方法时，贝蒂荣也曾遇到过类似的问题。他的解决方案是将叙述、数字和视觉表现结合起来：肖像描述、人体测量和摄影。亲子鉴定同样采用了这三种模式。

贯穿亲子鉴定技术的还有另一种更基本的紧张关系，不仅是方法上的，而且是概念上的。这就是相似性和遗传之间的紧张关系，席尔瓦和奥斯卡·弗莱雷研究所的科学家就这个问题争论了四分之一个世纪。席尔瓦断言，相似性是遗传的标记。在卡内拉案中，如果丽塔和朱塞佩的臼齿和上颚看起来和那名陌生男子一样，这就表明他们之间有基因上的联系。当然，有意义的相似之处并不是任何人都能辨别出来的，必须根据深思熟虑的科学标准耐心地观察和客观地衡量。席尔瓦声称，他的面形测量和族谱学方法正是做到了这一点。在一个有能力的专家手中，"龙生龙，凤生凤"这一普遍公理成为推论亲缘关系的充分理论基础。对于进行亲子鉴定的科学家来说，其任务不是要了解相似性背后的机制，而是要发明一种检测相似性的方法。

奥斯卡·弗莱雷研究所的科学家们完全拒绝了这一观点。对相似性的视觉评估——比较两张面孔以确定是不是同一个人——可能足以达到个人识别的目的，例如，警察会将最近被捕的人与警方档案中描述的人进行比较。但对于亲缘关系分析来说，观察、测量或计算相似性是不够的，因为"相似性不等于遗传"[53]。如果不理解特定的特征是如何从父母传给后代的，就无法从两个人有相似的耳朵（如外耳的内卷或分离的耳垂）这一事实看出他们之间的关系。因此，基于躯体特征的亲缘关系分析需要了解它们是显性的还是隐性的。正如阿纳尔多·费雷拉在他向法院提交的专家报告中一再强调的那样，在没有对遗传传递方式做出解释的情况下，"无法通过在两个或两个以上的个体身上发现的巧合的数量来证明任何事情"[54]。唯一能够确定亲子关系的方法是血型分析，而它实际上只能确定非亲子关系。

　　奥斯卡·弗莱雷研究所的医生和他们阵营的其他人一再谴责某些"法医学之外的"专家"欺骗性的危险"做法，因为他们声称可以通过对外貌的族谱学分析来确定亲缘关系。[55] 这当然是在直接影射席尔瓦。相似性并不比通过社会和法律假设来确定父亲身份的旧方法更好，这两种证明方法都是"前孟德尔式的"和"前科学的"。席尔瓦的技术"很优雅"，对法官很有吸引力，但这并不能改变其基于希波克拉底的过时理论这一事实。[56] 因此，两个阵营对所谓的"现代"亲子鉴定科学产生了争论。他们的辩论再现了恩格斯和其他19世纪理论家的倾向，即从现代性的角度来建构关于父亲身份的知识。然而，这场争论的利害关系不仅仅是理论上的，在司法案件中，争论双方经常会站在对立的立场之上。[57]

　　如果说相似性与遗传是牙医和法医学家之间看似不可调和的分歧，那么实际上，这两个阵营的分歧远没有他们各自愿意承认的那么明显。虽然奥斯卡·弗莱雷研究所的孟德尔主义者坚持遗传传递的看法，但他们的分析通常利用基于相似性的技术：人体测量、生物类型、肖像描述、照片和长期难以捉摸的指纹，而在他们自己的评价中，所有这些技术对确定父亲身份并没有什么价值。虽然他们总是在法庭上谨慎地表述他们的结论，这种保留与席尔瓦的信心满满形成鲜明的对比，但是所有这些技巧都依赖于相似性。有时，他们自己甚至会在不知不觉中谈论起相似性，例如一份评估亲子关系的专家报告得出这样的结论：虽然两人的额头、眼睛、鼻子和上嘴唇"不能确定他们有亲缘关系"，但"孩子和父亲之间的总体相似性是惊人的"。[58]

　　奥斯卡·弗莱雷研究所的法医学家并不是例外，许多亲子鉴定者坚持遗传理论，最终却要依赖相似性。20年前，莱曼·尼切将他的躯体调查方法描述为"孟德尔式的"，但他利用了"家族相似性"这一听起来很像是相似性的想法。莱昂内·拉特斯断言，虽然更可取的方法是依赖已了解其遗传模式的特征，但这并不排除使用那些未知的或因为过于复杂而无法预测的特征。[59] 弗里茨·席夫甚至认为："父亲和孩子之间可能存在这样的相似之处，使得对他们个体特征的分析不再必要。"换句话说，一些视觉上的事实是不言而喻的，根本不需要孟德尔那样的人去发现它们。此外，

　　"孩子和父亲之间的总体相似性是惊人的。"奥斯卡·弗莱雷研究所的法医学家坚持认为父子关系的分析应该基于遗传规律，但在实践中，他们有时会求助于家族相似性这一传统概念。

　　资料来源：Laudos, Instituto Oscar Freire, L. 4022, 1943. 承蒙巴西圣保罗大学医学院法律医学、医学伦理学和社会与职业医学系授权。

图5.6

　　正如席夫和奥斯卡·弗莱雷研究所的法医学家所指出的那样，无论其科学价值有什么问题，相似性往往比关于孟德尔遗传定律的专业讨论更能说服法官，因为法官自己就可以看到相似性。[60]

　　最终，无论是对于孟德尔主义者，还是对于非孟德尔主义者，最重要的是多重巧合的逻辑。只要血型检测只是一种笨拙的排除方法，而不是明确无疑的鉴定方法，只要指纹的遗传成分仍然无法识别，只要没有其他单一的遗传特征可以明确地阐明亲缘关系，科学家们就只能采用一种宁滥勿缺的方法来确定亲子关系。两个人的头发或眼睛颜色相似，鼻子或耳朵的形状有一定的相似，或者都有一颗痣，这些都不能说明他们之间的亲缘关系。但是如果一系列特征都出现了这种巧合，可能还是很能说明问题的。"一个男人和一个小孩之间的相似之处越多，相似程度越大，他就越有可能是小孩的父亲。"[61]

亲子鉴定中这种多多益善的原则尤其适用于法医学领域。20世纪上半叶，在拉丁美洲和欧洲大陆的部分地区，法医学是一个五花八门的领域，其从业者是文艺复兴式的男性（偶尔也有女性），他们在很多领域拥有广博的专业知识。在20世纪30年代，奥斯卡·弗莱雷研究所的弗拉米尼奥·法韦罗将法律医学比作一个不断壮大的家庭：它的"作用范围"很广，就像"一个不断壮大并建立新分支的大家庭"。[62]奥斯卡·弗莱雷研究所的多方面研究和实践涵盖了法医化学、血液学、工伤鉴定、弹道学、防腐学、指纹学、法医牙科学、妊娠确定和贞操检查。亲子评估是其"作用范围"的又一个问题，鉴于他们方法上的折中主义，其从业者已经准备好解决这个问题。由于没有哪一种特征或方法可以绝对地确定父亲的身份，所以他们的分析利用了已有的广泛的法医技能：遗传知识、个体鉴定技术、优生学和种族分类领域的专业知识。

奥斯卡·弗莱雷研究所和席尔瓦截然不同的方法反映了在如何确定父亲身份的问题上缺乏科学共识，也反映了对社会因素的考量。身体提供了生物亲缘关系的证据，但身体也有决定调查对象和方法的社会和道德意义。事实上，在很长时间内，是否得体的问题一直影响着对身体的科学检查。对人体测量学反复出现的批评是它对身体的不得体的审视，尤其是当调查对象是女性时。世纪之交的巴西人认为，被要求脱衣接受测量和描述是一种耻辱和羞辱。[63]为了拍摄司法照片而被要求摆姿势的做法也是如此，因为据里约热内卢警方鉴定机构的负责人说："每个人都是自己面部表情的合法所有者。"[64]这种认识促进了指纹识别的使用，它不仅被认为更准确和高效，而且更少具有侵犯性，也更得体。

对于亲子鉴定员来说，是否得体的问题也是一个反复出现的问题。为了改进亲子鉴定，20世纪30年代，德国研究人员试图在罗马尼亚的一个德意志人村庄收集遗传特征分布的数据。但当村民们拒绝接受身体检查时，调查人员不得不将研究限制在他们的头部和面部。一位研究人员指出，全身检查"可能只能对赤身裸体的原始人进行——在这个国家，大规模的检查只能对运动员或在临床检查过程中进行"[65]。

　　因此，在有关受人尊敬的、富裕的、往往出身欧洲的人的身份和继承案件中，如卡内拉案和奥利韦拉案中，席尔瓦的技术只关注头部和嘴巴，这并非偶然。席尔瓦声称牙科学检查是一种更有效的方法，也比身体检查更得体。莱曼·尼切对布宜诺斯艾利斯的阿尔卡迪尼家族的检查肯定也受到了这方面的影响。虽然这位人类学家将贝蒂荣的人体检验法作为其方法的来源，但实际上，他的检查仅限于家庭成员的头部和面部。对他们的身体进行全面的人体测量是不合适的，特别是考虑到这个家族所有在世的成员都是女性。根据得体性的要求，受人尊敬的人可以不接受科学家的私密检查。

　　相比之下，奥斯卡·弗莱雷研究所有能力进行全身检查，因为他们检查的对象往往是卑微的工人阶级，通常是非白人，而且经常是移民。特别是在刑事诉讼的情况下，地位低的人可能会受到精英阶层无法接受的各种形式的审查。身体检查是耻辱的，不仅因为它涉及私密的检查，而且因为它与犯罪有关。毕竟，人体测量学和标准照片最初并不属于基因分析技术，而是从警察那里借来的。即使是侵犯性较低的指纹识别，也仍然可能被这种联想污名化。相比之下，席尔瓦的牙科学方法不仅限制了身体的暴露程度，而且作为一种自成一体的技术，不会像其他方法那样让人联想到犯罪。从席尔瓦和奥斯卡·弗莱雷研究所制作的照片的不同，可以看出他们的检查对象社会地位的不同。席尔瓦所评估的大多数体面的家庭都是在正式的肖像中出现的，而奥斯卡·弗莱雷研究所的工人阶级"家庭肖像"同时也是标准照。

　　奥斯卡·弗莱雷研究所的科学家对数百人进行了详尽的分析，向法院提交了数千页精心准备的法医学报告。然而，他们的检查几乎从未有过定论。报告有时会大胆地根据血液测试的分析来表达亲子关系的可能性，但这些20世纪40年代的报告的结论往往与20世纪20年代的结论相同："在有疑问的情况下，科学还不能提供能够确定一个人是不是另一个人的父亲的要素。"[66]即使是按照最敬业的从业者的说法，科学的亲子鉴定也无法确定父亲的身份。那么，为什么法官们一直在要求他们这么做呢？为什么在30年的时间里，奥斯卡·弗莱雷研究所的法医学专家坚持不懈地继续进行检测呢？如果他们的亲子鉴定不起作用，这些鉴定又发挥了什么作用呢？

至少在一种情况下，它们确实"发挥了作用"：血液检测可以排除一个不可能的父亲。奥斯卡·弗莱雷研究所偶尔会遇到涉及两个可能的父亲的情况，此时，利用血液检测可以排除其中的一个。在更常见的性侵犯（如强奸、奸污和诱奸）案件中，血液检测可以用来证明被告有没有可能是受害者孩子的父亲。它不能证明犯罪没有发生过，但可以证明这个女人有其他伴侣，从而让人质疑她的人品，很可能还会影响她对被告的指控。在这种情况下，亲子鉴定可能无法确定孩子的父亲是谁，但却能确定妇女的道德品性，而这是她作为受害者的基本条件。

这些都是血型检测可能适用的情况，但是它们无法解释为什么几十年来奥斯卡·弗莱雷研究所一直在进行复杂而耗时的身体检查。也许这些检测除了提供科学证据之外，还有别的作用。一位巴西观察人士称赞，当遗传学有一天能够可靠地识别"每个人的父亲"时，它将发挥一种"规训权"，但是也许亲子鉴定并不需要通过确认父亲的身份来行使规训权。[67]要求人们向法医机构报告，对他们的躯体进行测量、分类、拍照，并接受私密的检查，这本身就是一种规训。这些技术可能不会揭露那些把他们送上法庭的道德越轨行为，但它们本身可能就是一种惩罚。

但是为什么是这些人成了被审视的对象呢？毕竟，在奥斯卡·弗莱雷研究所遇到的情况并不罕见。在那些年里，奸污和诱奸的指控是巴西警方最常见的刑事指控之一。[68]婚外结合和非婚生育同样是工人阶级生活中普遍存在的现象。为什么这些人会被送到奥斯卡·弗莱雷研究所去接受烦琐的、惩罚性的科学检查呢？许多此类案例的一个显著特征是母亲和被推定的父亲之间的巨大年龄差距，平均年龄差为25岁。在三分之二的案例中，两者之间有8岁或更大的差距，在四分之一的案例中，平均年龄差距为36岁。与此同时，这些母亲都很年轻，其中一半人不超过16岁，最小的只有11岁。换句话说，这些不仅仅是不正当的关系，还是非常年轻的母亲和年龄大得多的男性之间的关系。奥斯卡·弗莱雷研究所的亲子鉴定并不是为了确定一般意义上非婚生子女的父亲，而是为了确定那些因特定越轨关系而出生的孩子的父亲。

奥斯卡·弗莱雷研究所的科学家们在30年间打印出来的法医报告被一卷一卷地捆扎起来，依然存放在研究所的走廊里。这些报告并没有记录案件的判决，因此对于最终有多少人被判定是孩子的父亲，我们不得而知。但是，不管司法结果如何，奥斯卡·弗莱雷研究所的身体检查本身就是惩罚性的，无论是对于男性还是对于女性来说都是如此。最终，虽然科学家们未能确定身体上的父子关系，但他们发挥了社会规训作用。在这方面，奥斯卡·弗莱雷研究所的检查与卡内拉案中的检查有一个重要的共同点。法医专家的测试规训的是不正当的关系，而席尔瓦的测试试图恢复合法关系，恢复卡内拉家族失去的荣誉和尊严。无论是否确定了父亲身份，亲子鉴定科学都是社会规训和恢复道德的工具。

在整个20世纪50年代后期，奥斯卡·弗莱雷研究所继续进行精细的亲子关系分析，当时科学家们突然放弃了指纹、人体测量和照片，只专注于血液测试。[69]目前还不清楚为什么这些分析被彻底简化了，但考虑到它们长期存在的不确定性，也许真正的问题不是它们为什么消失了，而是为什么持续了这么长时间。复杂但永远无法得出结论的躯体亲子鉴定存在了很长时间，这强化了这样一种印象，即它们的作用不仅仅是确定父亲身份这么简单。

与此同时，席尔瓦继续实践和推广他的牙科学亲子鉴定技术，虽然这最初是一种独特的地方性创新，但很快就有了远至古巴的追随者（以及批评者）。[70]至于他最著名的案件——卡内拉案，他只取得了部分成功。席尔瓦声称他已经解开了这个神秘的谜团，但他的发现并不能改变意大利法院赋予陌生男子的错误法律身份。虽然这可能有助于在公众舆论的法庭上恢复家族的荣誉，但卡内拉家族显然认为他们的冤屈并没有被彻底昭雪。

在第一次世界大战的破坏和悲伤中诞生的卡内拉案，是一个很不寻常的亲子关系案。这一事实本身反映了现代亲子关系的力量。这套思想突出了亲子关系，并通过研究父母和孩子的身体来揭示这些关系，但是身体的社会属性是不可剥夺的。因此，在确定亲缘关系的过程中，对阶级、地位和得体性的考虑也发挥了作用。科学技术不仅必须尊重社会习俗和道德规范，而且还成为加强这些习俗和规范的工具。无论是在一个古怪的牙医还是一群法医专家的手中，对父亲身份的探寻既是对真相的探寻，也是对道德的探寻。不管它是否发挥了作用，这都是亲子鉴定科学工作的一部分。

1941年12月，朱莉娅·卡内拉一直坚信是她丈夫的陌生男子去世了，她再次丧偶。同年，她还失去了父亲。朱莉娅和她的儿子们（很快又有了孙子）继续生活在里约热内卢，但这家人从未停止争取确立陌生男子的法律身份。两年后，朱莉娅的继母出版了一本书，详尽地回顾了这个案子。这本书的标题是"法西斯主义的另一项罪行"，认为意大利当局剥夺了朱利奥·卡内拉的公民身份。[71]这本书在巴西加入同盟国并出兵意大利之前不久出版，书是献给巴西的法学学生的，旨在敦促他们拥抱"自由、正义和人性"，并恢复"被暴力和腐败的法西斯主义践踏的真相"。[72]卡内拉家族的悲剧并不是一场私人悲剧，而是一场政治犯罪。

第二次世界大战结束后，卡内拉家族继续游说，试图推翻宣布陌生男子为马里奥·布鲁内里的裁决，理由是这是一个法西斯法庭的非法裁决，但是最终没能成功。四分之一个世纪后，天主教会在一定程度上昭雪了这个家族的冤屈，因为一个教会法庭宣布这个神秘的失忆症患者实际上就是朱利奥·卡内拉。根据这一判决，和朱莉娅同床共枕的人是她的丈夫，而不是一个卑微的骗子，这意味着在他们团聚后出生的三个孩子是一桩体面婚姻的合法后代。[73]然而，怀疑的阴影从未完全消散。1977年，朱莉娅·卡内拉去世，直到生命最后一刻，她一直在为昭雪冤案而努力。

注释

题记引自 Luís Reyna Almandos, "El drama de la familia del Profesor Canella", *Revista de Identificación y Ciencias Penales* 11 (September 1933—December 1934): 136。

[1] 这对夫妇相遇的场景成为标志性的场景，在印刷品、影像、戏剧和后来的电影中被反复再现。

[2] 故事的背景来自 Lisa Roscioni, *Lo smemorato di Collegno: Storia italiana di un'identità contesa*, Turin, Italy: G. Einaudi, 2007。

[3] 有一次，里约热内卢的一名记者为了一篇头版专题报道来采访她，并转交了那里的精英写给她的很多充满同情的信件，见 "O enigma que ha cinco anos apaixona a opinião italiana", *O Jornal*, October 16, 1931, 1。

[4] 这一事件发生没多久，就成为皮兰德罗（Pirandello）1930年的一部戏剧的主题，两年后又被改编成由葛丽泰·嘉宝（Greta Garbo）主演的电影。1962年托托（Totò）主演的一部电影、1970年开播的几部电视节目、列昂纳多·夏夏（Leonardo Sciascia）1981年出版的一本书和其他许多作品也都以这一事件为主题。关于这一事件探讨得最好的学术著作是罗肖尼（Roscioni）的《科莱尼奥的失忆症患者》（*Lo smemorato di Collegno*）。虽然意大利的历史学家、作家、剧作家、记者和电视节目都对这个故事的前半部分进行了彻底的探讨，但它在巴西的后续却在很大程度上被遗忘了。

[5] 其中之一是1897年巴黎一个慈善义卖会上发生的灾难性火灾，另一起是10年后德国驻智利圣地亚哥领事馆的纵火案。

[6] "牙齿与疯狂"，见 *A Tribuna*, Santos, November 6, 1926；"镇静剂……"，见 *A Tribuna* (Santos), January 13, 1927；"工作场所事故……"和"身份识别……"，见 *Diario de São Paulo*, various dates, September-October 1936；"……肖像"，见 *O Globo*, October 30, 1943。关于席尔瓦在报刊和科学期刊上发表的很多（但不是全部）文章的目录，见 *Diario Oficial do Estado de São Paulo* (1977): 98—100。

[7] 席尔瓦对这个"陌生男子"的印象，见 "Odontologia Legal e Psiquiatria 'Italiana'", *Arquivos de Policía e Identificação* 2 (1938—1940): 443—488。另外两名法医专家是阿根廷指纹专家路易斯·雷纳·阿尔曼多斯（Luís Reyna Almandos）和里卡多·冈布尔顿·当特（Ricardo Gumbleton Daunt），后者是圣保罗州鉴定局（Identification Service）局长。阿尔曼多斯在会议上做了开幕演讲，侯爵和他出名的女婿在读完演讲稿后，邀请科学家们与他们会面。

[8] João Maringoni, Emilio Viégas, and Raul Marques Negreiros, *Um caso de investigação de paternidade* (São Paulo: Revista dos Tribunais, 1940), 23。

［9］ "本世纪最可怕的家庭悲剧"引自 Roscioni, *Lo smemorato di Collegno*, 10; "永久的冒犯……", 见 Reyna Almandos, "El drama de la familia", 136。

［10］ "Revive o famoso caso do desmemoriado de Collegno. Conseguira a sciencia brasileira destruir as provas dos scientistas italianos?", *Folha da Noite*, September 11, 1934, 2—3. 从1934年9月11日到10月4日, 报纸每天都在刊登有关报道。

［11］ 在内部文件中, 罗马科学警察学校中央鉴定处（Central Identification Service of the School of Scientific Police, 相当于席尔瓦在圣保罗工作的机构）的主任认为他的成果"无论是从科学角度还是从实用角度都不值得考虑"。关于墨索里尼的跨国网络线人, 见 Roscioni, *Lo smemorato di Collegno*, 250。

［12］ "Vae ser revisto o processo do Desmemorado de Collegno", *Diario da Noite*, July 4, 1939, 2. "我是一个孤独的声音……", 见 "E o professor Canella!", *Diario da Noite*, July 5, 1939, 1; "我个人这么做是为了向一位巴西妇女和她的孩子们致敬", 见 "Quer interessar-se junto a Embaixada italiana no Brasil para a revisão do famoso processo do prof. Julio Canella", *Diario da Noite*, July 6, 1939, 2。

［13］ "Noticias", *Boletim do Instituto Oscar Freire* 2, no. 2 (April 1935): 26.

［14］ 科学家发现对苯硫脲的味觉感知能力是具有遗传性的, 并在20世纪30年代早期提议将其作为亲子鉴定的方法, 见 Arnaldo Amado Ferreira, *A perícia técnica em criminologia e medicina legal* (São Paulo: n.p., 1948), 392。

［15］ Arnaldo Amado Ferreira, *Determinação médico-legal da paternidade* (São Paulo: Companhia Melhoramentos de São Paulo, 1939), 131. 在奥斯卡·弗莱雷研究所的专家报告中, 这句话和它的变体不断被重复。

［16］ Francis Galton, *Finger Prints* (London: Macmillan, 1892), 192—193; Daniel Asen, "'Dermatoglyphics' and Race after the Second World War", in *Global Transformations in the Life Sciences, 1945—1980*, ed. Patrick Manning and Mat Savelli (Pittsburgh, PA: University of Pittsburgh Press, 2018), 61—77.

［17］ "On the Skin-Furrows of the Fingers", *Nature*, October 28, 1880, 605. 西蒙·科尔（Simon Cole）认为, 指纹识别的倡导者故意压制这些早期的遗传研究, 因为它们与不光彩的优生学有关, 而且威胁到个体识别的基本原则, 见 *Suspect Identities: A History of Fingerprinting and Criminal Identification* (Cambridge, MA: Harvard University Press, 2009)。

［18］ Mercedes García Ferrari, *Marcas de identidad: Juan Vucetich y el surgimiento transnacional de la dactiloscopia (1888—1913)* (Rosario, Argentina: Prohistoria Ediciones, 2015).

［19］ Alejandro Raitzin, *Investigación medico-forense de la paternidad* (Buenos Aires:

Imprenta de E. Spinelli, 1934), 52. 在这些学生中，路易斯·雷纳·阿尔曼多斯陪同他的朋友路易斯·席尔瓦来到卡内拉夫妇在里约热内卢的家中，与这位著名的失忆症患者见面。

[20] 这位研究者是鲁道夫·塞内（Rodolfo Senet），引自 Alejandro Raitzin, "Hereditariedad dactiloscópica", *RCPML* 22 (1935): 223—257, on 228。1906年，他在意大利都灵举行的第十一届犯罪人类学大会上介绍了他的研究成果，这是这一领域最早的研究之一。

[21] 20世纪上半叶的这些科学家来自阿根廷、巴西、意大利、挪威、德国、法国、葡萄牙和埃及等国。关于第二次世界大战后东亚的发展，见 Daniel Asen, "Fingerprints and Paternity Testing: A Study of Genetics and Probability in Pre-DNA Forensic Science"，这篇未发表的论文由作者提供。

[22] Raitzin, "Hereditariedad dactiloscópica", 225.

[23] A. Lauer and H. Poll, "Tracing Paternity by Finger Prints", *American Journal of Police Science* 1 (1930): 92.

[24] 关于埃及的圣书文字，见 IOF, vol. 54, 1947, L. 6177。"像所有的大谜团一样……"，见 Raitzin, "Hereditariedad dactiloscópica", 224。

[25] 关于1953年的人类学家会议，见 Ilse Schwidetzky, "Forensic Anthropology in Germany", *Human Biology* 26, no. 1 (1954): 6。这方面的一个例子，见 Tansella, "Lo studio delle impronte digitali e del padiglione auricolare", *Minerva Medica* 49 (1958): 3110—3116。关于匈牙利的一家法院，见 "Kleine Nachrichten: Fingerabdrücke als Vaterschaftsnachweis", *Passauer Neue Presse*, November 7 and 8, 1959。

[26] 奥地利的检测由奥托·雷歇开发，将在第六章讨论。关于俄罗斯的早期测试，见 Anna Poliakowa, "Manoiloff's 'Race' Reaction and Its Application to the Determination of Paternity", *American Journal of Physical Anthropology* 10, no. 1 (1927): 23。

[27] 以下研究认为贝蒂荣的方法是有用的：Leonídio Ribeiro, "Perícia da investigação da paternidade", *Arquivos de Medicina Legal e Identificação* 4, no. 8 (1934): 144—153; Luiz Silva, "Investigação odonto-legal do 'Desconhecido de Collegno'", *Revista de Identificación y Ciencias Penales* 14, no. 52—54 (1936): 40—96; Annes Dias, Ulysses Nonohay, and Luiz Guedes, "Investigação de paternidade", *Archivos de Medicina Legal e Identificação* 5, no. 11 (1935): 111—129; Juan Caride, Alberto Rodríguez Egaña, and Alberto Bonhour, *Filiación natural* (Buenos Aires: Imprenta de E. Spinelli, 1939); 还有古巴人豪尔热·卡斯特罗韦德（Jorge Castroverde）的研究，引自 Ismael Castellanos, *La odontología legal en la investigación de*

la paternidad (Havana: Cultural, S.A., n.d.)。阿弗拉尼奥·佩肖托（Afrânio Peixoto）和莱昂尼迪奥·里韦罗（Leonídio Ribeiro）在一项法律诉讼的声明中对其效用提出异议，见 Virgilio Barbosa, Luiz Novaes, and Gastão Neves, *Investigação de paternidade ilegítima* (Rio de Janeiro: Typ. do Jornal do Commercio, 1936), 106—109，古巴的种族学家卡斯特利亚诺斯（Castellanos）也是如此，见 *La odontología legal*。

[28] "决定性结论"，见 Ribeiro, "Perícia da investigação da paternidade", 146。"人物肖像描述法……"，见 Peixoto and Ribeiro，引自 Barbosa, Novaes, and Neves, *Investigação de paternidade ilegítima*, 108［显然，知名的法医学家里韦罗（Ribeiro）已经改变了他的看法］。

[29] Ferreira, *Determinação médico-legal da paternidade*, 17.

[30] "符合贝蒂荣方法"，见 Ferreira, *A perícia técnica*, 365。

[31] 关于生物类型学及其对拉丁美洲科学家的吸引力，见 Alexandra Minna Stern, "What Kind of a Morph Are You? Biotypology in Transit, 1920s—1960s", *REMEDIA* (blog), February 10, 2016, https://remedianetwork.net/2016/02/10/what-kind-of-a-morph-are-you-biotypology-in-transit-1920s-1960s/。关于巴西的情况，见 Olívia Maria Gomes da Cunha, *Intenção e gesto: Pessoa, cor e a produção cotidiana da (in)diferença no Rio de Janeiro, 1927—1942* (Rio de Janeiro: Arquivo Nacional, 2002)。

[32] 关于罗盖特·平托，见 Vanderlei Sebastião de Souza, "Retratos da nação: Os 'tipos antropológicos' do Brasil nos estudos de Edgard Roquette-Pinto, 1910—1920", *Boletim do Museu Paraense Emílio Goeldi. Ciências Humanas* 7, no. 3 (2012): 645—669; da Cunha, *Intenção e gesto*, chapter 3。

[33] *The Blood Groups and Their Areas of Application*, Selected Contributions to the Literature of Blood Groups and Immunology, vol. 4, part 2 (Fort Knox, Kentucky: U.S. Army Medical Research Laboratory, 1971), 327.

[34] 这句话经常出现在他们的专家报告中。

[35] IOF, vol. 35, 1943, L. 4149. 关于其他涉及不同种族夫妇的案例，见 IOF, vol. 29, 1942, L. 3497; vol. 11, 1952, L. 8615。关于巴西的种族和亲子关系科学，见 Sueann Caulfield and Alexandra Minna Stern, "Shadows of Doubt: The Uneasy Incorporation of Identification Science into Legal Determination of Paternity in Brazil", *Cadernos de Saúde Pública* 33 (2017): 1—14。

[36] Nara Milanich, *Children of Fate: Childhood, Class, and the State in Chile, 1850—1930* (Durham, NC: Duke University Press, 2009), 54.

[37] IOF, vol. 34, 1943, L. 4022; vol. 29, 1942, L. 3477.

[38] "Do repertorio dentario", *Careta*, August 6, 1937, 16; "Está em moda investigar a paternidade pelos dentes", *Careta*, May 28, 1938, 12; "Filhos Curiosos", *Beira-Mar*, June 11, 1938, 4. 关于席尔瓦与另一位牙医的争论，见 "Será feita a investigação da paternidade pelos dentes. Curioso e inedito episodio no Fôro", *A Noite*, May 3, 1938, 1; "A prova de paternidade pelos dentes", *A Noite*, July 19, 1938, 1; Frederico Eyer, "Pelos dentes não se pode investigar a paternidade", *A Noite*, August 5, 1938, 1; "Pelos dentes não se pode investigar a paternidade", *O Radical*, August 13, 1938, 1。

[39] Maringoni, Viégas, and Negreiros, *Um caso de investigação*, 13.

[40] Luiz Silva and José Ramos de Oliveira Júnior, "Investigação de paternidade pelos exames comparativo, prosopográfico e prosopométrico", *Arquivos de Polícia e Identificação* 2 (1938—1940): 534.

[41] Azevedo Neves, "Do valor do retrato na investigação da paternidade", *Archivo de Medicina Legal* 3 (1930): 19—26; Victor Delfino, "Valor del retrato en la investigación de la paternidad", *Medicina Latina* 3 (1930): 343—344; Albert Harrasser, "Die Laienphotographie als Hilfsmittel für erbbiologische Beobachtungen", *Mitteilungen der Anthropologischen Gesellschaft in Wien* 62 (1932): 338—342.

[42] Mia Fineman, *Faking It: Manipulated Photography before Photoshop* (New York: Metropolitan Museum of Art, 2012), 106—115.

[43] 一名阿根廷专家将父亲仍在世并且可以直接接受检查的案例形容为 "特别有利"，见 Nerio Rojas, "Filiación y prueba médica", *Archivos de Medicina Legal* 1, no. 1 (1931): 196—203。类似的评论见 Castellanos, *La odontología legal*。

[44] 在这里，我援引了玛丽·布凯（Mary Bouquet）的观点，即摄影是一种复制技术，通过把人们放在一起，让他们看起来像一个家庭，从而 "建立" 亲属关系，见 "Making Kinship, with an Old Reproductive Technology", in *Relative Values: Reconfiguring Kinship Studies*, ed. Sarah Franklin and Susan McKinnon (Durham, NC: Duke University Press, 2002), 85—115。

[45] Maringoni, Viégas, and Negreiros, *Um caso de investigação*, n.p.

[46] Maringoni, Viégas, and Negreiros, *Um caso de investigação*, n.p.

[47] 关于身体与头部的分离，见 Maringoni, Viégas, and Negreiros, *Um caso de investigação*, 118。

[48] 开棺验尸的各种案例，见 Antônio Ferreira de Almeida Júnior, *As provas genéticas da filiação* (São Paulo: Revista dos Tribunais, 1941), 52。席尔瓦的挖

掘请求，见 "A prova odonto-legal constitue por si só um elemento decisivo na investigação da paternidade", *Folha da Noite*, July 1, 1941, 10, 5。关于阿根廷的案例，见 Leone Lattes, "Processi giudiziari in tema di filiazione naturale", *Minerva Medicolegale* 70 (1950): 87。

［49］ 律师们对这一结果非常满意（这无疑使他们从阿尔弗雷多·奥利韦拉的遗产中获得了丰厚的分成），因此他们发表了该案件的要点，见 Maringoni, Viégas, and Negreiros, *Um caso de investigação*。席尔瓦的分析见 "Investigação de paternidade"。

［50］ Almeida Junior, *As provas genéticas*, 179. 该研究援引了埃森-默勒（Essen-Möller）和盖尔（Geyer）在 1938 年的研究。

［51］ Otto L. Mohr, "A Case of Hereditary Brachy-Phalangy Utilized as Evidence in Forensic Medicine", *Hereditas* 2, no. 2 (1921): 290—298.

［52］ 引自 Maria Teschler-Nicola, "The Diagnostic Eye−On the History of Genetic and Racial Assessment in Pre-1938 Austria", *Collegium antropologicum* 28 (2004): 22。这位人类学家是奥托·雷歇。

［53］ Arnaldo Amado Ferreira, "Investigação medico-legal da paternidade", *Revista Médica* 85, no. 4 (2006)［originally 1953］: 144. 这句话在他们的报告中反复出现。

［54］ Arnaldo Amado Ferreira, "Determinação medico-legal da paternidade", *Arquivos de Polícia Civil de São Paulo* 2 (1941): 53. 其他人也发表了类似的言论，见 Raitzin, "Hereditariedad dactiloscópica", 232; Almeida Júnior, *As provas genéticas*。

［55］ 关于"欺骗性的危险"做法，见 Ferreira, *A perícia técnica*, 366。类似的论点见于 IOF, 1955, L. 10828，以及其他专家报告。

［56］ Almeida Júnior, *As provas genéticas*, VII.

［57］ 例如，奥利韦拉姐妹引用奥斯卡·弗莱雷研究所的研究报告来挑战席尔瓦的方法，席尔瓦也发表了对该研究所专家报告的评论，见 Luiz Silva, "Um laudo odonto-legal de investigação de paternidade e tres 'pareceres' da medicina-legal", *Arquivos da Polícia Civil de São Paulo* 13 (1947): 441—460。

［58］ IOF, vol. 34, 1943, L. 4022.

［59］ Lattes, "Processi giudiziari", 97.

［60］ Schiff, *Blood Groups and Their Areas of Application*, 326.

［61］ Ilse Schwidetzky, "New Research in German Forensic Anthropology", in *Men and Cultures: Selected Papers of the Fifth International Congress of Anthropological and Ethnological Sciences*, ed. Anthony F. C. Wallace (Philadelphia: University of Pennsylvania

Press, 1960), 709.拉特斯也持类似的观点，见"Processi giudiziari", 97。

[62] Flamínio Favero, "Discurso de abertura da la Semana Paulista de Medicina Legal", *Archivos da Sociedade de Medicina Legal e Criminologia de São Paulo* 8, suppl. (1937): 11.

[63] da Cunha, *Intenção e gesto*, introduction.

[64] Olívia Maria Gomes da Cunha, "The Stigmas of Dishonor: Criminal Records, Civil Rights, and Forensic Identification in Rio de Janeiro, 1903—1940", in *Honor, Status, and Law in Modern Latin America*, ed. Sueann Caulfield, Sarah C. Chambers, and Lara Putnam (Durham, NC: Duke University Press, 2005), 300.

[65] Maria Teschler-Nicola, "Volksdeutsche and Racial Anthropology in Interwar Vienna", in *"Blood and Homeland": Eugenics and Racial Nationalism in Central and Southeast Europe, 1900—1940*, ed. Marius Turda and Paul Weindling (Budapest: Central European University Press, 2007), 20. 另见本书第六章。

[66] 这句话的变体出现在1927年的第一份专家报告中，此后20年里，这句话的其他版本反复出现，例如，见IOF, vol. 55, 1947, L. 6267。

[67] Almeida Júnior, *As provas genéticas*, 8.

[68] Sueann Caulfield, "Changing Politics of Freedom and Virginity in Rio de Janeiro, 1920—1940", in Caulfield, Chambers, and Putnam, *Honor, Status, and Law*, 226.

[69] 这个时间似乎与弗拉米尼奥·法韦罗和阿纳尔多·费雷拉退休的时间相吻合，新一代的法医专家取代了他们，而这些专家也许不愿意或没有能力做这些工作。

[70] Castellanos, *La odontología legal*.

[71] Elisa Larenas, *Mais um crime do fascismo* (Rio de Janeiro: Casa do Estudante do Brasil, 1943). 出生于智利的拉雷纳斯（Larenas）还是一位著名的古董和稀有书籍收藏家。

[72] Larenas, *Mais um crime do fascismo*. 巴西是唯一一个加入同盟国作战的拉丁美洲国家。

[73] 引自"Giulio Canella, Mio Nonno", *L'Arena*, April 12, 2009, http://www.larena.it/permanent-link/1.2656926。

第六章　犹太父亲、雅利安祖先

　　我的父亲是谁？我完全不关心我的母亲选择谁作为我的父亲……我只想知道他是"雅利安人"，还是犹太人。

——汉斯·施瓦茨（Hanns Schwarz）

　　1933年，纳粹政权上台，在随后的几年里颁布了大约2 000条有关种族的法令。个人的公共和私人生活的几乎每一个方面——职业、教育、商业、法律、行政、家庭、性——都将取决于他或她作为雅利安人或犹太人的官方认定。这一现实让汉斯·施瓦茨陷入了困境。作为一位柏林居民，施瓦茨是一位丈夫，是两个年幼女儿的父亲，还是一位功成名就的精神病学家。但他的种族身份仍然是不确定的，至少对当局来说是这样，其身份成了长达10年的行政和科学调查的对象。这次调查的结果不仅将决定他本人的命运，也将决定他妻子和孩子的命运。

　　施瓦茨的种族身份的不确定性源于他父亲身份的不确定性。施瓦茨生于1898年，母亲是一位年轻的未婚女裁缝，还不到20岁，他的出生证明上没有父亲的名字。虽然他母亲作为"雅利安人"的种族身份是无可争议的，但他父亲的种族身份是未知的。如果施瓦茨的父亲也是雅利安人，那么在纳粹政权的种族分类中，他本人就符合纯种雅利安人的标准。他的妻子埃娃（Eva）是一名拉比的女儿，他和埃娃的婚姻被认为是"享有特权的混合婚姻"，而他们的两个孩子是混血儿（mischlinge）。

　　但是，如果施瓦茨缺席的父亲是犹太人，那么施瓦茨本人就是一个混血儿：一半犹太血统，一半雅利安血统。他的两个女儿也会因为祖父辈的四个直系亲属中有三个是犹太人，而被判定为犹太人，而他妻子的犹太血统也无法因为她的异族通婚而被稀释。汉斯·施瓦茨从未见过这位缺席的父亲，也不知道他的身份，但是这位父亲的身份将决定他们能否被视为公民，汉斯能否从事精神病学工作，以及他的女儿们能否去上学。他的身份还将决定汉斯和他的家人在公共汽车上可以坐在什么位置，在公园里可以使用什么样的长椅，以及他们是否可以骑自行车。很快，他的身份将决定他们的生死。

1938年夏天，汉斯从德意志帝国亲属关系办公室（Reich Kinship Office）——负责确定种族身份的机构——获得了一份出身证明。两天前，一项新法律要求有"非犹太"名字的犹太人使用"伊斯拉埃尔"（Israel）或"萨拉"（Sara）作为身份代号。亲属关系办公室一直在调查汉斯父亲的身份，并发现了一份记录，表明一个名叫内森·施瓦茨（Nathan Schwarz）的人承认当时2岁的汉斯是他的儿子。汉斯在几周前刚满42岁，他有生以来第一次有了自己的生父，然而，这个生父是个犹太人。面对这份出身证明，汉斯感慨万千，他说："死刑判决总是很短，这份证明一共只有17行。"[1]他聘请了一名律师，就此提出了上诉。

汉斯·施瓦茨的父亲的身份问题从档案开始，现在又转移到他的身体上。汉斯的母亲站出来，声称亲属关系办公室的信息是错误的，她儿子的父亲不是犹太人内森·施瓦茨，而是一个名叫罗伯特·科赫（Robert Koch）的雅利安人，他已经去世了。帝国亲属关系办公室的系谱学家将此案移交给遗传和种族关怀综合诊所（Polyclinic for Hereditary and Racial Care）作进一步研究。在接下来的几年里，德意志帝国的遗传专家对汉斯、他的母亲和他被推定的父亲内森·施瓦茨进行了检查，试图确定这个犹太人是不是他的父亲。

到了20世纪30年代初，亲子鉴定已经成为德国和奥地利越来越多的人类学、遗传学和种族卫生研究机构的例行活动。随着纳粹主义的兴起，亲子鉴定科学被重新用于一个完全不同的目的。最初为没有父亲的人寻找父亲的方法变成了区分犹太人和雅利安人的工具。简而言之，亲子鉴定成了种族治理的工具。种族身份和父亲身份密不可分，因为纳粹基于族谱的种族分类方式要求同时确认父亲和母亲的身份。因此，像汉斯·施瓦茨这样，身世在10年间被多个国家机构以异乎寻常的热情追查，这样的经历并不罕见。在纳粹主义时代，对血缘关系的科学评估激增，既具有巨大的政治意义，又事关生死存亡。

因为父亲身份被认为是天生不确定的，德意志第三帝国当局特别关注父亲身份——它的社会定义，它的法律规定，它的科学调查。在种族狂热的刺激下，他们提出了一种现代父亲身份的激进版本，在这种版本中，父亲是严格意义上的生理学父亲，是绝对可知的，而且总是必须知道的。他们史无前例地宣称，遗传科学已经解决了数千年来父亲身份不确定的问题，并能够通过身体明确地识别父亲。与这一主张保持一致，他们对这方面的法律进行了全面修订，以便在任何情况下都可以自由调查父亲的身份，从而为曾经被认为稳定和无可辩驳的身份和关系打开了争论的空间。然而，在这样做的过程中，他们无意中打开了一扇逃生之门，让犹太人能够逃避他们的杀人阴谋，换言之，犹太人可以有目的地质疑自己的父亲的身份，以改变自己的种族类别。纳粹对亲子关系科学和法律的彻底改造，并没有使亲子关系和种族确定下来，反而产生了相反的效果。它创造了一种不确定性和不稳定性，像汉斯·施瓦茨这样的受害者会想尽一切办法这种不确定性和不稳定性。

在纳粹主义时期，奇怪而可怕的种族血统检测直接源于10年前开始的对父亲身份的探寻。20世纪20年代中期，就在血清学家弗里茨·席夫将血型测试引入柏林的法庭时，在维也纳，一位雄心勃勃的种族人类学家和一位激进的法官也专注于类似的问题，尽管他们采用了不同的方法。维也纳地区法院法官安东·罗勒德（Anton Rolleder）对亲子关系诉讼中提供的传统法律证据非常不满。他断言，在亲子鉴定程序中，伪证非常猖獗，尤其是女性的伪证，这与当时他的许多同行的哀叹相呼应。然而，当时进入德国和奥地利法庭的血型分析技术在确定父亲身份方面毫无价值。罗勒德法官想知道是否有可能通过形态特征，而不是血清学特征来评估亲缘关系。他咨询过的几位科学家对此都持怀疑态度，但在1925年9月，他找到了种族学家、维也纳人类学与民族学研究所所长奥托·雷歇，雷歇同意研究这个问题。[2]

早在雷歇开始踏上人类学的职业生涯之前，他就对遗传和躯体分析充满了热情。

19世纪90年代，还是一名高中生的他就开始研究自己家族的特征，这要感谢他的叔叔——一名狂热的系谱学家。几十年后，他说："在那时，我已经对科学思想很感兴趣。"他指出，也许他的好奇心本身"可能是由遗传决定的，因为我的许多家庭成员都积极从事科学相关的职业"。他试图尽可能多地了解他的祖先，了解他们的"生活、工作、世界观和心态"，并仔细研究老照片，寻找面部特征和家族相似性。[3]对雷歇来说，遗传包括外貌特征和"智力"特征，而人最早了解遗传的地方是自己的家庭。

作为一名专业的人类学家，雷歇将从研究祖先的面部特征转向研究"土著人"和罪犯的身体。1908年，他随一支民族学考察队前往南太平洋，他在那里获得了人体测量的早期专业经验，并为汉堡民族学博物馆带回了约800人的头骨和骨架。这些收藏可能是约瑟夫·门格勒（Josef Mengele）几十年后撰写的关于美拉尼西亚人颌骨的论文的基础。后来，雷歇为维也纳警方讲授犯罪人类学和贝蒂荣的人体测量方法，还帮助建立了维也纳优生学协会。[4]

雷歇开始着手完成罗勒德法官交给他的任务。在将近一年的时间里，他研究出了一种基因人类学的方法，可以在对19种遗传特征进行分析的基础上，确定被推定的父亲和孩子之间的父子关系。他研究的遗传特征包括常见的特征（耳朵、鼻子、头和脸型，皮肤、头发和眼睛的颜色）以及指纹。[5]1926年夏天，雷歇推出了他的新技术，不久之后，他开始定期为法院提供专家报告。通常情况下，检查从血液测试开始，如果结果不能确定，就进行更费力和昂贵的躯体分析。费用的确很高昂，雷歇的亲子鉴定费用在700—1 000奥地利先令之间，这个数字甚至让一些支持他的法官也感到震惊。毕竟，这些诉讼中涉及的儿童抚养费只有20—40先令不等。[6]不过，正如该方法的一位倡导者所主张的那样："如果这种方法定期进行，成本就会正常化，而且无论如何，在像亲子关系这样重要的事情上，成本问题是可以忽略不计的。"[7]

雷歇的方法并没有得到同行们的普遍接受，他们中的一些人认为，对遗传特征的了解还不足以确定父子关系。甚至普通大众也显然对此持怀疑态度，一档幽默综艺节目一度将雷歇的亲子鉴定方法作为节目的主题。但罗勒德法官认为这种新方法是"开创性的"。他将提交给法庭的一系列意见书描述为"每一份都比前一份更漂亮、更详细，最后一份有32页，配有精美的照片"。[8]雷歇本人也积极推广他新的

"相似性的科学"，把自己的文章发送给相关的从业者，鼓励他们使用他的方法。国际媒体也对他的新方法进行了正面报道。[9] 很快，德国的高等法院就开始接受雷歇的亲子鉴定分析。1931年，奥地利最高法院裁定，在亲子鉴定调查中不接受躯体检查会构成程序上的缺陷。雷歇后来声称，他的方法也在斯堪的纳维亚半岛、波兰和匈牙利被采用，但这可能有点夸张，因为在那个时期，许多地方都独立开发出了类似的躯体研究方法。[10] 雷歇自我膨胀的信念是，他的人类学方法可以"在绝大多数情况下完全确定父亲的身份"，这与旧金山医生阿尔伯特·艾布拉姆斯或后来的巴西牙科医生路易斯·席尔瓦等怪人的疯狂自信遥相呼应。但在雷歇的情况下，这预示着纳粹主义的标准政策。[11]

雷歇对谱系和遗传、种族和亲子关系的兴趣既有政治上的原因，也有知识上的原因。在第一次世界大战后的几年里，他表达了一种种族民族主义色彩越来越强的世界观，到20世纪20年代，他已经成为一名坚定的反犹分子。与罗勒德见面后不久，他与其他人共同创立了德国血型研究协会（German Society for Blood Group），这是一个致力于促进血型的种族差异研究的团体。这个团体反映了雷歇对种族血清学的兴趣，也反映了他对这一研究的政治抱负：该团体的目标之一是"将大多数犹太人从这一研究领域中驱逐出去"[12]。在实践这一立场的过程中，该组织排除了著名的犹太血清学家，其中最著名的是弗里茨·席夫。1933年，雷歇加入纳粹党，在随后的几年里，他成为纳粹主义最重要的种族理论家。[13]

汉斯·施瓦茨出生在19世纪与20世纪之交，没有赶上科学的亲子鉴定，而20年后，越来越多的非婚生子女将接受这种鉴定。此外，尽管他是由单亲妈妈生的，尽管他的出生证明上没有父亲，但作为一个孩子，他的身世从来没有引起过争议或关注。他的母亲阿德尔海德（Adelheid）很快就放弃了这个婴儿，汉斯由她的姐姐玛丽亚（Maria）抚养。他从小就叫阿德尔海德"阿姨"。玛丽亚嫁给了自由撰稿人马克斯·施瓦茨（Max Schwarz），他有正统的犹太血统，但完全是一位世俗主义者。在汉斯后来的评价中，这段婚姻是"波希米亚式的"，被经济问题和持续的不稳定所困扰。但是，不管这对夫妇有什么缺点，他们都是汉斯的父母，并在1913年合法地收养了他。用他的话来说："我在15岁的时候重生了。"汉斯的个人经历为科学和政治思想中对遗传血统日益迷恋的现象提供了一个相反的视角。"因为被收养，我知道了一个对我的职业生涯也有很大影响的事实：养育之情比血缘关系更重要。"[14]

汉斯高中毕业后决定学医，这与其说是出于对科学的浓厚兴趣，不如说是出于为他人服务的人道主义愿望。他最终选择了精神病学，因为"心理疾病医生最接近人类的核心。……我要治疗的不是某一个器官，而是一个完整的人"[15]。当他还是一名年轻的医生时，他遇到了未来的妻子埃娃·迈鲍姆（Eva Maybaum）——一位著名的匈牙利出生的拉比和学者的女儿。埃娃的父亲去世了，她的姐姐是共产党员，而埃娃本人显然已经放弃了犹太教，所以当这对夫妇在1928年结婚时，汉斯说："我几乎在不知情的情况下，娶了一个犹太女人。"[16]

在汉斯和埃娃结婚那一年，奥托·雷歇接受了一个声望颇高的新学术职位——德国最古老的莱比锡大学民族学研究所的所长。虽然他已经离开了维也纳，但他继续向维也纳的法庭提供亲子鉴定专家报告，因为他可以从中获得丰厚的回报。由于住在莱比锡，他无法亲自为维也纳的检查对象进行体检，所以将体检工作外包给了当地的一名卫生员，然后利用这些数据为法庭撰写专家意见。[17]显然，法医专家的工作报酬很高，足以证明这种安排是合理的。这也意味着，雷歇从未真正见过他的报告所涉及的父母和孩子。

在雷歇不在的情况下，维也纳的研究所继续收到源源不断的要求进行亲子鉴定的请求。但雷歇的继任者——种族人类学家约瑟夫·韦宁格（Josef Weninger）——对这种方法持怀疑态度，起初拒绝执行这种鉴定。然而，他的反对并没有持续多久。不知是因为他对这门科学的重新评估，还是因为金钱的诱惑，韦宁格很快就放弃了他的保留意见，维也纳研究所再次开始进行躯体亲子鉴定。这让罗勒德法官非常开心。1931年，奥地利最高法院的一项裁决要求在亲子鉴定诉讼中进行人类学检查，这一裁决创造了对亲子鉴定的更大需求。很快，韦宁格每周就要进行多达六次的艰苦检查，其他同事也开始加入他的行列。所得收入用于研究所的教学和研究活动，并用于购买摄影器材。[18]

第二年，韦宁格组建了一个基因生物学工作组，由维也纳研究所研究遗传问题的研究人员组成，亲子鉴定工作在研究所的地位变得更加牢固。到1934年，这个小组为法院做了大约200次亲子鉴定，但它的另一个目的是使鉴定更加科学，这也许是因为韦宁格一直怀疑这项技术的价值。[19]为了实现这一目标，该小组收集了某些遗传性状的发生率、分布和传递的数据，以及不同年龄形态变异模式的数据。[20]

在这方面，他们最雄心勃勃的努力是"马林费尔德项目"（Marienfeld Project），这是韦宁格工作组的成员在1933—1934年进行的一项大规模人类学研究。马林费尔德是罗马尼亚一个讲德语的村庄，因此，按照当时种族人类学的主流逻辑，这是研究一直保持"纯洁"的"德国飞地"的种族特征的好机会。研究人员着手记录大约250个家庭、1 000多人的身体特征。科学家们在村里设立了一个研究中心。八个工作站分别负责受试者身体的不同部位：一个负责耳朵，另一个负责手和脚，其他的工作站分别负责脸和眼睛、头和身体、头发、指纹、眼睛颜色、鼻子。在每个工作站，技术人员收集头部和面部特征的照片和绘图（村民们拒绝接受身体检查）。这些辛苦付出的价值不仅仅是理论上的。韦宁格宣称，"我们的工作不仅仅是为科学服务，还为人民的集体利益服务"，即改进通过身体检查进行亲子鉴定的方法。资助机构也用这样的说法来评估该项目。罗勒德法官也热情地关注着工作组的进展，毕竟，第一次亲子鉴定就是应他的要求而做的。[21]

就像雷歇和韦宁格发现的那样，亲子鉴定科学不仅具有科学和实际意义，也是有利可图的。马林费尔德项目的设备有一部分是用维也纳研究所向法院提供专家报告所产生的资金购买的。[22]研究所还考虑将在马林费尔德收集的遗传性状发生率和传播模式的数据出售给德国和国外的其他亲子鉴定人员。[23]然而，很快，政治形势的发展就为亲子鉴定员提供了利用他们的专业知识的其他途径。

对亲子鉴定科学的狂热追求反映了20世纪30年代科学、社会和政治对遗传和种族人类学的高度兴趣。但亲子鉴定不仅反映了这些目的，还越来越多地被用来证明这些目的合理性。对非专业人士来说，耳朵特征的分布或鼻子形状的遗传传递可能显得深奥难懂，但如果这些知识可以改进亲子鉴定的实用方法，情况就不是这样了。马林费尔德项目规模很大，代价高昂，其意义在于在亲子鉴定领域的应用，正如雷歇提出的一项关于血型分布的大规模研究一样。[24] 在种族科学正式被国家利用之前的那些年里，亲子鉴定促成了这样一种"普遍共识……即人类学可以……服务于更大的社会利益"[25]。当遗传知识被用于历史悠久的对于父亲身份的探求时，它就变得与社会直接相关。亲子关系的问题，以及科学可以解决这个问题的信念，有助于设定遗传主义和种族研究的目标，并向资助者、政府和公众证明它们的价值。

维也纳研究所提供的亲子鉴定专家意见使其成为欧洲德语区第二大人类学研究所。[26] 在20世纪20年代末，其他科学机构也开始从事亲子鉴定，包括莱比锡大学由雷歇管理的研究所、慕尼黑大学和柏林的威廉皇帝人类学、人类遗传和优生学研究所（Kaiser Wilhelm Institute for Anthropology, Human Heredity and Engenics）。[27] 到了1933年，这些科学程序突然被赋予了令人震惊的新的政治意义。

在汉斯·施瓦茨的回忆录《每一个人生都是一部小说》（*Every Life Is a Novel*）中，他指出1933年"标志着一个新篇章的开始"[28]。在这一年的1月纳粹党夺取德国政权时，他已经结婚了，有两个小女儿，并从事精神病学工作。两个月后，《恢复专业公务员法》（Law for the Restoration of the Professional Civil Service）禁止犹太人和共产党人担任公务员、大学教师、律师和医生。这是一系列将犹太人从科学、医学以及许多其他专业领域中清除的法律的序幕。对施瓦茨来说，这些法律的影响还不清楚，因为他的种族身份仍然不确定。然而，不久，他收到了一封信，要求核实他父亲的血统。

"犹太人"和"雅利安人"（以及这个纳粹主义国家使用的相关术语，如"德国血统"或"外来种族"）被认为是对生物种族的称呼。它们主要不是基于自我认同、社会或宗教实践或社区成员身份，而是基于这样一种错觉，即这些群体之间存在着某种本质的生物学差异。区分"雅利安人"和"非雅利安人"的任务因世俗化、皈依和异族通婚的漫长历史而变得复杂。那些不再是某个宗教团体的忠实成员的犹太人，与非犹太人结婚的犹太人，或在几代人之前皈依新教或天主教的犹太人并不容易被识别出来。还有像施瓦茨这样的人，他们的生物学出身被收养或非婚生子女身份掩盖了。

这个难题的一个答案在于基因科学：如果犹太人和雅利安人是种族群体，那么肯定有一些身体标记可以将他们区分开来，无论是血型、指纹，还是特定的身体特征。识别种族标记当然是大西洋两岸种族科学家长久的愿望，但纳粹主义制度下的专家们在定位这些标记方面并不比他们的前辈更成功。在缺乏能揭示种族身份的身体特征的情况下，纳粹国家采用了基于祖先的种族定义。正如1935年的《纽伦堡法》所规定的那样，一个人是不是犹太人，取决于其祖父母和外祖父母中犹太人的数量。如果其中有三个或四个犹太人，那他就是犹太人。如果其中有两个是犹太人，那他就是第一类混血儿或者犹太人，具体取决于其他的考虑因素，例如他的配偶是不是犹太人。如果其中只有一个是犹太人，那他就是第二类混血儿。汉斯·施瓦茨不认识他的祖父母这一事实解释了他的种族地位的不确定性。[29]

种族公民权需要一套行政体系和新的行政程序来确定每个人的种族身份。民事法院和新的国家机构——帝国亲属关系办公室——都肩负着这一使命。种族血统的确立首先是通过个人对自己的血统作出声明，然后是检查确证文件，如出生证明、洗礼证明和结婚证明。通过关于他们的宗教归属、犹太社区成员身份、听起来像犹太人的名字等标记，这样的材料可以揭示父母、祖父母和外祖父母的"犹太性"或"雅利安性"。绝大多数血统案件都是仅根据书面证据作出裁决的。但在档案缺失、含糊不清或有争议的情况下，调查就从档案转移到了实验室。帝国亲属关系办公室要求科学研究机构根据对个人身体的检查来确定其种族。

在《恢复专业公务员法》通过后不久，汉斯·施瓦茨收到了第一个关于他父亲血统证明的官方要求——一封来自一家编制执业医生名册的国家保险机构的信。不知道为什么，调查停滞了，三年过去了，汉斯生父的身份仍然没有被确定。1936年，帝国亲属关系办公室对他的种族血统展开了正式调查。两年后的结论与他母亲的说法相矛盾。档案研究发现了一份文件，一个名叫内森·施瓦茨的犹太商人在汉斯还是个蹒跚学步的孩子时就承认他是自己的儿子。这个消息让汉斯很震惊，因为内森·施瓦茨不是别人，正是他养父马克斯（Max）的弟弟。如果这是真的，那么不仅他的养母是他的亲姨妈（即他生母的姐姐），而且他的养父是他的亲叔叔。汉斯声称从未听说过内森·施瓦茨，也从未从他那里得到过任何经济上的支持。[30]

他的生母和内森·施瓦茨被传唤接受调查，但两人都否认内森是汉斯的生父。他的生母声称，已故律师、雅利安人罗伯特·科赫在40年前让她怀上了汉斯，她第一次见到内森·施瓦茨时就已经怀孕了。而内森则声称，是他的哥哥马克斯说服他承认这个男孩是他的儿子。虽然社会证据似乎与文献记录相矛盾，但这个种族国家对社会或官方意义上的父亲身份都不感兴趣。它想知道汉斯的生物学的父亲是谁，但是面对矛盾的证据，他的身份仍然不确定。帝国亲属关系办公室将调查范围扩大到已故的罗伯特·科赫，要求提供文件和照片，以便调查汉斯另一位可能的父亲。[31]

汉斯的例子表明，两个看似截然不同的目标——揭示种族身份和确立父亲身份——实际上是密不可分的。种族评估就像亲子关系评估一样，在身体上寻找最基本的、不可改变的关于父亲身份的真相。揭示这些截然不同的真相的技巧同样是难以区别的。为了应对生物种族决定性标记的缺乏，科学家们重新利用了此前用来寻找父亲的技术——对血型、指纹、眼睛和头发的颜色、脸型的分析，并将这些技术应用于新的目的，即确定犹太人的身份。其结果既不是严格意义上的亲子鉴定，也不是种族鉴定，而是两者的结合：对种族亲子关系的分析。

从此，亲子鉴定科学开始与国家的种族实践直接相关。当维也纳研究所的约瑟夫·韦宁格在1936年申请资金继续马林费尔德项目时，一位热心的拨款审查员这样表达了该项目的价值："提供的调查结果越多，我们就越有把握不仅为民事案件，而且为亲属关系办公室提供亲子鉴定意见。后者可以作为决定婚外情产生的孩子、通奸产生的孩子和弃儿等是不是雅利安人后裔的依据。"[32]马林费尔德项目最初被认为是在家庭纠纷的背景下对亲子关系进行调查的一种助力,现在它因为能够帮助帝国亲属关系办公室确定种族身份而受到吹捧。

这两种评估也采用了类似的法律框架。德国的亲子关系法围绕着"明显不可能"的概念,即与母亲有亲密关系的男子自动成为她孩子的父亲,除非这种关系明显不可能。这种概念性表达被引入种族评价,科学家们用"具有很大或非常大的可能性"或"具有可能性或明显不可能"来表达他们对犹太身份或雅利安身份的评价。[33]有些方法和程序已获得法医认可,可以用来确定亲子关系,这有利于将其应用于种族身份的调查。[34]

在20世纪80年代,德国遗传学家本诺·米勒-希尔(Benno Müller-Hill)采访了曾经为纳粹种族项目工作的科学家。当这些上了年纪的、通常毫无悔过之心的空想家们喝着咖啡啃着蛋糕分享他们的回忆时,与不确定的或虚假的父亲身份有关的情节在他们的故事中异常频繁地出现。亲子关系是国家种族判定的核心,因此也是第三帝国日常科学实践的核心。在确定汉斯·施瓦茨的父亲时是这样,在每一个确定种族身份的案例中也可能是这样。例如,对于那些根据《纽伦堡法》被指控犯有"种族耻辱"罪(与雅利安人发生性关系)的犹太人来说,一种常见的辩护策略是对他们父亲的身份提出质疑,以重新划分自己的种族。[35]

种族和亲子关系之间的联系是现代亲子关系一个反复出现的特征。这种联系并不是纳粹发明的,但是他们的确使其更加完善。他们沉迷于父亲身份的不确定性,这被认为为种族不确定性创造了机会,进而造成种族污染。因为真实的父亲身份可能会通过婚外情、通奸或收养来隐藏或伪造,这些情况带来了特别的种族威胁。20世纪20年代初,奥托·雷歇率先进行了为孤儿寻找父亲的科学试验。在那个时代,一项新的福利法将非婚生子女和寄养儿童置于国家更严密的控制之下,以改善他们的福利,降低婴儿死亡率。10年后,雷歇在莱比锡启动了一项警方对非婚生子女的登记,以便追踪居住在德国人中间的潜在外族人。[36]此时,非婚生育和没有父亲成为重要问题,不是因为它们与儿童福利的关系,而是因为它们与种族渗透的关系。

1933年之后,种族亲子鉴定盛行起来。这种做法是早期亲缘关系科学的直接延伸：种族亲子鉴定在相同的实验室里，由20世纪20年代率先进行亲子鉴定的同一批专家进行。威廉皇帝人类学、人类遗传和优生学研究所是一个著名的科学中心，成立于1927年，一年后开始为法院进行亲子鉴定。这里最杰出的亲子鉴定专家是主任欧根·菲舍尔（Eugen Fischer），他是他那一代最有影响力的种族科学家之一。当汉斯·施瓦茨还是一名医科学生时，曾跟随菲舍尔学习解剖学。1933年之后，研究所的出身鉴定数量激增。[37]沃尔夫冈·阿贝尔（Wolfgang Abel）是一名种族人类学家，以对鼻子形状的遗传学研究而闻名于世，他加入了菲舍尔，成为该研究所的首席亲子鉴定师。他们得到了进行血型测试的医疗技术人员和同事的协助，后者包括研究面部皱纹遗传学的恩格尔哈德·比勒（Engelhard Bühler）和挪威的耳朵形状专家托尔达·奎尔普鲁德（Thordar Quelprud）。根据阿贝尔的估计，在德意志第三帝国时期，该研究所为亲属关系办公室完成了约800份出身报告。[38]

该研究所在种族亲子鉴定方面业务的扩大与政治和法律的发展密切相关。1935年《纽伦堡法》颁布后，对鉴定的需求急剧上升。1938年的法律改革促成了另一个高峰。[39]到1939年，德国内务部和司法部指定了11个种族生物学研究所和数量不详的个体执业人员进行种族亲子鉴定。到1942年，除了专家个人外，还有20多个研究机构从事这种鉴定。[40]

随着种族亲子鉴定成为整个德意志帝国科学机构日常工作的一部分，数以百计的医生、人类学家和实验室技术员参与其中。他们中有一些第三帝国最著名的种族科学家和种族理论家，包括奥托·雷歇和欧根·菲舍尔以及菲舍尔的弟子奥特马尔·冯·费许尔男爵（Otmar Freiherr von Verschuer）。在法兰克福大学，冯·费许尔有一个助手，这个助手在被派往奥斯威辛集中营当医生的几年前，曾负责种族亲子鉴定。这个助手就是约瑟夫·门格勒。

进一步反映种族亲子鉴定制度化的是，它成为基础医学教育的一部分。威廉皇帝人类学、人类遗传和优生学研究所在1934年为法学家开设了为期三天的种族科学课程，内容包括绝育、退化、种族卫生、血型分析和人类学亲子鉴定等主题。[41]阿贝尔描述了他在给800名医学院一年级学生上入门课时开发的一个练习。他展示了四张来自真实的出身鉴定案例的照片，并要求学生识别出正确的父亲和个人的种族类别。他说："当搭配出现错误时，会给大家带来很多笑声。"这个练习的目的是"教育他们在以貌取人时要小心"。[42]这里的教训大概是，种族血统评估是困难和复杂的，只适合像阿贝尔这样训练有素的专家。而另一个教训他似乎没有想到，即也许这样的评估从一开始就很荒谬。

随着种族亲子鉴定的兴起，与之相关的技术也变得越来越复杂。20世纪20年代，雷歇的第一次检测依赖于对19个身体特征的一系列测量和评估，后来的检测扩展到100个特征或更多。[43]研究人员继续寻找种族亲子鉴定的单一标志——也许是鼻子，这是阿贝尔的专业领域，或者是耳朵，这是阿贝尔的同事奎尔普鲁德的研究对象。但只要还没有确定这个标志是什么，他们就会遵循"宁滥勿缺"的原则，即分析尽可能多的特征。作为"多多益善"原则的典范，德国的亲子鉴定很可能称得上是有史以来最复杂的亲子鉴定。但从业人员并没有遵循单一的、标准化的方法。尽管医学课程中加入了种族亲子鉴定，并且威廉皇帝人类学、人类遗传和优生学研究所试图统一实践标准，科学家还是倾向于开发自己的、完全不同的方法。[44]正是由于评判标准模糊，涉及的利害关系又很大，这种鉴定经常会成为争论的话题。

在科学研究所和医学院的教室之外，种族亲子鉴定也是德国国家宣传的主题。德国制作的一部短片向普通观众解释了科学程序。短片讲述了一位焦虑的母亲韦伯夫人（Frau Weber）的故事，她确信自己的儿子在出生时被意外抱错了，于是向一位好心的医生寻求帮助。医生对韦伯夫人、她的丈夫和"小格奥尔格"进行了全面的遗传检查——抽血，研究头发和眼睛的颜色，测量耳朵、鼻孔和头部，记录指纹。医生温和而权威，护士高效而能干。他一边工作，一边解释每一个步骤，问忧心忡忡的母亲，进而也是问影片的观众："你现在可以信任我们了吗?"

尽管这部短片将遗传评估技术常态化，把它们描绘成科学合理、对社会有用的方法，但它排除了这些方法的所有种族和政治内容。科学家解决了一个私人的、家庭的戏剧性冲突（观众怀疑，这可能起源于韦伯夫人过度活跃的想象力）。不出所料，这个故事以一个皆大欢喜的结局收场：科学家得出结论，"小格奥尔格"是这对夫妇的亲生儿子。这个无伤大雅的故事与当时德国各地基因研究所进行的生死攸关的鉴定形成了强烈的反差。这部电影拍摄于1944年6月，当时驱逐和大屠杀正如火如荼地进行着。[45]

德意志第三帝国的种族工程不仅要求将亲子鉴定科学常态化，而且要求从根本上改革亲子鉴定法。1938年，帝国的《家庭法有关规定的变更和修正法》（Law for the Alteration and Amendment of Regulations Pertaining to Family Law）大大扩展了质疑父亲身份的理由。在此之前，基因检测主要用于像汉斯·施瓦茨案那样涉及非婚生子女和未婚父母的亲子鉴定。1938年的这部法律开辟了一个新的争论领域：婚生亲子关系。改革的目的是在婚生推定这一法律虚构可能会掩盖"真正的"种族出身的情况下澄清这一点。[46]

传统上，德国法律对婚生子女的父子关系给予谨慎的保护。只有丈夫能够挑战孩子的亲生子女身份，而且只能在孩子出生一年内这样做。[47]1938年的改革取消了这一时间限制，这样无论何时，只要丈夫得知孩子可能是通奸所生，就随时可以拒绝承认自己的父亲身份。更激进的是，它授权妻子、孩子和由公诉人代表的国家本身来发起这样的挑战。现在，只要认为这样做符合"人民"或孩子的利益，婚内生育的孩子的身份就可以受到质疑。

这里的"利益"指的是种族地位。正如该法律的共同作者解释的那样，如果一位雅利安人妻子嫁给了一位犹太人丈夫，但是她所生的孩子是她的雅利安人情夫的，那么如果确定其生父的身份，以确立他作为"纯正"雅利安人的更有利地位，就符合这个孩子的利益。相反，如果一个小孩虽然是"雅利安人夫妇……婚内所生"，但亲生父亲不是雅利安人丈夫，而是犹太人情夫，那么揭示其真实出身就符合国家的利益。[48]该法律将种族不确定性归因于亲子关系的不确定性，并试图通过解决后者来解决前者。它规定将"族谱和种族检查"作为这样做的方法。

在西方法律中，婚生推定在传统上是强有力的，有时是无可辩驳的。纳粹政府否定了这一假设，从婚生推定的虚构中剥离出了亲生父亲的身份。它在种族纯洁性的祭坛上牺牲了婚姻和社会妥当性，从而彻底背离了德国和全球的法律传统。另一个背离之处是，该法律引入了亲子鉴定程序中的强制条款。凡是在亲子关系纠纷中接受物证的地方，特别是在民事诉讼中，就法院是否可以强迫未成年人、被推定的父亲或其他家庭成员接受血液检测或身体检查的问题，人们展开了激烈的辩论。在德国和在其他地方一样，传统的共识是法院不能这样做。[49]1938年的法律修改了这一点，规定"当事人和证人"必须接受身体检查和血液检测。

然而，为了澄清真正的种族身份而为亲子关系之争打开大门的法律也可能是一把双刃剑。一方面，它允许国家提起诉讼，挑战孩子的合法性，从而揭露隐藏在婚生亲子关系背后的"真正的"犹太人。另一方面，它也为"完全"和"部分"犹太人提供了一个机会，可以通过质疑父亲的身份来改变自己或孩子的种族地位。这正是他们所做的。从1938年以后，从慕尼黑到维也纳再到汉堡，亲子关系诉讼案如潮水般涌向民事法庭。[50]妇女们站出来否认犹太丈夫的父亲身份，孩子们也提起诉讼，质疑犹太父亲的父亲身份。德意志第三帝国的受害者利用种族父亲身份的逻辑来拯救自己和家人。

在这方面，最具讽刺意味的故事或许发生在弗里德里希·凯特（Friedrich Keiter）身上。凯特是一名种族人类学家和狂热的反犹分子，与汉堡和维尔茨堡的种族生物学研究所有联系。他碰巧有一个犹太祖父。1938年，凯特的祖母宣布，她的丈夫（也就是凯特的祖父）不是她孩子的父亲，孩子们的生物学父亲是雅利安人。凯特在威廉皇帝人类学、人类遗传和优生学研究所接受了人类学评估，其结论验证了他祖母的说法。多亏了这次评估，凯特得以宣称自己是一个纯正的雅利安人和正直的纳粹分子。他很可能继续对别人进行他自己曾经接受过的种族亲子鉴定。[51]

要提起亲子鉴定诉讼，需要聘请律师，并支付昂贵的人类学评估费用。但对于那些负担得起的人来说，申诉往往非常成功。例如，在汉堡的大多数案件中，申诉者成功地"提升"了他们的种族地位。[52]关于父亲身份的申诉越来越普遍，官员们识破了这个计谋，警告说，这种质疑"只在极少数案例中"是真实的。[53]

随着犹太人地位的恶化，种族亲子关系的申诉增加了。随着1935年《纽伦堡法》的颁布，以及1938年之后对婚生亲子关系制度的改革和对犹太人的大屠杀，此类申诉的数量激增。"水晶之夜"的一个月后，汉堡大学种族生物学研究所的工作人员抱怨要求进行种族亲子鉴定的人太多了。1941年至1942年，随着驱逐犹太人行动的展开，要求鉴定的人数再次上升。[54] 显然，犹太人策略性地利用了亲子鉴定程序，先是为了逃避歧视，然后是为了逃避死亡。遗传研究机构无法满足激增的需求，这一事实对申诉者有利。令盖世太保懊恼的是，只要调查还在进行中，往往就无法将犹太人家庭成员驱逐出境。令人难以置信的是，法院有时要求将已经被驱逐的父亲暂时从集中营释放，以便提供证词或进行亲子鉴定。[55]

对父亲身份的质疑最终成为一种基于家庭而非社会的抵抗策略。个人试图对自己和某些家庭成员进行种族上的重新分类，但保留了不确定的亲子关系和种族分类的基本逻辑。这个过程也充满了道德方面的原因。彻底的身体检查可能是耻辱性的（回想一下马林费尔德村民对全身检查的抵制），在耻辱性的法律诉讼的情况下，对中产阶级来说或许更是如此。毕竟，要质疑父亲身份，妻子必须"承认"通奸，丈夫必须自认为自己戴了绿帽，孩子必须与父亲或祖父断绝关系，并怀疑母亲或祖母的道德品性。

相反，犹太人的母系制度可能帮助一些人接受了这种痛苦的补救措施。根据犹太律法，犹太人的身份是由母亲传给孩子的。因此，当犹太人和混血儿质疑犹太父亲和祖父的身份时，他们并没有放弃自己的犹太身份。也许这一事实给这一本来一定是耻辱性的经历带来了些许安慰。

很难知道犹太人是如何经历或理解这种策略的，因为它似乎已经从那个时代的集体记忆中被抹去了。[56] 一个可能的线索来自波兰血清学家路德维克·赫斯菲尔德，他对海德堡的教授和萨洛尼卡士兵的研究首次确立了血型的遗传，并帮助开创了血清学亲子鉴定。1943年，作为一个有犹太血统的天主教徒，赫斯菲尔德用假名躲在波兰乡下，勉强躲过了华沙犹太区的恐怖。他开始强迫性地向妻子口述他的回忆录。[57] 他回忆起以前更快乐的时光，包括四分之一个世纪前他在血型研究上取得的巨大成就。在他的思绪回到现实时，他指出："不过，在某一方面，这项研究让我很不愉快。""德国人用它为种族政策服务。如果一个来自异族通婚的孩子证明他母亲的丈夫不是他的父亲，他就会获得所有的公民权利，这可能是对他为了个人利益毫不犹豫地诽谤母亲的奖励。"赫斯菲尔德不仅谴责纳粹的"种族政策"，还谴责那些"毫不犹豫地诽谤母亲"的犹太受害者。然而，他所藐视的"个人利益"是一种绝望的、有辱人格的生存尝试。[58]

奥托·雷歇最初对他开创的方法的显著扩张感到满意。对于提供种族亲子鉴定的科学家和机构来说，种族亲子鉴定需求的急剧增加和新获得的重要性是一笔潜在的意外之财。他们在国家的种族"清洗"中扮演的角色赋予了他们极大的政治重要性。1935年，威廉皇帝人类学、人类遗传和优生学研究所的欧根·菲舍尔指出，"在重建我们的民族国家时"，这样的任务被赋予了"最高优先级"。种族亲子鉴定在政治上的重要性使科学家能够获得公共资金和额外的人员，从中获得的收入填补了机构的预算。[59]

但是亲子鉴定数量的不断增长也有不利的一面。正如菲舍尔不久后哀叹的那样，费力劳神的专家报告占用了基础研究的时间。公共资金没有到位，至少没有达到预期的数量。雷歇抱怨只有某些机构和个人成为受益者。[60]科学家们争论谁应该承担评估所需的费用，尤其是在评估不是由国家机构提出，而是由想要提高自己地位的犹太人提出时。评估的费用很高，根据1936年内务部的估计，平均下来，每次评估要花费90马克，而这大约是一个普通工人一个月的工资。[61]菲舍尔指出："我们那些有钱的同胞能够享受获得专家意见证明他们是雅利安人的好处，而那些贫穷的同胞却被剥夺了这个机会，这是很不公平的。"但慕尼黑大学人类学系主任特奥多尔·莫利森（Theodor Mollison）等人则认为，犹太申诉者是在利用种族亲子鉴定这一严肃的业务为自己的利益服务。他指出："为那些明知自己不是雅利安人却声称自己是的人免费提供这种耗时的检查是不可取的。"[62]人类学家沃尔夫冈·阿贝尔在几十年后的一次采访中声称，威廉皇帝人类学、人类遗传和优生学研究所并没有从这些报告中获得经济利益，当其他研究所试图从中获利，收取700马克或更多的费用时，"菲舍尔和我拒绝了来自贫穷申请者的任何报酬，只收取纸张和照片的费用，大约20马克，有时甚至不收取任何费用"，这种说法本身很可能就是出于自私自利之心。[63]直到1942年，内务部才试图通过定价来解决这个问题：涉及三人的血统检查收费175马克，涉及四人的收费220马克，然后每增加一人再收取30马克。[64]

最终，一些科学家开始认为，种族亲子鉴定对他们的研究所来说更多是负担而不是福祉。阿贝尔声称，他和菲舍尔都不想做"犹太人专家报告"，而菲舍尔一再提出要培训威廉皇帝人类学、人类遗传和优生学研究所内部的官员来做这些工作。[65] 1939年，菲舍尔抱怨说，研究所收到的评估申请是它所能完成的四倍，这也表明寻求种族重新分类的人比获得种族重新分类的人多得多。[66] 随着战争的爆发，实验室人员被征召入伍，人手短缺加剧，积压的工作激增。1940年3月，躯体亲子鉴定的骄傲创始人雷歇拒绝使用他发明的方法，宣布他只会在"特殊和非常紧急的情况下"进行新的鉴定。[67]

科学家无法满足对专家意见的巨大需求，这是很有讽刺意味的，因为这种情况在一定程度上源于对科学和医学领域犹太从业者的清洗。事实上，除了奥托·雷歇这个明显的例外，早期亲子鉴定科学的先驱大多数都是犹太人后裔，包括：首次将血型检测引入法庭、用于鉴定亲子关系的血清学家弗里茨·席夫；席夫的合作者、法医专家格奥尔格·施特拉斯曼；正确地识别了血型遗传模式的数学家菲利克斯·伯恩斯坦（Felix Bernstein）；血型遗传的共同发现者路德维克·赫斯菲尔德；因发现血型而获得诺贝尔奖并主张在法庭上使用血型的卡尔·兰德施泰纳；发表文章介绍在亲子鉴定案件中使用指纹的海因里希·波尔（Heinrich Poll）；主张扩大亲子鉴定范围的意大利血清学家莱昂内·拉特斯。这些人和他们的家人并不一定信仰犹太教，或以犹太人自居，例如兰德施泰纳和赫斯菲尔德都皈依了天主教，而施特拉斯曼接受了他母亲的洗礼。这些事实当然与基于血缘和祖先的犹太人定义无关。所有这些专家（除了兰德施泰纳，他已经搬到美国几十年了）显然都是在1933年之后十分紧缺的血统检测的专家，但他们都被剥夺了工作资格。

弗里茨·席夫的经历尤其令人心酸。就在种族亲子鉴定数量激增的时候，他自己的职业生涯却陷入了危机。甚至在《恢复专业公务员法》开始将犹太人从医学界清除之前，席夫就无法继续从事法医专家的工作了。这对他不仅致力于血清学研究，而且致力于其在法庭上的实际应用的职业生涯是一个严重的打击。工作资格的丧失

父亲身份：探寻血缘之谜

在经济上的影响也是灾难性的。1933年，他们共同的朋友、丹麦医生赫尔曼·尼尔森（Hermann Nielsen）在给纽约的卡尔·兰德施泰纳的信中，描述了席夫在没有法医资格证的情况下，养活七口之家是多么艰难："由于他的大部分收入都来源于此，他现在几乎难以为继。"由于无法负担自己的公寓，席夫设法让家人搬到一些便宜的房间。尼尔森把席夫的大儿子、11岁的汉斯·沃尔夫冈（Hans Wolfgang）带到了丹麦，显然是为了缓解这个拮据家庭的压力。他在信中说："我们的朋友看到自己的生活受到了威胁，但是他不能直接给你写信，因为信件会被拆开，受到纳粹的审查。"[68]

为了改善席夫的境况，兰德施泰纳等人动员起来。墨西哥、瑞士、加拿大等地都出现了工作机会，但一个个都落空了。兰德施泰纳回复尼尔森说："我无法判断席夫博士在柏林的情况有多么糟糕，因此我很难给他提供建议。"但他建议席夫在离开柏林去墨西哥城的卫生研究所工作之前要"三思而行"，"这份工作的缺点可能在于像墨西哥这样的国家所存在的政治不确定性"。[69]具有强烈讽刺意味的是，此时的纳粹德国仍然被认为比"像墨西哥这样的国家"更可取。第二年，也就是1934年，哥伦比亚大学的一个可能职位消失了，因为洛克菲勒基金会拒绝为这个职位提供财政支持。具有讽刺意味的是，席夫作为一个大家庭家长的角色使他在柏林的经济状况更加糟糕，这也是他试图移民的一个不利因素。一位捐助者指出："他有一个大家庭，这将使他在经济上非常困难。"[70]

席夫最后留在了柏林。1935年2月，他写信给兰德施泰纳，说由于实验室缺人手，他的研究无法继续。六个月后，随着《纽伦堡法》的出台，他失去了大学的职位。此后，他的教师资格证被完全吊销。由于缺乏人手和资金，他的实验室举步维艰，科研产量也一落千丈。[71]

最后，由于席夫在国外的人脉，以及他的亲子鉴定工作在国际上得到了广泛的认可，席夫得到了一份在纽约贝丝以色列医院（Beth Israel Hospital）担任细菌学主任的好差事。1936年8月，席夫和妻子希尔达（Hilda）以及他们的三个儿子登船赴美。有一张照片显示，弗里茨和希尔达在"尚普兰"号汽船（SS Champlain）的甲板上，迎面吹着风，面带微笑，正在穿越大西洋。[72]

他们离开的时机也很具有讽刺意味。就在席夫离开欧洲的那一周，德国内务部颁布了一项法令，承认了血液检测在德国各地法院的证据价值。该法令正式承认了一种在过去10年中已成为法院标准做法的方法，即席夫的血液检测。他在1924年首次向柏林法医协会提出血液检测，并将它引入法医实践，在法律的法庭和舆论的法庭上为之奔走呼号。正是这项检测彻底改变了德国乃至全球的亲子鉴定科学。纳粹把弗里茨·席夫赶出去的时候，正是他们利用他毕生的心血为自己的邪恶目的服务的时候。

在弗里茨·席夫到处寻找出路的那些年里，汉斯·施瓦茨一直努力保持低调。他失去了在一家疗养院的工作，但仍然作为个体医生行医。他的血统问题仍然没有得到解决，他巧妙地利用了这一事实。1940年，当他被征召入伍时，他回答说，因为他是犹太人，所以不能服兵役。随后，他立即写信给医学协会，说由于他被征召入伍，政府不需要再监督他的医疗实践了。[73] 与此同时，他的案件继续在德意志帝国的亲属关系机构中缓慢地排队。对这些鉴定的受害者来说，让奥托·雷歇抓狂的种族关系评估申请的积压是挽救生命的福音。

最终，在1942年6月，威廉皇帝人类学、人类遗传和优生学研究所传唤施瓦茨进行了一次完整的种族亲子鉴定。他花了200马克，在柏林最繁忙的法医实验室之一——遗传和种族关怀综合诊所——接受了检查，但最终报告是由威廉皇帝人类学、人类遗传和优生学研究所的主任库尔特·迈尔（Kurt Mayer）撰写的。[74] 作为一个狂热的纳粹分子，迈尔既不是医生也不是科学家，他拥有的是历史学博士学位。[75]

1942年夏天，迈尔在驱逐犹太人的阴影下公布了这份报告。报告得出的结论是，施瓦茨的父亲的身份无法确定，他的种族地位也无法确定，但同时也宣布施瓦茨是"混血"，"可能是犹太人"。[76] 施瓦茨的律师对他注定要失败的委托人避而远之，但施瓦茨很快就聘请了新的律师，对判决提出上诉，并获准进行第二次检查。转眼之间，几个月过去了。第二次检查是由弗雷德·杜比切尔（Fred Dubitscher）进行的，他是遗传和种族关怀综合诊所的主任，在各个州的卫生机构都很活跃，是优生绝育的热心支持者。碰巧的是，他还是一名精神科医生，而这两个人——检查者和被检查者——在专业圈子里互相认识。[77]

汉斯·施瓦茨赤身裸体地站在以前的同事面前，接受将决定他、他的妻子和女儿生死的检查，这是一种什么样的感受呢？当杜比切尔费劲地测量并将数据口述给房间里的一个秘书时，他始终保持冷漠，就像完全不认识自己的检查对象。

但是在检查结束、秘书离开房间后，杜比切尔放松了下来，他对施瓦茨表示同情，并提出要借给他1 000马克。施瓦茨当时的就业机会严重受限，于是接受了这份借款。[78]杜比切尔职业生涯的其他方面反映了他对种族清洗项目的坚定支持，但这次他可能是有意拯救同事的生命。他的报告保留了迈尔的大部分不利评价，但得出了截然相反的结论：由于父亲一方有西班牙血统，施瓦茨可能看起来像外国人，但他不一定是犹太人。杜比切尔宣称他主要是"德国血统"——这是拯救了施瓦茨及其家人的决定性表达。[79]

他很可能有意为他的同事写了一份无罪开脱的报告。但是，两位专家对同一个人的检查怎么能顺理成章地得出两种截然相反的结论呢？事实上，这样的争论在科学家之间，以及科学家和帝国官员之间是很常见的。[80]其中一个原因是，种族亲子鉴定可以决定一个人及其全家的生死存亡，这使鉴定过程中腐败盛行。随着金钱易手，档案中的照片也会被换掉。威廉皇帝人类学、人类遗传和优生学研究所的沃尔夫冈·阿贝尔承认了这个问题，以便与其撇清关系。他自豪地回忆说他和菲舍尔赢得了"清廉"的好名声。有一次，他们甚至与当局发生了冲突，因为他们把德国造纸工业的负责人赶出了研究所，而此人试图贿赂他们，以获得一份有利的血统报告。阿贝尔宣称："仁慈不是一个科学上的概念。"[81]如果说对一些犹太人来说，救赎是通过贿赂获得的，那么对汉斯·施瓦茨来说，救赎则是通过职业上的友谊获得的。其他检查者可能是出于对被检查者的默默同情而费尽心机撰写报告的。维也纳研究所的一名检查者因一贯做出有利于被检查者的鉴定结果，而受到了最高法院律师的谴责。[82]

但两份报告得出相反结论的主要原因不是腐败、欺诈或同情，而是因为在种族亲子鉴定的问题上本来就缺乏共识。这些评估的观察一贯异常模糊，并且结论总是笼统不清。汉堡卫生局的汉斯·库普曼（Hans Koopmann）是一位经验丰富的亲子鉴定专家，他是这样总结自己的报告的："根据直观的总体印象，法定父亲很有可能不是生父。"[83] 没有一个明显的标准来判断评估的好坏。沃尔夫冈·阿贝尔回忆说，他曾被公认为"人类面部和头颅形状领域的专家"，但随后又隐晦地补充说："没有人能查验我的结论，所以其他机构通常不会就同样的案例撰写专家报告，我们写我们的，他们写他们的。"[84] 他试图标榜自己出类拔萃的专家地位，但无意中暴露了专家们对种族亲子关系缺乏共识。

专家之间的冲突很常见。弗里茨·伦茨（Fritz Lenz）是威廉皇帝人类学、人类遗传和优生学研究所的一位著名种族科学家，也是菲舍尔的长期合作伙伴。在1940年的一个案件中，他拒绝为科隆地区法院提供仅基于照片的专家评估。司法部质疑伦茨的观点，询问了其他五名种族人类学家，其中包括菲舍尔和雷歇，他们都反驳伦茨，声称仅凭照片确实可以作为亲子鉴定的有效依据。[85] 在多年的研究之后，顶尖的亲子鉴定科学家们对这个基本方法问题仍没有达成共识，这是很让人惊讶的。

尽管缺乏科学共识，但躯体方法在纳粹德国获得了历史上前所未有的权威。巴西牙科学家路易斯·席尔瓦和血液振动仪的发明者阿尔伯特·艾布拉姆斯对他们的方法的信心不亚于奥托·雷歇和他的同事，但席尔瓦和艾布拉姆斯都是远离主流的人，而在德国，雷歇扮演的是火炬手的角色。虽然德国专家在基本方法的问题上存在争议，但他们对亲子鉴定科学产生了深远的影响。他们被赋予了显赫和权威的职位，在国家项目的背景下，他们的专业知识被赋予了前所未有的权力和重要性。纳粹主义制度下的亲子鉴定科学的与众不同之处不在于科学，而在于政治。只有在这里，国家才承认躯体亲子鉴定，并且第一次将科学方法制度化，用于大规模的血统鉴定。亲子鉴定成了一种例行程序和公共政策工具。

1939年，德国最高法院宣布，科学方法已经发展到可以确定非婚生子女的父亲的程度。在那之前，全球的科学和法律共识认为，血型检测可以明确排除一些不可能的父亲，在罕见的情况下，遗传病理可能显著地表明一个男人和一个孩子之间有亲缘关系，但科学还没有解开亲子关系的根本奥秘。德国最高法院与这一共识分道扬镳，认为确实可以确定无疑地揭示父亲的身份。[86] 毫无疑问，许多种族科学家同意这一结论，但是这一说法所表达的既是科学争论，也是政治争论。

在纳粹主义制度下，亲子关系的政治生命在历史上显得反常。即使是在DNA检测可以被视为证明其合理性的当下，也没有一个国家如此坚决地接受如此强调生物学的亲子关系定义。没有其他地方如此干净利落地将生物学上的亲子关系与其法律、经济或社会基础割裂开来，没有其他社会如此欢迎确定亲子关系的科学方式，没有其他社会如此果断地对家庭荣誉、性道德和婚姻秩序的观念提出挑战，没有其他地方有如此多的科学家不加批判地相信他们的专业知识有能力解决亲子关系的问题，也没有其他地方的亲子鉴定成为生死攸关的问题。

然而，以种族科学之名犯下的罄竹难书的恶行不应掩盖德意志第三帝国种族亲子鉴定的象征意义，而非特殊意义。就像几个世纪以来的国家当局一样，纳粹为了维护公共和私人利益，对亲子关系进行了规范。不同之处在于他们定义这些利益的方式。他们把种族真相和种族纯洁性置于婚姻、儿童、荣誉、体面、道德或公共财政之上。虽然纳粹国家在强制推行其亲子关系的观念方面特别严厉，但与其他国家一样，它定义亲子关系的目的是为政治、道德、经济和种族目标服务。

纳粹同样认同那个古老的假设，即亲子关系在本质上是不确定的，因此永远容易被隐藏或压制。他们寻求新的科学和法律审查模式来寻找父亲，而这当然是大西洋两岸广泛关心的问题。在纳粹的亲缘关系革命中，母亲是完全缺席的，这同样具有象征意义，而非特殊意义。纳粹对种族的定义取决于一个人的父母或（外）祖父母中犹太人的数量，而不管犹太人是母亲还是父亲，是祖母还是祖父。除了申请人宣称自己是弃婴或养子，因此其生父、生母均无法确定的相对罕见的案例，对种族身份的质疑几乎总是涉及有争议的父亲或（外）祖父。纳粹担心隐藏在雅利安血统中的隐秘犹太人祖先，而犹太人自己重新绘制了家谱，引入了一些侥幸得到的雅利安人祖先。不管怎样，母亲身份几乎从来都不是问题，因为人们都认为这是确定无疑的。纳粹从根本上重塑了亲子鉴定的科学和法律，但他们并没有质疑历史悠久的关于母亲身份确定性和父亲身份不确定性的假设。

当然，无法确定的父亲身份之所以重要，是因为它造成了种族不确定性：必须知道一个人的亲生父亲是谁，才能确定其真正的种族身份。虽然在纳粹主义制度下寻找父亲的动机与继承纠纷或医院抱错婴儿案中的动机截然不同，但在一个关键方面，它也更具有象征意义，而非特殊意义。毕竟，现代父亲身份在任何地方都充满了种族上的意义。在赖克特的结晶学、阿尔伯特·艾布拉姆斯的血液振动仪、马诺依洛夫和波利亚科娃的血液化学反应以及莱曼·尼切的躯体检查中，亲子关系问题和种族问题融为一体。在所有这些情况下，种族知识都有助于揭示亲子关系。对纳粹来说，亲子关系有助于揭示种族身份。通过确定一个人的"真正的父亲"，亲子鉴定可以揭示他或她的"真正的种族"。无论从科学技术还是从法律逻辑上讲，亲子关系和种族身份的确定都融合为一个单一的实践。在纳粹主义时代，种族亲子鉴定是大西洋两岸种族和亲子关系融合的典范。

这种盲目追求种族亲子关系的幻想产生了一个矛盾的结果。立法者、法学家和科学家对他们的科学方法的力量深信不疑，以至于不顾一切地对常被认为已经解决的亲缘关系进行重新审视。他们的傲慢为受迫害的人创造了机会：犹太人的回应是向法院提交了数千份质疑他们父亲身份的申诉书。对生物学真相的盲目崇拜反而破坏了它的稳定性。就在一般认为对父亲身份的永恒追求已经得到解决时，不确定性和不稳定性爆发了。在这方面，德意志第三帝国的亲子鉴定以一种奇怪的方式预示了DNA的未来。

在德意志帝国亲属办公室做出有利的评估后，汉斯·施瓦茨迅速搬出柏林，和家人一起在柏林城外的一个小镇定居下来。他的女儿们得以重返学校，在危险的阴影下生活了10年之后，一家人试图融入社区。由于担心邻居们会知道他们的故事，他们一直保持低调："我把我们全家都变成了雅利安人，无需帝国亲属办公室的帮助。"[87]

那时候，大多数犹太医生早就不在了。在与亲子鉴定科学有关的人中，数学家菲利克斯·伯恩斯坦去了纽约。席夫的法医合作者施特拉斯曼移民到马萨诸塞州，他不仅要逃避犹太人通常所受到的迫害，而且还害怕当局会夺走他的养子，因为养子的亲生父母是"雅利安人"（纳粹法律禁止犹太父母收养雅利安人的孩子）。指纹专家海因里希·波尔在美国找不到工作，去了瑞典，但在移民一周后死于心脏病发作。当种族法降临意大利时，席夫的朋友兼合作者莱昂内·拉特斯去了阿根廷，在那里，他继续围绕亲子鉴定展开写作并进行亲子鉴定。约瑟夫·韦宁格从奥托·雷歇那里继承了奥地利人类学研究所的所长一职，他发现自己的事业受阻，因为他的妻子和科学家同事玛格丽特·韦宁格（Margarete Weninger）是犹太人。他试图凭借自己作为亲子鉴定专家的声望在英国谋得一个职位，但没有成功。[88]

至于弗里茨·席夫，他在1936年与妻子和三个儿子来到纽约。在经历了多年充满不确定性的艰难生活之后，这家人终于以中产阶级移民的身份离开了德国。他们带走了他们的家具、席夫在黎凡特旅行时收集的物品，以及莎士比亚的戏剧作品。他们跟随一些曾在柏林住在同一栋楼里的邻居，搬到了新罗谢尔郊区的一栋两层楼的房子里。席夫年迈的母亲不想离开柏林，他的妹妹留下来照顾她。他的新工作促使他从事其他研究，但他也能够恢复他的法医工作，为纽约的法院进行亲子鉴定，这种方法是纽约的法院最近才开始采用的。这个本来幸福的结局发生了悲惨性的转折，在抵达美国后不到四年，51岁的席夫突然死于手术并发症。流亡阿根廷的莱昂内·拉特斯为席夫写了一篇讣告，指出考虑到席夫刚刚克服了那些"痛苦的考验"，"再次有机会……投身于他终生热爱的研究事业"，他的死更加具有悲剧色彩。[89]这位开创了确定父子关系的方法的人现在留下了三个儿子，他的同事们再次动员起来帮助这个家庭。[90]1944年的某个时候，席夫留在柏林的姐姐和母亲在集中营里死去。

科学研究的成果被用于如此残忍的目的，我们不知道那些开创了亲子鉴定方法的专家们会有何感想。波兰科学家路德维克·赫斯菲尔德是少数发表评论的人之一。躲在波兰乡下的他简单地说："我们能做什么？这是少数几个科学发现被用于邪恶目的的例子之一。"[91]赫斯菲尔德和他的妻子在战争中幸存了下来，但在华沙的犹太区失去了他们唯一的女儿。

他们曾经的同事，那些致力于德意志第三帝国"邪恶目的"的遗传学家、种族人类学家、其他科学家和医生们怎么样呢？战争结束后，他们中的大多数人都安静地回归了自己的本职工作。少数人被剥夺了学术职位和研究机会，但除了臭名昭著的约瑟夫·门格勒（他逃到了阿根廷，消失得无影无踪），这里讨论的每个人都以某种形式恢复了原来的职业。所有这些都是众所周知的。在种族科学家过渡到战后生活的过程中，亲子鉴定所发挥的重要作用却不那么广为人知。

随着德意志第三帝国政府的垮台，种族亲子关系的政治事业也崩溃了，但战争创造了亲子鉴定的新需求。战争造成的混乱和儿童与父母的分离，导致了亲缘关系受到怀疑的情况，而丈夫长期在外服役也导致了同样的情况。[92]在第三帝国时期被用来识别犹太人身份的技术现在又恢复了其早期的功能，即识别亲属，帮助家庭团聚。

去纳粹化的种族科学家不仅顺利适应了这种转变，还充分利用了这种转变。在他们为法院、大学和私立机构提供咨询的工作中，亲子鉴定为遗传学提供了一个方便的避难所，为继续进行遗传研究提供了一个社会和政治上可接受的掩护。对以前的纳粹分子来说，向民事法庭提供亲子鉴定专家报告也是一个谋生的绝佳途径。一大批种族理论家、反犹分子、绝育者和种族灭绝同谋者改头换面，成为亲子鉴定者。在维也纳，多拉-玛丽亚·卡利希（Dora-Maria Kahlich）、卡尔·图帕（Karl Tuppa）和约瑟夫·瓦斯特尔（Josef Wastl）因为与德意志第三帝国合作，而被威廉皇帝人类学、人类遗传和优生学研究所停职。他们找到了一种新的职业，从而回归到该研究所在20世纪20年代末首次开展的活动中。直到20世纪60年代，他们一直进行着亲子鉴定的研究，并为维也纳法院撰写法医报告。[93]臭名昭著的奥特玛·冯·费许尔男爵是欧根·菲舍尔在人类学研究所的接班人，也是约瑟夫·门格勒的顾问，他被研究所开除。后来，他开了自己的私人研究所，从事基因研究，部分资金来自他从事法医亲子鉴定的收入。[94]种族科学家弗里德里希·凯特的祖母声称自己孩子的生父是她的雅利安情人，而不是她的犹太丈夫，从而确定了凯特的雅利安人身份。他在20世纪60年代写道，亲子鉴定对社会的巨大好处是"让配偶摆脱对不忠的怀疑，这可能会恢复自然的家庭关系，给孩子带来巨大的好处"[95]。这句话里显然没有一丝讽刺的意味。这个名单还可以继续：彼得·克兰普（Peter Kramp）、沃尔夫冈·莱曼（Wolfgang Lehmann）、弗里茨·伦茨、特奥多尔·莫利森、海因里希·沙德（Heinrich Schade）、约翰·朔伊布勒（Johann Schauble），以及几十个在纳粹统治下将自己的科学技能用于种族亲子鉴定的人。他们在战后找到了从事亲子鉴定和向法院提供法医意见的职业。在20世纪50年代初，德国人类学协会（German Anthropological Society）向法院提供了一份合格的亲子鉴定专家名单，并且召开了专门的学术会议。一些专家向公众和美国的同事兜售他们先进的科学方法，因为在美国，身体亲子鉴定的科学"几乎完全无人知晓"。简而言之，在20世纪50年代和60年代的德国，亲子鉴定科学是一个界定明确的领域，一个由前纳粹分子及其合作者组成的领域。[96]

纳粹统治下亲子鉴定的历史在很大程度上仍未得到承认。在战后从事亲子鉴定的前纳粹分子很方便地遗忘了他们的技术早期的政治用途，这并不奇怪，毕竟，为德意志第三帝国服务的科学家们有严重的健忘症，这一点广为人知。更值得一提的是，世界其他地方的亲子鉴定专家也抹去了这段历史。国际科学文献赞扬欧洲德语区先进的亲子鉴定科学，但很少承认第三帝国统治下种族亲子鉴定的罪恶。这也许是因为那些希望在本国将亲子鉴定科学发扬光大的科学家们不愿玷污这一领域。[97]

最后说一说奥托·雷歇。战争结束后，雷歇被逮捕关押，接受去纳粹化过程，最后被宣告无罪。他是少数被永久禁止担任学术职位的种族科学家之一，虽然他继续获得专业上的荣誉。媒体称其为德国人类学领域的"涅斯托尔"（Nestor）*。[98]事实上，这位人类学耆宿找到了回归他从年轻时就开始培养的躯体技艺的办法。[99]40多年过去了，雷歇的职业生涯又回到了原点。在20世纪20年代，他在欧洲德语区开创了第一个人类学亲子鉴定方法。他参与推广他的方法以实现种族方面的目的，并成为德意志第三帝国种族亲子鉴定的积极代言人。[100]到了20世纪五六十年代，他

---

* 希腊神话中一位睿智而可敬的国王。——译者注

把他的方法带回了最初的应用领域，帮助德国和奥地利的法院寻找不忠的父亲和做伪证的母亲。他所见证和推动的事件并没有削弱他的傲慢，在评论自己的亲子鉴定方法时，他说，"我们的'数据'不是一般的、价值有争议的'证据'"，相反，"我们的数据是大自然自己写的保证书"。[101] 雷歇相信他已经解决了几千年来对父亲身份的追寻。

而汉斯·施瓦茨有不同的看法。几十年前，他在遗传和种族关怀综合诊所的检查室里与死神擦肩而过。他说："这种一个医生对另一个医生的检查——如果这也算是一种检查的话，目的不是诊断疾病或提供治疗，而是完成一项生死攸关的可怕任务，那就是提供确定种族身份的专家意见，这样的检查是不人道的，是异想天开的，是站不住脚的。"[102]

注释

题记引自 Hanns Schwarz, *Jedes Leben ist ein Roman: Erinnerungen eines Arztes* (Berlin: Der Morgen, 1975)。

[1] Schwarz, *Jedes Leben ist ein Roman*, 157.

[2] 这一讨论借鉴自 Maria Teschler-Nicola, "The Diagnostic Eye: On the History of Genetic and Racial Assessment in Pre-1938 Austria", *Collegium antropologicum* 28 (2004): 7—29，其中概述了雷歇对这种测试的发展。雷歇和罗勒德近40年后的回顾文章，见 Otto Reche and Anton Rolleder, "Zur Entstehungsgeschichte der ersten exakt wissenschaftlichen erbbiologischanthropologischen Abstammungsgutachten", *Zeitschrift für Morphologie und Anthropologie* 55, no. 2 (1964): 283—293; 以及卡特娅·盖森海纳（Katja Geisenhainer）关于雷歇思想的传记, *"Rasse ist Schicksal." Otto Reche (1879—1966) – Ein Leben als Anthropologe und Völkerkundler* (Leipzig: Evangelische Verlagsanstalt, 2002)。

[3] Reche and Rolleder, "Zur Entstehungsgeschichte", 286—287.

[4] 雷歇的传记借鉴自 Andrew D. Evans, *Anthropology at War: World War I and the Science of Race in Germany* (Chicago: University of Chicago Press, 2010), 52; Reche and Rolleder, "Zur Entstehungsgeschichte", 286; Teschler-Nicola,

"Diagnostic Eye", 10; Geisenhainer, *"Rasse ist Schicksal"*。关于美拉尼西亚人颌骨，见 Annegret Ehmann, "From Colonial Racism to Nazi Population Policy", in *The Holocaust and History: The Known, the Unknown, the Disputed, and the Reexamined*, ed. Michael Berenbaum and Abraham J. Peck (Bloomington: Indiana University Press, 1998), 120—121。

[5] 关于该方法及其优点，见 Otto Reche, "Anthropologische Beweisführung in Vaterschaftsprozessen", *Österreichische Richterzeitung* 19 (1926): 157—159。

[6] Teschler-Nicola, "Diagnostic Eye", 13.

[7] Emil Blank, "Pater semper incertus?", *Österreichische Richterzeitung* 20 (1927): 137.

[8] 该综艺节目在莱比锡录制，雷歇很快就搬到了那里，见 Teschler-Nicola, "Diagnostic Eye", 14。"开创性的"和"每一份都比前一份更漂亮、更详细……"，见 Teschler-Nicola, "Diagnostic Eye", 12。

[9] "Science of Resemblance Used in Austrian Courts for Proof of Paternity", *Schenectady Gazette*, March 11, 1927; "Tests Prove Satisfactory", *Lawrence Journal-World*, September 19, 1927.

[10] 罗伯特·莱曼·尼切在阿根廷的分析比雷歇早了 10 多年。此外，格奥尔格的父亲、法医弗里茨·施特拉斯曼描述了他为柏林一家法院做的一项分析，与雷歇的分析几乎同时进行，见 "Ein Beitrag zur Vaterschaftsbestimmung", *Deutsche Zeitschrift für die gesamte gerichtliche Medizin* 10 (1927): 341—345。

[11] Reche, "Anthropologische Beweisführung", 159.

[12] Teschler-Nicola, "Diagnostic Eye", 9. 雷歇在 1938 年为德国血型研究协会（German Society for Blood Group Research）出版的杂志申请资助时发表了这一声明。

[13] 雷歇的合作者罗勒德法官于 1931 年成为纳粹党员。

[14] H. Schwarz, *Jedes Leben ist ein Roman*, 12.

[15] H. Schwarz, *Jedes Leben ist ein Roman*, 110.

[16] H. Schwarz, *Jedes Leben ist ein Roman*, 132.

[17] Teschler-Nicola, "Diagnostic Eye", 13.

[18] 韦宁格的怀疑，见 Teschler-Nicola, "Diagnostic Eye", 14。关于罗勒德法官非常开心，见 Reche and Rolleder, "Zur Entstehungsgeschichte", 285—286。关于对亲子鉴定的更大需求，见 Maria Teschler-Nicola, *"Volksdeutsche* and Racial Anthropology in Interwar Vienna: The 'Marienfeld Project'", in *"Blood and Homeland": Eugenics and Racial Nationalism in Central and Southeast Europe 1900—1940*, ed. Marius Turda and Paul K. Weindling (Budapest: Central European University Press, 2007),

58。关于六次检查和摄影器材，见 Teschler-Nicola, "Diagnostic Eye"。分析人体的摄影表征是维也纳人类学的常规做法。

[19] Albert Harrasser, "Ergebnisse der anthropologisch-erbbiologischen Vaterschaftsprobe in der österreichischen Justiz", *Mitteilungen der Anthropologischen Gesellschaft in Wien* 65 (1935): 204—232.

[20] Teschler-Nicola, "*Volksdeutsche* and Racial Anthropology", 63.

[21] "我们的工作不仅仅是为科学服务，还为人民的集体利益服务"，见 Teschler-Nicola, "*Volksdeutsche* and Racial Anthropology", 63。关于资助机构，见 Teschler-Nicola, "*Volksdeutsche* and Racial Anthropology", 70。关于罗勒德法官热情地关注着工作组的进展，见 Reche and Rolleder, "Zur Entstehungsgeschichte", 285—286。

[22] Teschler-Nicola, "*Volksdeutsche* and Racial Anthropology", 69.

[23] Teschler-Nicola, "Diagnostic Eye", 16.

[24] 1926年，雷歇提议对符腾堡州的血型分布进行研究。尽管该项目最终没有得到资助，但司法部和内务部表示支持这项研究，因为它适用于亲子关系和其他司法案件，见 Paul Weindling, *Health, Race and German Politics between National Unification and Nazism, 1870—1945* (Cambridge: Cambridge University Press, 1993), 466。

[25] Teschler-Nicola, "*Volksdeutsche* and Racial Anthropology", 59.

[26] Teschler-Nicola, "Diagnostic Eye", 18.

[27] 慕尼黑大学和威廉皇帝人类学、人类遗传和优生学研究所都于1928年开始进行体细胞亲子鉴定。

[28] H. Schwarz, *Jedes Leben ist ein Roman*, 146.

[29] 不同的背景要求不同程度的"雅利安性"。出于更常规的目的，祖先的计算可能只包括父母和（外）祖父母，但最高级别的纳粹领导人可能会被要求证明，在其早至1750年的血统中不存在"种族上的异己"因素，见 Eric Ehrenreich, *The Nazi Ancestral Proof: Genealogy, Racial Science, and the Final Solution* (Bloomington: Indiana University Press, 2007), chapter 4。

[30] H. Schwarz, *Jedes Leben ist ein Roman*, 155—158.

[31] H. Schwarz, *Jedes Leben ist ein Roman*, 187.

[32] 这位审查员不是别人，正是后面会谈论的著名的种族人类学家欧根·菲舍尔。Teschler-Nicola, "*Volksdeutsche* and Racial Anthropology", 70。

[33] Alexandra Schwarz, "Hans Koopmann (1885—1959)-Leben und Werk eines Hamburger Gerichtsmediziners" (PhD diss., University of Hamburg, 2010), 66. 类似的表达见 Thomas Pegelow, "Determining 'People of German Blood', 'Jews' and

'Mischlinge': The Reich Kinship Office and the Competing Discourses and Powers of Nazism, 1941—1943", *Contemporary European History* 15, no. 1 (2006): 56。

[34]　Ehrenreich, *Nazi Ancestral Proof*, 125.

[35]　A. Schwarz, "Hans Koopmann", 74; Patricia Szobar, "Telling Sexual Stories in the Nazi Courts of Law: Race Defilement in Germany, 1933 to 1945", *Journal of the History of Sexuality* 11, no. 1/2 (2002): 131—163.

[36]　关于20世纪20年代的儿童福利，见Michelle Mouton, *From Nurturing the Nation to Purifying the Volk: Weimar and Nazi Family Policy, 1918—1945* (Cambridge: Cambridge University Press, 2007); Geisenhainer, *"Rasse ist Schicksal"*, 377—379。

[37]　1935年至1936年的一份年度报告记录了该研究所开展的应用活动：为帝国亲属关系办公室提供了60份关于种族的专家意见，为高级法院提供了28份意见，此外还为卫生法院提供了20份绝育评估，见Hans-Walter Schmuhl, *The Kaiser Wilhelm Institute for Anthropology, Human Heredity and Eugenics, 1927—1945: Crossing Boundaries* (Dordrecht: Springer, 2008), 203—206。

[38]　Benno Müller-Hill, *Murderous Science: Elimination by Scientific Selection of Jews, Gypsies, and Others in Germany, 1933—1945* (Plainview, NY: Cold Spring Harbor Laboratory Press, 1998), 138; Sheila Faith Weiss, *The Nazi Symbiosis: Human Genetics and Politics in the Third Reich* (Chicago: University of Chicago Press, 2010), 102.

[39]　Thomas Pegelow Kaplan, "'In the Interest of the Volk ...': Nazi-German Paternity Suits and Racial Recategorization in the Munich Superior Courts, 1938—1945", *Law and History Review* 29, no. 2 (2011): 534—535; Robert Proctor, *Racial Hygiene: Medicine under the Nazis* (Cambridge, MA: Harvard University Press, 1988).

[40]　Pegelow, "Determining 'People of German Blood'", 50; A. Schwarz, "Hans Koopmann", 70; Geisenhainer, *"Rasse ist Schicksal"*, 238.

[41]　Schmuhl, *Kaiser Wilhelm Institute*, 203—204.

[42]　对阿贝尔的采访，见Müller-Hill, *Murderous Science*, 141。

[43]　Reche and Rolleder, "Zur Entstehungsgeschichte", 285.

[44]　A. Schwarz, "Hans Koopmann", 72.

[45]　*Wer gehoert zu Wem?* (Who belongs to whom?), Germany, 1944. 由美国大屠杀纪念馆（U.S. Holocaust Memorial Museum）保存，Film ID 2502B。

[46]　Kaplan, "'In the Interest of the Volk'".

[47]　Ehrenreich, *Nazi Ancestral Proof*, 203; Madelene Schoch, "Determination of

Paternity by Blood-Grouping Tests: The European Experience", *Southern California Law Review* 16 (1942—1943): 185.

［48］ "Begründung zu dem Gesetz über die Änderung und Ergänzung familienrechtlicher Vorschriften und über die Rechtsstellung der Staatenlosen vom 12. April 1938", *Allgemeines Suchblatt für Sippenforscher* 2 (1938): 67.

［49］ Willy Schumacher, "The Iso-Agglutination Test as Evidence in Judicial Proceedings in German Courts to Determine Parenthood", *St. John's Law Review* 8, no. 2 (1934): 276—284.

［50］ 有关慕尼黑的亲子关系诉讼案的讨论，见 Kaplan, "'In the Interest of the Volk'"。有关维也纳的诉讼案的讨论，见 Evan Burr Bukey, *Jews and Intermarriage in Nazi Austria* (Cambridge: Cambridge University Press, 2010)。有关汉堡的案件的讨论，见 Beate Meyer, *"Jüdische Mischlinge": Rassenpolitik und Verfolgungserfahrung 1933—1945* (Hamburg: Dölling und Garlitz, 1999)。帝国亲属关系办公室倾向于针对个人，就像在汉斯·施瓦茨的案子中那样，但是当犹太人质疑自己的种族地位时，他们倾向于在民事法庭上这样做。

［51］ Ernst Klee, *Deutsche Medizin im Dritten Reich: Karrieren vor und nach 1945* (Frankfurt am Main: S. Fischer, 2001), 44—45; Ernst Klee, *Das Personenlexikon zum Dritten Reich: Wer war was vor und nach 1945* (Frankfurt am Main: Fischer Taschenbuch Verlag, 2005), 303; and Ute Felbor, *Rassenbiologie und Vererbungswissenschaft in der Medizinischen Fakultät der Universität Würzburg 1937—1945* (Würzburg: Königshausen und Neumann, 1995), 100—102.

［52］ 在涉及68人的66个案例中，迈尔（Meyer）发现其中54人改善了他们的种族地位，要么成为"纯种德国人"，要么至少成为混血儿，见 Meyer, *"Jüdische Mischlinge"*, 113。

［53］ Ehrenreich, *Nazi Ancestral Proof*, 106.

［54］ 迈尔为汉堡的法院发现了这一点，见 Meyer, *"Jüdische Mischlinge"*, 112。

［55］ 盖世太保对这样的要求并不友好，这导致与司法部门的冲突。有时，他们会一起前往法庭，或在集中营内记录他们的证词，见 Meyer, *"Jüdische Mischlinge"*, 112—116。

［56］ 这里引用了为数不多的关于亲子鉴定程序的历史研究。我没有找到任何口述历史或回忆录提及这种做法。

［57］ Marta A. Balinska and William H. Schneider, "Introduction", in Ludwik Hirszfeld, *Ludwik Hirszfeld: The Story of One Life* (Rochester, NY: University Rochester Press, 2010), xvi.

［58］ Hirszfeld, *Story of One Life*, 20.

［59］ 关于"最高优先级"，见 Schmuhl, *Kaiser Wilhelm Institute*; Weiss, *Nazi Symbiosis*, 102。

［60］ 关于日益加重的报告负担，参考阿贝尔的采访，见 Müller-Hill, *Murderous Science*, 138; Schmuhl, *Kaiser Wilhelm Institute*, 206—207。菲舍尔抱怨工作量太大，并要求有关机构增加报酬，见 Ehrenreich, *Nazi Ancestral Proof*, 131; Kristie Macrakis, *Surviving the Swastika: Scientific Research in Nazi Germany* (Oxford: Oxford University Press, 1993), 128. Reche's complaints: Geisenhainer, "*Rasse ist Schicksal*", 247。

［61］ Ehrenreich, *Nazi Ancestral Proof*, 131.

［62］ 对菲舍尔和莫利森的引用来自 Müller-Hill, *Murderous Science*, 37。

［63］ 对阿贝尔的采访，见 Müller-Hill, *Murderous Science*, 138。

［64］ Geisenhainer, "*Rasse ist Schicksal*", 258.

［65］ 对阿贝尔的采访，见 Müller-Hill, *Murderous Science*, 138。

［66］ Macrakis, *Surviving the Swastika*, 128.

［67］ Geisenhainer, "*Rasse ist Schicksal*", 257.

［68］ 这封信的日期是1933年4月15日，即《恢复专业公务员法》通过一周后，转载于 Mathias Okroi, "Der Blutgruppenforscher Fritz Schiff (1889—1940): Leben, Werk und Wirkung eines jüdischen Deutschen" (PhD diss., Universität zu Lübeck, 2004)。在整个20世纪30年代，兰德施泰纳都在处理迫切希望离开德国的同事们的无数请求，援助外国流亡学者紧急委员会（Emergency Committee in Aid of Displaced Foreign Scholars）的秘书阿尔弗雷德·科恩（Alfred Cohn）是他在洛克菲勒研究所的同事，这一事实促使科恩承担这一角色。

［69］ Letter from Karl Landsteiner to Herman Nielsen, June 16, 1933, reproduced in Okroi, "Der Blutgruppenforscher Fritz Schiff".

［70］ 援助外国流亡学者紧急委员会的秘书指出，洛克菲勒基金会的人"认为席夫博士在美国没有前途"，见 Letter from George Baehr to Dr. Gustav Bucky, June 26, 1934, box 26, folder 15, Karl Landsteiner Papers, RAC。

［71］ "实验室缺人手"见 Letter from Schiff to Landsteiner, February 24, 1935, box 26, folder 15, Karl Landsteiner Papers, RAC; university appointment: Okroi, "Der Blutgruppenforscher Fritz Schiff", 83。他的发表记录从1924年到1932年平均每年发表10多篇论文减少到1933年之后的每年5篇多。

［72］ Okroi, "Der Blutgruppenforscher Fritz Schiff", 85.

［73］ H. Schwarz, *Jedes Leben ist ein Roman*, 190—191.

［74］ H. Schwarz, *Jedes Leben ist ein Roman*, 196—198, 361—362. 关于对施瓦茨进行鉴定的遗传和种族关怀综合诊所，见 Jürgen Matthäus, "Evading Persecution: German-Jewish Behavior Patterns after 1933", in *Jewish Life in Nazi Germany: Dilemmas and Responses*, ed. Francis R. Nicosia and David Scrase (New York: Berghahn Books, 2013), 63。

［75］ Pegelow, "Determining 'People of German Blood'", 48.

［76］ H. Schwarz, *Jedes Leben ist ein Roman*, 196—198.

［77］ Friedrich Herber, *Gerichtsmedizin unterm Hakenkreuz* (Leipzig: Militzke, 2002), 362—363; Hanns Schwarz, "Existenzkampf unter den Bedingungen faschistischen Rassenwahns", in *Ärzte: Erinnerungen–Erlebnisse–Bekenntnisse*, ed. Günter Albrecht and Wolfgang Hartwig (Berlin: Der Morgen, 1982), 32—58.

［78］ H. Schwarz, "Existenzkampf", 54. 施瓦茨对与杜比切尔的来往守口如瓶。在他的回忆录中，他并没有提及这件事，也许是因为杜比切尔当时还活着，而他在战后一直被有关他的纳粹历史的指控所困扰。施瓦茨可能选择了避开这场争议，对两人相互认识的事实只字未提。在七年后发表的一篇简短的自传体文章中，施瓦茨提到，他认识当时的检查者，并提到了借款的事情，但没有提到杜比切尔的名字。那时，杜比切尔已经去世。

［79］ H. Schwarz, *Jedes Leben ist ein Roman*, 203—207.

［80］ 例如，汉斯·库普曼既是汉堡的一名科学家，也是一名经验丰富的亲子鉴定者，汉斯·魏纳特（Hans Weinert）是基尔大学的一名种族人类学家，他们经常被请来对同一个人进行检查，却得出两种截然相反的结论，见A. Schwarz, "Hans Koopmann", 67—68; Meyer, "*Jüdische Mischlinge*", 125—131。

［81］ Müller-Hill, *Murderous Science*, 139.

［82］ 这位科学家就是卡尔·图帕，见Pegelow, "Determining 'People of German Blood'", 58。

［83］ A. Schwarz, "Hans Koopmann", 67.

［84］ Müller-Hill, *Murderous Science*, 139.

［85］ Müller-Hill, *Murderous Science*, 40.

［86］ Kaplan, "'In the Interest of the Volk'", 535.

［87］ H. Schwarz, *Jedes Leben ist ein Roman*, 209—210.

［88］ 关于海因里希·波尔的情况，见James Braund and Douglas G. Sutton, "The Case of Heinrich Wilhelm Poll (1877—1939): A German-Jewish Geneticist, Eugenicist, Twin Researcher, and Victim of the Nazis", *Journal of the History of Biology* 41, no. 1 (2008): 1—35。关于施特拉斯曼的情况，见*The Strassmanns:*

Science, Politics and Migration in Turbulent Times (1793—1993) (New York: Berghahn Books, 2008)。关于韦宁格夫妇的情况，见 Paul Weindling, "A City Regenerated: Eugenics, Race, and Welfare in Vienna", in *Interwar Vienna: Culture between Tradition and Modernity*, ed. Deborah Holmes and Lisa Silverman (Rochester, NY: Camden House, 2009), 104; H. Strauch and I. Wirth, "Persecution of Jewish Forensic Pathologists", *Forensic Science International* 144, no. 2—3 (2004): 125—127。

[89] 拉特斯为弗里茨·席夫博士写的讣告，见 *Prensa Médica Argentina* 27 (1940): 2134。

[90] 虽然他的去世让他的家庭再次陷入严重的经济困境，但他的三个儿子后来都成为非常成功的专业人士，见 Peter Schiff, telephone interview with author, May 12, 2016; letter from Philip Levine to Karl Landsteiner, August 5, 1940, box 3, folder 3, Karl Landsteiner Papers, RAC。

[91] Hirszfeld, *Story of One Life*, 20.

[92] 根据不同的资料来源，每年在 2 500 个至 3 000 个案例不等，见 Ilse Schwidetzky, "Forensic Anthropology in Germany", *Human Biology* 26, no. 1 (1954): 1—20; "Wenn die Sachverständigen versagen", *Die Zeit*, November 10, 1961; Reche and Rolleder, "Zur Entstehungsgeschichte"。媒体报道了此类案件，例如，见 "Barbara bleibt ohne Eltern", *Die Zeit*, June 27, 1957。在若塞特·菲利波（Josette Phellipeau）诉讼案中，两个母亲争夺一个孩子，这在法德两国成为轰动一时的案件，并在1955年被拍成一部电影。

[93] Teschler-Nicola, "Diagnostic Eye".

[94] Susanne Heim, Carola Sachse, and Mark Walker, *The Kaiser Wilhelm Society under National Socialism* (Cambridge: Cambridge University Press, 2009), 378.

[95] Friedrich Keiter, "Advances in Anthropological Paternity Testing", *American Journal of Physical Anthropology* 3 (1963): 82.

[96] 专家名单，见 Schwidetzky, "Forensic Anthropology in Germany", 2。到1964年，雷歇声称有50位官方认可的亲子鉴定专家。关于亲子鉴定科学的新闻报道包括："Barbara bleibt ohne Eltern", "Wenn die Sachverständigen versagen"。"几乎完全无人知晓"，见 Schwidetzky, "Forensic Anthropology in Germany", 3。施维德茨基（Schwidetzky）曾作为冯·艾克斯泰特（von Eickstedt）的助手进行亲子检测，1956年在费城的人类学会议上介绍了关于亲子鉴定的研究，见 Schwidetzky, "New Research in German Forensic Anthropology", in *Men and Cultures: Selected Papers of the Fifth International Congress of Anthropological*

and Ethnological Sciences, ed. Anthony F. C. Wallace (Philadelphia: University of Pennsylvania Press, 1960), 703—708。关于亲子鉴定专家凯特（Keiter）在美国逗留时期的情况，见Keiter, "Advances in Anthropological Paternity Testing"。

[97] 关于科学家的健忘症，见Müller-Hill, *Murderous Science*, 90。关于国际文献，见Leone Lattes, "Processi giudiziari in tema di filiazione naturale", *Minerva Medicolegale* 70 (1950): 85—99。该文献讨论了"确定性"的说法，将其称为"德国法院多年来的常规"（第85页），但没有提到其使用的政治背景。关于从20世纪20年代到50年代中期德国的亲子鉴定，见Angelo Vincenti, *La ricerca della paternità e i gruppi sanguigni nel diritto civile e canonico* (Florence: Casa Editrice Dott. Carlo Cya, 1955), 204。关于血液检测在欧洲大陆的广泛应用（虽然该文献仅提到了丹麦和瑞典），见Stanley Schatkin, "A Challenge to Precedent in Paternity Exclusion Cases", *Journal of Criminal Law and Criminology* 36, no. 1 (1945): 42—44。路易斯·克里斯蒂安斯（Louis Christiaens）承认了当时亲子关系的种族使用，见 *La recherche de la paternité par les groupes sanguins: étude technique et juridique* (Paris: Masson et cie, 1939); Antônio Ferreira de Almeida Júnior, *As provas genéticas da filiação* (São Paulo: Revista dos Tribunais, 1941)。在阿根廷的一起案件中，一名法官贬低了拉特斯提交的生物证据，称德国对这类证据的使用"明显带有种族色彩"，见Leon (sic) Lattes, "Valor de las pruebas biológicas en la investigación de la paternidad", *Archivos de Medicina Legal* 18 (1948): 212。

[98] 1958年，雷歇成为德国人类学协会荣誉成员，并于1965年获得奥地利科学和艺术荣誉十字勋章，见Katja Geisenhainer, "Otto Reches Verhältnis zur sogenannten Rassenhygiene", *Anthropos* 91, no. 4/6 (1996): 509。

[99] "Wenn die Sachverständigen versagen".

[100] Ehrenreich, *Nazi Ancestral Proof*, 129.

[101] Reche and Rolleder, "Zur Entstehungsgeschichte", 292.

[102] H. Schwarz, *Jedes Leben ist ein Roman*, 194.

第七章　白人丈夫、黑人孩子

如果公牛和母牛都是白色的，绝不会生出黑炭似的小牛来。

——莎士比亚：《泰特斯·安德洛尼克斯》，第五幕第一场

　　1945年10月，在盟军宣布在欧洲战场取得胜利的五个月后，在比萨城外的一个小镇上，一位名叫玛丽亚·昆塔·奥尔西尼（Maria Quinta Orsini）的家庭主妇生下了她的第二个孩子。她给这个小男孩取名为安东尼奥·迪·雷莫（Antonio di Remo），因为她丈夫名叫雷莫·奇波利（Remo Cipolli）。回顾起来，这个名字中寄予了希望，或许是一种护身符。当她的丈夫去医院看望他的儿子时，他被婴儿的样子吓了一跳。虽然夫妻俩都是白人，但"即使是非专业的眼光"也能看出，孩子"更像是黑人，而不是白人"。奥尔西尼和她的母亲试图让这位持怀疑态度的父亲放心，初生的婴儿有时就是这样。此外，奥尔西尼的绰号是"布鲁娜"（Bruna），意为"棕色的"，就是因为她肤色黝黑。但是奇波利仍然心存疑虑。他找来了一位医生，医生宣布婴儿是"黑人"，这证实了奇波利的猜疑：这个孩子一定是一位黑人父亲的。婴儿安东尼奥在民事登记处被记录为雷莫·奇波利的合法儿子，并使用了他的姓氏，但奇波利以通奸为由起诉他的妻子，拒绝承认父子关系。于是，这个婴儿被送到了当地一家孤儿院。[1]

　　前一年，比萨及周边地区见证了战争的最后痛苦阶段，盟军奋力将德军向北赶出意大利半岛。美军第92步兵师的非裔美国人部队为此做出了巨大的贡献，在实行种族隔离的美国陆军中，他们被称为"布法罗士兵"（Buffalo Soldiers）。1944年9月盟军解放比萨后，这里成为美国陆军的一个巨大补给库，美军以占领者的身份驻扎下来。

在对奇波利的诉讼发起的调查中，出现了两个故事版本。一个是奥尔西尼在法庭上的说法。解放几个月后的一天，她正在姐姐家里为大兵们洗熨衣服，这时两名非裔美国士兵来取他们的衣服。他们意识到她独自一人，便制伏并强暴了她，她当时吓晕了。后来，她甚至对丈夫和家人都隐瞒了这个痛苦的秘密。奥尔西尼生下孩子后不久，这个故事的第二个版本开始在街坊间流传。她姐姐的家是臭名昭著的意大利女人和黑人大兵交往的地方，奇波利禁止他的妻子去那里。但邻居们看到奥尔西尼和士兵们交好，甚至有人说她的男朋友到处炫耀她给他的一张照片。一名证人作证说，曾经听到两人为奥尔西尼怀孕的事而发生争吵。另外一名证人说，奥尔西尼曾吐露过堕胎的意愿。

在接下来的几年里，在法院审理雷莫·奇波利起诉他的妻子和她的孩子的诉讼时，罗马的议会正忙着为这个后法西斯共和国起草新宪法。代表们在起草这份文件时，花了相当多的时间思考家庭对这个新国家的重要性。在这一点上，包括共产党人、社会主义者以及天主教基督教民主党人在内的代表们基本达成了共识。一位代表指出："国家不仅仅由建筑物、部长、桥梁、道路和司法或立法机构组成，国家首先是生活在同一块土地上的家庭的集合，由感情、信任、文化和家庭传统联系在一起。"[2] 因此，议员们把自己想象成"意大利新家庭"的构建者，这样的家庭将为新生的意大利"提供一个具体且有效的道德基础"。[3]

而玛丽亚·奥尔西尼和雷莫·奇波利这样的夫妇将这种新家庭所面临的挑战戏剧性地摆在了显要位置。在制宪会议中和在国民生活的其他领域，反复出现的一项指控是多年的战争和占领导致了女性通奸行为的泛滥。根据一种常见的抱怨，在经历了多年的分离和痛苦之后，退伍军人和战俘回到了家乡，却发现"家庭成员增多了，也许还有了另一种肤色的孩子"，这是"如今在意大利到处都在发生的事情"。[4] 如果说占领地区的孩子成了问题，那么像小安东尼奥这样的黑白混血儿（mulattini）就会引发更加痛苦的公众清算。在这几年里，由于意大利妇女与非白人士兵的关系而诞生的数百甚至数千个混血儿，被视为母亲道德败坏和国家战败的明显象征。

安东尼奥被怀上的确切情况也许还存在争议，但他是通奸所生这一基本事实似乎是无可辩驳的。毕竟，这一点从他本人的深色皮肤和卷曲的头发就能看出来。因此，法院判定奥尔西尼犯有通奸罪——对女性（但不包括男性）可处以最高一年的监禁。[5]多亏了出台于她被定罪两周前的战后罪行大赦，她才免于牢狱之灾。奥尔西尼被政治特赦法赦免的事实似乎是恰当的。毕竟，与非白人占领军士兵发生非法性行为，即使不是正式意义上的，也是象征意义上的政治越界和道德越界。

如果说通奸罪的定罪很简单，那么事实表明，雷莫·奇波利要否认与婴儿安东尼奥的法定父子关系就复杂多了。1947年8月，就在制宪会议结束了关于意大利家庭的热烈讨论后不久，比萨的一个民事法庭做出了一个令许多观察者震惊的判决：因为雷莫·奇波利是玛丽亚·奥尔西尼的丈夫，所以他是她所生孩子的父亲。法庭承认，对于普通人来说，这个决定"可能看起来很荒谬"，但"法律的严格逻辑"是不容妥协的。[6]奇波利的名字将留在婴儿的出生证明上，他将被赋予作为父亲所拥有的一切权利和需要承担的一切义务。

奇波利所面对的是根深蒂固的所谓"婚生推定"。这个说法源自罗马法的一个原则，即父亲的身份是由婚姻决定的，换句话说，从法律上讲，丈夫就是妻子孩子的父亲。如果父亲的身份本身具有不确定性，那么一夫一妻制会让它变得明确。简而言之，婚姻造就了父亲。父亲身份的这个定义是社会和法律意义上的，由婚姻而不是生物学意义上的生育来定义。这一原则被写入了1942年的《意大利民法典》，它沿袭了19世纪拿破仑法典的精神，反映了梵蒂冈的巨大影响，对婚姻和合法家庭给予了强有力的保护。在法西斯政权垮台后，法典中公然的法西斯主义元素基本被删除，比如对犹太人和非犹太人结婚的禁令。[7]婚生推定原则与该法典的保守倾向是一致的，但这一点也不稀奇，反而是历史上各种法律传统的一个特征。

在战后的意大利，一个白人丈夫成了他白人妻子的黑人孩子的父亲，这个故事暗示了现代父亲身份历史的一个新转折。在一个被想象为家庭集合的新生共和国中，正如制宪会议的一名代表所说，"国家和民族有一个美好的名字——祖国，即父辈的土地"，对父亲身份的探求被高度政治化了。[8]在制宪会议的长篇大论中，在报纸和电影中，在晦涩的司法讨论中，在公民请愿书和立法法案中，意大利人争论着谁是父亲，如何以及何时才能知道父亲的身份。虽然医生和科学家也加入了讨论，但这些公开的交流揭示了探究亲缘关系的科学模式的局限性。

这个臭名昭著的"比萨的小摩尔人"的故事成为更广泛的亲子关系清算的一部分。但与许多现代亲子关系的故事不同的是，这个故事并没有围绕着一个被大自然隐藏起来、依靠科学才能识别的未知父亲展开。对于观察者和雷莫·奇波利本人来说，大自然本身已经揭示了婴儿安东尼奥的父亲身份的真相。问题在于法律无视了这一真相。

在意大利，就像在大西洋两岸的其他地方一样，现代父亲身份的定义一方面想要从生物学的角度来定义父亲，并通过科学来了解他，另一方面又对这种知识的强大后果心存忌惮。在有关非婚生子女的案件中，它可能会引起混乱，就像布宜诺斯艾利斯的阿尔卡迪尼案和几年前的查理·卓别林案所显示的那样。而在涉及奇波利和奥尔西尼这样的已婚夫妇的案件中，这可能是灾难性的。战后产生"比萨的小摩尔人"的情况无疑是独一无二的，但这个案例引起了更深远的共鸣，因为婴儿种族所揭示的非父子关系所引发的恐慌和科学测试所揭示的非父子关系是类似的。科学能够证明母亲的丈夫不是孩子的父亲，而这有可能会打破一个基本的法律虚构。事实证明，对婚姻的保护是控制现代父子关系及其生物技术的强大动机。

意大利妇女与外国士兵发生跨种族性行为的第一次指控出现在盟军占领那不勒斯的时候。这次占领始于1943年10月，那不勒斯到处都是人们被战争和饥饿所压垮的沮丧景象。有些占领军不是白人，对人们来说这像是在伤口上撒盐。这些盟军士兵中有来自西非、北非、南亚和中东的英法殖民地士兵，有巴西士兵，还有由实行种族隔离的美国陆军动员的约1.5万名非裔美国士兵。由于深受法西斯反犹太主义和殖民种族主义的影响，许多意大利人对于被低等种族解放的前景感到恐慌和反感。那不勒斯一个街头小贩回忆说："我不明白，难道他们真的是来解放我们的吗？要知道，在历史上总是我们命令他们，奴役他们，现在他们却来到这里，像我们家的主人一样。"[9]

他把国家比喻成家庭，这本身就很能说明问题。意大利妇女简直就是被皮肤黝黑的野蛮外族人入侵的被占领国家的化身。轴心国的宣传中就有恶毒的种族主义形象，即好色的黑人男子掠取意大利妇女。一幅海报呼吁："捍卫她！因为她可能就是你的母亲，你的妻子，你的姐妹，你的女儿。"[10]这样的说法并非法西斯主义者的专利，同盟国也一再重复这种言论，甚至在最近的占领他国的历史中仍然存在。[11]从北非来的法国殖民地士兵进行大规模强奸的例子（marocchinate）是关于战争的鲜活文化记忆的一部分。[12]

但也许比强暴更令人不安的是双方自愿的关系。盟军入侵后，那不勒斯等地的当地居民陷入饥饿和痛苦。通过一种微妙而绝望的交换，一些女性用性来换取金钱、食物、安全感和感情。那不勒斯妇女在道德上的堕落几乎是占领时期经常发生的事情，跨种族的性关系尤其受到指责。

这样的说法体现了占领政治的模棱两可。1943年，在那不勒斯被攻占后不久，意大利对德国宣战，作为攻占者抵达意大利领土的盟军突然变成了解放者。意大利的投降是被迫的，还是自愿的？对占领的极度矛盾的体验的描述不仅涉及侵犯，而且涉及背叛。自愿投怀送抱的意大利妇女代表了向同盟国屈辱投降的意大利。

盟军继续向北挺进到托斯卡纳。1944年秋，德军躲到了哥特防线后，这是他们在意大利半岛的最后一道主要防线。包括布法罗士兵在内的盟军将他们进一步向北驱逐，然后在被解放的领土上安顿下来。托斯卡纳沿海成为美国军事行动的指挥中心，有一个巨大的补给库和大量的美国士兵，其中有白人也有黑人。一个活跃的黑市出现了，据说卖淫现象肆虐。比萨和里窝那之间的一片名为汤博罗（Tombolo）的林地变得臭名昭著，成了罪恶的渊薮和各国逃兵的藏身之处。[13]占领军和当地人之间的紧张关系经常指向非白人士兵。1947年夏天的一个晚上，在里窝那，一群流浪的意大利青年对黑人大兵和意大利妇女发动攻击，紧张局势升级。士兵们躲进了军营，而那些妇女被脱光衣服，在公共广场上的旋转木马上示众。[14]

与此同时，盟军占领者和当地妇女的孩子（包括混血儿）开始出生。在那不勒斯，一首名为"黑色塔穆里塔"（*Tammurriata Nera*）的歌曲讲述了白人母亲生了一个黑人小孩的故事。塔穆里塔是意大利南方的一种民间音乐，用一种名为"塔莫拉"（tammorra）的手鼓来演奏。这首歌由一位在当地医院工作的词曲作者创作，灵感来自他听到的一个故事。歌词是这样说的："有时我不明白发生了什么/我们所看到的让人难以置信！不可思议！/一个黑人婴儿出生了。"这首歌发行于1946年，当时比萨法院正在就安东尼奥·奇波利的父亲身份进行辩论。[15]

由于意大利曾在东非进行过殖民统治，所以它有关于混血儿的历史体验。自由政府和法西斯政府先后颁布了法律和政策，规范跨种族性行为和非洲–意大利混血儿童的公民地位。[16] 但是在帝国时代的意大利，孩子是由意大利男人和非洲女人所生的，他们大部分都留在遥远的殖民地。相比之下，占领时期出生的混血儿童更让意大利人感到不安，因为他们是由意大利妇女和非白人士兵所生的，他们不是出现在遥远的非洲，而是出现在意大利本土被炸毁的废墟中。

随着战争和占领带来的动荡和绝望逐渐平息，因这种结合而出生的孩子总是让人们想起战时的创伤和解放带来的模糊礼物。当局从来没有对占领时期出生的儿童（特别是混血儿童）进行过可靠的人口普查，不同的资料来源提供的数字大相径庭，从100到1.1万不等。[17] 无论实际数字是多少，他们所引起的大众、科学和政治关注远远超过了他们的数量。"这些拿铁咖啡颜色的无辜的小东西"，既是父爱主义的对象，又是堕落的象征。[18] 一名左翼医生出身的制宪会议代表感叹道："孩子们脸上的这种意大利黑的颜色代表着祖国的屈辱，我们都觉得……对他们有一种痛苦的责任感。"但他接着指出，混血的人体质较弱，"并不能改良人种"。[19] 一种散漫的慈善意识很容易与种族主义信仰和优生意识共存。

虽然一些混血儿童得以和他们的母亲在一起，但社会对这些妇女的指责意味着许多人不愿意或无法抚养他们。不仅这些孩子的种族地位有问题，他们的出生状态也有问题，因为他们的肤色立刻表明了他们是非婚生孩子。长期以来，意大利社会一直对婚外性行为和由此而生的孩子抱有偏见。19世纪，一个庞大的孤儿院体系接收了非婚生孩子，他们被有组织地、通常是强制性地从母亲身边带走。在高峰期，每年大约有39 000名儿童进入这些机构。[20] 这样的做法成为针对被占领时期诞生的儿童而制定的政策的背景，其中许多儿童最终进入了教会经营的孤儿院。

这种做法也隐喻了儿童与国家的关系。没有合法父亲的儿童不能轻易声称自己是祖国的一分子。将他们隔离在孤儿院是对这一事实的具体表达：将他们置于家庭之外，从而置于"家庭的总和"，即国家本身之外。特别是非洲-意大利混血儿童，他们可能是慈善的对象，但很少被视为公民。[21]

婴儿安东尼奥·奇波利被安置在当地的一家孤儿院，一开始由圣基亚拉教堂的修女们抚养，后来由孤儿院中的牧师们抚养，在那里他是为数不多的"黑白混血儿"之一。当做慈善的妇女来到孤儿院时，她们会抚摸他的头发，用他的话来说，对他"像对待一条贵宾犬一样"。在去海滩的时候，他会用沙子擦脸，试图擦去黑色，并问自己："为什么我会长成这样？"[22]他的母亲玛利亚·奥尔西尼每年会来看望他几次，他并不知道自己的出身，也不知道关于他父亲身份的争议，更不明白为什么自己不能和母亲生活在一起。每当母子俩在探望期间去街上散步时，人们就会辱骂奥尔西尼，为了避开他们，她会带着儿子去汤博罗。只有在这片以罪恶和无法无天而闻名的森林里，玛丽亚·奥尔西尼和她的儿子安东尼奥才能找到相对的宁静和安全。

这些混血儿童的命运引发了相当多的公众讨论。一位著名的种族科学家对公立孤儿院的所谓"战争混血儿童"（metticci di guerra）进行了一项长时间的研究，得出的结论是：对他们来说，生活在特殊的隔离机构中是最好的。就这样，种族隔离被合理化为仁爱，并被"科学"合法化。[23]另一项提议是通过国际收养，将这些儿童完全从意大利转移出去。受非裔美国人媒体对于这些混血儿童的可怕报道的启发，非裔和意大利裔的美国公民团体组织了各种各样的计划，向这些孩子提供援助或者将他们送去非裔美国家庭收养。一位意大利牧师是所谓"太阳之子"（children of the sun）特殊收容所的创始人，他主张把他们送到一个多种族宽容的社会——巴西——的新家庭。[24]有一次，安东尼奥·奇波利和驻扎在比萨附近一个基地的非裔美国军人家庭一起生活了几个月，这家人问他是否想去美国和他们一起生活。他并不是美国公民，他也不知道自己的生父是美国大兵。然而，对于他周围的成年人来说，他的种族意味着他属于意大利以外的某个地方。安东尼奥不太确定。他觉得，他真正的家人是孤儿院的孩子们。最后，他选择不和这个美国家庭一起离开，但问题仍然存在：他属于哪里？[25]

安东尼奥·奇波利（左）和伙伴们在海滩上，摄于1950年前后。
资料来源：承蒙杜尼娅·奇波利（Dunja Cipolli）授权。

图7.1

1950年夏，意大利的观影者们被邀请在一部名为"黑白混血儿"（*Il Mulatto*）的电影中探讨这个问题。这部电影以一个多余的信息开场，说这个故事是"受真实事件启发"，讲述了街头艺人马泰奥·贝尔菲奥雷（Matteo Bellfiore）因为在战争期间偷食物而被长期监禁后回家的故事。他的妻子在他被监禁期间死于难产，他盼望着和她留下的小儿子的第一次见面。但当他到达孤儿院时，修女向他介绍了安杰洛（Angelo），一个小黑人。他得知这个孩子是他妻子被一名喝醉酒的黑人士兵强奸后生下的。[26]

贝尔菲奥雷大惊失色。起初，他对这个小男孩感到强烈的厌恶，但渐渐地，他克服了这些情绪，对他先是产生了怜悯之情，然后是爱意。贝尔菲奥雷的救赎之路

　　　　　　　　　　　　　　　　　　　　　　　父亲身份：探寻血缘之谜

并不容易。同事们弹奏《黑色塔穆里塔》来羞辱他，小安杰洛则成为其他孩子残忍嘲弄和欺负的对象。最终，贝尔菲奥雷能够把自己当做男孩的生父，并和他的新未婚妻一起抚养他。他——乃至意大利这个国家——得到了救赎。

一个不太可能发生的情节转折让贝尔菲奥雷，乃至意大利既能够表达对黑白混血儿童的同情，又不必面对如何帮助他们融入的问题。小男孩"真正的"叔叔突然从美国来到这里寻找他的侄子，贝尔菲奥雷来之不易的感情只能让步于更深、更原始的亲缘关系。当这位陌生的美国黑人唱出一首黑人灵歌时，安杰洛本能地被他吸引住了。贝尔菲奥雷不情愿地接受了这样一个事实：为了安杰洛，他必须放安杰洛走。影片以安杰洛和他的叔叔启程前往美国结束。血缘战胜了情感，种族认同超越了民族认同。[27]

这些混血儿童对战后的意大利社会提出了迫切的问题，这些问题不仅涉及如何对待他们，还涉及产生他们的关系。虚构人物马泰奥·贝尔菲奥雷因为妻子被强奸而意外成为黑白混血儿童的父亲。但是像雷莫·奇波利这样的男人呢？他们被不忠的妻子们赋予了不光彩的父亲身份。许多观察人士相信，战争和占领造成了通奸现象的流行，混血儿童只是其最明显的证据。司法部长在制宪会议审议期间指出："当像这样的世界大战发生时，通奸的数量也会超出正常范围。"[28] 另一位代表指出："幸存者、战俘和退伍军人回到祖国后，发现家族荣誉被不贞洁的妻子摧毁。"在包括议会和新闻界在内的有关家族的公开讨论中，这样的事例一再出现。[29] 1946年，一个自称代表数百名来自巴里的前战俘的退伍军人组织写信给总理，讲述了他们的困境：

> 在为祖国服务多年之后，在经历了……战壕的危险之后，在经历了痛苦的监禁之后……战争所造成的巨大破坏和苦难，在我们跨入家门的那一刻就展现在我们每个人的面前，那些不负责任的女人亵渎了家庭的神圣，败坏了家庭的道德，在我们长期不在的时候，她们的所作所为完全不是一个诚实的妻子和母亲的行为。

这个退伍军人组织接着特别指出了这些女性与非白人士兵的关系。[30]

对通奸行为盛行的指控是"男性地位下降"这一更广泛的情结的一部分，这是由于女性在战争中获得了越来越多的自主权和独立性，外国军队（先是德国人，后来是盟国）的占领，以及这些事件对男性作为家长、养家者、保护者和生育者的角色的削弱。另一项政治发展可能也导致了这种危机感：1945年，意大利妇女获得了投票权。[31]

这些受委屈的被戴绿帽者不仅因此产生了道德上的愤慨，他们还要求政治上的回应。丈夫们和同情他们的政治家们大声疾呼，要求实行一项在信奉天主教的意大利备受争议的补救措施：离婚合法化。法律允许夫妻分居，但不允许离婚或再婚。司法部长、共产党党员福斯托·古洛（Fausto Gullo）提出了离婚合法化的理由。当通奸"成为如此不同寻常的社会现象"时，就需要"一部同样不同寻常的新法律"。他和其他一些人认为，"由于战争的原因，丈夫离开了很多年，回到家里却发现家庭被颠覆，家庭成员的数量增加了"，至少在这种情况下，应该允许人们结束他们的婚姻。[32]

婚姻的坚不可摧只是问题的一部分，另一个问题是父亲身份的无可置疑性。丈夫不仅不能与不忠的妻子离婚，就像雷莫·奇波利发现的那样，他们也不能在法律上否认妻子的孩子。福斯托·古洛向制宪法会议表示："意大利各地不断提出要求，要求我（作为司法部长）推进否认父子关系的程序。"[33]一份报告指出，在南方的一个小省份，有400人提出分居或否认父子关系的请求。[34]根深蒂固的婚生推定原则给家庭秩序和儿童福利造成了困境。如果一对夫妻非正式分居，妻子建立了另一段关系，那么她的孩子仍会被认为是她丈夫的。与此同时，因通奸所生且被母亲遗弃的孩子也因为有合法的父母而不能被收养。[35]

根据意大利的法律，只有在以下三种特定情况下，丈夫才能对自己作为妻子孩子父亲的身份提出质疑：第一，他必须证明，在孩子出生前的180—300天里，他没有和妻子同居；第二，他患有阳痿；第三，他的妻子犯了通奸罪，并对他隐瞒了怀孕和生育的事实。[36]这些条件是如此严格，以至于在普通观察者看来如此一目了然的雷莫·奇波利的情况都无法符合。奇波利和奥尔西尼在法律规定的时期内生活在一起，也没有任何情况可以表明奇波利没有生育能力。尽管在法院看来，孩子的身体特征充分证明了通奸，但奥尔西尼并没有像条款要求的那样试图隐瞒自己怀孕的事实。事实上，一名证人无意中听到过这对夫妇就这件事进行了一番争吵，并且是她的丈夫带她去医院分娩的。即便奥尔西尼自己承认安东尼奥是另一个男人的孩子也不行，因为一个母亲的声明并不能推翻她丈夫的父亲身份。婴儿安东尼奥受孕和出生的事实根本不符合法律的限制性规定。

在比萨法院裁定雷莫·奇波利是孩子的父亲后不久，随着案件进入上诉法院，比萨大学法学院一位名叫安东尼奥·卡罗扎（Antonio Carrozza）的年轻律师提出了一种新颖的解决方案。也许公正解决问题的关键不在于关于通奸的条款，而在于关于阳痿的条款。阳痿是教会法和民法以及法医学中经常讨论的一个概念，因为阳痿不仅可以作为否认父亲身份的依据，还可以作为废除婚姻关系的依据。该法律考虑了阳痿的两种形式："由于生殖器官的解剖或功能缺陷而导致的……交媾不能性阳萎"（impotentia coeundi）和"生育不能"（impotentia generandi）。[37]但是，如果阳痿不是指丈夫不能生育孩子，而是指他不能生育一个特定的孩子呢？卡罗扎认为，从生理上讲，雷莫·奇波利无法和他的白人妻子生育一个深色皮肤的孩子。换句话说，他展现出的是"种族阳痿"，即"生殖器官……不能生育出一个不同种族的孩子"。[38]

"种族阳痿"的概念将这个词的含义从生育转移到了遗传上。亲子关系（或者更确切地说是非亲子关系）不在男人的身体里，不在他的生殖器官里，而是在孩子的身体里，在躯体标记上。通过赋予"阳痿"这个古老的法医概念与种族和遗传有关的新含义，卡罗扎试图将民法典中对父亲的古老处理方式与现代亲子关系的准则保持一致。因为正如他所哀叹的那样，假定父亲的身份是不可知的，"不受感官的支配"，意大利法典"仍然是拿破仑法典"！[39]也就是说，它依赖于19世纪关于自然如何掩盖父亲身份的过时假设，而忽视了日益揭示父亲身份的科学进步。因此，顽固地模糊了亲子关系的是法律，而不是生物学。与此同时，"种族阳痿"的观念与现代亲子关系中持久存在的种族偏见完全吻合。一位年轻的法学家在寻求补救"一个被严重的多肤色入侵所毒害的社会"所带来的苦难时，会重新思考亲子关系法，这绝非偶然。[40]

卡罗扎富有创意的论点得到了许多其他法学家的支持，其中包括佛罗伦萨上诉法院的公诉人。[41]但最终，它还是没能改变法官们的判决。1949年7月，在雷莫·奇波利首次提出否认其父亲身份的诉讼三年半之后，上诉法院做出了最终判决。小安东尼奥此时是一个快4岁的小男孩，由圣基亚拉教堂的修女们抚养。法官们维持了下级法院的判决：雷莫·奇波利是安东尼奥的法定父亲。他的名字将留在男孩的出生证明上，至少从法律的目的来说，两人将分享父子关系中固有的所有相互权利和责任。

XXXX

判决结果被公布于众。"给白人父亲一个黑人儿子"——全国的头条新闻这样写道。[42]当地的一家报纸称小安东尼奥为"比萨的小摩尔人"，并哀叹说："这个可怜丈夫不仅被妻子背叛，还遭到了法律的嘲弄。"[43]"种族阳痿"概念的发明者安东尼奥·卡罗扎在一个颇受欢迎的意大利周刊中谈论了这个案例。[44]比萨法院的首席法官觉得有必要给当地报纸写一封长信，解释这一看似奇怪的判决。[45]

也许是早就预料到了这些反应，佛罗伦萨的法官解释说，该案所涉及的法律问题"非常简单"。尽管奇波利显然不是他妻子所生的黑人孩子的生父，但"在民法赋予丈夫质疑其父亲身份的权利的几种情况中，并没有这一条"。无论是种族阳痿还是任何其他创造性的花招都无法改变这样一个事实，即为了"家庭的完整"，"现行的法律"对挑战婚生推定原则设定了严格的限制。[46]

在随后的法律评论中，围绕法官是否能找到绕过这些法律限制的方法，各方意见不一，但甚至包括法官本人在内的每一个人都对这一判决结果深感不满。一位法律评论人士指出："对于习惯了只基于理性推理的普通人来说，法官的结论可能看起来完全是反常的。"他担心此案会破坏人们对法律的尊重。[47]几年前，歌曲《黑色塔穆里塔》就表达了许多意大利人对白人母亲生下黑人孩子的质疑："我不明白发生了什么/我们所看到的让人难以置信！"现在又出现了一件新的怪事引起了类似的怀疑，这件怪事不是由自然所为，而是由人类的法庭造成的，那就是一个白人男子被宣布为黑人婴儿的父亲。

早些时候，比萨的检察官曾宣称，这个离谱的判决也许还有好的一面。它可能会引起公众对意大利古老的亲子关系法的注意："这是一个迫切的问题，牵动着每一个珍惜荣誉、诚实和家庭观念的人的心。"[48]这确实引起了公众的关注，不仅在报纸上如此，电影屏幕上也是如此。在佛罗伦萨判决一年后上映的《黑白混血儿》是对此案的直接回应。尽管片名如此，这部电影实际上并不是关于小男孩安杰洛的（他在电影中基本上是沉默的），而是关于父亲马泰奥·贝尔菲奥雷和情感上的父子关系，在没有血缘关系的情况下，他不情愿地接受了情感上的父子关系。

这部电影也是对父子关系法的一种评论。尽管它赞扬了马泰奥·贝尔菲奥雷接纳作为安杰洛父亲角色的行为，但它也尖锐地谴责了从一开始就将虚假的父子关系强加给他的法律。当贝尔菲奥雷第一次在孤儿院看到这个孩子时，他十分不解地转向了抚养他的修女（"但他是黑人！"），她回答说："听着，在上帝面前，这个小黑白混血儿对你来说什么都不是。但在法律面前，他是你的儿子，因为他是马泰奥·贝尔菲奥雷的妻子玛丽亚·多塞拉（Maria Dosella）所生。"他意识到了他的妻子生了另外一个男人的孩子——一个黑人的孩子，同时他又意识到，法律认定他是孩子的父亲。

贝尔菲奥雷和他的朋友咨询了一名律师。在律师办公室的墙上，正义的天平明显是歪斜的。朋友疑惑地问：为什么肤色不能用来证明非父子关系呢？他指着律师桌上那本大部头法典，开玩笑地问道：你确定这是最新版本吗？于是这位乐于助人的律师宣读了"佛罗伦萨上诉法院"作出的一份判决，该判决涉及一名男子，"他的妻子生了一个……显然是黑人的孩子"。判决的结论是："肤色的不同并不属于丈夫有权拒绝接受孩子的情况。"这一判决是对佛罗伦萨上诉法院在奇波利-奥尔西尼案中的判决的完美重述。电影《黑白混血儿》显然是对这一独特的著名诉讼案的评论。[49]

因此，这个故事中最基本的困境就是法律的灾难。为了强调这一点，电影一开始就在银幕上劝诫"要运用人类正义感来考虑和解决战争造成的最微妙的人类问题之一"。这个"人类问题"不是像安杰洛这样的孩子面临的困境，而是不公正的法律将虚构的马泰奥·贝尔菲奥雷和真实的雷莫·奇波利这样的白人认定为他们的父亲。这部电影和奥尔西尼-奇波利案一样，表明战后人们对意大利白人母亲所生黑人孩子的关注也涉及白人男性及他们对父亲身份的焦虑。

影片对人类正义感的呼吁并没有被置若罔闻。在奇波利案判决后不久，一名社会主义立法者提出了一项法案，要求改革民法典中令人不快的条款。在原有的丈夫可以否认父亲身份的三种情况之外，他提出了第四种情况："经科学确认，明显的、不可否认的身体特征表明婚姻中孕育的孩子属于不同于被推定的父亲的种族。"[50]

一些法学家对这一提案表示赞赏。另外一些人赞同它的精神，但认为它"过于简单化"[51]。最终该提案无果而终，但这并不是因为缺乏改革热情。在奇波利案判决之后，要求改革亲子关系法的呼声在法学家和公众中普遍存在。关于家庭法的主要出版物宣称，"对极其陈旧的亲子关系规范进行彻底改革"具有司法和"社会政治"上的必要性。[52]该杂志一直批评天主教会的过度影响和意大利家庭法的保守主义。但就连天主教徒也认为，法律对婚姻和合法家庭的保护太过分了。天主教法学家联盟（Union of Catholic Jurists）称亲子关系改革"很有必要"，并支持社会主义者的提案。[53]与此同时，人们发现呼吁改革的热门电影《黑白混血儿》是在国际天主教电影联盟（International Catholic Cinematographic Union）的赞助下发行的。[54]尽管所有人都同意亲子关系法需要改革，但问题依然存在：这种改革应该走多远？

如果这个问题只涉及共和国的雷莫·奇波利们，即那些其白人妻子生出非白人孩子的白人男性，那么它的象征意义上的利害关系会很大，实际上的利害关系却有限。毕竟，在意大利，白人夫妇生的棕色皮肤婴儿相对较少，占领结束后会更少。但从这个故事第一次出现的时候起，科学和法律观察家就意识到，它的含义远远超出了"黑白混血儿"的具体情况。[55]如果种族的身体标志被允许推翻婚姻中的父亲身份，那么其他种类的身体证据呢？比如血型检测。丈夫们可以在科学的帮助下质疑自己的父亲身份吗？

面对这些问题，改革派的热情冷却下来。佛罗伦萨的法官们指出："如果这种类型的调查是合法的，大家都知道它会导致什么样的纠纷。"[56]允许雷莫·奇波利否认其对安东尼奥的父亲身份，不仅会给其他有棕色皮肤孩子的白人男性敞开大门，也可能会给所有怀疑妻子是否忠诚的丈夫敞开大门。毕竟，所有的婴儿出生时都带有可以证明其父亲身份的遗传血型。一个简单的血液检测就可能推翻神圣的婚生推定原则。如果发生这种情况，旨在增进家庭公正和尊重事实的改革可能在不知不觉中摧毁家庭的基础。

法官们在审理奇波利一案时显然考虑到了这些因素。在审理此案的过程中，血型检测被反复讨论过，包括比萨法院和佛罗伦萨法院，尽管这种检测从未被使用。当然，血型检测之所以从未被使用，是因为它被认为是多余的。孩子的种族外表就是大自然自己的亲子鉴定。

但正是因为它涉及一种连非专业人士都能看出来的显而易见的非亲子关系，该案件比科学的血液检测更有力地揭示了亲子关系法明显的不合逻辑性和不公正性。然而，尽管本案中没有进行血清学测试，但它与血液密切相关。在对此案的评论中，法学家不仅引用了"种族阳痿"的概念，还引用了"血液学阳痿"和"血清学种族"等概念。这些概念体现了血清测试和种族是如何揭发生物学意义上的非亲子关系的。[57]

即使是那些认为法院应该允许雷莫·奇波利否认他的父亲身份的人，也对这种情况感到恐惧。允许一个白人丈夫否认他的黑人孩子是一回事，而让所有的丈夫去检验，甚至否认他们妻子的孩子则完全是另外一回事。通过驳回奇波利的诉状，法官们试图避免这种令人不安的可能性。

∞∞∞∞

意大利科学家、法学家和公众倾向于把雷莫·奇波利、玛丽亚·奥尔西尼和婴儿安东尼奥的故事视为独一无二的案例，这场悲剧是由一系列独特而史无前例的事件所造成的，而这些事件"源于战争中不幸的意外事件"[58]。

但白人妻子和白人丈夫生下一个深肤色的孩子（Natus Ethiopus），这样的故事可以一直追溯到古代。[59]古希腊和希伯来语的文本中也有这样的故事。相反的情况出现得更少，即一个深肤色的母亲生了一个浅肤色的孩子（Natus Albus）。文艺复兴时期的作家们也讲述过这样的故事。一个经常被引用的轶事是，希波克拉底救了一个白人公主，使她免于通奸的指控，因为她的孩子"黑得像摩尔人"。[60]现代早期的叙述者用这个故事来说明母体感应（maternal impression）的现象，即孕妇的想象会在婴儿的身体上留下印记。希波克拉底拯救的公主之所以会生下一个黑皮肤的孩子，是因为她怀上这个孩子的床上挂着一幅摩尔人的画像。而在莎士比亚的《泰特斯·安德洛尼克斯》中，妻子塔莫拉（Tamora）因为与黑人情夫通奸，生下了一个深肤色的婴儿。

在现代，肤色深的小孩经常被归因于种族返祖现象。根据这种认识，黑色永远不可能从白人血统中被清除，甚至可能会在几代人之后再次出现。返祖现象是19世纪和20世纪早期美国小说中最受欢迎的主题。[61]1913年，优生学家查尔斯·达文波特将种族返祖现象称为"对我们数以百计的公民来说有重要的社会意义"。虽然这为小说和报纸提供了素材，但他对这是不是一种真实的生物现象表示怀疑。[62]

对于古代和现代的观察者来说，黑皮肤的孩子为思考孕育和世代的本质提供了肥沃的土壤。然而，20世纪的科学家倾向于把母体感应和种族返祖当作神话。让一个白人妇女生下一个黑皮肤婴儿的是一个黑人父亲，孩子的种族外表是父亲身份的明显表征。法学家卡罗扎打趣道："我们不需要实验室科学，只需要利用对物理现实的普通感知就可以分清黑白。"[63]

现代亲子科学的倡导者在讲述揭示父亲身份的故事时经常会以黑皮肤的孩子为例。根据德国科学家的说法，混血儿童是一种"最简单的"亲子鉴定方式。一位英国法学家指出，虽然普通法对将身体相似性作为亲子关系证据的态度是矛盾的，但是"从古至今，人们普遍认为，每当争议发生在两个属于不同种族的被推定的父母之间时，相似性都应该被……认真对待"。南非、苏格兰和美国一些州的法院拒绝接受亲缘相似性的证据，但如果被推定的父母亲属于不同的种族，则允许这样做。[64]

然而，这取决于父母双方的种族。在一些司法管辖区，如内布拉斯加州，只在涉及白人母亲和被推定的父亲为黑人的案件中承认种族相似性的证据，这是很能说明问题的。[65]种族是大自然的亲子鉴定，但这仅限于生下来就是深肤色的孩子的情况。亲子鉴定人员几乎从未提及肤色较深的女性生下浅肤色孩子的情况。如果把相似度作为亲子关系调查的工具遵循的是明显的种族逻辑，那么这是因为现代亲子鉴定及其技术专注于神秘的黑人父亲，而不是白人父亲。

至于婴儿安东尼奥，意大利观察者没有问他的肤色是怎么回事，也没有问他的生物学父亲是谁。他们问的是，他是由母亲与"有色人种通奸"所生这一不言自明的事实，如何能与法律赋予他的白人父亲相调和。[66]

如果说白人母亲生下黑人孩子的怪事不是这个时代或地方所特有的，那么婚生推定的原则也不是。虽然《意大利民法典》对这一原则有严格规定，但这一原则本身却非常普遍。正如一位菲律宾法学家在20世纪30年代所描述的那样，"这个历史悠久的法律制度享有几个世纪以来的认可"。它广为使用，影响深远，跨越了古代和现代、宗教和世俗、西方和"非西方"的各种法律传统。[67]婚生推定原则不仅存在于基督教、犹太教和伊斯兰教法律传统中，也存在于英美法和欧洲大陆的民法，以及拉丁美洲和中东的法律体系中。这是"最接近文化普遍性的法律"[68]。

在某些情况下，这个原则几乎是无可辩驳的。根据罗马法，无论是通奸的证据，还是母亲关于孩子父亲身份的声明，都不足以反驳她丈夫是孩子父亲的推定。根据17世纪的英国普通法，如果一个丈夫在他妻子怀孕时身在英帝国的范围之内，他在法律上就是她孩子的父亲。[69]伊斯兰教教法认为"孩子是附在婚床上的"，这一推定如此强大，以至于伊斯兰法学认为，怀孕期可以持续4年至5年，以此确保在婚姻因死亡或离婚而告终后很久才出生的孩子的合法性。[70]无论有时看起来多么荒诞不经，就像19世纪一位著名的西班牙法学家所说的那样，婚生推定原则"是如此自然和得体，如此有用和公正，而且最重要的是，它是如此必要，如果没有它，社会本身就不可能存在"[71]。或者用一个世纪后两位俄亥俄州最高法院法官的话来说："这一原则是如此必要，如此符合社会的最佳利益，即使在特定案件中，背离这一原则似乎是公正的，他依然不能成为这样做的理由。"[72]

确实，法学家会不时地谴责该原则中异乎寻常的过度虚构。在1930年的一个案件中，美国法学家本杰明·卡多佐（Benjamin Cardozo）批评了一个法庭的裁决，即一个与另一个男人有长期关系的女人所生的孩子仍然是她丈夫的。这是17世纪英国普通法的现代版，卡多佐无法忍受这种"愚蠢和异想天开"。但他并不打算完全摒弃这个原则，他只是想"修剪"它的"过分之处"。[73]

正如在奥尔西尼案中那样，关于婚生推定的司法讨论一直从种族角度来描述。法学家援引生来就具有深肤色的孩子来证明这一推定的影响有多么深远。英美法律中有一条格言就抓住了这一思想。在1849年一起涉及一对爱尔兰夫妇的遗产纠纷中，英国法学家坎贝尔勋爵（Lord Campbell）宣布："婚生推定的原则是如此强大，以至于在一个白人妇女生了一个黑白混血儿的情况下，虽然丈夫也是白人，而假定的情人是黑人，只要夫妻二人有过任何性交的机会，孩子就被推定为合法的。"[74]值得注意的是，本案实际上并不涉及实际上生下深肤色孩子的情况，这只是坎贝尔勋爵所能想出的最极端的假设，来说明这个原则的强大。"坎贝尔勋爵格言"不仅在讨论亲子关系时经常被援引，在讨论证据法、法律推定的处理和法律虚构功能时也经常被援引。当然，并不是所有的英美司法管辖区都接受它，但有些地区接受了，而且不只是象征性地接受。[75]在20世纪30年代新西兰的一个案件中，法院宣布一个混血儿合法，尽管她的母亲和丈夫都是白人，而母亲的情人是中国人。[76]一个孩子的种族外表可能预示着生理上的不可能，但并不预示着法律上的不可能。因此，种族是区分父亲的生物学概念和法律概念的明确界限，在这个意义上，种族有助于定义什么是父亲身份。

正如奇波利-奥尔西尼案的观察者所指出的，另一种不可能是血清学意义上的。虽然意大利人担心血液检测会对婚生推定原则构成根本性挑战，但事实证明，这种挑战是间歇性的。20世纪三四十年代，随着血型检测在大西洋两岸法医实践和其他领域中越来越多地被应用，法院仍然不愿意在涉及已婚夫妇的案件中使用这种方法。一项关于欧洲法律中血液检测的研究发现，这项技术在婚外亲子关系的案件中比在质疑婚生子女的案件中更常见。[77]在埃及，法院也在犹豫是否允许通过验血来质疑婚生子女的亲子关系。[78]在美国，高等法院和下级法院之间以及州与州之间存在显著差异，但到了20世纪60年代，即使面对血清学证据的反驳，法官们还是普遍坚持婚生推定原则。[79]有时，他们只把生物检测作为诸多证据中的一项来考虑；有时，他们完全不接受生物检测，认为这与他们认为的结论性推定相反。[80]一名加利福尼亚州的法官宣称，如果要取消"法律迄今对已婚夫妇所生孩子所设置的保护"，就相当于"把他们的地位交给……变幻莫测的试管和化学来决定"。[81]1967年的案件涉及一段仅持续了四天的婚姻。

如果对婚生推定原则的坚定遵循是大西洋两岸的常规做法，那么有一个戏剧性的例外。在纳粹德国，这一原则让位于对种族真相的狂热追求。特别是在1938年之后，德国政府允许丈夫、妻子、孩子和国家官员挑战婚内亲子关系。根据纳粹立法者的说法，为了孩子本人和"民族"双方的利益，法律虚构被剥离，以揭示生物种族的真相。当然，使这一切成为可能的改革是更广泛的法律和科学革命的一部分，这场革命使父亲身份在很大程度上成为生物学上的概念。

纳粹激进的种族亲子关系与战后意大利对婚生推定原则的坚守之间的对比很具有启发性。在安东尼奥出生之前的几年里，意大利法西斯政权制定了自己的种族法，当然包括禁止异族通婚。但是，当纳粹法学家为了其种族主义计划而对家庭法的传统规范发起全面攻击时，意大利在1942年颁布的民法典在很大程度上遵从了梵蒂冈及其保护合法家庭的愿望。[82]在后法西斯时代的意大利，正是这一法典使雷莫·奇波利成为婴儿安东尼奥的父亲，赋予婚姻中的父亲身份以特权，即使这与生物学事实的文化观念明显相悖。

然而，尽管纳粹的法律和后法西斯时代意大利的法律对父亲身份的定义截然不同，但在这两种情况下，父亲身份对于国家秩序建设和重建都至关重要。在战后的意大利，就像在纳粹时期的德国一样，关于父亲身份的问题——他是谁，如何确定父亲的身份，以及法律和科学在此过程中的作用——在建设新的民族共同体的各种不同方案中以惊人的紧迫性显现出来。

在法律资料、电影和新闻界讲述的"比萨的小摩尔人"的故事中，有三个主角：孩子安东尼奥、他的母亲奥尔西尼和她的丈夫奇波利。这个故事中明显缺失的是第四个人物，即安东尼奥的生父，那个美国士兵。在对这个案子的大量讨论中，没有一处揭示他的身份，甚至没有一处提到。

他的缺席并非偶然。他的身份不仅是未知的，而且从一开始就被意大利法律主动抹去了。从法律的角度来看，安东尼奥只能有一个父亲，而他母亲与谁结婚决定了谁是他的父亲。如果他的母亲未婚，法律就会为确定他的父亲设置一系列不同的障碍。沿袭《拿破仑法典》的传统，意大利民法严格限制了对婚外亲子关系的调查，这使得非婚生子女很难或不可能确定其父亲的身份。这些儿童的出生登记和其他身份证明文件上都标有侮辱性的"N.N."字样——父亲不详。就像它对婚内亲子关系铁一般的定义一样，法律对婚外亲子关系的限制性处理在法学家和公众中引起了激烈的辩论，在战后的几年里，不断有人提出改革的建议。[83]

如果说意大利法律抹去了安东尼奥的生父，那么美国军方也是如此。美国占领时期的法律规定使当地妇女很难或不可能对士兵提起亲子关系诉讼。[84]至于那些想要承认子女身份或与子女母亲结婚的美国大兵，官僚主义的障碍处处阻碍着他们。想要结婚的士兵和他们的女朋友不得不接受军事当局家长式的、武断的审查，决定他们是否可以和睦相处，并对他们的人品做出评价。毫不奇怪，实行种族隔离制度的美国军方对混血夫妇的结婚申请怀有特别的恐惧，有时甚至是公开的敌意。一些非裔美国大兵发现，如果他们来自反对异族通婚的州（共有29个州），他们与欧洲白人女友结婚的请求就会被自动拒绝。[85]通过阻碍婚姻，美国军方使孩子成为非婚生子女。通过抹去婚外父子关系，意大利民法让他们无法拥有一个合法的父亲。如果说安东尼奥的父亲不为人知，也不可知，那是因为他被巧妙地遮蔽了，不是被自然遮蔽，而是被法律和政治遮蔽。[86]事实上，无论是从民法还是从舆论的角度来看，这个人的身份都无关紧要。重要的是，他是一个黑人，而不是雷莫·奇波利。现代父亲身份假定了想要知道父亲身份的强烈愿望，以及对父亲身份可知的坚定信念。但不是所有的父亲都值得被知道。

另一个影响战后意大利父亲身份概念的强大机构是天主教会。民间的各种天主教团体对奇波利事件及其引发的问题发表了看法。意大利天主教法学家联盟（Union of Italian Catholic Jurists）对这一可悲的事件表示悲哀，并对产生这一悲剧的法律进行了辩论。国际天主教电影人联盟（也就是《黑白混血儿》的制片人）高调呼吁改革。虽然天主教徒加入了公众谈话，但天主教会本身却保持沉默。似乎没有天主教官员公开谈论过奥尔西尼-奇波利案，也没有谈论过它引发的有关婚姻亲子关系的问题。事实上，对于新的科学方法对婚姻亲子关系构成的广泛挑战，教会明显保持沉默。从20世纪20年代末开始，确立亲子关系的科学技术在大西洋两岸传播开来，传播范围包括拉丁美洲和南欧的天主教国家。就在这几十年里，天主教会大声疾呼，反对对性、生殖和家庭领域的各种科学干预，强烈反对优生学、绝育、人工授精和节育。[87]但它似乎从来没有正式对确定亲子关系的科学方法表明立场。也许这是因为，与其他技术相比，亲子鉴定似乎不是人为地操纵生殖的自然过程，而只是揭示由此产生的自然事实。

然而，正如意大利人对血型检测会影响婚姻的担忧所反映的那样，自然事实本身就可能威胁到婚姻和家庭。因此，血型检测对天主教徒的道德感构成了难题。对于那些在履行专业职责时被要求进行亲子鉴定的天主教徒医生来说，这样的感受最为强烈。在法国、意大利、阿根廷、巴西和拉丁美洲的其他地方，那些自认为是天主教徒的医生，甚至有些不是天主教徒的医生，都在努力应对亲子鉴定带来的道德影响。通常，当法院出于诉讼需要而下令进行亲子鉴定时，鉴定就会发生，而评估其潜在影响的责任就落到了法官的肩上。只要鉴定是在司法当局的支持下进行的，其使用就可以受到监督，其最具爆炸性的后果也可以得到控制。但是，如果要求医生进行血液检测的不是法官，而是一个与妻子关系不和的丈夫呢？

很早以前，医生们就面临着私人检测的问题。皈依天主教的波兰血清学家路德维克·赫斯菲尔德在20世纪30年代末写道，当他收到这样的请求时，他会把这对夫妇送到一位牧师那里，因为"牧师通常更擅长促成和解和重建"。他建议他的同事："血清学家不应该滥用他所拥有的武器，而应该成为家庭幸福的捍卫者，永远不要窥探通奸或挑起离婚。"[88]赫斯菲尔德的立场成为天主教国家医生的专业共识。亲子鉴定是一项强大的技术，对婚姻、孩子和家庭都有潜在的可怕后果。因此，医生在道德上有责任明智地使用它。

在有些地方，私人要求亲子鉴定的情况很少。在圣保罗的奥斯卡·弗莱雷研究所，几乎所有的亲子鉴定都是由当地法院下令进行的。这种模式值得注意，因为其他一些常见的程序（如处女检查）通常是由私人团体要求的，通常是年轻女性的家庭。他们没有要求进行亲子鉴定，这一事实可能反映了这一烦琐程序的高昂成本，也可能很少有人觉得有必要获取科学亲子鉴定所提供的信息，或者认同它所提倡的那种亲缘关系。

相比之下，在20世纪50年代的意大利，私人要求测试的情况很常见。也许这种需求反映了战后通奸危机带来的结果，又或者，在法律诉讼中继续限制使用亲子鉴定科学，这鼓励个人绕过法院，直接联系实验室进行亲子鉴定。此时，由于媒体的教育作用，公众已经熟悉了使用遗传血型来确定亲子关系的做法。[89]在这种背景下，那不勒斯大学法律医学研究所所长、虔诚的天主教徒温琴佐·马里奥·帕尔米耶里（Vincenzo Mario Palmieri）等医生注意到了一个令人不安的趋势：有些男人"对妻子的忠诚感到怀疑，或者想知道自己的情人所生的孩子是否真的是自己的"，他们越来越频繁地出现在实验室里，要求进行亲子鉴定。[90]从巴里到博洛尼亚的法医专家都有这样的印象。[91]

帕尔米耶里警告他的同事说，血型遗传分析不仅仅是简单意义上的一种实验室程序，不像"梅毒或血糖测试"那样可以随意进行。[92]一个可以推翻亲生父母身份的检测会引发严重的社会、法律和伦理问题，尤其是在涉及已婚夫妇和他们的孩子时。因此，有关父亲身份的知识是危险的，也是不可抗拒的："毫无疑问，'血之证明'（proof of blood）这个表达本身就有可能会刺激想要确认的愿望。"[93]一位意大利教会律师注意到，由于这种要求越来越频繁，许多实验室"不得不对公众不健康的好奇心加以抑制"[94]。按照这种逻辑，法国科学家断然否决了巴西的奥斯卡·弗莱雷研究所在20世纪30年代末推出的一项政策，即在大学生的学生证上标注血型。他们担心，将血型知识庸俗化可能会在不经意间暴露家庭秘密，破坏"社会和谐"。[95]

不受约束的检测最大的潜在受害者是儿童。那不勒斯的帕尔米耶里提出了这样一种场景：一个疑心很重的丈夫和"或多或少自愿地"同意进行检测的妻子。那这对夫妇的孩子们呢？"谁能以他们的名义同意呢？"[96] 几滴血就能让他们变成私生子女，使他们与通奸产生联系，使他们在法律上失去父亲。由于这种可能性，在帕尔米耶里看来，医生应该拒绝私人提出的任何涉及未成年人的检测请求。奥斯卡·弗莱雷研究所的所长弗拉米尼奥·法韦罗在一份阿根廷期刊上读到帕尔米耶里关于私人检测伦理的想法，这让他非常感动，以至于他觉得有必要在为圣保罗一家报纸写的专栏中阐述这些想法，尽管他自己的研究所很少收到这样的请求。法韦罗宣称自己致力于让医学知识"惠及所有人"。但在"反复阅读"了帕尔米耶里的文章后，他惊讶地发现自己也认同其观点。他指出，根据巴西法律，医生如果无意中暴露了一个孩子不是其父亲亲生的，甚至可能会以诽谤罪受到指控。[97]

还有一些人则基于对妻子的潜在后果提出了反对意见。一位著名的意大利民事法学家建议，已婚父母的子女永远不能合法地要求验血，因为这样做"将意味着允许孩子怀疑母亲，从而损害家庭荣誉"。另一名观察人士警告称，检测结果可能会让女性面临"极其严重的危险"，因为嫉妒的丈夫可能会"血腥报复"。[98]

对这种具有潜在危险的技术的监管首先落在了法律的头上。当然，在意大利，法律严格限制了丈夫质疑其父亲身份的能力。但是私人请求绕过了司法的约束，因此医生们必须对此保持警惕。因为丈夫们可能会在他们的动机上撒谎，或者诉诸托词——帕尔米耶里想象了这样一个场景：一个丈夫为了掩盖他的意图，要求三个不同的实验室为他自己、他的妻子和他的孩子做检测。他建议，所有私人的亲子鉴定请求都应该被视为例外情况，除非医生本人认识申请人，"而且动机非常明确"。法韦罗的结论是，"排除亲子关系的证据危险很大，它对个人、家庭和社会的后果非常严重"，因此医生应该完全拒绝这种请求。[99]

所有这些评论都隐含着这样一种认识：亲子鉴定（尤其是对已婚夫妇的亲子鉴定）不仅对男人、女人和孩子，而且对整个社会都有潜在的灾难性影响。亲子关系的知识不应该被随意传播，不应该受任性的冲动或公众"不健康的好奇心"的影响。

虽然这些问题在天主教医生中得到了最激烈的讨论，但它们也提出了一个从一开始就困扰亲子鉴定的问题：谁有权利知道？20世纪50年代，南欧和拉丁美洲的医生一致认为，知情权不是无条件的。为了保护女性的荣誉、儿童的权利，以及最重要的是保护家庭的完整，任何个人都不享有不可剥夺的了解亲生父亲身份的权利。科学检测引发了"个人利益"和"公共利益"之间的较量。[100] 要解决这些利益之间的紧张关系，就得靠公共当局，特别是法律和法院，其次才是医生本人（这是不得已的）。[101]

从事亲子鉴定者不仅以科学事实的化身自居，还以道德秩序的守护者自居："通过科学获得的新信息应该加强而不是破坏社会秩序。"[102] 生物遗传学事实只是他们在专业上必须服从的价值之一，道德、规范和社会秩序具有同等，甚至更高的重要性。鲁莽地泄露信息的医生可能违反了道德，甚至是犯了罪，即使利益相关者要求这样做，即使泄露的信息是真实的（这一点值得注意）。[103] 在评估真相的社会价值时，背景决定一切。在不道德的关系和涉及非婚生子女的情况下，揭露真相的技术可以惩罚违反者和有罪者。对于已婚夫妇和婚生子女来说，这可能会产生相反的效果，道德最好通过谨慎、虚构和压制来实现。就连倾向于为血液检测的广泛使用辩护的德国科学家也认为，血液检测具有"预防"作用，可以阻止人们做出科学已经可以揭示的轻率行为。[104] 在所有这些情况下，检测孩子和父母之间联系所产生的影响总是会超出家庭，对整个社会产生道德影响。

战后意大利的焦虑激起了公众对家庭法，尤其是亲子关系法的激烈辩论，这些辩论在奥尔西尼-奇波利事件中达到了高潮。法学家、科学家、新闻界和电影摄影师都呼吁改革，但最终改革进展缓慢。1955年，意大利人的身份证件上去掉了侮辱性的"N.N."字样。直到1968年，女性通奸罪才被废除；1970年开始允许离婚；1975年，非婚生子女被宣布与婚生子女地位平等。[105] 直到1975年，也就是安东尼奥·奇波利出生30年后，血液和其他基因检测才被允许应用于关于婚生推定的诉讼。即便如此，基因证据只能作为优先级更高的社会事实的佐证，它本身并不能证明孩子的私生子身份：在科学证据被允许之前，丈夫必须先提供妻子通奸的证据。直到21世纪初，意大利法院才开始允许在没有女性通奸证据的情况下使用DNA证据。

即便这个轰动一时的案件没有催化法律改革，它仍然在法律和文化上产生了深远的影响。在当代意大利司法文本中，在探讨阳痿的法律定义、司法程序中的DNA检测，以及意大利家庭法在考虑法律事实的同时越来越多地考虑生物学事实的倾向时，这个"著名的比萨黑白混血儿案"依然被援引。[106]这个案件的不同版本甚至在当代小说中被重新审视。[107]

然而，有一个人直到前不久一直不知道这个著名的案件，他就是安东尼奥·奇波利本人。几年来，我一直在网上寻找1945年出生并被遗弃的那个婴儿的踪迹，不确定他是否活到了成年。在2017年，我找到了一个叫作"安东尼奥·奇波利"的脸书账户。我试探性地问他："你是那个安东尼奥·奇波利吗？ 1945年10月9日出生，比萨的玛丽亚·昆塔·奥尔西尼的儿子。"起初我没有收到回复。然后，在一天早晨4点，我的手机开始嗡嗡作响，我收到的短信是意大利语："是的，是我。"安东尼奥一生都在探索自己的身世之谜，他迫不及待地想谈谈。

今天，引起这一令人震惊的事情的孩子已经是一位退休老人，他住在离比萨不远的一个小镇上。我和安东尼奥以及他的女儿杜尼娅（Dunja）谈过，他们告诉了我一些我的史料——法庭案件、报纸报道、立法者的回应——没有透露的故事。雷莫·奇波利和玛丽亚·奥尔西尼从未和解，玛丽亚也一直遭受社会的排斥。安东尼奥在孤儿院长大，他不明白为什么他的母亲抛弃了他。当她偶尔来看他时，她向他保证："孩子，等你长大了，我会解释一切的。"亲子关系法旨在保护合法家庭的完整性、家庭成员的荣誉，以及子女的权利。在这个案子里，这几个方面一个都没有做到。1962年，17岁的安东尼奥离开孤儿院回到"家"中。当他跳下公共汽车时，他遇到了一个熟人，那人告诉他，他的母亲刚刚在一场车祸中去世。他正好赶到参加了她的葬礼。她想告诉他的任何关于他的身世的信息，都随着她的去世而烟消云散。

安东尼奥和其他家庭成员的关系（包括他同母异父的哥哥，即玛丽亚·奥尔西尼和雷莫·奇波利的儿子）一直很紧张。在20世纪40年代，意大利公众和雷莫·奇波利曾拒绝承认与这个黑皮肤婴儿的父子关系。安东尼奥·奇波利年轻时也开始否认这一父子关系。他后悔用了一个不是他父亲的人的姓氏，希望自己能随母亲的姓氏。作为雷默·奇波利的合法儿子，他从未继承他应得的遗产。意大利法律给了他一个父姓和一个继承人的身份，但他两个都拒绝了。如果说他和那个在他还是黑人婴儿时就把他赶出家门的家庭的关系一直很紧张，那么他与这个国家的关系也同样复杂。身高近1.83米，加上皮肤黝黑，安东尼奥发现自己很难在种族同质、种族歧视严重的意大利生活下去。20世纪60年代，他加入了意大利经济移民的大军，移民到了瑞士，在那里工作，娶了一个德国妻子，生了两个孩子。偶尔，他会和家人一起回到比萨参观。他的女儿杜尼娅记得，她的堂兄弟姐妹都很冷漠，由于混血的关系，她总是觉得自己与他们格格不入。在国外生活了30年后，安东尼奥退休并回到意大利。

在他出生时，观察人士都坚定地认为，他的亲生父亲的身份应该被公布于众，并得到法律的承认。因此，安东尼奥本人从来都不知道这件事，这是非常具有讽刺意味的。70多年来，关于他的出身，他一直面对着令人窒息的沉默。没有一个人向他透露过有关他父亲身份的任何信息，包括抚养和教育他的修女和牧师，和他一起度过夏天的寄养家庭，或者他家里或当地社区的任何人。安东尼奥对自己的出生和家庭引起的轰动性案件一无所知。他不知道自己在全国性报纸的头版上被称为"比萨的小摩尔人"。他不知道围绕他出生的事件成了一部受欢迎的电影的主题。他父亲的身份之谜一直只是一个私人问题，只是一个更大的、更深刻的被家庭抛弃和疏远的痛苦经历的一部分。

亲子鉴定的历史也是一段反历史：法律和社会规范掩盖生物学上的父亲身份，限制、阻止甚至禁止使用科学方法来揭露这个身份。这是一部关于真相的历史，无论如何定义这个真相，在策略上都是秘而不宣的。关于安东尼奥父子关系的争论揭示了文化、法律和生物学定义之间的紧张关系，特别是婚姻定义父亲身份的权力。科学真相和社会真相都在法律上的婚生推定原则的浅滩上搁浅了。安东尼奥·奇波利和他的孩子们所使用的姓氏是法律赋予他的父亲的姓氏，但他们并不认为那人是他的父亲，就像他出生时的旁观者们并不认为那人是他的父亲一样。

父亲身份：探寻血缘之谜

注释

[1] "即使是非专业的眼光"和"黑人",见I. del Carpio, *In tema di disconoscimento di paternità* (Pisa: Arti Grafiche Pacini Mariotti, 1946), 5。这个故事是根据德尔卡皮奥（del Carpio）的说法、与本案有关的司法资料，以及对安东尼奥·奇波利和杜尼娅·奇波利的采访而重构的。

[2] Corsanego, Constitutional Assembly, April 22, 1947, 1146.

[3] Cevolotto, Constitutional Assembly, April 17, 1947, 983.

[4] "如今在意大利到处都在发生的事情"，见Calamandrei, Constitutional Assembly, April 17, 1947, 970。制宪会议讨论中提到的其他通奸行为包括：Delli Castelli, April 19, 1947, 1043—1044; Sardiello, April 21, 1947, 1066; Rossi, April 21, 1947, 1102; Corsanego, April 22, 1947, 1152。

[5] 目前还不清楚他的夫妻分居起诉的结果如何，但这对夫妇确实分开了。

[6] "Per la riforma del Codice Civile in tema di disconoscimento di paternità. Un bianco può essere padre legittimo di un figlio negro?"，《意大利婚姻法和家庭关系杂志》（*Rivista del Diritto Matrimoniale Italiano e dei Rapporti di Famiglia*，以下简称*RDMIRF*）14 (1947): 128—131。"……荒谬"，见*RDMIRF*, 130。"法律的严格逻辑"，见*RDMIRF*, 131; Giuseppe Lenzi, "Conclusioni del Pubblico Ministero", *RDMIRF*, 131—134。

[7] 1942年的法典修订了其前身，即1865年的民法典。

[8] "国家和民族……"，见Corsanego, Constitutional Assembly, April 22, 1947, 1146。

[9] 引自 Maria Porzio, *Arrivano gli alleati! Amori e violenze nell'Italia liberata* (Rome: Laterza, 2011), 68。

[10] Centro Furio Jesi, *La menzogna della razza: Documenti e immagini del razzismo e dell'antisemitismo fascista* (Bologna: Grafis, 1994), 202.

[11] 在记者阿尔多·圣蒂尼（Aldo Santini）对那个时期的回忆中，过度纵欲、醉酒的黑人士兵的刻板印象反复出现，见*Tombolo* (Milan: Rizzoli, 1990); Gigi Di Fiore's polemical and racist *Controstoria della Liberazione* (Milan: Rizzoli, 2012); and Carla Forti, *Dopoguerra in provincia. Miscrostorie pisane e lucchesi, 1944—1948* (Milan: FrancoAngeli, 2007)。

[12] 这一事件于1944年5月发生在罗马东南部的一个地区。在1957年，被写进阿尔贝托·莫拉维亚（Alberto Moravia）的小说《烽火母女泪》（*La Ciociara*），以及随后由维托里奥·德·西卡（Vittorio de Sica）执导的同名电影中，由索菲娅·罗兰（Sophia Loren）主演。关于种族主义、殖民主义和性，见Vincenza Perilli, "Relazioni pericolose. Asimmetrie dell'interrelazione tra 'razza' e genere e

sessualità interrazziale", in *Il colore della nazione*, ed. Gaia Giuliani (Florence: Le Monnier, 2015)。

［13］ 记者、小说家和新现实主义摄影师为大西洋两岸的观众描绘了这个地区，见 Saverio Giovacchini, "John Kitzmiller, Euro-American Difference, and the Cinema of the West", *Black Camera* 6, no. 2 (2015): 17—41。

［14］ Santini, *Tombolo.*

［15］ 这首歌出现在1948年11月的电影《偷自行车的人》（*The Bicycle Thieves*）的配乐中，但是它早就被创作出来了，见Moe, "Naples'44 / 'Tammurriata Nera' / *Ladri di Biciclette*", in *Italy and America, 1943—1944: Italian, American and Italian American Experiences of the Liberation of the Italian Mezzogiorno*, ed. John A. Davis (Naples: La Città del Sole, 1997), 433—477。

［16］ Giulia Barrera, "Patrilinearità, razza, e identità: L'educazione degli italo-eritrei durante il colonialismo italiano (1885—1934)", *Quaderni Storici* 37, no. 109 (1) (2002): 21—53.

［17］ "从100到1.1万不等"，见Lilian Scott, "Inter-Racial Group to Aid Deserted Italian War Babies", *Chicago Defender*, June 25, 1947, 1。"1.1万"的数字，见Spallicci, Constitutional Assembly, April 21, 1947, 1095—1096。这位发言人引用了1945年一份不明人口普查资料，这一数字可能包括非洲殖民地的混血民族，虽然即使在这种情况下，这一数字似乎也被严重夸大了，见Silvana Patriarca, "Fear of Small Numbers: 'Brown Babies' in Postwar Italy", *Contemporanea* 18, no. 4 (2015): 537—567。

［18］ "这些拿铁咖啡颜色的无辜的小东西"，见电影《黑白混血儿》的影评（随后讨论），*La Stampa*, May 17, 1950, 5。

［19］ Constitutional Assembly, April 21, 1947, 1095—1096.这位代表名叫阿尔多·斯帕利奇（Aldo Spallicci），他是中左翼，自由反法西斯的意大利共和党（Partito Repubblicano Italiano）成员，职业是医生。

［20］ David I. Kertzer, *Sacrificed for Honor: Italian Infant Abandonment and the Politics of Reproductive Control* (Boston: Beacon Press, 1994).

［21］ 帕特里亚尔卡（Patriarca）指出，只有共产党的媒体曾把他们称为公民，见 "Fear of Small Numbers", 557。

［22］ 2017年7月11日作者对安东尼奥·奇波利的电话采访。

［23］ Luigi Gedda, Angelo Serio, and Adriana Mercuri, *Il meticciato di guerra e altri casi* (Rome: Edizioni dell'Istituto Gregorio Mendel, 1960); Francesco Cassata, *Building the New Man: Eugenics, Racial Science and Genetics in Twentieth Century Italy*

父亲身份：探寻血缘之谜

(Budapest: Central European University Press, 2011). 后一本著作描述了这些关系，并将 "战争混血儿" 研究置于战后意大利和跨国种族思考的更大背景中。

[24] Patriarca, "Fear of Small Numbers". 关于美国的收养计划，见 Lilian Scott, "Inter-Racial Group to Aid Deserted Italian War Babies", *Chicago Defender*, June 25, 1947, 1; Di Fiore, *Controstoria della Liberazione*, 259。关于非裔美国士兵和德国人的混血儿，见 Heide Fehrenbach, *Race after Hitler: Black Occupation Children in Postwar Germany and America* (Princeton, NJ: Princeton University Press, 2005)。

[25] 2017 年 7 月 11 日作者对安东尼奥·奇波利的电话采访。

[26] 安杰洛的扮演者安杰洛·马吉奥（Angelo Maggio）是一名意大利妇女和一名美国黑人大兵所生的弃儿，被那不勒斯演员但丁·马吉奥（Dante Maggio）收养。

[27] 该片的英文版名为 "安杰洛"（*Angelo*）。对这部影片的分析请参考 Shelleen Greene, *Equivocal Subjects: Between Italy and Africa-Constructions of Racial and National Identity in the Italian Cinema* (New York: Continuum, 2012); Grace Russo Bullaro, *From Terrone to Extracomunitario: New Manifestations of Racism in Contemporary Italian Cinema* (Leicester: Troubador Publishing, 2010)。

[28] Fausto Gullo, Constitutional Assembly, April 18, 1947, 997.

[29] 幸存者和战俘的情况，见 Rossi, Constitutional Assembly, April 21, 1947, 1102。制宪会议上的其他评论包括 Gullo, April 18, 1947; Delli Castelli, April 19, 1947; Sardiello, April 21, 1947。新闻界的情况，见 Pacifico Fiori, "Quanti 'figli della guerra' sono fra gli illegittimi?", *Corriere della Sera*, October 31 /November 1, 1946, 2; "Come sarebbe finito quel figlio cieco e non suo?", *Corriere della Sera*, February 4, 1947, 2; "Non sono più abbandonati i giovani che escono dal carcere", *Corriere della Sera*, July 30, 1947, 2; "Un bambino di cinque anni conteso da due padri", *Corriere della Sera*, October 7, 1947, 2; Felice Chilanti, "Il figlio 'disconosciuto' dal reduce di San Severo", *Corriere della Sera*, July 30—31, 1948, 3; "Triste vicenda coniugale di un reduce dalla prigionia", *Corriere della Sera*, September 15—16, 1950, 2。

[30] 这封信寄给了国务委员会主席，引自 Porzio, *Arrivano gli alleati!*, 117。

[31] "男性地位下降"，见 Ruth Ben-Ghiat, "Unmaking the Fascist Man: Masculinity, Film and the Transition from Dictatorship", *Journal of Modern Italian Studies* 10, no. 3 (September 1, 2005): 337, 339。关于选举权，见 Molly Tambor, *The Lost Wave: Women and Democracy in Postwar Italy* (Oxford: Oxford University Press,

2014）。

[32] Gullo, Constitutional Assembly, April 18, 1947, 997.

[33] Gullo, Constitutional Assembly, April 18, 1947, 997.

[34] Chilanti, "Il figlio 'disconosciuto'".

[35] 福斯托·古洛提到了前一种情况，关于后一种情况，见 Fiori, "Quanti 'figli della guerra'"。

[36] 1942年民法典，tit. 7, sec. 1, art. 235, nos. 1—4。

[37] Luciano Tonni, "Rigorisimi legislative in tema de azione di disconoscimento di paternità", *Il Foro Padano* (1949): 872.

[38] "生殖器官……不能生育出一个不同种族的孩子"，见 Antonio Carrozza, "Sulla paternità del mulatto partorito da donna bianca maritata ad un bianco", *Il Foro Italiano* 75 (1950): 112; Antonio Carrozza, "Di una nuova specie del disconoscimiento di paternità e dei relativi effetti", *RDMIRF* 14 (1947): 134—138。安东尼奥·卡罗扎后来成为著名的土地法教授。

[39] Carrozza, "Di una nuova specie", 134.

[40] Carrozza, "Di una nuova specie", 134.

[41] 引自公诉人的无标题评论，见 Mario Comucci, *Il Foro Padano* 72 (1949): 1211—1216。

[42] "Al padre bianco resta il figlio nero", *La Stampa*, July 16, 1949, 1; "Gli nasce un figlio mulatto e non può disconoscerlo", *Corriere d'Informazione*, July 16, 1949, 1.

[43] Plinio Citti, "Quando le leggi sono ingiuste. Il bimbo moro di Pisa", *Il Tirreno*, July 16, 1949, 3. 该报纸的头条持续报道该事件，见 "Una proposta di legge per l'estensione dei casi di disconoscimento della paternità", *Il Tirreno*, July 27, 1949, 1; "Quando le leggi sono inique. Il 'bimbo moro' di Pisa", *Il Tirreno*, August 6, 1949, 1。

[44] 安东尼奥·卡罗扎引用了这篇文章，但是他的引用标注（*Oggi*, n31, July 28, 1949）是错误的。

[45] "Quando le leggi sono inique".

[46] Decision of Corte d'Appello di Firenze, *Il Foro Padano* (1949): 870—871.

[47] Tonni, "Rigorisimi legislative", 869. 几乎同样的说法也出现于 "Quando le leggi sono inique"。

[48] Lenzi, "Conclusioni del Pubblico Ministero", 132—133.

[49] 该判决内容如下："白人妇女与同为白人的男子结婚后所生的有色人种儿童，并不属于民法赋予丈夫权利提出否认亲子关系诉讼的情况。"见 Decision of Corte d'Appello di Firenze, *Il Foro Padano* (1949), 870。

父亲身份：探寻血缘之谜

［50］ "Proposta di legge d'iniziativa del deputato Silvio Paolucci", *RDMIRF* (1949): 183.

［51］ *RDMIRF* (1949), 183.

［52］ *RDMIRF* (1949), 183.

［53］ 意大利天主教法学家联盟的一个工作小组讨论了这个问题，见 "Riforma degli istituti familiari", *Iustitia* (1950): 106。

［54］ 国际天主教电影联盟（L'Unione Cinematografica Internazionale fra i Cattolici）是一个新的团体，负责监督电影相关的道德问题，见 Patriarca, "Fear of Small Numbers"。

［55］ 关于此案第一篇发表的文章，是被请来检查婴儿的医生的演讲，其中提到了这种可能性，见 del Carpio, *In tema di disconoscimento*（发表于1946年7月）。

［56］ Decision of Corte d'Appello di Firenze, *Il Foro Padano* (1949), 873; Antonio Emanuele Granelli, *L'azione di disconoscimento di paternità* (Milan: Dott. A. Giuffrè: 1966), 156.

［57］ 正如安东尼奥·卡罗扎所说："一个O型血的人绝对不可能怀上AB型血的孩子，这难道不是阳痿吗？" 见 Carrozza, "Di una nuova specie", 136。关于 "血液学阳痿"，见 Granelli, *L'azione di disconoscimento*, 156。关于 "血清学种族"，见 Angelo Vincenti, *La ricerca della paternità e i gruppi sanguigni nel diritto civile e canonico* (Florence: Casa Editrice Dott. Carlo Cya, 1955), 198。

［58］ 意大利天主教法学家联盟的一个工作组对保卢齐（Paolucci）提案的评论，见 "Riforma degli istituti familiari", 106。

［59］ 这个表达出自2世纪的修辞学家卡尔普尼乌斯·弗拉库斯（Calpurnius Flaccus），见 Werner Sollors, *Neither Black nor White yet Both: Thematic Explorations of Interracial Literature* (Cambridge, MA: Harvard University Press, 1999), chapter 4。

［60］ Wendy Doniger and Gregory Spinner, "Misconceptions: Female Imaginations and Male Fantasies in Parental Imprinting", *Daedalus* 127, no. 1 (1998): 115.

［61］ J. Michael Duvall and Julie Cary Nerad, "'Suddenly and Shockingly Black': The Atavistic Child in Turn-into-the-Twentieth-Century American Fiction", *African American Review* 41, no. 1 (2007): 51—66; Sollors, *Neither Black nor White.*

［62］ Charles Benedict Davenport, *Heredity of Skin Color in Negro-White Crosses* (Washington: Carnegie Institution of Washington, 1913), 29.

［63］ "我们不需要……"，见 Carrozza, "Sulla paternità del mulatto", 110。

［64］ "最简单的" 亲子鉴定方式，该说法来自奥托·雷歌，引自 Maria Teschler-Nicola, "The Diagnostic Eye. On the History of Genetic and Racial Assessment in Pre-1938 Austria", *Collegium Antropologicum* 28 (2004): 16。关于英国法学家，见

Courtney Kenny, "Resemblance as Evidence of Consanguinity", *Law Quarterly Review* 39 (1923): 306。南非的情况见 "Disputed Paternity-Appearance of the Child as Corroboration", *African Law Journal* (1943): 195—196。苏格兰的情况见 Kenny, "Resemblance as Evidence"。美国的情况见 Shari Rudavsky, "Blood Will Tell: The Role of Science and Culture in Twentieth-Century Paternity Disputes" (PhD diss., University of Pennsylvania, 1996), 54。类似的说法，可参见 Fritz Schiff, *Blood Groups and their Areas of Application*, Selected Contributions to the Literature of Blood Groups and Immunology, vol. 4, part 2 (Fort Knox, Kentucky: U.S. Army Medical Research Laboratory, 1971), 327; Amedeo Dalla Volta, *Trattato di medicina legale* (Milan: Società Editrice Libraria, 1933), 571; Madelene Schoch, "Determination of Paternity by Blood-Grouping Tests: The European Experience", *Southern California Law Review* 16 (1942—1943): 179。巴西的法医科学家是唯一质疑这种逻辑的人，见本书第五章。

[65]　Rudavsky, "Blood Will Tell", 54.

[66]　"有色人种通奸"，见 Carrozza, "Sulla paternità del mulatto", 113。

[67]　Jorge Bocobo, "The Conclusive Presumption of Legitimacy of Child", *Philippine Law Journal* 12 (1932—1933): 161.

[68]　Nomi Maya Stolzenberg, "Anti-Anxiety Law: Winnicott and the Legal Fiction of Paternity", *American Imago* 64 (2007): 345.

[69]　这一原则最近一次被引用可能是在 1989 年的加利福尼亚州法院，见 David D. Meyer, "Parenthood in a Time of Transition: Tensions between Legal, Biological, and Social Conceptions of Parenthood", *American Journal of Comparative Law* 54 (2006): 125—144。

[70]　Ron Shaham, "Law versus Medical Science: Competition between Legal and Biological Paternity in an Egyptian Civil Court", *Islamic Law & Society* 18, no. 2 (2011): 219—249.

[71]　Florencio García Goyena, *Concordancias, motivos y comentarios del Código Civil español*, vol. 1 (Madrid: Sociedad Tipográfico-Editorial F. Abienzo, 1852), 111.

[72]　引自 Rudavsky, "Blood Will Tell", 227。

[73]　Matter of Findlay, 253 N.Y. 1, 11, 170 N.E. 471 (1930).

[74]　Piers v. Piers (1849), *The Jurist* 13, part 1 (1850): 572.

[75]　加利福尼亚州的法律严格遵循婚生推定原则，允许种族不可能性的例外，见 Rudavsky, "Blood Will Tell", 249。卡多佐援引 "坎贝尔勋爵格言" 作为婚生推定原则的 "过分之处" 之一，见 Matter of Findlay, 253 N.Y. 1, 11, 170 N.E. 471

(1930)。

[76] 该案例是（1931）N.Z.L.R. 559，引自 Law Commission, *Blood Tests and the Proof of Paternity* (London: Her Majesty's Stationery Office, 1968)；另见 "Blood Test Powers for Courts Urged", *Guardian*, November 1, 1968, 5。

[77] Schoch, "Determination of Paternity", 185.

[78] Shaham, "Law versus Medical Science".

[79] Rudavsky, "Blood Will Tell", 特别是第四章。鲁达夫斯基（Rudavsky）发现下级法院比上诉法院更抵触这一原则，一些州的法院（如加利福尼亚州）比其他州的法院（纽约州、宾夕法尼亚州）更抵触这一原则。

[80] Hill v. Jackson, 226 P. 2d 656 (1951), 引自 Rudavsky, "Blood Will Tell", 257。

[81] Jackson v. Jackson, 430 P 2d 291 (1967), 引自 Rudavsky, "Blood Will Tell", 220。

[82] 1865年的《意大利民法典》也同样限制了对婚内亲子关系的质疑。1942年的改革略微改变了有关条款，但如果说有什么变化的话，那就是使丈夫更难质疑自己的父亲身份了。

[83] 比如，*RDMIRF* 和通俗报刊。

[84] 在德国，这种诉讼直到20世纪50年代中期都是不可能的，因为士兵不能在德国民事法庭上出庭。目前尚不清楚意大利是否也实施了这样的禁令。在英国，女性在提起亲子关系诉讼方面要容易一些。在所有情况下，女性都被禁止向美国法院提起诉讼，因为孩子不是在美国领土上出生的，母亲和孩子也不在美国居住，见 Fehrenbach, *Race after Hitler*, 69。

[85] Silvia Cassamagnaghi, *Operazione spose di guerra: Storie d'amore e di emigrazione* (Milan: Feltrinelli, 2014). 德国也有类似的情况，见 Fehrenbach, *Race after Hitler*; Brenda Gayle Plummer, "Brown Babies: Race, Gender and Policy after World War II", in *Window on Freedom: Race, Civil Rights, and Foreign Affairs, 1945—1988*, ed. Brenda Gayle Plummer (Chapel Hill: University of North Carolina Press, 2003), 67—91。

[86] 正如普卢默（Plummer）所指出的那样，通过抹去黑人大兵的父亲身份，美国军方"复制了奴隶制时代用来确保黑白混血儿父亲匿名性的原则，这是很具有讽刺性的"，见 "Brown Babies", 77。这样的政策不仅影响了孩子，也影响了黑人父亲自己，他们被剥夺了作为负责任的父亲的角色，见 "Brown Babies", 85。

[87] 1930年，教皇颁布了《圣洁婚姻》（*Casti connubii*）通谕，谴责优生学、绝育和节育。20世纪40年代，教会当局公开表态反对人工授精。教皇保罗六世在1968年发布的通谕《论人生》（*Humanae Vitae*）中重申了教会反对节育的立场。

[88] Ludwik Hirszfeld, *Les groupes sanguins. Leur application à la biologie, à la*

médecine et au droit (Paris: Masson et cie, 1938), 86. 这句话被拉丁美洲和南欧作家广泛引用，例如，见 Guillermo Tell Villegas Pulido, *La inquisición de la paternidad por el examen de la sangre* (Caracas: Cecilio Acosta, 1940), 14; Osvaldo Stratta, *Los grupos sanguíneos y el problema medico-legal de la paternidad y la filiación* (Santa Fe: Imprenta de la Universidad Nacional del Litoral, 1944), 81; Louis Christiaens, *La recherche de la paternité par les groupes sanguins: Étude technique et juridique* (Paris: Masson et cie, 1939), 104。

[89] 媒体的教育作用，见 G. Tansella, "Lo studio delle impronte digitali", *Minerva Medica* 49 (1958): 3110。

[90] 帕尔米耶里的想法发表在阿根廷的一份医学杂志上，见 Vincenzo Mario Palmieri, "Consideraciones médicolegales sobre la investigación biológica de la paternidad a pedido de particulares", *Jornada Médica* 6, no. 71 (1952): 305。关于帕尔米耶里的天主教思想，见 Luigia Melillo, Katyn, una verità storica *negata. La perizia di V. M. Palmieri* (Naples: Università degli Studi di Napoli, 2009)。

[91] 例如, Tansella, "Lo studio delle impronte digitali"; Giorgio Benassi, "Ricerca della paternità davanti alla legge e davanti alla", *Rivista Trimestrale di Diritto e Procedura Civile* 3 (1949): 918—926。贝纳西（Benassi）来自博洛尼亚大学，坦塞拉（Tansella）来自巴里大学。

[92] Palmieri, "Consideraciones médicolegales", 305.

[93] Palmieri, "Consideraciones médicolegales", 305.

[94] Vincenti, "Ricerca della paternità", 215.

[95] Antônio Ferreira de Almeida Júnior, *As provas genéticas da filiação* (São Paulo: Revista dos tribunais, 1941), 218.

[96] Palmieri, "Consideraciones médicolegales", 305.

[97] Flamínio Favero, "A ética e a prova dos tipos sanguíneos", Artigos para *Folha da Manhã*, vol. 4, 301—400, IOF. 这篇文章似乎出现在1952年5月4日的报纸上。

[98] "将意味着允许孩子怀疑母亲……"，见 G. B. Funaioli, *Diritto civile. La filiazione naturale* (Pisa: Arti Grafiche Tornar, 1949—1950), 143。"极其严重的危险"，见卡扎尼加（Cazzaniga）的说法，引自 Folco Domenici, *Gruppi sanguigni e ricerca della paternità* (Milan: Gentile Editore, 1946), 146。

[99] "而且动机非常明确"，见 Palmieri, "Consideraciones medicolegales"。"排除亲子关系的证据危险很大……"，见 Favero, "A ética e a prova"。一位意大利医生讲述了他如何不情愿地同意为一位有婚姻问题的医生同事做亲子鉴定的情况，见 Benassi, "Ricerca della paternità", 924。

[100]   Domenici, *Gruppi sanguigni*, 145.

[101]   其他的例子包括巴黎法学院的教师皮埃尔·巴比耶（Pierre Barbier）的说法，引自 William H. Schneider, "Chance and Social Setting in the Application of the Discovery of Blood Groups", *Bulletin of the History of Medicine* 57, no. 4 (1983): 555。

[102]   Vincenti, "Ricerca della paternità", 215.

[103]   Favero, "A ética e a prova"; Arnaldo Amado Ferreira, "Investigação medico-legal da paternidade", *Revista Médica* 85 no. 4 (2006) (originally 1953) : 142—156.

[104]   Christiaens, *La recherche de la paternité*, 104—105.

[105]   Tambor, *Lost Wave*.

[106]   "著名的比萨黑白混血儿案"，见 Bianca Checchini, "Accertamento e attribuzione della paternità" (PhD diss., University of Padova, 2008), 127; Giorgio Collura, Leonardo Lenti, and Manuela Mantovani, *Trattato di diritto di famiglia* vol. 2 Filiazione (Milan: Giuffrè Editore, 2012), 157; Luigi Balestra, *Commentario del codice civile. Della famiglia* (Turin: UTET Giuridica, 2011), 450; Laura Di Bona, *Rapporti a contenuto non patrimoniale e vincolatività del consenso* (Pesaro: Edizioni Studio @lfa, 2005), 36。

[107]   例如 Gian Antonio Stella, *Il maestro magro* (Milan: Rizzoli, 2005), 109，转引自 Giulia Galeotti, *In cerca del padre: Storia dell'identità paterna in età contemporanea* (Bari: GLF Editori Laterza, 2009)。

第八章　公民父亲、"纸生仔"*

　　一名年轻的中国人声称自己是美国人的儿子，并有权获得美国公民身份，但血液检测未能证实这一说法。（法官）基于这一检测而禁止入籍的决定，可能会影响大约2万名其他东方人的入籍申请。

　　　　　　　　　　　　　——《芝加哥每日论坛报》，1954年6月27日

　　1952年6月一个温暖的夜晚，三兄妹乘坐的飞机在纽约机场降落。他们是21岁的李昆辉（Lee Kum Hoy）、13岁的李昆彻（Lee Kum Cherk），以及他们三天后即将过12岁生日的妹妹李梦华（Lee Moon Wah）。此刻，他们一定既激动又紧张。飞机从香港出发，路上花了六天时间，中途在温哥华和蒙特利尔停留加油和换机。他们不会说英语，也从未来过美国。

　　三兄妹即将与身在美国的父母团聚。三年多以前，他们的母亲在他们位于珠江三角洲台山地区的村子里登上一辆公共汽车，从此他们就再也没有见过她。他们的父亲是一个长期居住在美国唐人街的杂货商，偶尔回中国一趟，对两个最小的孩子来说，差不多是一个陌生人。他们的父亲在20多年前成为了美国公民，作为已经加入美国国籍的父亲的三个孩子，三兄妹来到了纽约，申请美国公民身份。

---

* 本章中大部分中文人名和地名所对应的中文不详，求助于作者也没有得到解决，遂采取音译，并注明英文原文。——译者注

　　　　　　　　　　　　　　　　　父亲身份：探寻血缘之谜

但他们的团聚将不得不再等上一段时间。飞机落地后，美国移民局检查了乘客的证件，迅速把兄妹三人拉到一边。这是当时常见的情况，兄妹三人没有携带护照或签证，而是带着美国驻香港总领事馆签发的书面证词。[1] 这些书面证词允许他们前往美国，但在抵达美国领土后，他们必须向移民当局证明自己是公民父亲的子女。

和另一个同样带着书面证词从香港来的13岁男孩一起，兄妹三人收拾好行李，被送到了埃利斯岛（Ellis Island）。他们将被扣留在这里，直到他们的移民身份问题得到解决。很久以前，鼎盛时期的埃利斯岛是通往美国的传奇门户，冷战时期，这里已经变成一个破旧的移民拘留中心。在经历了几十年的萧条后，到了20世纪50年代初，随着美国开始大肆拘留被怀疑与共产主义组织有联系的新移民，岛上的人口突然增加到1 000多人。

1949年以后，中国移民是一个被美国怀疑的群体。在埃利斯岛被拘留的人中，有几百名中国人，其中许多人像李氏三兄妹一样，希望证明自己是美籍华人父亲在中国生的孩子。三兄妹被扣留，不仅反映了冷战时期的气氛，也折射出半个多世纪以来关于华人的美国公民身份的争论。在19世纪，华人劳工第一次大批进入美国，先是在淘金热时期的加利福尼亚淘金，然后参与修筑横贯大陆的铁路。但在随后的几十年内，一系列种族主义排斥法禁止中国人入境。但有一个关键的例外：和其他美国公民一样，无论是通过出生还是入籍成为美国公民的华人，都可以把他们的公民身份传给在国外出生的孩子。在随后的几十年里，密集的跨国亲属网络激增，作为这些19世纪移民的儿子和孙子，有两代出生在中国的人获得了美国公民身份，主要是年轻人和男性。1920年至1940年间，约有7.1万名中国人以"衍生公民"（derivative citizens）身份进入美国，这个法律术语指的是像李氏三兄妹这样的人，他们出生在美国以外，但是想通过父母身份获得美国公民身份。[2]

当三人在1952年抵达纽约市时，排华法案已经被废除。但一条荒谬的配额规定发挥着同样的排斥性作用，因为每年只允许105名华人入境。衍生公民身份是为数不多的合法入境途径之一。与此同时，中国内战导致了衍生公民的申请人数激增。成千上万的人争着要确立他们作为美国公民子女的身份。

这种申请让美国领事和移民当局应接不暇，特别是因为他们认为其中许多（也许是大多数）是虚假的。在被排斥的几十年里，中国移民形成了所谓的"纸面移民"的做法，即通过伪造文件，把自己的身份伪装成美籍华人"父亲"的衍生"儿子"，从而进入美国。美国当局长期以来一直对如何揭露虚假申请感到茫然。

抵达两周后，李氏三兄妹从埃利斯岛被送往位于斯塔滕岛（Staten Island）的美国海军医院。在那里，一名中国翻译让他们每个人伸出一只胳膊，而一名技术人员则从他们前臂的静脉中抽出几小瓶血。大哥李昆辉后来回忆说，他们不知道这个程序是做什么用的。[3] 几天后，他们的父母李夏（Lee Ha）和王条曦（Wong Tew Hee）也来到这里提供了神秘的血液样本。这家人后来了解到，这些检测是移民局最近采用的一种方法，用于评估他们是李夏真正的孩子，还是冒名顶替者。在亲子鉴定中使用遗传血型已经有20多年的历史了。现在，现代亲子关系进入了移民和公民身份程序，政府利用科学方法来确定对家庭的归属，而不是对国家的归属。

在1952年8月的一场听证会上，美国移民归化局（Immigration and Naturalization Service）的一名检查员审问了每个家庭成员，并询问了孩子和他们的父亲是否提供了血液样本。但直到轮到他们的母亲时，检查员才拿出一张粉红色的卡片，上面写着检测结果。我们怀疑，他之所以要等到此时才揭示检测的结果，是因为这样一种假定，即只有作为母亲的她才能真正知道关于孩子父亲身份的事实。同样，我们也怀疑，在埃利斯岛的这个听证室里，尽管她与检查员之间存在着文化和语言上的鸿沟，她是否仍可以理解这种对于她作为妻子的忠诚的微妙挖苦。

检查员接着宣布，根据血液检测，"你和李夏不可能是李昆辉和李梦华的父母"。无论当时这位母亲心里在想什么，通过翻译，她只是简单地回答："申请人是我的孩子。"[4]

血液检测的结果戏剧性地颠覆了这五个人的生活，他们作为一家人的身份突然受到了怀疑。李氏三兄妹将在埃利斯岛被拘留28个月，然后是长达五年的诉讼，在此期间，他们的亲缘关系和公民身份的主张在一场又一场行政听证会上被讨论，然后在联邦法院被审查。对于政府来说，血液检测是半个世纪以来打击纸上移民的强大新武器。它提供了一种廉价而简单的方法来快速评估情况。它提供的证据似乎准确客观、无可争议，因此不容置疑。

　　然而，亲子基因鉴定所揭示的真相从来都不是中立的。对于检测将回答什么问题、如何解释检测结果以及谁将接受检测等问题，政府官员会做出策略性的决定。在涉及来自中国的衍生公民的身份时，美国政府坚持亲缘关系的生物学属性，但是对于其他情况以及其他种族-国家群体，美国政府对于亲缘关系的理解则更为灵活。血液检测被引入移民程序时，正值一个世纪以来的反华种族主义政策被重新修订和制定的时代。种族和种族主义态度被越来越多地（尽管并非完全）从法律中剔除，但在日常行政实践中仍然存在。正如移民官员所认为的那样，科学测试不可能脱离这一背景而进行，尤其是因为人们认为有必要进行这些检测的原因正是排华的历史。亲子鉴定是一种看似中立的生物管理技术，但它代表了种族主义移民做法的现代化，而不是消除这种做法。现代亲子鉴定揭示了社会父亲身份和生物学父亲身份之间的紧张关系，也揭示了这些父亲身份是如何分层的，由国家当局为不同的目的对不同的群体实施。

　　从20世纪50年代开始，对移民进行亲缘关系检测就一直受到两个法律问题的困扰：是否只有中国人需要接受这种检测？如果是这样，这符合宪法的规定吗？这些问题都很及时。就在李氏兄妹抵达纽约的那个月，美国最高法院同意审理布朗诉教育委员会案（Brown v. Board of Education）。关于新的血液检测的辩论将在民权运动取得重大进展的背景下展开。

　　当美国移民和领事官员开始对移民进行血液检测时，他们将一种人们已经习以为常的科学技术应用于一系列全新的社会和政治问题。到这个时候，血型检测已经被国际科学专家普遍接受，成为排除父系关系的可靠方法，美国法院接受血型检测的速度很慢，但越来越被接受。一种确定家庭边界的技术现在被用于保护国家的物理边界和抽象意义上的边界。[5]事实上，这两种应用是紧密联系在一起的，因为亲子关系决定了在家庭和国家中的成员资格。孩子因其儿子或女儿的身份而享有家庭成员资格的好处——姓氏、父母的支持和继承权。同样，在一个国家中的成员资格也可能源于一个人作为公民儿子或女儿的身份。[6]

在确定美籍华人公民身份时，血统原则尤为重要。在长期存在的跨国家庭形成模式中，居住在美国的男性美籍华人回到中国结婚，但被禁止将他们的妻子带到美国，因此他们的孩子在中国出生。因此，连续几代美籍华人对美国公民身份的主张并不是基于在美国领土上的出生［出生地原则（jus soli）］，而是基于公民父亲的血统［血统原则（jus sanguinis）］。排华的历史解释了为什么亲缘关系测试被首先应用于华人：在美国官员看来，科学方法是验证华人的跨国家庭所必需的。同时，李氏三兄妹的测试是从这段历史中发展而来的，也预见了未来。亲子关系的基因测试将在未来全球移民实践中发挥关键作用。

三兄妹的父亲李夏1903年左右出生于中国，1923年娶了他们的母亲王条曦。不久，这对夫妇的五个孩子中的第一个李生海（Lee Sang Hai）出生了。三年后，李夏离开了他的妻子和儿子，移民到美国，并成功地通过他的父亲李保（Lee Poy）获得了衍生公民身份。根据移民归化局的记录，李保是土生土长的美国公民。随着时间的推移，李夏的几个兄弟和一个妹妹也以衍生公民的身份进入美国。他在纽约唐人街定居，成为一名劳工，但排华法案不允许他的妻子与他团聚。[7]

在这些年里，李夏多次回国探亲，每次重新进入美国，他都会向移民当局报告在中国出生的孩子。双胞胎李昆辉和李昆欧出生于1930年秋天，李昆彻和李梦华分别出生于1939年和1940年。当李夏在第二次回到美国时，他带来了双胞胎中的一人——9岁的李昆欧。经过近四分之一个世纪的跨越大陆的家庭分离，随着排华法案被废除，1949年，李夏的妻子来到了唐人街，把双胞胎中的另一个和两个最小的孩子留在了中国。最后，在1952年的那个夏夜，剩下的三兄妹抵达了纽约的机场。这是这个家庭第一次在同一个大陆上团聚。这时，双胞胎中的一个——21岁的李昆辉——已经有了自己的家庭。像他父亲当年一样，他也把妻子和幼小的儿子留在了中国。

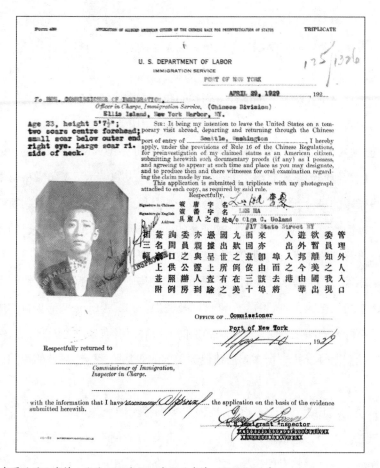

来自李夏的移民资料，这是1929年他回中国的申请，当时他23岁。

资料来源：Lee Ha, 111/52, Box 359, Chinese Exclusion Case Files, National Archives and Records Administration, New York。

图8.1

  无论如何，这是这家人的"纸上"情况。但是，由排华法案产生的跨国家庭模式激发了创造性的适应，有时还孕育了有利可图的欺诈机会。在每次去中国探望妻子时，居住在美国的男性都可以声称自己生了一个实际上并不存在的孩子，从而创造一个纸上身份，或者说是"名额"，之后可以卖给潜在的移民。因为在美国，男性的工资更高，男性的移民名额可以卖出更高的价格，因此在这些纸上家庭中，儿子居多。这个计谋可以代代相传，因为一个"纸生仔"可以将他的公民身份授予自己的"纸生仔"。纸上身份不仅可以在市场上销售，也可以给侄子、堂兄弟、表兄弟和其他亲属使用。随着时间的推移，纸上亲缘关系的网络变得越来越复杂，拥有纸上身份的父亲不得不使用它们来帮助真正的儿子移民。在20世纪上半叶，数以万计的人通过纸上移民进入美国。据估计，到1950年，在美国的中国人口中有四分之一是纸生仔，这些人的法律地位依赖于与公民父母的虚构关系。[8]

面对这些"纸上家庭"，美国政府官员有点不知所措。出生在农村的人的身份很难核实，因为他们通常没有出生证或结婚证。李氏夫妇出示了王条曦从村里的一位长者那里索取的身份证明，证明她五个孩子的身份，但美国官员很难判断这些文件的真实性。因此，他们依靠移民及其证人的证词，以及移民归化局自己的记录。随着时间的推移，评估身份声明的过程变得越来越复杂和耗时。中国移民及其亲属受到详细的审问，要回答涉及他们的家庭历史和住房的数百个问题。在他们到达后的几周内，李氏三兄妹和他们的父母都被问及他们在龙窝（Lung Woy）村的房子的细节，包括百叶窗的颜色、窗户的结构、房间的布局以及有多少个天窗。[9] 然后将他们的回答相互比较，并与10多年前移民到美国的双胞胎之一李昆欧的审问记录进行比较。

检查员的结论是，李氏一家的证词与美国移民归化局的记录"相当协调"且"相当一致"。然而，这很难说是决定性的，正如官员们不断哀叹的那样，申请人经常接受如何回答问题的专门指导。因此，一致的答复和前后不一的答复一样可能表明存在欺诈行为。所以，即使是最彻底的审问也会得到价值可疑的信息。

✕✕✕✕✕

从20世纪初开始，由于口头证词的局限性和文件的不足，美国当局开始尝试另一种身份档案，那就是身体。他们将19世纪晚期的生物识别技术全部应用到中国移民身上，其中包括指纹识别、摄影和人体测量。他们还试图评估身体上的亲缘关系。早在20世纪初，移民检查员就开始寻找假定亲属之间的相似之处。20世纪20年代，在来自中国的衍生公民身份案件中使用的一份预制表格是这样问的："所谓的父亲和申请人之间是否有相似之处？申请人和先前入境的兄弟之间是否有相似之处？先前入境的兄弟和父亲之间是否有相似之处？"[10] 在一次检查中，三名移民官员检查了一名申请人和他所谓的父亲，发现"脸部和头部的大致轮廓非常相似"，"两人的右耳完全相同"，"左耳非常相似"。[11] 这些评估与在亲子鉴定诉讼中使用相似度的做法相呼应，只是在这里，检查身体以寻找能说明问题的相似性的人是移民官员，而不是法官或陪审团成员。

可见，美国移民当局已经做好了接受现代亲子鉴定的准备，因为它可以通过新的科学技术确定亲子关系。他们关注着大西洋两岸亲缘关系科学的发展。1925年，一位旧金山的检查员写信给华盛顿的美国移民归化局中央办公室，回应他在报纸上读到的一篇关于挪威专家研究的文章《指纹作为亲子关系的证明》(Fingerprints as Proof of Paternity)。他想知道移民局是否可以对"所有被接纳为美国公民的东方人"进行指纹识别，以评估他们的亲缘关系。他认为，外国政府很难反对这种方法，因为这些人声称自己是美国公民，这其实默认了这种方法可能会令人反感。中央办公室回复说这个建议是"不可取的"，因为它"将被视为对这些人的种族歧视，无疑会招致大量的批评"，这个解释预示了20多年后围绕血液检测的争议。[12]

10年后，这位检查员再次尝试。他转发了一份厚厚的文件，记录了他为证明自己的要求而收集的中国移民的欺诈行为，他再次提醒上司关注一篇新闻文章，这篇文章介绍了最近在纽约市法院的亲子鉴定程序中引入的一种科学方法：血型检测。使用该技术来评估衍生公民的身份要求"将极大地促进审查，而这符合所有相关人员的最佳利益"。他再次建议移民官员借鉴亲子鉴定程序，而他对这种方法的了解再次来自媒体，因为这类知识通常都来自媒体。[13] 然而，他的上级还是不为所动。移民归化局的专员直截了当地回复："请注意，本办公室目前还不准备考虑这种亲子鉴定方法。"[14] 其他信件揭示了原因：中央办公室担心，旧金山的检查员如此热衷于将华人拒之门外，这是在践踏美国公民法和正当程序。[15]

但到了20世纪50年代，这样的顾虑已经消失了。矛盾的是，在20世纪二三十年代，当排华法案是该国的法律时，当局以过分激进和种族主义为由拒绝接受这样的方法和程序，但是在几十年后，当排华法案被废除并且正式的种族歧视处于守势时，这样的方法和程序却被接受了。到底发生了什么变化？首先，现代亲子鉴定已成为既定的惯例。在20世纪20年代，科学能够并且应该在身体上找到亲缘关系证据的想法是新奇的，而且对许多观察者来说是不可能的。毕竟，移民归化局的检查员是在旧金山写信的，而阿尔伯特·艾布拉姆斯的血液振动仪就诞生于此。到了20世纪50年代，不仅血型分类技术成为普遍的科学共识，而且科学可以在身体上找到亲缘关系证据的想法也变得更加广为人知和广为接受。

如果说科学发生了变化，那么对科学的需求的认识也发生了变化。到了20世纪50年代初，美国边境的守护者认为，华人纸上公民身份的问题已经从长期的挑战转变为全面的危机。1949年以后，出现了大量来自中国大陆的移民，并出现了一波衍生公民和美籍华人妻子申请入境的浪潮。美国驻香港的领事官员和美国各城市的移民归化局官员发现，费时费力的审问和调查在行政上是行不通的，传统的审查申请人的方法根本无法应对这波洪流。

问题的本质也发生了变化。美国官员认为，几十年来，纸上移民已经演变成一种从香港到加利福尼亚州再到纽约的正式犯罪行为。他们声称在香港有124家公民身份经纪公司，为想要移民的人寻找合适的名额，指导他们如何应对审问，出售事先准备好的家族史，让"父亲"和"儿子"记住，还向不诚实的官员行贿。[16]他们指控说，美国公民身份在黑市上被买卖，每年交易额高达300万美元。[17]美国驻香港领事的一份经常被引用的报告称："华人可以花3 000美元购买美国公民身份。付款条件：预付500美元，到达美国后再付尾款。"[18]

官员们指控说，非法入籍与贩毒、卖淫和劳动剥削有关。最糟糕的是，它会对国家安全构成威胁。长期以来，反华法律和政策的动机一直是阻止不受欢迎和"不可同化"的种族群体，现在他们又有了一个新的动机，即捍卫国家安全。

更重要的是，官员们确信，纸上冒名顶替者正在胜出。这种制度似乎总是支持申请人对公民身份的要求，就像一位法官在1920年的一个案件中总结的那样："让许多华人移民不当进入美国，总比让一个天生的美国公民永久被排除在美国之外要好。"他们眼睁睁地看着明显具有欺诈性的申请者大摇大摆地通过。在像李氏三兄妹一样凭借书面证词抵达美国的6 000人中，只有2%的人最终被移民当局拒之门外。与此同时，由于公民身份申请被美国驻香港总领事馆拒绝的申请人有权向联邦法院提出上诉，这场危机也蔓延到了法院。约有1 100起此类诉讼被提起，主要是在纽约和旧金山。政府发现"几乎无力拿出证据来推翻原告自私自利的证词"，而且很少能成功。一位恼怒的官员抱怨说："所有这一切，仅仅是为了确定某个默默无闻的中国申请人的身份。"[19]

危机感最强烈的莫过于美国驻香港总领事馆。到1950年，美国驻华大使馆被关闭，美国驻香港总领事馆承担了所有外交和领事职责，包括大量积压的公民身份申请。那一年，有117 000人以衍生公民的身份申请美国护照，比前十年增加了67%。除了待处理的公民身份申请，由于工作人员短缺，领事馆开始每月积压150份申请。官员们抱怨说："来自中国各地的申请源源不断"，这"让领事馆的工作人员应接不暇"。三名工作人员每天要处理150个询问申请情况的电话。电话和问询"蜂拥而至"，领事馆大楼的管理人员抱怨说，"大量中国人"从等候室一直排到走廊。[20]

1950年春天，美国国务院的两名检查员抵达香港评估这场危机。他们观察到衍生公民身份申请的泛滥，提出了一个建议：为什么不使用血型检测来审查他们呢？[21] 在20世纪30年代被草率否决的想法，现在似乎遇到了天赐良机。即使官员们对这个提议有任何保留意见，他们也没有在领事记录中留下任何痕迹。不到一个月，他们就申请了实施新程序的许可。对华裔美国公民和潜在美国公民的血液检测不是在旧金山移民检查官的命令下开始的，也不是在华盛顿特区当局的命令下开始的，而是在世界另一端的领事官员的主持下开始的，这可能并非偶然。远离了美国公众和法院的监督，这种新方法可以强加给那些不是美国公民，但希望成为美国公民的人。正是通过美国驻香港总领事馆，现代亲子鉴定才首次进入移民程序。

在美国国务院检查后不久，领事官员招募了两名当地医生进行检测。其中一位是澳大利亚人赖廉士（Lindsay Ride），他曾任香港大学副校长，在20世纪30年代曾对血型的种族遗传进行过研究。[22] 另一位是埃里克·维奥（Eric Vio），他是一位意大利医生，兼任意大利名誉副领事。此时，要求对所有"在香港申请美国公民身份并申请美国护照的华裔"及其父母进行血液检测已成为标准程序，即使他们居住在中国内地。到1953年年中，维奥已经检测了3 000多人。领事官员甚至一度考虑建立一个内部实验室的可能性（该提议因过于昂贵且不切实际而被放弃了）。[23]

遗传血型鉴定技术非常适合这项工作。到20世纪50年代，其他血液特征的发现赋予了检测更大的排除能力，但20世纪20年代首次开发的方法的逻辑保持不变：检测可以排除不可能的父亲，但永远无法确定无疑地识别真正的父亲。因此，这是对非父亲身份的检测。但是，公民身份鉴定中的局限性有时是一种好处：如果政府官员的主要目标是识别欺诈性申请，那么这正是检测可以做的。美国针对中国人的移民政策和遗传血型技术都基于排除性的逻辑。

从美国官员的角度来看，新方法的初步结果是令人惊叹的。检测显示，40%的申请者不可能是他们声称的父母的孩子。鉴于现有的血清学检测只能识别出大约50%的虚假亲子关系，这意味着，在香港申请衍生公民身份的人中，有多达80%是欺骗性的。根据衍生公民身份申请的某些模式——男女儿童比例严重失衡、非常高的出生率、低得令人怀疑的儿童死亡率——政府当局早就推断，纸上亲缘关系非常猖獗。现在他们有了一个实际的统计数据来反映猖獗的程度。官员和其他观察人士兴高采烈地援引80%这个数字。[24]这项检测不仅证明了集体欺诈的模式，还让他们能够识别出哪些特定的家庭是通过文件而不是血缘联系在一起的。

血型检测不仅产生了显著的结果，而且以高效的方式实现了这一点，因此有望减轻"政府的负担"。[25]审问和其他调查技术粗糙、费力而昂贵，而血液检测不仅是决定性的，而且快速、廉价，特别是因为它由申请者自费承担。它使手头拮据的官员能够对大量案件作出快速裁决，并为法官提供了部分缓解法院积压案件的方法。简而言之，简单的血液检测似乎已准备好要克服半个世纪以来的纸上欺骗行为。一位美国领事洋洋得意地说："血液检测项目的惊人结果……揭示了虚假公民身份申请的比例相当高，对于我们所有从事这项工作的人来说，这一定是非常令人满意的。"[26]

对于成千上万申请衍生公民身份的人来说，这项政策的影响就没有那么好了。那些拒绝参加血型检测的人的护照申请会自动被拒绝，那些血型被发现与他们自称的亲属不匹配的人，不仅申请被拒绝，还面临领事官员所说的"血液欺诈"的刑事指控。当验血结果显示申请人雷台（Loui Toy）不可能是其所谓母亲梁月（Leong Yuet）的"亲生儿子"时，当地警方搜查了他们的住所，以寻找犯罪证据。梁月声称她的儿子是领养的，但她被判串谋以欺诈手段取得护照罪名成立，被判入狱三个月或罚款港币1 000元。在雷台宣布不知道自己被收养后，对他的指控被撤销了。[27]领事馆急切地追查这类案件，确信它们会对其他人起到威慑作用。[28]

美国国务院对这一结果很满意，很快就建议扩大血液检测的范围，甚至敦促美国驻香港总领事馆检测额外的血清学特征，以增强排除能力。[29]与此同时，国务院开始与移民归化局协调检测。这两个机构之间的协作对于有效的检测是不可或缺的，因为申请人的家属可能居住在香港或中国内地（在领事馆的管辖范围之内），也可能居住在美国（在移民归化局的管辖范围之内）。很快，美国驻香港总领事馆就开始与纽约、旧金山、波士顿和其他城市的地区移民办公室合作。到1952年底，也就是在第一次实施该方法的两年多后，领事馆每月向纽约办事处提交100份血液检测申请，这项任务需要两名全职调查人员来完成（可能是因为官员要亲自陪同申请人参加检测，以核实他们的身份）。[30]移民归化局和国务院的官员表示，他们对已经达成的"出色合作"感到兴奋。[31]

与此同时，从国务院了解了血清学方法后，移民归化局在自己的工作中采纳了这一"宝贵的帮助"。[32]李家的三个孩子是第一批受试者。到这一年年底，这一程序已经被写入指导当地官员制定机构政策的操作说明。[33]此后不久，移民局的最高行政机构移民上诉委员会（Board of Immigration Appeals）宣布血型检测结果具有决定性，这意味着其他有利于申请人的证据——照片、证词，甚至出生证明等文件——会因血液检测的否定结果而变得毫无意义。[34]检测的范围也从护照申请人扩展到签证申请人。[35]

新的程序需要在三个联邦机构之间进行复杂的协调，即美国国务院、移民归化局和美国公共卫生署（United States Public Health Service），因为进行检测的是卫生署的医生。[36]但对家庭本身来说，这个过程中所涉及的后勤工作是最困难的。李家的情况还好，因为五个家庭成员都在一个城市，但是在有些情况下，申请人在香港，母亲在中国内地，父亲以及有时涉及的兄弟姐妹在美国其他地区。接受检测的母亲需要从中国农村前往香港，这是一段艰难的旅程，尤其是因为旅行限制日益严格。即使是在美国，后勤工作也可能是艰巨而昂贵的。并不是每一个美国公共卫生署机构都有进行检测的设备，这导致申请人和他们的亲属需要长途旅行。最初，迈阿密地区办事处的所有申请人都被要求前往新奥尔良的美国公共卫生署医院，由美国移民归化局官员亲自陪同，以核实他们的身份。[37]认识到这项政策所带来的负担，移民归化局最终允许人们在当地血库或离家较近的私人医生那里进行检测。

血型检测从美国驻香港总领事馆开始，在美国国务院扎根，然后扩展到移民归化局，最后也进入了联邦法院。加州和华盛顿的法官认为，这是一种快速清理积压案卷的方法。在领事馆拒绝公民身份申请者的申请后，申请者会向法院寻求补救，从而导致案卷严重积压。[38]在短短几年内，多个负责移民和公民事务的联邦当局都采用了这种技术。从移民归化局的内部通信来看，无论在法律上还是道德上，对这种方法的使用都没有任何顾虑。然而，这些通信确实反映了对检测的法律和科学依据的认真研究，这表明官员们预计到了新方法将面临司法上的挑战，而这些挑战很快就会到来。[39]

在否定性的检测结果发布一个月后，李家一家人被传唤参加另一次听证会。这次他们请来了一位律师，律师被问到是否愿意拿出新的检测结果来挑战之前的检测结果。令人费解的是，他选择了两张兄妹三人在离开香港当天在机场拍摄的照片作为证据。虽然照片通常被用作确定家庭关系的证据，但因为这些照片是最近才拍摄的，所以对确定长期关系毫无用处。这就好像在否定性的血型证据面前，孩子们作为一家人的视觉形象会以某种方式建立他们的亲缘关系。

由于律师没有提供新的血液证据，这位官员现在宣布了移民局自己的检测结果。检测不仅证明了这两个男孩不可能是李夏和王条曦亲生的，而且还对他们所谓的妹妹的身份提出了质疑。这位官员对12岁的李梦华说："虽然就你而言，你所声称的亲子关系是有可能的，但验血结果对这种可信度提出了质疑。"[40]家庭中任何一个成员的否定性结果会使全家的诚实性变得可疑，从而导致他们的公民身份申请被拒。

这个逻辑已经成为公民身份诉讼的常规，表明移民官员对血液检测所揭示真相的理解很笼统。从科学专家的角度来看，这种方法的排除能力是决定性的，但也是有局限性的。即使使用所有已知的血清学因素，也只能发现大约一半的欺诈，因为这个检测不能识别碰巧血型匹配的纸上亲缘关系。但是移民归化局认为，如果一个成员的结果不符合，那么整个家庭的申请都是无效的，因此，如果他们的兄弟姐妹的检测结果是否定性的，即使是生物学上匹配的申请人也可能被拒绝。[41]作为一种基因可能性检测，血液检测有能力排除一半的"纸生仔"，但是如果政府把它作为一种可信度测试，来排除像李梦华这样血型匹配的儿童时，它有能力排除更多。

在法律上对判定衍生公民身份有实质意义的唯一关系是申请人和他或她假定的父母之间的关系，但根据可信度的逻辑，官员们开始要求对更广泛的亲属进行血液检测，包括兄弟姐妹、叔叔阿姨、祖父母和外祖父母。他们中任何一个的否定性检测结果都将令他们所有人的主张遭到质疑。美国国务院一名官员向洛杉矶的一名律师建议，由于在公民身份案件的裁决中，"可信度……是首要因素"，当事人的父亲可以通过提交自己和"他在美国的所有声称的儿子"的血液检测结果，来"作为支撑证据并证明他的诚意"。该官员还承诺，如果律师提交了被拒绝申请人的所有家庭成员的血液检测结果，他将"根据此类血型证据……进一步考虑"那两个未成功的申请。[42]

根据血型遗传的科学逻辑，这位官员的建议毫无意义。血型检测永远无法提供确定无疑的亲子关系的证据。它能产生的唯一结论是，所谓的关系并不存在，而这是美国国务院已经得出的结论。也许这名官员试图诱骗律师提交不利于其当事人的证据，也许他根本就不懂血型科学。但是，如果血液检测所检测的不是生物学的相容性，而是像诚信这样的社会品质，那么他的建议很有道理。申请人愿意接受检测将被视为诚实的标志。

在评估可信度时，基因检测准确地评估了华人在移民当局长期的种族主义假设中所缺乏的东西。血液检测被认为比审问这种传统的审查华人公民身份申请者的方法更客观、公正和准确，但这两种方法的相似之处多于不同之处。科学检测和审问法一样，也评估了可能进行欺骗的受试者的可信度。基于这一逻辑和李家三个孩子中两个孩子的否定性检测结果，移民归化局官员下令将三兄妹全部拒之门外。

在接下来的几个月里，这家人花了额外的时间和金钱，通过美国移民归化局的行政渠道对这一裁决提出上诉。1953年2月，移民上诉委员会在另一个案件中确认血型证据可以证明非亲子关系，从而证明非公民身份。这个案件的申请人是一名16岁的男孩，他在李家三兄妹到达的11天前从中国到达纽约，可能曾经和他们一起被拘留在埃利斯岛。几乎可以肯定，他会被驱逐出境。三个月后，当三兄妹自己的案件提交给移民上诉委员会时，这些孩子没有明显的证据来推翻否定性的检测结果，因此很快就败诉了。[43]

此时，三人已经在埃利斯岛被拘留了将近一年。由于没有进一步的行政补救措施，移民归化局开始做出安排，打算用美国总统轮船公司的船只将他们遣送回国。时间紧迫，钱也快花光了，这家人决定孤注一掷，以避免被遣返的命运。他们聘请了一位名叫本杰明·吉姆（Benjamin Gim）的年轻律师，他的办公室就在他们家位于纽约唐人街莫特街的公寓楼下。随着三兄妹被驱逐出境日期的临近，吉姆急忙向联邦法院申请了人身保护令（根据他40年后的讲述，孩子们已经登上了一架飞机，在最后一刻被拉下来，这一情节也可能是虚构的）。[44]有了人身保护令，李家的案子现在离开了移民归化局，进入了联邦法院，开启了一个长达五年的传奇故事，将他们一路带到最高法院。对这位年轻的律师来说，这个案子是他一生中最大的挑战。几十年后，他回忆道："我这辈子从来没有这么开心过，也从来没有收过这么低的律师费。"[45]

当时吉姆刚从哥伦比亚大学法学院毕业四年，是纽约州仅有的三名私人执业的亚裔美国律师之一。他的职业生涯开始于政府，因为没有律师事务所会雇用亚裔美国人，不久前，他在唐人街开了一家私人律师事务所。据他后来回忆，就连华人也不愿意聘请华人律师，因为他们担心歧视会对他们的案件不利。而且，他没有任何移民法律方面的经验。对李家来说，聘请他是一种孤注一掷的举动。

他们的孤注一掷最终变成了一种幸运。吉姆年轻，未婚，没有其他客户，"所以我花了很多时间在图书馆里"。他很快就证明了自己是一位出色的诉讼律师。[46] 吉姆出生在爱达荷州的农村，在盐湖城长大，小时候失去了双亲，在大萧条期间，他的姐姐把他的四个兄弟姐妹团结在一起。李家的孩子们在中国时与父母长期分离，现在到了美国却被拘留了一年，这也许让他想起了自己没有父母的家庭。

吉姆的人身保护令申请提出了两点：首先，人们对血液检测的准确性仍然存在严重怀疑；其次，该方法被歧视性地使用，只适用于中国申请人。第一点似乎毫无成功的希望。移民上诉委员会已经肯定了血型在亲子鉴定中的可接受性，而纽约是一个特别不利于挑战这一原则的地方。早在1953年，该州率先通过立法，将血清学证据纳入亲子关系诉讼程序，并拥有近20年的接受血型检测的判例法。审理源自纽约的移民案件的联邦法院在这一问题上受制于纽约州的成文法。由于纽约的法律环境对血型检测非常友好，血型检测得以在这个拥有全美第二大华人社区的州被采用。[47]

当然，这让本杰明·吉姆的工作更加困难。他没有质疑这种方法的法律有效性，而是提请人们注意对这家人进行检测时的某些违规行为。事实证明，美国移民归化局对这家人进行了两组检测，并在每一组检测中获得了不同的结果。第一组检测排除了所有三个孩子，而第二组检测排除了三个孩子中的两个。某个地方一定出了差错，而这关系到这些年轻人的命运。在整个听证会期间，移民归化局的官员一直对这一事实不屑一顾，他们辩称，如果随后的检测纠正了错误，即使出现了错误也没有关系。移民上诉委员会辩称："复查显示了不同的结果，但这不是嘲笑的理由，毕竟，其宗旨就是发现可能存在的错误。"审查过吉姆人身保护令申请的美国地方法院法官迪莫克（Dimock）就没那么宽容了。他问道："有没有可能第三组检测还会得出不同的结论呢？"他认为这些指控严重到足以构成对这家人正当诉讼程序权利的侵犯，并命令移民归化局重新审理此案，以探讨这个问题。接下来又是一年的听证会，在此期间三兄妹仍被拘留在埃利斯岛。从院子里，他们可以透过高高的栅栏看到曼哈顿天际线的全景。[48]

李家案件中明显的错误绝非例外。特别是在早期，对移民的血液检测经常出错。美国公共卫生署的技术人员并非经验丰富的验血员，在进行某些检测时尤其力不从心，例如在进行需要高度精密的MN血型鉴定时。[49]就连李氏一家接受检测的斯塔滕岛医院的负责人也承认，他的医院不符合某些医学法律规定，"有可能会悄然发生错误"[50]。还有就是移民归化局官员自己的马虎。除了相互矛盾的检测结果之外，本案的官员还将孩子们的名字搞错了，因此错误地报告了检测结果。在第一次听证会上，他们宣布小儿子李昆彻是唯一与据称的父母血型相容的孩子，他的哥哥和妹妹被排除在外。但是在第二次听证会上，他们报告说只有女儿李梦华的血型与父母亲是相容的，而两个男孩的都不相容。事实上，第二份报告是错误的，而第一份报告是正确的——当然，这是在假定检测准确的情况下。

对李家案件中出现的错误，美国移民归化局漫不经心，而这也体现了它的总体态度。在另一起被指控出错的案件中，移民上诉委员会暗示，重新检测是政府方面的一种友善之举，因为有责任证明其身份和公民身份的是申请人。[51]尽管移民归化局公开驳回了这个问题，但它肯定认识到，对其无能的指控会破坏这种强大的新方法，因为1953年6月，就在它准备遣返三兄妹的时候，它悄悄停止了斯塔滕岛医院的检测，并开始将申请人送到私人医生那里。到那时，该机构已经进行了大约500次公民身份检测。

为了证明美国公共卫生署的能力有问题，吉姆向著名的血液学家——经验丰富的亲子鉴定者利昂·萨斯曼（Leon Sussman）取证，让一位名叫西德尼·沙特金（Sidney Schatkin）的律师对他进行了盘问，沙特金是科学亲子鉴定领域的权威法律专家。萨斯曼和沙特金将成为公民身份检测新领域中的常客，著名的血型研究人员菲利普·莱文（Philip Levine）和亚历山大·维纳（Alexander Wiener）也是如此，他们都是卡尔·兰德施泰纳（1943年去世）的弟子。有了多年来在亲子鉴定程序中推广血液检测的法医学界的合作，血液检测无缝地进入了移民和公民身份事务。纽约市是这些发展的起点，因为这里有庞大的华人社区，有对血型证据友好的法律，还有大量的亲子鉴定专家。从20世纪30年代开始，纽约市地方刑事法庭开始在所谓的"非婚生子女诉讼"中接受血型证据。萨斯曼、维纳和莱文曾在这些案件中作证，20多年来，西德尼·沙特金作为法院律师参与了数千个案件。在这个过程中，他成为美国顶尖的亲子鉴定律师和亲子血型鉴定最直言不讳的公开拥护者。[52] 由于血型检测涉及大多数律师所缺乏的科学知识，沙特金被请到法庭对医生证人进行检查，从而在这两个专业领域之间搭建桥梁。在移民案件中，他和其他亲子鉴定专家将充当另一种桥梁，即"非婚生子女诉讼"和公民身份诉讼之间的桥梁。

在李家的案件中，萨斯曼和沙特金在这家人对美国移民归化局的上诉中为其作证。在沙特金的盘问下，萨斯曼证实了由于美国公共卫生署实验室可能存在"不准确"，这家人的血液检测的"有效性是可疑的"。[53] 法医学界花了20年时间说服法官和陪审团，血型分析是确定（非）亲子关系的可靠方法。移民归化局检测中的早期错误模式令法医们担忧，因为不可靠的检测可能会破坏整个亲子鉴定科学事业。起初，忠诚的问题既不在于华人申请者，也不在于移民归化局，而在于他们的方法本身。

然而，一旦美国移民归化局整顿了自己的行为，法医专家更有可能为政府作证。公民身份检测代表了他们科学的一个全新应用，他们热情地接受和捍卫这一应用。萨斯曼和沙特金与移民归化局检查员多里斯·亚伯勒（Dorris Yarbrough）共同撰写了有关华人血液检测的文章，而政府将这些文章作为针对李家孩子的证据。[54] 该检测项目将科学、法律和移民官僚机构的代表聚集在一起，通过简单的血液检测来捍卫国家的完整性。

它还为医学专家提供了进行科学研究的机会。利昂·萨斯曼主持了几项关于华裔血型分布的研究，其中包括有史以来规模最大的一项调查，涉及800多人。正如他公开承认的那样，他之所以能够接触华人研究对象，是因为他与移民局的合作。[55] 除了提出接受移民归化局检测的人的血液被用于科学研究的令人不快的前景之外，萨斯曼的研究还表明移民归化局的检测项目促成了种族血清学——一种似是而非的对人类血型的种族差异的研究。这种研究一直持续到战后，该领域的顶尖专家引用了萨斯曼对华人的研究。[56]

就在李家继续在纽约打官司的时候，香港的血液检测却遇到了瓶颈。矛盾的是，问题不在于错误，而在于这项技术的巨大成功。最初，血液检测因为其"突然性"而"效率很高"，但移民中介和申请人很快就适应了新的检测。[57]他们贿赂医生和护士，以获得想要的结果，或者更换受试者。最有效的应对措施是对潜在移民的血液进行检测，以便能够与纸上亲属的血型相匹配。预检测成为香港移民中介为准备入籍申请的人提供的又一项服务。领事馆最初达到的高排除率急剧下降。

官员们对这种适应的速度感到困惑。在纽约，检查员多里斯·亚伯勒报告说，1952年8月14日——巧合的是，就在李家人得知血液检测结果的那天——一个涉嫌参与入籍骗局的唐人街旅行社与亚伯勒谈论血液检测，并提到Rh检测对具有中国血统的人来说毫无价值。[58]几天后，亚伯勒看到一封日期为8月1日的美国驻香港总领事馆来信，转发了领事馆两名官方测试人员之一埃里克·维奥博士的一份报告，其中就提出了上述论点。[59]不到两周的时间，这条深奥的科学信息就从香港的一名医生传到了纽约一家可疑的旅行社。

到了1953年年中，对美国驻香港总领事馆来说，这种方法似乎已经达到了"实用性的顶峰"。一年前，血型排斥率曾高达35%或40%，但自那以后，这一比例骤降至8%或9%。[60]由于领事馆采用了血液检测，对于移民中介来说，更难匹配名额和买家了，而且很可能提高了获得公民身份的成本，无论是真实的还是欺骗性的。[61]从移民和领事官员的角度来看，这是一件好事。但是，揭露纸上亲缘关系曾经似乎是行政上孜孜追求的目标，现在基本上已经毫无用处了。

对于官员来说，事态的这一发展进一步证明了申请人的狡诈。1956年，一位英国外交官报告说，他最近与前美国驻香港领事共进午餐，讨论的问题是：俄罗斯人和中国人，谁更狡猾？领事"感伤地"回答说是中国人，并援引血液预检测作为证

　　　　　　　　　　　　　　　父亲身份：探寻血缘之谜

据。[62]在纽约，检查员亚伯勒表达了类似的观点："纽约市的华人医生现在在血液检测上做了一笔大生意。"他警告他的同事，允许华人申请者选择自己的医生"在一个华人人口众多的地方是不可取的，因为这会导致勾结和欺诈。在纽约市，这种做法导致一名中国医生完成了大部分所需的检测"。[63]亚伯勒的恐惧是基于长期的刻板印象，即华人很狡猾、不诚实，而华人社区与世隔绝，倾向于保护自己人。对于为什么华人的检测集中在少数几个人手中这个问题，他似乎没有想到另外一种解释，那就是当时只有两名医生在唐人街行医。

预检测可能破坏了血液作为行政工具的作用，但血液检测并没有因此从公民身份诉讼中消失。相反，它从政府监督的活动变成了私人活动。美国政府对血液检测的采用促进了香港一个私人（预）检测市场的形成，当地检测人员为公民身份申请者提供服务。由于纸上公民身份受到美国领事馆和当地警方的攻击，提供检测服务的私人实验室保持低调是可以理解的，不过它们确实在当地的中文报纸上做了广告。[64]因此，香港不仅是首个对移民进行基因检测的政府项目的发源地，也是全球首个亲子鉴定的商业市场。

预检测不仅提出了如何捍卫科学真相的问题，还提出了谁应该首先接触到科学真相的问题。在美国移民归化局开始对潜在公民进行血液检测后不久，检查员亚伯勒给同事们写了一份备忘录，解释了血液检测的科学、法律和实际用途。他讨论了美国公共卫生署令人不安的早期错误模式，但这样做是为了指出他所认为的更大的罪恶：令人遗憾的是，这些错误导致该服务接受了由私人医生进行的血液检测，而美国移民归化局无法对这些医生进行监督。换句话说，这位检查员担心的不是糟糕的科学——这一问题在美国公共卫生署的机构中普遍存在——而是好的科学落入了坏人的手中。唐人街的医生是不可信任的，唐人街的旅行社也无权知晓最新的血清学研究。

亚伯勒希望美国政府能够垄断遗传知识。只要这种强大的技术仍然被掌握在经过政府审查的专家手中，它就会被专门用于合法的目的。但是当旅行社、唐人街的医生或香港的私人实验室可以使用它时，它就变得具有破坏性，甚至是危险的。谁有权知道？这就是预检测提出的问题，这个问题贯穿了亲缘关系检测的整个历史。

李家案的焦点现在从指控美国移民归化局的检测充满错误，转向了本杰明·吉姆的第二个有力主张，即检测充满歧视。据吉姆说，移民局仅仅对华人衍生公民身份申请者进行检测，这相当于违反宪法的种族歧视。李家的案子一开始是为了调查唐人街一个卑微的杂货店老板的三个孩子的命运。现在，它变成了一场关于政府新的血液检测做法以及移民程序中普遍存在的种族歧视是否符合宪法的全民公投。

支持对公民身份申请者进行血液检测的人声称，这不仅是一种廉价和有效的工具，而且是一种中立的工具，它提供的信息是客观和决定性的。它也被认为是无害的。在亲子关系诉讼案中，血液检测引发了关于儿童权利、婚姻、道德和家庭完整性的令人烦恼的问题。但支持者认为，在公民身份的问题上，它不受这些问题的困扰。[65]血型检测只是显示了申请人是否可能是公民父亲的儿子或女儿。

这种将检测说成是中立的做法巧妙地避开了血液最深刻的文化联系，即它与种族之间密不可分的联系。鉴于血液作为种族身份的隐喻的力量和持久性，特别是涉及移民、公民身份和国家归属感时，谈论血液几乎不可能不谈到种族。当美国移民当局采用血液检测时，排华政策已经被废除，但移民法并不是种族中立的。1952年，国会通过了一项新的《移民与国籍法》（Immigration and Nationality Act），保留了歧视性的国家配额，并将华人定义为一个种族类别。有中国血统的人都自动被纳入华人配额，不管他们出生在哪里，也不管他们是不是第三国公民。这项新法案引起了很大的争议。杜鲁门总统称其为"非美国式的"，而非裔美国人媒体则将其种族配额称为"血液检测"，这一用法意味深长。[66]同一个术语同时涉及种族主义配额和遗传分析，可见谈论血液时，是不可能离开种族的。

当然，考虑到吉姆指控美国移民归化局使用血液检测的方式带有种族歧视，这一论点尤其正确。他现在开始证明这一论点，向对李家人进行检测的美国公共卫生服务署的医疗主任取证。该证人作证说，美国移民归化局指示他检测某些华裔，而不是其他种族或国籍的人。在公共卫生服务署进行血液检测的200人全部是华人。吉姆随后向利昂·萨斯曼医生取证，询问他在美国公共卫生服务署停止检测后他为移民局进行的300项血液检测。他们的对话如下。

> 问：现在，根据你自己的回忆，所有接受检测的人的种族背景是什么？
>
> 答：他们都是华人。
>
> 问：都是华人？
>
> 答：是的。
>
> 问：在你记忆中，没有一个白人被移民局送去接受推翻亲子关系的检测，对吗？
>
> 答：对的，一个白人也没有。[67]

美国移民归化局的一名律师反驳了这一指控，指出最近有四个"非华人"被检测的案例。然而，经过反复盘问，结果发现其中有两个是英属西印度群岛的公民，因此"很可能是黑人"，而这位证人无法确定另外两个被检测者的种族，只是说他们的名字表明他们不是华人。吉姆要求美国移民归化局提供案件档案，以便他调查种族检测模式，但移民归化局拒绝这样做。吉姆询问了当地的律师，了解到一些华人申请者在拥有英国驻中国香港当局出具的结婚和出生证明等身份证明文件的情况下，仍要接受检测。他要求查看这些记录，但移民归化局再次以隐私问题为由拒绝了。最后，吉姆要求移民归化局提供向其工作人员下达的有关血液检测的指示，移民归化局再次拒绝这样做。

如果吉姆被允许查阅美国移民归化局的记录，他会发现大量明确地表明种族歧视的证据。在移民归化局的档案中，无论是在当地官员的日常沟通中，还是在中央办公室的官方指示中，都充斥着关于华人血液检测的说法。例如，就在李氏三兄妹抵达美国三天后，美国移民归化局中央办公室的一名官员写信给波士顿地区的移民主管，谈论将使用"与向华裔公民发放美国护照有关的""新程序"。[68]两名移民归化局官员之间的一封电报提到了"华人的血型检测项目"。迈阿密办事处的一位官员指出，"本区所有华人"都已被送往新奥尔良接受检测。检查员亚伯勒表示，他关于血液检测的备忘录"会引起其他处理华人事务的移民办公室的兴趣"。类似的说法在档案中俯拾皆是。[69]

这样的说法也出现在为了确保整个机构程序统一的官方操作指南中。在一份题为"在没有中国申请人与受益人关系的证明文件时对中国申请人提交的签证申请采取的行动"的指示中，在四段中不少于六次提及"中国申请人"。更重要的是，在档案文件中隐藏着同一指令的早期草案。这个版本中使用的是一个通用的"申请人"，但在一系列手写的修订中，有人在整个文件中用铅笔加上了"中国"这个词。[70]

吉姆并不是第一个推断出血液检测被不成比例地甚至可能只被用于华人的人。由于检测是从中国香港开始的，而且根据定义，检测对象不是美国公民，美国公众并没有立即意识到这项新政策。但随着血液检测开始在美国进行，并开始影响越来越多的华裔美国人，它在有华裔美国客户的移民律师、华裔美国媒体和华裔美国公民组织代表中引发了越来越多的愤怒。[71]早在1952年秋天，一位拥有大量华裔美国人客户的洛杉矶律师就向美国国务院抱怨，美国驻香港总领事馆对衍生公民身份申请人造成的"难以言表的侮辱"，"这个邪恶的计划迫使每一个想要通过血统获得美国公民身份的华裔屈从于血型检测"。这名律师指控说，这种侮辱没有发生在其他种族的人身上。在新的《移民与国籍法》的公开听证会上，他呼吁国会禁止这些歧视行为。[72]

美国华人社区最大的英文日报《华人世界》（*Chinese World*）发出了反对血液检测的最响亮的呼声。在充满激情的头版社论中，主编戴明利（Dai Ming Lee）批评了美国政策的反华倾向，特别是血液检测的歧视性做法，其中一些社论后来以中文的形式出版了。1954年5月，他给新任命的美国移民归化局专员约瑟夫·斯温（Joseph Swing）发了一封电报。在对他的任命表示祝贺后，他呼吁斯温结束血液检测项目，他说"这是华人深恶痛绝的做法"。当时的读者可以通过《华人世界》跟踪电报交流的情况。[73]

在1954年夏天，这种指控特别紧迫。在戴明利发出电报的前一周，美国最高法院做出了布朗诉教育局案的重大裁决。《华人世界报》称赞这是"黑人的彻底胜利","提升了美国的民主精神"。[74]就在最高法院判定种族隔离违宪的时刻，戴明利强烈谴责移民政策中种族歧视的极度虚伪。

移民官员断然否认了他的指控。在回复他的电报中，斯温坚持认为血液检测是亲缘关系的有效证明，而且其使用"不限于华裔美国公民"。[75]一周后，移民上诉委员会对李家三兄妹的案件做出了第二项裁决，认为种族歧视的指控毫无根据。该委员会指出，即使接受血液检测的申请人的种族是不成比例的，甚至完全是中国申请人，但检测所质疑的不是种族，而是父母身份。这一裁决含蓄地引用了布朗诉教育局案，虽然它断言该案件完全不适用于其测试程序：

> 当一个案件涉及美国少数群体成员是否应投票或进入某些学校或从事某些工作的问题时，如果指控是他们因为种族而被阻止投票、上学或就业，那么种族歧视就是一个问题。但本案并非如此。这里只有一个问题，那就是关于身份的问题："这个孩子是所称的父亲的后代吗？"这与种族问题无关。[76]

现代亲子鉴定的历史表明这样的论点是多么站不住脚。在检测华人的血液时，政府使用亲子鉴定科学来确定一个由种族定义的群体的公民身份，而从一开始创造了这种科学检测"需要"的，正是长期以来对该群体的歧视。因此，移民检测是一种明显的迭代，但尽管如此，它仍未脱离现代亲子鉴定及其技术被种族化的历史模式。

美国移民上诉委员会辩称，让华人接受血液检测的不是种族偏见，而是来自中国的美国公民身份的特殊特征。来自中国的公民身份申请人缺乏身份证明文件，领事官员无法在社会主义国家调查他们的申请。在美国生活的男性美籍华人与他们的妻子和在中国出生的孩子分开，这使得官员很难核实他们的亲子关系，而无良的移民则很容易伪造这种关系。美国移民归化局争辩说："迄今为止出现的案件都涉及华人，因为他们的历史习惯是把孩子留在中国抚养和教育，然后再把他们带到美国。"[77]使血液检测成为必要的，不是政府的种族敌意，而是华人的"历史习惯"。

这种说法忽视了一个关键问题，即这种"历史习惯"——华人家庭的跨国特征——本身就是对排外政策的一种适应。让美籍华人家庭横跨两个大洲并因此让美国政府无法审查的不是华人的习惯，而是美国的法律。美国移民归化局对李家人进行血液检测的决定与此前70年的排华政策是分不开的。如果说使用一种新的科学技术来确定华人的亲缘关系和公民身份似乎是明智和必要的，那也是因为长期以来的反华政策使之如此。

1954年秋，李家三兄妹以每人1 000美元的保释金从埃利斯岛获释——这个金额比许多刑事案件的保释金都要高——搬到唐人街的莫特街（Mott Street）和父母生活在一起。埃利斯岛上的大多数被拘留者只被关押了一两个星期，但李家三兄妹在他们所谓的"监狱"里待了28个月，可能是该岛历史上被拘留时间最长的人之一。[78] 他们也是最后一批被拘留在该岛的人。在它运营的60年里，大约有1 200万移民通过这个著名的门户进入美国。李梦华、李昆彻、李昆辉三兄妹此时的年龄分别是14岁、15岁和25岁，他们是最后200来个通过埃利斯岛入境美国的人中的3个。他们被释放一个月后，这个破败的设施就永远关闭了。[79]

申请人是美国公民的亲生子女吗？衍生公民身份案件中的关键难题是一个老问题的新版本。根据美国政府的说法，与其他群体相比，华人的亲子关系更加难以确定，因此需要一种与其他族群不同的证明方法和证据范式。华人申请者不仅缺乏父母身份的书面证明，也缺乏某些社会证据。一名政府证人解释了在公民权案件中通常是如何确定亲子关系的。那些想要把自己的国籍传给在国外出生的孩子的典型的美国父亲往往在海外从事"社会事业或类似的目的"。他是侨民社区的一员，"领事馆和许多其他居住在国外的美国公民、商界和社交圈都很熟悉他"。领事官员对这名男子和他的孩子之间的亲子关系有第一手的了解，即使他们不认识他本人，他们也可以很容易地"从邻居、朋友、当地政府官员和其他渠道确定孩子的真实身份"。在这种情况下，血液检测是不必要的，因为这种关系被认为是显而易见的。[80]

美国政府称这是涉及"欧洲人"的情况。相比之下，在典型的涉及华人的情况下，领事官员不认识所涉及的父亲，也不认识他的家人。法律上他是美国公民，但在文化、语言和种族方面，他是中国人，他的妻子也是。他与其他海外群体的不同之处可能在于他卑微的农村背景。他的孩子出生在一个"偏远的内陆"村庄，不仅在地理上距离遥远，而且在文化上也有很大差异。因此，对美国当局来说，这位美籍华人父亲是未的，也是不可知的。[81]

无论这种"典型"案例是否真的存在于欧洲或其他任何地方，它都是描述不同类型亲子关系时的一个方便的对比对象。在正常情况下，由于侨民团体的特性，移居国外的父亲身份是确定的，对父亲的了解是地方性和社会性的。但由于这位美籍华人父亲不是这个团体的一员，他的身份只能通过其他方法得知。几十年前，布宜诺斯艾利斯的莱曼·尼切博士也提出过类似的观点。在一个因移民和城市发展而改变的城市，社会对父亲的了解已经不够了，必须通过科学的方法来确定父子关系。莱曼·尼切明确表达的，也是美国移民当局在要求检测中国家庭血液时所呼应的，是现代父亲身份的概念。美籍华人公民身份的案例进一步表明，虽然父亲身份现代化了，但它仍然是存在分层的，有些父亲比其他父亲更加可知。有些父亲身份可以通过社会知识来识别，有些则需要科学判断。

1955年秋天，《华人世界》的一位记者报道了莫特街115号的"欢欣鼓舞"。杂货店老板李夏、他具有"圣母面容"的妻子王条曦和三个年轻人得知，迪莫克法官裁定，美国移民归化局对这家人的血液检测构成了种族歧视，是违宪的做法。[82] 除了血液检测之外，所有的证据都证实了李家孩子身份的真实性。由于处于类似情况的白人申请人永远不会接受这样的测试，移民归化局对不同群体采用了不同的证明标准。迪莫克的裁决涉及种族歧视，但这也是一个关于亲子关系的裁决，因为它指出，亲子关系必须与种族无关，不仅应由相同种类的证据决定，而且应对所有申请人都采取相同的定义标准。得益于这一判决，李家三兄妹被宣布为美国公民。但其影响远不止这些，约2万名申请入籍的中国申请人可能会受到影响。[83]

然而，莫特街的欢欣鼓舞是短暂的。美国政府提起上诉，一年后，第二巡回法院推翻了迪莫克的判决。虽然证据显示只有中国申请人要接受血液检测，但法院认为，当局的动机不是"种族偏见，而是协助解决疑难案件的正当动机"[84]。华人亲子关系的独特性质确实证明有必要采取特殊的审查方法。吉姆提起上诉，1957年1月，最高法院同意重审此案。一场原本专注于证明亲子关系的新方法的调查，如今变成了一场关于移民法中种族歧视是否符合宪法的公投，甚至有可能从根本上重塑联邦法律和实践。[85]

在此案进行期间，美国政府继续对华人进行血液检测。由于预检测的存在，血液已经失去了在新的公民身份申请中揭露纸上亲缘关系的能力。但它很快发展出另一种可能更极端、影响更深远的应用：重新评估已经获得公民身份的情况。因为即使血液检测不能再阻碍新的"纸生仔"现象，它仍然可以暴露以前的"纸生仔"。事实上，它有可能被用来追溯那些在几个月、几年，甚至几十年前就已确立其衍生公民身份的人之间的纸上亲缘关系。这是一个激进的前景，甚至美国移民归化局的总法律顾问都警告说："法院并不喜欢发明新方法来推翻已经确立的权利的做法。"[86]不顾他的警告，政府官员们开始这么做了。1955年秋天，有报道称，旧金山的国务院当局要求华裔美国公民在申请护照时进行血液检测。有一次，一名20年前获得美国公民身份的男子被告知，他和他的家人必须提供血液检测才能获得护照。[87]《华人世界》的主编戴明利劝诫读者抵制这项新要求："我们强烈敦促所有被要求进行血液检测的华裔美国人拒绝接受这种侵犯他们权利的行为。"[88]报纸对血液检测的谴责已经变成了对抵制的公开呼吁。

与此同时，美国官员发起了一场新的运动，要求一劳永逸地废除华人的纸上公民身份。1956年初，司法部在纽约和旧金山成立了大陪审团，调查公民身份欺诈。陪审团传唤了纸上移民嫌疑人、中间人和移民律师，并调取了华裔公民组织的记录。[89]这些调查让美国华人社区陷入恐慌。一些人的供词牵连了其他人，传票像滚雪球一样越来越多。当局开始收到关于纸上公民的匿名举报。在纽约的拉奇蒙特（Larchmont），一名自称"伊丽莎白·华纳（Elizabeth Warner）夫人"的醉酒洗衣女

270　　　　　　　　　　　　　　　　　　　　　　　　父亲身份：探寻血缘之谜

工打电话给美国移民归化局，告发一家当地洗衣店，她声称这家洗衣店向该地区输送了数百名华人。[90]基于种族主义动机的"猎巫运动"昭然若揭。

大陪审团的调查人员大肆使用血液检测。皇后区居民吴满安（Ng Moong On）收到美国移民局的一封信，要求他做一个检测，以确认他与六年前带到美国的儿子的父子关系，但他已经知道检测会是什么结果。不久之前，两人显然得到了传票的消息，于是就去莫特街咨询了一名医生。当血液检测显示他们的血型不匹配时，帮助安排他的"纸生仔"移民的中介把他们介绍给了一位律师，这位律师建议他们拒绝政府的检测要求。两人最终决定招供。[91]然而，政府不能强迫公民接受检测，因此在其他情况下，它的努力会受到阻碍。作为回应，曾积极参与大陪审团镇压行动的移民局检查员亚伯勒调取了医生的医疗记录，试图从提前检测的模式中找到有罪的证据。被盯上的人包括医生刘阿瑟（Arthur Liu），他是唐人街一位受人爱戴的医生，招供者曾提到过他，他很可能就是早些时候被亚伯勒指控为同谋的医生。[92]同样被传唤的还有血清学家利昂·萨斯曼博士，他曾在美国移民归化局的案件中担任专家证人，并曾与亚伯勒一起写过一篇支持该项目的文章。因此，亚伯勒发现自己处于一种奇怪的境地，他必须调取他的合著者的记录。

护照的新要求和大陪审团的调查预示着美国政府血液检测工作的新战线。现在，它不仅针对像李家三兄妹这样来自中国的潜在衍生公民，也针对在美国生活了多年，甚至几十年的长期公民。血液检测对公民身份的影响与它对婚姻的影响是类似的。国家和家庭的成员资格都建立在社会和法律亲子关系的基础之上，而这些正是科学测试所要挑战的假定。就像血液检测会暴露婚姻中出生的孩子的虚假合法性一样，它也会剥夺公民在这个国家的成员资格。这样一来，它就有可能颠覆长期确立的地位，无论是亲缘关系还是公民身份，血液检测可能会灾难性地破坏两者的稳定。

《华人世界》、移民律师和公民组织纷纷谴责对华裔美国公民身份日益增加的攻击。《华人世界》的主编戴明利怒斥说："我很想知道到底是哪位国务院官员要为这次试图侵犯美国公民宪法权利的行为负责。"[93]当总部设在旧金山的华裔美国公民联盟（Chinese-American Citizens Alliance）要求美国国务院澄清这项政策时，该机构回应称，只有在护照申请人缺乏公民身份证明文件的情况下才需要进行测试。[94]政府也曾用同样的理由来为在香港进行的检测辩护，然而，就和香港的情况一样，当地律师可以举出多个这样的案例：出示政府签发的公民证书的护照申请人同样被要求进行血液检测。随着争议加剧，香港的血液检测本身也遭到了谴责。由900多名退伍军人组成的美国退伍军人协会（American Legion）纽约华裔分会的成员抗议说，使用血液检测的歧视性做法是"非常不道德"和"不公平"的，并宣称这阻碍了"他们将直系亲属带到美国、在美国民主理想的环境下生活的努力"。[95]

公众的反应表明了检测对华裔美国公民潜在的灾难性影响。在一个估计有四分之一的人拥有纸上身份的社区，一种用来追溯式地剥夺个人长期确立的公民身份的方法几乎威胁到了每个人，尤其是当政府笼统地将其解释为：如果一个成员的血型被证明不匹配，整个家庭的合法性就会被剥夺。虽然从来没有批评者这样说，但在逻辑上的极端情况下，它引发了这样一种恐慌——整个种族群体的公民身份被大规模撤销。这种情况让人很容易联想到10年前欧洲犹太人在法西斯主义下的经历。

1956年4月，随着大陪审团调查的全面展开，唐人街居民恩兼创（Eng Gim Chong）提供了一份宣誓证词，承认恩义松（Eng Nee Song）"不是我的亲生儿子"。他说，多年前在中国时，他3岁的儿子死了，他的妻子收养了邻村的一个孩子。无论是在中国内地，还是在香港，这个被收养的孩子"始终"和他们全家生活在一起。恩兼创"将其视为亲生骨肉，一直抚养他到今天"，他的其他孩子也把这位大哥视为他们的"同胞兄弟"。[96]

恩兼创的宣誓书中多处提到血缘关系，这让人想起20世纪50年代初关于华人公民身份的讨论。美国移民归化局和国务院官员通常使用"血亲兄弟"和"血亲母亲"这样的表达，以区别于纸上的亲缘关系。他们将这种身份伪造行为称为"血液欺诈"。这样的说法反映了血统原则的逻辑，即将亲子关系理解为一种基于"自然的"生物关系的法律关系。实际的血清学检测的使用也强化了与血液有关的话语。但这些检测不仅仅揭露"血液欺诈"，在承诺揭示亲缘关系真相的同时，这些检测首先定义了什么是亲缘关系。就像恩兼创的经历所表明的那样，一种赋予"血液"特权的

　　　　　　　　　　　　　　父亲身份：探寻血缘之谜

方法可以推翻华人移民中实行的非生物学意义上的亲缘关系。

由于身陷大陪审团的罗网中，恩兼创很可能编造了这个关于收养的故事，以寻求宽大处理，并保护他年轻的"血亲"子女的公民身份。但他的故事首先是可信的，因为在大多数移民所来自的中国南方地区，收养是一种常见的文化习俗。这是一种延续香火的方式，而高婴儿死亡率和重男轻女的观念也助长了这一现象，因为父母特别有可能在丧失儿子或在只有女儿的情况下收养男孩。[97]再婚也会产生非血缘的亲子关系，比如当寡妇带着孩子再婚时，继父会把这些孩子当作"自己的"后代。一夫多妻制也会产生同样的情况。在这种情况下，只有第一任妻子的孩子被承认是合法的，因此根据美国法律，只有他们才有资格获得衍生公民身份，但这个男人也可能会尝试为他的其他伴侣的孩子获得纸上公民身份。所有这些情况都违背了美国移民实践中血亲关系的逻辑，而血液检测的结果却强化了这一逻辑。

美国政府官员并非不知道这种做法。1955年，狂热反共反华的美国驻香港总领事庄莱德（Everett Drumright）写了一篇长达89页的文章，揭露了纸上公民身份危机，里面充满了具有煽动性和异想天开的言论。这篇文章广为流传，为大陪审团的调查做好了铺垫。在李家的案件中，这篇文章也被作为证据提交。[98]在专门讨论"问题的文化层面"的章节中，庄莱德承认了中国家庭形式的多样性，例如，他将收养男孩描述为一种"大规模"的做法。但在他看来，这种做法是"问题"，而不是一些不匹配的血液检测的原因。他声称，通过收养，"一种常见的文化现象变成完美的托词"。这一论点在某些情况下可能是正确的，但是他没有认识到，这之所以可以成为完美的托词，正是因为这是一种常见的文化现象。在某些情况下，血液检测揭示的不是欺诈，而是非生物学意义上的亲缘关系。与此同时，庄莱德呼吁增加检测的血清学特征的数量，以便使检测更有效力。[99]

比华人和美国政府对亲缘关系概念的分歧更引人注目的是美国政府自己的定义不一致。虽然血缘定义了华人的衍生公民身份，但并非对所有族群都是如此。在20世纪50年代初，一些美国大兵与国外的单身母亲结婚，然后把他们的继子作为衍生公民带到美国，这种做法遭到一些官员的反对，因为他们认为这种做法扭曲了"真实的"（生物学意义上的）父子关系，从而扭曲了公民身份，但其他一些官员接受了这种做法。驻欧洲的美国国务院官员有时"在明知道美国公民父亲不是孩子的亲生父亲"时，依然会发放美国护照。在一个案例中，一名美国移民归化局官员坚持要对父亲身份进行生物学意义上的理解，建议一名刚刚与一名法国女子结婚的军人收养她的私生子，然后再申请签证。然而，美国驻法国的领事接受了一种更灵活的社会学意义上的父亲身份。他跳过了那位移民局官员，直接将这个继子视为美国公民父亲的孩子，并为其签发了美国护照。[100]并非巧合的是，发生在法国、意大利和德国的这种情况往往涉及美国父亲、外国妻子和孩子，他们全部是白人。一些官员愿意接受白人家庭的非生物学意义上的亲缘关系，虽然他们坚持要求华裔美国人要有生物学意义上的关系。对非裔美国士兵家属的待遇却截然不同，这只是再次证明了种族在决定国家是否承认亲缘关系时的重要性。政府是否承认一个人的家庭关系，这取决于其种族和国家身份。[101]

美国士兵和外国妇女非婚关系所生的孩子的情况更能说明问题。虽然他们生物学意义上的父亲是公民，非婚生子女也不能自动获得美国公民身份。一个美国父亲要想将公民身份自动授予他的孩子，他必须和孩子的母亲结婚。第一种情况涉及已婚男性的非亲生继子女，第二种情况涉及未婚男性的亲生子女，而这两种情况所揭示的是，衍生公民身份的操作性标准是婚姻，而不是生物学意义上的父子关系，这和在婚生推定原则中一样。如果说婚姻造就了父亲，它也造就了公民。然而，对华人来说，标准就更复杂了，结婚是必要条件，但不是充分条件。生物学意义上的亲缘关系是成为公民所必需的，也是被盲目迷恋的。美国政府不仅专门对华人进行血液检测，它还只对华人坚持狭隘的、生物遗传学意义上的父子关系下定义。

当局坚持华人公民身份申请者必须有生物学意义上的亲缘关系，这也与美国难民和移民法的新发展相矛盾。就在美国政府专注于铲除中国"纸生仔"的时候，国会正在创造一种不同的"纸生仔"，即国际被收养者。从1948年开始，《流亡人员安置法案》（Displaced Persons Act）首次使大规模收养欧洲难民儿童成为可能。几年后，《难民救济法案》（Refugee Relief Act）又为外国孤儿提供了4 000份签证，其中约一半来自亚洲。各种临时延期签证为外国被收养者继续入境提供了便利。1961年，国际收养永久制度化，外国出生的被收养人不再是"合格孤儿"（受配额限制的外国人），而是从此被视为家庭成员（受更优惠的家庭团聚规定的约束）。[102]在20世纪50年代，国际被收养者从没有任何关系的外国人变成了美国家庭的成员，这一转变反映了对非生物学意义上的亲缘关系的行政认可。然而就在那个时候，美籍华人家庭中的非生物学意义上的亲缘关系被妖魔化为欺诈，被当作一种犯罪受到打击。

1957年底，当美国最高法院就李家的案件进行口头辩论时，阿肯色州的军队正在护送小石城九勇士（Little Rock Nine）经过中央高中（Central High School）外愤怒的白人暴徒。此时距离李家三兄妹抵达美国已经过去了五年半，而就在他们抵达的那个月，法院同意审理布朗诉教育局案。现在，他们案件的最后一章正赶上布朗诉教育局案的戏剧性反响。随着民权斗争达到白热化，最高法院对李家案件的裁决可能具有历史性意义。如果否决了歧视性的血液检测，这将违反移民法中几十年来的种族主义先例和最近的国会立法，也许会将布朗案的判决推向一个临界点，而最高法院试图谨慎处理布朗案的影响。[103]如果最高法院支持这些检测，就会破坏布朗诉教育局案的承诺，给种族隔离主义者送上一份大礼。[104]

然而美国最高法院既没有否决检测，也没有支持检测。令最高法院感到满意的是，政府从20世纪50年代中期开始已将检测范围扩大到不仅限于华人。这方面的证据是一份《白人血液检测汇编》（Digest of Blood Tests of White Persons），这是一份大约60名白人外国人的名单，他们从20世纪50年代中期开始接受纽约办事处的检测。[105]政府只是在回应李家诉讼时才开始保留这份名单，这一事实强烈表明，它试图采取追溯性的补救措施，但这份名单也表明，它实际上已经修改了其歧视性做法。鉴于这一事实，最高法院宣布种族歧视问题没有意义，从而避免了对已不再有效的种族主义做法作出可能具有挑衅性的裁决。[106]与此同时，最高法院三句话的意见为李氏三兄妹敞开了大门，也为政府提供了一劳永逸地结束这起诉讼的途径。法官们宣布由于第一次血液检测结果相互矛盾，三兄妹有权进行一次新的检测和听证会。此时，移民局决定做出让步。三兄妹没有接受重新检测，他们的美国公民身份得以确认。[107]

几年之内，促使对华人进行血液检测的条件都消失了。可怕的大陪审团调查和1956年实施的所谓"自首项目"（Confessions Program，政府向供认非法移民的人提供豁免）使成千上万人的身份合法化，也导致一些人被驱逐出境，并关闭了上千个未来移民的"名额"。这些政策的综合效果是结束了半个多世纪的纸上移民。

然而，随着纸上移民的消失，亲子鉴定的范围反而扩大了。政府的《白人血液检测汇编》中列出的大多数人来自波兰、捷克斯洛伐克、匈牙利、俄罗斯和乌克兰，这表明该检测失去了与华人的联系，但没有失去其冷战逻辑。随着这一程序转向铁幕后的移民，它作为一种保卫国家的工具的基本功能依然存在。到了20世纪50年代末和60年代，现代亲子鉴定的理念和技术已经在移民和公民身份的程序中牢牢确立。通过血液检测来证明亲子关系已经成为常规，不再有什么争议。[108]

李家案件正赶上种族和移民历史重大变化的风口浪尖。除了与具有历史意义的布朗诉教育局案的判决同时发生之外，李家的律师本杰明·吉姆是第一位在最高法院为案件辩护的亚裔美国人。这些孩子是最后一批经过埃利斯岛入境的移民，也是第一批接受一种新的遗传方法检测的人。在他们的案件结束时，这种方法已经被永久纳入了政府的工具包。本案也预示了重要的连续性。虽然排华法案已被废除，但在李氏夫妇抵达几个月后颁布的新移民法中，反亚裔种族配额仍然存在。当他们的案件提供了一个机会，可以对移民程序中的种族歧视做出明确的裁决时，最高法院选择了一种务实的悬而不决。基因检测并不标志着歧视的消失，而是使种族性的政策现代化。该方法据称是客观的，却以歧视性的方式被应用。血型检测不仅被理解为生物匹配性的指标，还被理解为社会信誉和诚实性的指标，而在这些品质方面，与华人有关的是一些消极的联想。

虽然李家的传奇故事源自华裔美国公民的种族化历史和冷战时期美国的意识形态偏执，但这并不是美国特有的现象。澳大利亚、菲律宾，可能还有加拿大也在20世纪50年代和60年代初开始对中国移民进行亲子鉴定。[109]这项新技术最早被应用于华人，这并非偶然。在全球移民史上，有许多排外政策首先适用于亚洲人后来又扩展到其他移民的例子。[110]到了DNA的时代，血液检测成为全球普遍做法，即在寻求家庭团聚的难民和移民中检测亲缘关系。20世纪中叶针对华人的血液检测项目是这方面最早的例子。这个项目还预示了DNA的区别性应用。现在和过去一样，各国对不同的种族–民族群体采用不同的亲缘关系定义。

李家人最后情况如何呢？1957年，他们的案子结束后，这家人消失在唐人街的茫茫人海中。他们曾经向他们的律师本杰明·吉姆透露，正如血液检测所显示的那样，这三个孩子并不全是他们亲生的。[111]血液检测没有发现的是，李昆彻是这对夫妇的亲生儿子，而李梦华是侄女，李昆辉是侄子。这些孩子是亲属，但不是美国公民权法所要求的那种亲属。[112]如果说本杰明·吉姆成功地帮助他们获得了公民身份，这是因为他成功地将案件的焦点从遗传学方法揭示了什么，转移到了它最初是如何以及对谁应用的对象。

注释

[1] 在1950年1月1日至1953年5月1日期间，约有7 500人获得了这种书面证词。此前几年，驻广东和香港的美国领事馆还签发了数千份证词，见Sidney Schatkin, Leon Sussman, and Dorris Yarbrough, "Chinese Immigration and Blood Tests", *Criminal Law Review* 2, no. 1 (1955): 46。

[2] Mae M. Ngai, "Legacies of Exclusion: Illegal Chinese Immigration during the Cold War Years", *Journal of American Ethnic History* 18, no. 1 (1998): 4; Mae M. Ngai, *Impossible Subjects: Illegal Aliens and the Making of Modern America* (Princeton, NJ: Princeton University Press, 2014), chapter 6.

[3] Reopened Board of Special Inquiry Hearing, November 5, 1953，收录于以下诉讼过程的公开记录：United States Court of Appeals for the Second Circuit, United States ex rel. Lee Kum Hoy v. Edward J. Shaughnessy, Appendix of Respondent-Appellant, Docket number 23972, October term, 1955 (hereafter Appendix), 217a。

[4] Board of Special Inquiry Hearing, August 14, 1952, in Appendix, 137a.

[5] 这段话出自 Dorothy E. Roberts, "The Genetic Tie", *University of Chicago Law Review* 62, no. 1 (1995): 209—273。

[6] Jacqueline Stevens, *Reproducing the State* (Princeton, NJ: Princeton University Press, 1999); Kristin A. Collins, "Illegitimate Borders: Jus Sanguinis Citizenship

and the Legal Construction of Family, Race, and Nation", *Yale Law Journal* 123 (2014): 2134—2235.

[7] 这些信息摘自李夏的移民档案（Lee Ha, 111/52, Box 359, Chinese Exclusion Case Files, NARA, regional branch, New York City），以及围绕几个孩子案件的行政听证会记录和法庭记录。

[8] Ngai, "Legacies of Exclusion", 3.

[9] Board of Special Inquiry Hearing, August 14, 1952, in Appendix, 128a.

[10] Estelle T. Lau, *Paper Families: Identity, Immigration Administration, and Chinese Exclusion* (Durham, NC: Duke University Press, 2006), 89—90.

[11] Lau, *Paper Families*, 100; Erika Lee, *At America's Gates: Chinese Immigration during the Exclusion Era, 1882—1943* (Chapel Hill: University of North Carolina Press, 2003).

[12] Letter from Edw (in) L. Huff to W. W. Husband, Commissioner-General of Immigration, May 1, 1925, NARA, RG 85, File 55452/385. 这位挪威研究人员是克里斯廷·邦内维（Kristine Bonnevie），她对指纹的遗传特征进行了有史以来规模最大的研究［于此前一年发表在《遗传学杂志》（*Journal of Genetics*）上］。1925 年 4 月，一篇关于她的研究的文章出现在美国报纸上，移民局的工作人员可能是从这里读到的。

[13] Letter from SF District Director (Edwin L. Huff) to INS Commissioner, January 27, 1934, NARA, RG 85, File 55452/385. 这份卷宗在纸上移民史上经常被引用。

[14] Letter from INS Commissioner to SF District Director, February 9, 1934, NARA, RG 85, File 55452/385.

[15] Letter from [Edward] Shaughnessy to another INS official (Mr. Henning), March 16, 1925, NARA, RG 85, File 55452/385.

[16] 一家香港报纸援引了这一统计数字，称其来源于华盛顿当局，该报纸在一份领事函件中被引用，见 Consulate General Despatch (*sic*) 1330, "Hong Kong Press and Governmental Reaction to Consular Fraud Problems at Hong Kong", April 16, 1955, NARA, RG 59, Decimal File, 1955—59, Box 721, Folder 122.4732, 1—1056。

[17] Edward Ranzal, "U.S. Drive Aimed at Passport Ring", *New York Times*, February 15, 1956, 1.

[18] Everett F. Drumright, "Report on the Problem of Fraud at Hong Kong", NARA, RG 59, Decimal File, 1950—1954, Box 0824, Folder 125.4734, 2.

[19] 关于 1920 年的案件，见 *Kwock Gan Fat v. White*。关于凭借书面证词抵达美国

的6 000人中，只有2%的人最终被移民当局拒之门外，见Schatkin, Sussman, and Yarbrough, "Chinese Immigration and Blood Tests", 47。关于1 100起此类诉讼，见*Report of the Commission on Government Security: Pursuant to Public Law 304, 84th Congress, as Amended* (Washington, DC: U.S. Government Printing Office, 1957), 482（这些是所谓的第503条索赔，根据1940年《移民法》的相关条款提出）。"几乎无力拿出证据来推翻原告自私自利的证词"，见"Suits against the Secretary of State under Section 503 of the Nationality Act of 1940" to Argyle Mackey, Commissioner, Central Office, and Bruce Barber, District Director, San Francisco, CA, February 15, 1952, NARA, RG 85, File 56364/51.6；"所有这一切……"，见Letter from Ernest J. Hover, Special Representative and Chief, Examinations Branch, El Paso, TX to Allen C. Devaney. Subject: Declaratory Judgment Cases filed under Section 503, April 21, 1956, NARA, RG 85, File 56364/51.6。

[20] 关于117 000人以衍生公民的身份申请美国护照，见Ngai, "Legacies of Exclusion", 8；每月积压150份申请，见Telegraph from HK to Secretary of State, December 28, 1950, NARA, RG 59, Decimal File 1950—1954, Box 0824, Folder 125.4735。"来自中国各地的申请络绎不绝"，见Memo to Department of State from Hong Kong, re Status of Visa and Citizenship Work, by Consul K. L. Rankin, January 6, 1950, NARA, RG 59, Decimal File 1950—1954, Box 0824, Folder 125.4734。关于150个询问电话，见Memo to Department of State from Hong Kong, re Office Procedure, Citizenship and Visa Functions, April 26, 1950, NARA, RG 59, Decimal File 1950—1954, Box 0824, Folder 125.4734。"蜂拥而至"，见Memo to Department of State from Hong Kong, re Status of Citizenship and Visa Work, by Consul K. L. Rankin, May 9, 1950, NARA, RG 59, Decimal File 1950—1954, Box 0824, Folder 125.4734。

[21] 这两名检查员是安塞尔·泰勒（Ancel Taylor）和劳伦斯·泰勒（Laurence Taylor），他们都是国务院的老雇员。劳伦斯·泰勒有农业科学背景，这表明可能是他最先提出这个想法，尽管血型遗传的法医学应用在当时已经非常普遍，所以这个想法不需要咨询专家。他们的评估是在1950年3月到4月之间进行的；到5月，领事馆已向华盛顿申请实施血液检测的许可。见"Report of Action Taken on Inspectors' Recommendation", (June 19, 1950), NARA, RG 59, Decimal File 1950—1954, Box 0824, Folder 125.473。

[22] 赖德是《遗传学与临床医学》（*Genetics and the Clinician*, 1938）的作者，这本教科书论证了遗传学对日常医疗实践的价值，包括血型检测在亲子鉴定中的

应用。此前，他曾对"太平洋盆地各种族"的血型遗传进行过研究。

[23] "……华裔"，见 Liaison Report, October 9, 1952, from Daniel J. Kelly, Investigator, Investigations Division, NARA, RG 85, File 56267/57B。该报告是由一名移民局官员援引美国国务院官员的话发表的。关于3 000多人，见 "Establish (*sic*) of a laboratory and X-ray machine in the American Consulate General, Hong Kong", September 3, 1953, NARA, RG 59, Decimal File 1950—1954, Box 0824, Folder 125.4735。关于内部实验室，领事馆的医生让官员们相信，这在后勤上既不可行，也不划算，见 "Establish (*sic*) of a laboratory and X-ray machine in the American Consulate General, Hong Kong"。

[24] Schatkin, Sussman, and Yarbrough, "Chinese Immigration and Blood Tests", 50; Paul M. Scheib, "Fraud in Derivative Citizenship", *Intramural Law Review of New York University* 11 (1955—1956): 271—279; Drumright, "Report on the Problem of Fraud", 43.事实上，至少有一位科学家对这种计算方法提出异议，认为它高估了不相容性，因此也高估了欺诈的发生率，见 William C. Boyd, "Chances of Disproof of False Claims of Parent–Child Relationship", *American Journal of Human Genetics* 9, no. 3 (1957): 191—194。

[25] 见 Matter of L-F-F-, *Administrative Decisions under Immigration & Nationality Laws*, vol. 5, February 1952—June 1954 (Washington, DC: U.S. Government Printing Office, 1952), 153。这一观点是在讨论华人公民权案件导致加利福尼亚州案卷堆积的背景下提出的。

[26] Letter from H. E. Montamat for the Consul General, to HR Landon, District Director, INS, Los Angeles, October 22, 1952, NARA, RG 85, File 56336/205. 又引用于 Schatkin, Sussman, and Yarbrough, "Chinese Immigration and Blood Tests", 50。

[27] "Report of Activities of the Investigative Unit, American Consulate General, Hong Kong, September 1, 1952 to June 15, 1953", NARA, RG 59, Decimal File, 1950—1954, Box 0824, Folder 125.4735, 4a.

[28] 然而，他们的急切引起了与英国殖民地官员和当地警察的摩擦，见 Various correspondence, NARA, RG 59, Central Decimal File, 1955—1959, Box 721, Folder 122.4732, 1—1056。

[29] 1951年4月，护照管理局的一位官员在一份备忘录中建议在整个国务院使用这种检测方法，见 Memo to Mr. Nicholas, Mr. Young and Mrs. Shipley from W. E. Duggan (Passport Office at State Department), April 2, 1951, NARA, RG 85, File 56328/856。香港的血型检测是从基本的ABO血型开始的，国务院建议领事官员在成本不高的情况下采用MN和Rh检测。

［30］ 1952年11月21日，调查员亚伯勒给纽约调查科（Investigations Section）科长法尔焦内（M.F. Fargione）的备忘录，主题为血液检测（后文简称"亚伯勒备忘录"），NARA, RG 85, File 98524/528。

［31］ Letter from H. E. Montamat for the Consul General, to HR Landon, District Director, INS, Los Angeles, October 22, 1952.

［32］ 这是移民局局长对卫生局局长的描述，见 Letter to Surgeon General Scheele from INS Commissioner (Argyle Mackey), April 7, 1952, NARA, RG 85, File 56328/856。

［33］ 我在操作说明中第一次发现血液检测是在1952年秋天，它与支付协议有关。

［34］ 见 Matter of L-F-F-。

［35］ Letter from W.W. Wiggins, Chief, Examinations Branch to A.C. Devaney, Assistant Commissioner, Inspections and Examinations Division, May 27, 1953, NARA, RG 85, File 56336/205.

［36］ 至少有6个美国公共卫生署机构（尽管不是所有11个机构都配备了血液检测设备）、16个移民局办事处（尽管不是每一个办事处都定期处理"华人案件"）、驻香港总领事馆，以及这些机构在华盛顿特区的中央办公室参与了协调。

［37］ Letter to Commissioner, Central Office, from Joseph Savoretti, District Director, Miami, July 23, 1954, NARA, RG 85, File 56328/856.

［38］ 根据移民局的一份报告，到1952年11月为止，大约有90起与血液检测有关的诉讼悬而未决，见亚伯勒备忘录。1952年中期开始的《华人世界》也提到了这些案例。

［39］ Memo to Mr. Nicholas, Mr. Young and Mrs. Shipley from W. E. Duggan (Passport Office at State Department), April 2, 1951. 又见亚伯勒备忘录。

［40］ Board of Special Inquiry Hearing, August 14, 1952, in Appendix, 150a. 这一决定背后的逻辑在移民上诉委员会1953年5月11日的决定中得到重申，见 Decision of the Board of Immigration Appeals, May 11, 1983, Appendix, 157a; Decision of the Special Inquiry Officer, December 9, 1953, Appendix, 235a.

［41］ 见 Matter of W-K-S- and W-P-S-, *Administrative Decisions under Immigration & Nationality Laws*, vol. 5, February 1952—June 1954 (Washington, DC: U.S. Government Printing Office, 1952), 232—238。其中，移民上诉委员会维持了这一逻辑，这一案例来自旧金山。

［42］ Letter from Willis H. Young, Acting Chief, Passport Division, to Boyd Reynolds, Los Angeles attorney, September 23, 1952, in *Hearings before the President's Commission on Immigration and Naturalization* (Washington, DC: U.S. Government

Printing Office, 1952), 1244.

［43］ 见 Matter of L-F-F-。申请人在李家案件的前一天，在同一美国联邦卫生署机构接受了血液检测。鉴于他几乎肯定是被关押在埃利斯岛，这些年轻人很可能彼此认识。移民上诉委员会裁定，申请人的不相容血检结果是结论性的，申请人没有在法庭上对这一裁决提出异议。

［44］ Benjamin Gim, interview with Mae Ngai, New York City, February 19, 1993. 我非常感谢马埃·恩盖（Mae Ngai）与我分享这次采访的内容。

［45］ Edith Cohen, "Benjamin Gim, Founder of Chinatown Firm", *New York Law Journal*, February 5, 1999, 2.

［46］ "……图书馆里"，见 Cohen, "Benjamin Gim"。

［47］ 纽约州与加利福尼亚州形成了鲜明的对比——加州华人最多——在那里，正如卓别林案的判决所表明的那样，从20世纪40年代初开始的判例法就对血型证据不利。

［48］ "复查显示了……"，见 Decision of Board of Immigration Appeals, May 11, 1953, in Appendix, 160a。"有没有可能……"，见 115 F. Supp. 302 (S.D.N.Y. 1953)。关于全景，见 Brianna Nofil, "Ellis Island's Forgotten Final Act as a Cold War Detention Center", *Atlas Obscura*, February 2, 2016, https://www.atlasobscura.com/articles/ellis-islands-forgotten-final-act-as-a-cold-war-detention-center。

［49］ 关于旧金山和纽约的检测机构报告了错误模式，见 Matter of D-W-O- and D-W-H-, *Administrative Decisions under Immigration & Nationality Laws*, vol. 5, February 1952—June 1954 (Washington, DC: U.S. Government Printing Office, 1952), 351—369；亚伯勒备忘录；Letter from R. B. Shipley, Director, Passport Office (State Department), to Devaney, Assistant Commissioner, INS, July 29, 1954, NARA, RG 85, File 56336/341。

［50］ Reopened Board of Special Inquiry Hearing, November 5, 1953, Examination of Dr. George Cameron by Schatkin, in Appendix, 214a.

［51］ 见 Matter of D-W-O- and D-W-H-。

［52］ 西德尼·沙特金的《争议性亲子关系诉讼》（*Disputed Paternity Proceedings*）首次出版于1944年，是美国亲子鉴定领域的圣经，它的一个版本至今仍然在出版发行。

［53］ Reopened Board of Special Inquiry Hearing, November 5, 1953, examination of Sussman by Schatkin, in Appendix, 173a, 178a.

［54］ Schatkin, Sussman, and Yarbrough, "Chinese Immigration and Blood Tests" (1955) and Sidney Schatkin, Leon Sussman, and Dorris Yarbrough, "Blood Test Evidence in Detecting False Claims of Citizenship", *Criminal Law Review* 3, no. 1 (1956):

45—55. 沙特金曾是这份期刊的编辑。

[55]　Leon N. Sussman, "Application of Blood Grouping to Derivative Citizenship", *Journal of Forensic Sciences* 1 (1956): 101—108; Leon N. Sussman, "Blood Grouping Tests in Disputed Paternity Proceedings and Filial Relationship", *Journal of Forensic Sciences* 1 (1956): 25—34; Leon N. Sussman, "Blood Groups in Chinese of New York Area", *American Journal of Clinical Pathology* 26, no. 5 (1956): 471—476.

[56]　Boyd, "Chances of Disproof". 关于种族血清学，见 Jonathan Marks, "The Origins of Anthropological Genetics", *Current Anthropology* 53, no. 5 (2012): 161—172。

[57]　亚伯勒备忘录。

[58]　这项检测毫无价值，大概是因为华人血统中 Rh 阴性个体非常罕见。

[59]　亚伯勒备忘录。

[60]　引文和统计数字来自乔治·W. 博林（George W. Bolin）的备忘录，他是美国卫生署驻香港的医务主任。他说："美国驻香港总领事馆建立了实验室并配备了 X 射线机。"根据他的说法，最高排除率是 35%，而其他人提供的数字是 40%。

[61]　亚伯勒备忘录。

[62]　前领事是麦康瑙希（McConaughy）。Letter from H. A. Craves of British Embassy in DC to C. T. Crowe at the Far Eastern Department of the British Foreign Office, March 28, 1956, United States Policy Regarding Issue of Passports to Persons of Chinese Race, 1956, Government Papers, National Archives, Kew, United Kingdom, http://www.archivesdirect.amdigital.co.uk/Documents/Details/120983。

[63]　亚伯勒备忘录。

[64]　庄莱德（Drumright）在其报告中提出了这一指控。

[65]　见 Matter of L-F-F-, 153。

[66]　Ethel L. Payne, "How U.S. Makes Enemies Abroad: McCarran-Walker Immigration Act Jim Crows Negroes, Asians", *Chicago Defender*, February 6, 1954, 9; "Payne Asks Ike about Immigration", *Chicago Defender*, March 27, 1954, 1.

[67]　Reopened Board of Special Inquiry Hearing, November 5, 1953, in Appendix, 179a.

[68]　Letter to D. D. Boston from J. E. Riley, Acting Assistant Commissioner, Inspections and Examinations Division, Central Office, June 20, 1952, NARA, RG 85, File 56328/856.

[69]　"华人的血型检测项目"，见 Telegram dated September 14, 1954, NARA, RG 85, File 56328/856; Miami: Letter to Commissioner, Central Office, from Joseph Savoretti, District Director, Miami, July 23, 1954, NARA, RG 85, File 56328/856；亚伯勒备忘录。关于类似的说法，见 Letter to District Directors from W. F. Kelly, Assistant

Commissioner, Enforcement Division, April 30, 1952; To District Director of Miami (and copied to eight other district directors), from Central Office, Assistant Commissioner, Inspections and Examinations Division, August 19, 1954, NARA, RG 85, File 56328/856; Letter to Commissioner, Central Office, from James W. Butterfield, District Director, Detroit, September 29, 1954, NARA, RG 85, File 56328/856; Letter from A. C. Delaney, Assistant Commissioner, Inspections and Examinations Division, to W. W. Wiggins, Chief, Examinations Branch, July 20, 1953, NARA, RG 85, File 56328/856。

［70］ 这一指令在1953年9月发出，草案在同年7月发出，见Operations Instructions, Sec 205.11, NARA, RG 85, File 56328/856。

［71］ 美国媒体除了敷衍了事地报道有关该政策的重要司法判决外，对血液检测及其引发的宪法问题保持沉默。

［72］ "……侮辱"和"这个邪恶的计划……"，见Statement Submitted by Boyd H. Reynolds, Attorney, October 15, 1952, in *Hearings before the President's Commission on Immigration and Naturalization*, 1242; "O. P. Stidger Questions Legality of Consulate Demands for Blood Tests," *Chinese World*, September 24, 1953, 2。

［73］ 关于这份报纸和这位不屈不挠的编辑，见Him Mark Lai, "The Chinese Media in the United States and Canada since World War II", Him Mark Lai Archive, Chinese Historical Society of America, https://himmarklai.org/digitized-articles/2006-201/media-since-wwii/。戴明利的社论以《驻港领事报告书的批判》*A Critique of the Report by the U.S. Consul General in Hong Kong*, San Francisco: Shi Jie Ri Bao, 1956) 为题出版。"……深恶痛绝的做法"，见Telegram to Lieutenant General Joseph M. Swing, Commissioner, San Francisco, May 25 (1954), from Dai Ming Lee, NARA, RG 85, File 56336/341；读者可以用来关注电报交流的文章是 "End to Blood Tests for Immigrants Sought", *Chinese World*, May 27, 1954, 1; "Commissioner of Immigration Replies to Chinese World Protest", *Chinese World*, June 8, 1954, 1。

［74］ "黑人的彻底胜利"，见"U.S. Supreme Court Decision Outlaws Racial Segregation in Public Schools", *Chinese World*, May 18, 1954, 1。

［75］ Letter from Commissioner J. M. Swing to Mr. Lee, June 3, 1954, NARA, RG 85, File 56336/341. 电报和《华人世界》报道的剪报被保存在移民局的档案中，这一事实表明该机构关注公众对这些事件的接受情况。

［76］ 移民上诉委员会首次在D-W-O-和D-W-H-的卷宗中提出这一论点，将此案称为李昆辉的"相伴案件"（companion case），该案在布朗诉教育局案判决的三天前

发布。一个月后，法院在李家案中逐字逐句地重复了自己的判决，见 Decision of Board of Immigration Appeals, June 17, 1954, Dismissing Appeal, in Appendix, 239a。

［77］ 在移民上诉委员会对李昆辉案及其相伴案件 D-W-O- 和 D-W-H- 案的判决中都使用了同样的措辞。

［78］ "Blood Test Ruling Calls U.S. Biased", *New York Herald Tribune*, August 11, 1955, 15。关于保释金和拘留的信息，见 "NY Chinese Family Declared U.S. Citizens", *Chinese World*, October 19, 1955, 2。

［79］ Nofil, "Ellis Island's Forgotten Final Act".

［80］ Reopened Hearing before Special Inquiry Officer, October 28, 1954, in Appendix, 285a—289a.

［81］ Reopened Hearing before Special Inquiry Officer, October 28, 1954.

［82］ 关于具有 "圣母面容" 的妻子，见 "NY Chinese Family Declared U.S. Citizens"。United States *ex rel.* Lee Kum Hoy v. Shaughnessy, 133 F. Supp. 850, 852 (S.D.N.Y. 1955)。这一判决发生在几个月前，即 1955 年 8 月，见 "NY Federal Court Rules Blood Tests Unconstitutional", *Chinese World*, August 12, 1955, 1。

［83］ "Paternity Tests for Chinese Held Illegal", *Los Angeles Times*, August 11, 1955, 28.

［84］ United States *ex rel.* Lee Kum Hoy v. Shaughnessy, 237 F.2d 307, 311, no. 3 (2d Cir. 1956).

［85］ Gabriel Jackson Chin, Cindy Chiang, and Shirley Park, "The Lost *Brown v. Board of Immigration Law*", *North Carolina Law Review* 91, no. 5 (2013): 101—141.

［86］ General Counsel Opinion no. 16—54, May 13, 1954, re Authority of Service to Compel Persons to Submit to Blood Tests, NARA, RG 85, File 56336/341.

［87］ "U.S. Citizens of Chinese Ancestry Face Blood Test Demand to Get Passports", *Chinese World*, November 8, 1955, 1; Dai Ming Lee, "U.S. State Department Needs a Housecleaning", *Chinese World*, November 9, 1955, 1; "Immigration Blood Tests Attacked Here", *Chinese World*, November 11, 1955, 2; Dai Ming Lee, "Muddled Thinking Marks State Department Policy", *Chinese World*, November 18, 1955, 1.

［88］ Dai Ming Lee, "Blood Tests for Passport Applicants", *Chinese World*, November 14, 1955, 1.

［89］ Ngai, "Legacies of Exclusion".

［90］ To: J. F. Greene, Chief, General Investigations; From: J. Austin Murphy, Divisional Investigator. Memorandum: Subversive Chinese—Larchmont, New York, May 8, 1956, NARA, RG 85, File 56364/51.6.

［91］ Affidavits, Ng Mon On, April 3, 1956, and Ng Yee Chor, April 5, 1956, NARA, RG

85, File 56364/51.6.

[92] Report of Investigation. Blood test records of Dr. Arthur Liu and Dr. Leon Sussman subpoenaed. New York, May 4, 1956, reported by Investigator D. E. Yarbrough. 几天前，还有一个人在一份宣誓书中提到刘医生，他在宣誓书中作证说自己多年前曾做过血液检测，见 NARA, RG 85, File 56364/51.6。关于刘医生在唐人街社区中的作用，见 Bruce Hall, *Tea That Burns: A Family Memoir of Chinatown* (New York: Simon and Schuster, 2002)。

[93] Dai Ming Lee, "U.S. State Department Needs a Housecleaning".

[94] 关于电报交流的信息，见 *Chinese World:* Dai Ming Lee, "Muddled Thinking Marks State Department Policy"。此后不久，在华盛顿特区的一场听证会上，旧金山另一个组织——中华会馆（Chinese Consolidated Benevolent Association）的一名代表谴责了对中国公民身份问题的处理，包括使用血液检测，见 "George Chinn Stresses McCarran Act Inequities at Capital Hearing", *Chinese World*, December 2, 1955。

[95] Resolution Register No. 678, Subject: Chinese Persons Seeking Admission to the United States Be Not Subjected to Blood Tests and Letter by Lee R. Pennington to Raymond F. Farrell, Investigations Division, INS, January 25, 1956, NARA, RG 85, File 56364/51.6.

[96] Affidavit of Eng Gim Chong before a New York Notary Public, April 30, 1956, NARA, RG 85, File 56364/51.6.

[97] 关于中国亲属关系实践中的收养问题，见 Arthur P. Wolf and Chieh-shan Huang, *Marriage and Adoption in China, 1845—1945* (Stanford, CA: Stanford University Press, 1980)。

[98] "Report on the Problem of Fraud at Hong Kong", Foreign Service Despatch, December 9, 1955, NARA, RG 85, 56364/51.6; and NARA, RG 59, Central Decimal File 1950—1954, Box 0824, Folder 125.4734. 庄莱德建议，这份报告应该在国务院、军方、中央情报局、联邦调查局、退伍军人管理局、社会保障局和其他联邦机构内广泛传播。关于这份报告的讨论，见 Ngai, *Impossible Subjects*, chapter 6。

[99] "问题的文化层面"，见 Drumright, "Report on the Problem of Fraud", 48。"……完美的托词"，见 Drumright, "Report on the Problem of Fraud", 55。编辑戴明利也承认存在收养行为，但值得注意的是，他没有站出来为其辩护。关于增加检测的血清学特征的数量，该建议是在庄莱德最初报告的一份增编中提出的，见 Drumright, "Proposals to Better Cope with the Problem of Fraud at Hong Kong", Foreign Service Despatch, December 13, 1955, NARA, RG 85, 56364/51.6。

在国务院的档案中也可以找到这篇文章，见NARA, RG 59, Decimal File 1950—1954, Central Decimal File 1955—1959, Folder 122.4732。然而，现有的血清学检测要么太贵，要么太复杂，要么是检测的血型太少，无法发挥作用。

[100] Letter from James A. Hamilton, Officer in Charge, ORP to Devaney, Assistant Commissioner, Examinations Division, Central Office, Attn Edward Rudnick, Chief Examiner, May 27 1955, NARA, RG 85, File 56336/341.

[101] 关于非裔美国士兵，见本书第七章。关于种族如何塑造美国衍生公民身份的历史，见Collins, "Illegitimate Borders"。

[102] Arissa H. Oh, *To Save the Children of Korea: The Cold War Origins of International Adoption* (Stanford, CA: Stanford University Press, 2015). 具有讽刺意味的是，甚至还有为中国香港儿童安排领养的计划，见Catherine Ceniza Choy, *Global Families: A History of Asian International Adoption in America* (New York: NYU Press, 2013)。

[103] 关于该案及其政治背景的考察，见Chin, Chiang, and Park, "Lost *Brown v. Board*"。

[104] 正如一位工作人员所指出的那样，政府认为华人特殊的欺诈性移民历史证明只对他们进行血液检测是合理的，这种论点很容易被种族隔离主义者所利用，例如，根据对非裔美国人有犯罪倾向的断言，来为警察对他们的区别对待辩护，见Chin, Chiang, and Park, "Lost *Brown v. Board*", 127。

[105] Exhibit "A" Annexed to Supplement of Affidavit of Dorris E. Yarbrough, in Appendix, 96a.

[106] Chin, Chiang, and Park, "Lost *Brown v. Board*". 该文献认为这种说法似是而非，因为法院一开始就可以避免受理此案。作者们讨论了法院认为适合避免对案情作出裁决的可能原因。

[107] 相反，这一结果使移民政策中种族歧视的宪法问题悬而未决。这个问题在1965年得到解决，当时国会将其判定为非法。

[108] 至少在20世纪60年代，移民局的血液检测操作指导方针仍在不断更新。1956年以后，由于档案归档系统的重组，来自移民局的资料减少了，但也可能是因为检测已成为例行公事，不值得特别评论。官员们继续寻求新的血清学检测，以增强检测的效力，虽然效果有限，见"Legal Division Study" and accompanying letter, from John T. McGill, Chief, Advisory Opinions Division, Visa Office (State Department), to James F. Greene, Deputy Associate Commissioner, Domestic Control, INS, February 23, 1966, United States Citizenship and Immigration Service Library, Washington DC, Vertical Files。

[109] 报纸上间接提到了这种检测，见 "Illegal Entry of Chinese into P.I.", *South China Morning Post*, October 2, 1953, 15; "Request for Admission to Australia Rejected", *South China Morning Post*, November 13, 1963, 12。这家报纸在20世纪60年代初的几篇文章中讨论了中国人试图以纸上家庭成员身份入境加拿大的案例，这些文章没有说明是否借助了血液检测来揭露这些案例。

[110] Lucy E. Salyer, *Laws Harsh as Tigers: Chinese Immigrants and the Shaping of Modern Immigration Law* (Chapel Hill: University of North Carolina Press, 2000); Adam M. McKeown, *Melancholy Order: Asian Migration and the Globalization of Borders* (New York: Columbia University Press, 2008).

[111] 这一信息来自历史学家马埃·恩盖在1993年对本杰明·吉姆的采访。吉姆于2010年去世。

[112] 当然，如果他们是李夏的一个兄弟姐妹的孩子，他们或许有权因为拥有同一个祖父而获得美国公民身份。

结语 DNA时代的亲子鉴定

> DNA仅仅是一个证据，就像其他所有正面和反面的证据一样，对我们来说这不会改变任何事情。
>
> ——胡里奥·卡内拉（Julio Canella），朱利奥·卡内拉的孙子，2014年

　　一辆巨大的绿松石色面包车在纽约市的街道上穿行，吸引着路人好奇的目光。它穿梭于市中心的车流、商业大道上的公园和绿树成荫的小巷，等待着顾客的光顾。车身上印着一条不可思议的标语："谁是你爸爸？"这辆车是一个移动的DNA检测装置，从2012年开始向心存疑虑的纽约人兜售一种不同寻常的产品：亲子鉴定。2016年的一篇新闻报道是这样描述面包车主人贾里德·罗森塔尔（Jared Rosenthal）的："他既不是牧师，也不是心理学家，既不是医生，也不是律师。"他自称是一名健康企业家，他出售的是问题的答案，而这些问题既关乎个人隐私又绝对公开，那就是："我是谁？我从哪里来？"基因检测业务让罗森塔尔对这类问题有了哲学上的认识。他说："没有人真正知道自己是谁……自从人类夫妻开始生儿育女以来，人们就一直在问关于亲子关系的问题，只是现在我们有了检测的方法。"[1]

　　旧金山的医生阿尔伯特·艾布拉姆斯曾断言，他可以从一滴血中得知父母的身份，这在当时是荒诞不经的。但是今天，一个曾经由空想家和江湖庸医兜售的想法已经变得如此普通，以至于它可以像软冰激凌一样从面包车上被兜售。DNA技术的突破性发展，加上全球亲子鉴定商业市场的爆炸式增长，标志着几千年来父亲身份探索史上一个崭新时代的到来。在世界范围内，比以往任何时代都更多的人可以使

用比以往任何时代都更加强大的技术。国家和消费者推动了亲子鉴定科学的广泛应用，而强有力的话语强化了获取亲子关系的权利。

然而，这些科学、商业、社会和政治的发展虽然新奇，但只是对20世纪亲子鉴定历史的概括，而非革命。在某种程度上，DNA检测面包车是现代亲子鉴定的高度发展。它所兜售的理念是：亲子关系是一种生物学关系，它可以也应该被知道，科学是了解它的方法，这些观念自20世纪20年代以来就一直存在。更重要的是，DNA时代的巨大进步并没有解决近一个世纪前，现代父亲身份带来的紧张和模糊。父亲身份一如既往地模棱两可、充满争议，甚至难以捉摸。

近几十年来，亲子鉴定科学取得了显著进步。在20世纪70年代，一种基于人类白细胞抗原（HLA）遗传标记的血清学检测大大增强了排除能力。当与传统的红细胞检测一起使用时，通过HLA检测确定一个人父亲身份的概率超过90%，尽管某些检测的高昂费用和难以获得意味着在现实中几乎不可能使用所有这些检测。[2]无论如何，这项技术很快被另一项更强大的技术所取代，它就是被称为"真相的黄金标准"的DNA指纹。[3]该技术于20世纪80年代初由英国遗传学家亚历克·杰弗里斯（Alec Jeffreys）首创，通过读取碱基对的链条来实现。碱基对是四种不同核苷酸的组合，它们彼此成对，形成DNA特有的双螺旋结构。这些碱基对的精确序列对每个人来说都是独一无二的，因此就有了指纹的比喻。虽然DNA指纹技术可能与刑事案件中的法医鉴定最密切相关，但它最早的应用不是证明个人身份，而是证明父母身份。每个人的碱基对序列都是独一无二的，但由于它们是遗传的，可以通过比较两个人的DNA来确定他们之间有血缘关系的概率。这是人类历史上第一次有可能以99.99%的确定性来确定父子关系。大自然曾经给父亲身份披上一层难以穿透的面纱，这层面纱被崇拜了几千年，科学家坚持不懈地努力了半个多世纪，现在终于将它彻底揭开。

科学发现很快催生了商业化，"真相机器"随之变得更快、更便宜、更容易获得。[4]如今，一些基因检测公司承诺只需几天就能出结果，每次检测费用低至79美元。网站、商业广告、广告牌和五颜六色的面包车向消费者推销亲子关系的科学检测，就像怀孕测试、除疣良方或软冰激凌的销售一样。曾经的奇迹变成了今天的寻常。

血液振动仪的发明者阿尔伯特·艾布拉姆斯医生无疑会对这一科学和商业成就非常欣喜，这与他在一百年前建立的邮购血液检测业务遥相呼应，但他可能会对其范围感到惊讶。美国主要实验室认证机构报告称，1988年至2010年间，在其监督下进行的亲子鉴定数量增长了近400%。该机构记录了每年大约40万次检测，不过这个数字只是全部检测数量的一小部分，因为只有一半的实验室获得了认证，而其中40%的实验室不报告数据。据一位行业专家估计，实际数字是每年超过100万次检测。[5]预计到2023年，基因检测将成为一个价值38亿美元的产业。[6]在DNA时代，现代亲子鉴定已经彻底商业化，这要归功于一个追逐利润的庞然大物——"大亲子鉴定"（Big Paternity）。

飞速发展的商业扩张在美国最为明显，但亲子鉴定的需求在全球范围内也呈上升趋势。在西班牙，由于诊所数量倍增，竞争加剧，近年来，检测的价格已经下降了一半。在意大利，一位遗传学家指出："信息传播得越广，需求就越大。"拉丁美洲在过去20年同样见证了亲子鉴定的繁荣。1998年智利的民法典改革为亲子诉讼提供了便利，圣地亚哥的法医学研究所迅速从美国进口了DNA测序机。检测申请的数量从一年120次上升到十多年后的一年1万次。厄瓜多尔和洪都拉斯的公共实验室也报告了激增的需求。[7]

今天，位于圣保罗的奥斯卡·弗莱雷研究所的遗传学家们继续为法庭评估亲子关系，虽然颊拭子已经取代了20世纪大部分时间里对面部和身体进行的细致检查。1988年，巴西成为拉丁美洲第一个采用DNA指纹技术的国家，这距离DNA指纹技术的初步发展仅过了几年。与英国一样，该技术在巴西也最早被用于亲子鉴定。到21世纪初，在巴西人口第五大州南里奥格兰德州，约有7%的新生儿接受了这项检测。2008年，一份流行杂志做了一期专题报道，介绍了40项在过去40年里改变了巴西人生活的发明，其中包括一次性尿布、手机和DNA亲子鉴定。[8]

"大亲子鉴定"已经远远超出了现代亲子鉴定在大西洋两岸的摇篮。专门从事亲子鉴定和关系检测的英美公司目前在六大洲开展业务。因为检测不需要离实验室近，顾客可以在网上购买试剂盒并邮寄样本，因此它可以在任何有互联网和邮寄服务的地方进行销售。总部位于加利福尼亚州的"简单DNA"（EasyDNA）公司为从乌干达到乌克兰的39个国家提供检测服务。总部位于英国的"灵活诊断"（Nimble Diagnostics）公司的网站用36种语言解释其亲子鉴定程序。[9]中国和印度的生物科技公司也利用了这一新机遇。北京一家私人实验室的老板表示，自2000年以来，亲子鉴定请求增加了20%。总部位于德里的印度生物科学公司（Indian Biosciences，号称可以提供"情感问题无可争议的答案"）在印度150个城市设有样本采集中心。[10]

和过去一样，政府是这些技术的狂热消费者。很大一部分基因检测继续在法院和其他政府机构的监督下进行，在儿童抚养、监护权或移民案件中发挥作用。在美国，外包给私人实验室的"法医服务"约占45%的市场份额。[11]

科学进步使新的应用成为可能，但社会和政治的迫切需要使它们成为必要。在美国，由政府资助的亲子鉴定的爆炸式增长可以追溯到20世纪70年代，即DNA检测出现的10年前，与社会福利的削减和婚外生育率的上升同时发生。从20世纪30年代的《社会保障法》（Social Security Act）开始，联邦政府的福利计划为各州寻找父亲创造了动力。到20世纪70年代末，HLA检测已经足够强大，可以确定父亲身份，而不仅仅是排除不可能的父亲。与此同时，在1950年至1980年间，婚外生育率翻了两番，达到了前所未有的水平。[12]事实证明，法院和立法机构很想为贫困儿童找到父亲，因为如果找不到，这些孩子就会被列入福利名单。到20世纪80年代初，血液检测数量激增。[13]

新的科学检测提供了一种方便的解决问题的办法。一次简单的抽血就可以避免当年查理·卓别林曾经陷入的那种漫长、混乱和昂贵的法律纠纷。亲子鉴定越来越成为实验室而非法庭的问题，以至于一些州认为，由于科学证据无可辩驳，在亲子关系案件中，贫穷的父亲无权请律师。1996年那场著名的改革废除了"我们熟知的福利制度"，进一步将基因检测的使用制度化。作为获得援助的条件，它要求母亲合作以确定父亲的身份，命令各州使用基因检测来实现这一点，并赋予这些检测确定父亲身份的决定性权力。[14]到2000年，各州每年在实验室检测上的花费超过3 200

万美元。[15]

在过去20年里，拉丁美洲国家热情接受了亲子鉴定，这代表着一个更为显著的历史分水岭。在19世纪，法律从社会和意志的角度定义了父亲身份：父亲是在社会面前公开和自愿地扮演这个角色的人。在20世纪，现代亲子鉴定将父亲身份重新定义为一种生物学和义务关系。最近的公共政策利用了这一理念，该地区的国家纷纷推行"负责任的父亲身份"运动，系统地确认父亲的身份，迫使他们承担对子女的经济责任。在一个结婚率低、婚外生育率高（在一些国家，超过70%）、许多贫困儿童由母亲独立抚养的地区，这项任务显得尤为紧迫。政策制定者认为，上述趋势加剧了妇女和儿童的贫困。[16]

"负责任的父亲身份"运动将DNA检测纳入这些努力。至少有十几个国家通过了法律，让政府为穷人支付检测费用。在巴西，为了寻找失踪的父亲，该国发起了一项雄心勃勃的运动，移动DNA检测车开到了数百个贫穷的城市社区和省级城镇。这是一种非常不同的DNA检测车，推动这一项目的不是健康企业家，而是政府，该项目也不是为了解决关于身份的个人问题，而是为了确立合法的父亲身份和确保孩子的抚养。在改善社会问题方面，寻找亲生父亲的任务被赋予了巨大而可疑的力量。在那些饱受贫困、犯罪、警察暴力以及住房、卫生和教育不足之苦的社区，DNA检测有望成为一种快速、非政治性的技术解决方案。[17]

这些政策吸引了广泛的政治支持。女权主义者和儿童权利倡导者将"负责任的父亲身份"视为性别平等与儿童福利的福音。保守派鼓吹这些措施是如何巩固家庭和促进个人责任的。与此同时，亲子鉴定科学在一个政府规模缩小、社会投资减少的时代蓬勃发展，这并非巧合。和在美国一样，在拉丁美洲，亲子鉴定是将对贫困儿童的责任私有化的一种便利工具。如果说现代父亲身份在一定程度上是20世纪早期福利国家的产物，那么具有讽刺意味的是，这些国家在20世纪末的紧缩政策进一步刺激了寻找父亲的努力。

国家安全是政府要考虑的另一个重点，这也刺激了亲子鉴定的发展。1983年，

13岁的加纳裔英国少年安德鲁·萨巴（Andrew Sarbah）从加纳飞往英国。在希思罗机场，移民官员检查了他的护照，并宣布护照是伪造的，虽然上面显示他是出生在英国的英国公民。他的母亲克里斯蒂安娜（Christiana）聘请了一名律师，开始收集证据，包括照片、文件和血液检测，以证明安德鲁是她的儿子，进而证明他是英国公民。内政部拒绝了包括血液检测在内的证据，因为在DNA尚未出现的年代，血液检测无法确定克里斯蒂安娜是安德鲁的母亲还是姨妈。后来，萨巴的律师在《卫报》（*The Guardian*）上读到遗传学家亚历克·杰弗里斯开发的新技术。于是这个案子成为DNA指纹技术的首次应用。检测表明安德鲁确实是克里斯蒂安娜的儿子，这家人赢得了官司。在其他移民案件中进行这种检测的请求很快就让杰弗里斯应接不暇："我们收到的问询信装满了一个又一个文件盒。"[18]

杰弗里斯的技术当然是新的，但在边境检测亲子关系的做法却并不新鲜。冷战时期的美国移民局率先使用了这种亲子关系检测，首当其冲的是中国移民。今天，欧洲、北美和大洋洲的20多个国家例行公事地使用基因分析来核实寻求与家庭成员团聚的移民和难民的家庭关系。[19]当申请人无法提供家庭关系证明文件或证明文件被认为不可靠时，接收国通常会要求提供DNA证据。实际上，检测对象几乎都是来自南半球的非白人移民。法律学者多萝西·罗伯茨（Dorothy Roberts）指出："这种基因关系本质上是矛盾的。它既是一种联系的手段，也是一种分离的手段。它把个人联系在一起，同时又维护社会边界。"在这种情况下，亲子鉴定维护了国家和种族的界限。[20]

这种划界行为并非没有争议。2006年，法国通过了一项有争议的法律，扩大了DNA检测在家庭团聚移民中的应用，这一政策含蓄地针对非洲移民。反种族主义倡导者谴责这种检测是"令人厌恶的"，让人想起20世纪50年代华裔美国人所遭受的歧视性待遇，该政策在几年后被废除。[21]相比之下，在美国，DNA检测的悄然使用受到的公众监督较少。2001年9月11日之后，DNA检测在"国家安全"领域的应用呈指数级增长。2008年，官员们暂停了一个让索马里难民与居住在美国的家庭成员团聚的项目，因为一个试点DNA项目显示，许多难民与他们的赞助人没有生物学意义上的关系。[22]一份政府备忘录警告说，"如果留下漏洞，允许潜在的恐怖分子或有欺诈意图的申请者以家庭团聚的名义渗透进来，不仅会威胁我们的安全"，还会"浪费大量的资源"，这样的话就像是出自20世纪50年代美国移民归化局的检查员之口。[23]官员们认为这是普遍的欺诈行为，但难民维权人士辩称，这是最初产生难民的环境的产物：冲突常导致家庭分离，成年人常收养孤儿。当索马里项目在四年后恢复时，加强了对DNA检测的要求。最近国土安全部承诺要将便携式"快速DNA"检测仪引入难民营。[24]这个装置不大，但是可以在两小时之内近乎确定地验证生物学意义上的亲缘关系，这使阿尔伯特·艾布拉姆斯的血液振动仪显得非常有预言性。令人不安的是，这种最先进的技术可能很快就会出现在世界流离失所者的营地之中。

　　一项最近的、可能更具破坏性的发展是利用DNA检测剥夺公民身份。在最近的一个案例中，一名也门裔美国人在获得美国公民身份20年后失去了美国公民身份，因为DNA检测显示他与他的公民父亲没有生物学意义上的关系。原来他是在婴儿时期被收养的（司法部官员称这一事实"完全无关紧要"）。[25]20世纪50年代，美国移民当局曾经考虑通过追溯性血型检测，剥夺大量华裔美国人的公民身份。一名政府律师反对这一政策，警告说不能强迫已经归化的公民接受血液检测，而且无论如何，"法院并不喜欢发明新方法来推翻已经确立的权利的做法"[26]。这种谨慎是会占上风，还是会被移民执法的巨大力量所吞噬，还有待观察。根据生物技术产业的预测，"国土安全DNA分析"的年增长率将接近14%，未来在亚洲和欧洲还有扩张的可能。[27]

　　如果说许多当代亲子鉴定的应用在过去有先例的话，那么其中一些似乎是真正新颖的。在阿根廷，基因技术被用于解决该国冷战时期军事独裁政府犯下的侵犯人权行为。在这个现在已经臭名昭著的事件中，当局从被认为是持不同政见者的父母那里绑架了大约500名儿童，并将他们以非正常方式收养。几十年之后，这些孩子们的祖母和外祖母们建立了一个名为"五月广场祖母"（Abuelas）的组织，寻找被绑架的孩子，恢复他们出生时的身份。在她们的努力下，阿根廷于1987年建立了一个全国性的基因数据库，以帮助这些孩子和家人团聚。阿根廷是世界上第一个"孟德尔式"亲子鉴定——莱曼·尼切对阿尔卡迪尼家族的躯体分析——的发源地。70

年后，另一项基因技术创新在这里诞生，这项技术被称为"祖父母指数"（indice de abuelidad），可以用来确定隔代遗传联系。[28]"五月广场祖母"组织的成员开玩笑说，这项技术使用了从母亲那里继承的线粒体DNA，这就证明了上帝是女性。这是政治推动基因技术创新的又一个例子——在这个例子中，是为了在国家恐怖主义之后寻求正义。出于政治上的动机而将孩子从父母身边带走，这并不是阿根廷特有的现象。在西班牙，独裁者弗朗西斯科·佛朗哥从持不同政见的父母那里绑架了大约3万名儿童。在2018年春天的几周时间里，特朗普政府有组织地在美墨边境扣押了数千名中美洲移民儿童。在这些由国家支持的儿童绑架事件发生后，DNA技术被用来帮助他们和家人团圆。

对亲缘关系科学不断扩大的需求，不仅受到国家政策或滥用职权的推动，也受到私人需求的推动。长期以来，人们对出身的持久迷恋一直推动着这类技术的发展，"大亲子鉴定"已经将这种迷恋商业化了。如今，那些好奇的、心存疑虑的和受到伤害的人可以出于个人原因购买业界所谓的"自由裁量"测试，或者用一个更生动的表达，购买"安心"测试。DNA指纹技术问世不到10年，身份基因（Identigene）公司就开始直接向美国消费者推销亲子鉴定技术，4年后又在互联网上销售了第一款亲子鉴定技术。[29]到了2007年，检测试剂盒开始在药店销售。如今，简单、方便且越来越便宜的家庭检测占据了美国DNA检测市场的36%以上，从澳大利亚到南非、从意大利到马来西亚的消费者也都可以使用这种方法。正如行业分析人士指出的那样，DNA检测在商业上越容易获得，该行业的利润就越丰厚。[30]

商业化也反过来影响了谁能获得亲子科学所揭示的真相。现代亲子鉴定试图将父亲身份的真相从法庭移植到实验室。现在，"大亲子鉴定"已经将其连根拔起，移栽到了互联网、药店和流动面包车上。现代亲子鉴定宣扬的是了解父亲身份的绝对优势，但在现实中，这种特权总是伴随着这样一种担心，那就是不受约束的真相会破坏家庭的稳定性。就连亲子鉴定的倡导者也警告过这种危险，比如天主教国家的医生和律师坚持认为，要保护婚姻、体面和孩子的合法性，这些凌驾于一切不可剥夺的了解生物学遗传真相的权利之上。必须以明智的、对社会负责的方式应用亲子鉴定科学，法庭和科学家本人就是把关人。

今天，这种思想在某种程度上仍然伴随着我们。一些观察人士对消费者未经各方同意就进行检测的前景表达了深深的忧虑，尤其是在未成年人的福祉受到威胁的情况下。[31] 在法国，医生们曾警告说，在身份证上写上血型可能会无意中暴露通奸所生的孩子——如今，私人亲子鉴定是非法的，只有得到法院的命令才能进行检测。国家有权保护亲子关系，有权管理可能对亲缘关系有害的信息。孩子拥有父亲的权利（即使是非生物学意义上的父亲）凌驾于父母或孩子了解亲缘关系真相的权利之上。

但对许多人来说，这样的政策显得过时、家长式，而且无论如何都是徒劳的。规避这条法国法律的现象似乎很普遍。西班牙和瑞士的实验室报告说，检测法国公民秘密寄来的组织样本的业务正在蓬勃发展。为了规避这条法律，这些法国公民冒着巨额罚款，甚至入狱的风险。无论如何，法国对亲子鉴定的限制之所以引人注目，主要是因为它是例外。在其他地方，对私人检测即使有监管，也往往很松散。一些国家禁止在没有父母双方同意的情况下进行检测，但在实践中，往往可以在当事人不知情的情况下提交牙刷或头发样本。行业分析人士吹嘘说，如今亲子鉴定的"革命性"之处在于它"不需要医生或律师的参与"，这几乎是在直接与早期检测人员的谨慎态度对话。[32] 基因知识已经成为一种事实上的特权，授予这种特权的不是经过深思熟虑的立法，而是检测行业本身巨大的商业影响力。"大亲子鉴定"取得了现代亲子鉴定所没有取得的成就。

遗传知识的获取既是政治发展的产物，也是商业发展的产物。在过去的半个世纪里，人们见证了一场越来越强大的讨论，这场讨论围绕着个人了解其出身的权利展开，而这些权利或明或暗地用生物遗传学术语来定义。这项权利被写入国际儿童权利条约，最著名的是1989年的《联合国儿童权利公约》（United Nations Convention on the Rights of the Child），该公约认为"儿童有获得身份的权利"（该条款的加入是阿根廷"五月广场祖母"组织游说的结果）。这是像北美的"杂种国度"（Bastard Nation）这样的被收养者权利组织的战斗口号，该组织积极游说，要求公开包含被收养者"历史、基因和法律身份"的密封记录。倡导者声称，在辅助生殖技术的背景下，由捐精者孕育出生的人有这样的权利。在拉丁美洲"负责任的父亲身份"运动中，拥有父亲的权利通常是根据孩子获得身份的权利来界定的。如果说20世纪对出生身份的抹杀常常是由于政治力量——国家暴力、压制性社会规范、父权制特权、种族主义、战争——那么它的恢复也必须借助政治力量。"杂种国度"声称："了解自己身份的权利是一个政治问题。"[33]今天，现代亲子鉴定所倡导的一项权利（尽管有失偏颇）变得更加强大。

　　然而，身份问题不仅仅是一个政治问题，也可以是一个引人入胜的故事。身份失而复得的故事一直是现代亲子鉴定的叙事表达。今天，媒体继续讲述这些故事，由于现代生殖技术，这些故事往往有了新的转折。例如，医院里抱错婴儿的事件已经不大可能发生，但实验室里配子和胚胎的混淆可能会产生类似的戏剧性结果。DNA技术也为这种情感剧提供了素材。"科莱尼奥的陌生男子"的故事发生一百年后，那个在墓地里游荡的神秘失忆症患者最近又成为几本书、一部电视迷你剧，以及科莱尼奥镇纪念活动的主题。2014年，意大利知名寻人节目《谁见过他？》（*Chi L'ha Visto*）重新审视了这个著名的事件。节目组聘请了一位遗传学家对卡内拉家族的后代进行了DNA测试。使用的基因技术不同于80年前路易斯·席尔瓦的牙齿学评估，但其逻辑完全相同，那就是通过其后代来阐明此人的身份。这项分析试图将朱莉娅和朱利奥·卡内拉在战前生的一个孩子的孙子与卡米洛（Camillo）的DNA进行比较，卡米洛是朱莉娅和神秘陌生人在战后所生的儿子。

　　然而，DNA检测结果既可能解开谜团，也可能会制造谜团。娱乐性的亲子检测让一些人发现他们的家谱并不是他们想象的那样，比如一个生物学家把亲子鉴定工具包作为礼物送给父母，却偶然发现了一个同母异父的兄弟，从而打开了潘多拉的秘密盒子，导致他父母离婚。还有一个爱尔兰女天主教徒，她的检测莫名其妙地显示她有一半犹太人血统。她试图刨根究底，结果却有了一个非同寻常的发现（非同寻常的原因与其说是这件事发生了，不如说是她竟然可以追根溯源）：1913年，她的父亲在布朗克斯医院（Bronx Hospital）出生后，被意外地与另一个婴儿互换了。[34]
现在，脸书上有一个名为"出乎父母的意料"（not parent expected, NPE）的群组，
专门面向那些被随意的DNA检测暴露了惊人身世之谜的人。现在这个群组已经有
1 000多名成员。[35]

关于DNA检测的流行报道重复着这样的故事情节：一个人做了DNA检测，发
现了关于自己的身份或家庭的惊人真相。这种叙事的核心是欧美亲缘关系的中心思
想：这种亲缘关系存在于自然之中，有时被有意或无意地隐藏起来，而真相就是要
揭示这些自然事实。一些观察人士认为，虽然身份失而复得的故事仍然令人着迷，
但当代DNA故事的寓意是新的，它往往把养育和情感置于出身或血统之上，就像一
位记者所说的那样："科技将爱带到了最显著的位置。"[36]事实上，这些故事不是断
言社会因素战胜了生物学因素，后天因素战胜了自然因素，而是倾向于将这些区别
具体化。在这样做的过程中，它们概括了而不是挑战了关于亲缘关系是什么以及它
如何运作的深层文化信仰。

与此同时，在另一个不容置疑的对过去的延续中，这些记述揭示的真相往往与
种族有关。DNA检测对种族身份真相的揭示是一个反复出现的情节：一位爱尔兰女
子发现自己有一半犹太人血统；一位自称的"南方白人女孩"发现自己身上"有部
分非洲血统"；一位非裔美国女子发现自己身上98%的血统不是非洲人；一位名叫加
西亚（García）的墨西哥女子发现自己身上没有明显的墨西哥血统。[37]现代亲子鉴
定的历史长河中有很多这样的故事。20世纪20年代的科学血液检测通过血液的电子
振动、血型和颜色来寻找种族真相，可能依赖于非常不同的技术和截然不同的种族
观念。然而，它们与当代的DNA叙事一样，都有这样一个公理：检测亲子关系总是
与检测种族和族裔有关。正如那位现在后悔把亲子鉴定套装送给父母的生物学家所
指出的那样，这不仅是因为祖先检测服务"本质上是一种先进的亲子鉴定"[38]，还
因为在历史悠久的文化逻辑中，种族仍然与家族密切相关。

与这一逻辑相一致的是，当代媒体对配子和胚胎被弄错的报道特别关注由于错
误导致白人父母生下非白人孩子的故事。在现代生物技术时代，白人母亲生下深肤
色孩子的事例仍然存在。[39]更能说明问题的是，尽管人工授精出问题的戏剧性故事

很容易涉及卵子或胚胎，但通常任性的精子才是罪魁祸首。[40]这不仅是一个关于出身的故事，也是一个关于父亲身份的故事。在与父亲身份不确定性有关的丰富想象中，对种族模糊性、混合和替代的痴迷仍在继续。

在20世纪，新闻界提出了思考亲子鉴定及其技术的新方法。在21世纪，它将继续发挥同样的作用。查理·卓别林可能是20世纪最大的亲子关系丑闻的主角，但在随后的几十年里，数以百计的其他名人、政客和大亨都卷入了类似的纠纷。在富人与名人陷入各种亲子关系纠纷的漫长过程中，新的媒体类型出现了。在20世纪90年代末，个性张扬的媒体人莫里·波维奇（Maury Povich）开创了谈话节目《谁是你爸爸》（*Who's Your Daddy*），在节目中，陷入困境的夫妇向演播室里的观众讲述他们所经历的情感波折，悬念一直持续到主持人宣布DNA检测结果的那一刻。这个套路后来被许多其他节目所采用，被证明对提高收视率很有帮助，以至于在确定电视广告价格的那几个月里，很多故事情节都和亲子鉴定有关。[41]这类节目并非美国独有，从英国到巴西，从德国到墨西哥，再到最近的乌干达，亲子鉴定已成为谈话节目的主要内容。[42]不确定的父亲的形象再次开始兴风作浪。从19世纪的小说无缝转换到20世纪初的小报，在新千年之际，这个形象又重新出现在电视和互联网上。

然而，如今这个形象的作用不仅仅是提供娱乐，还要推销商品。20世纪90年代，《谁是你爸爸》节目的兴起恰逢亲子鉴定直接面向消费者营销的兴起，这并非偶然。DNA公司与媒体合作，展示它们的产品。总部位于俄亥俄州的DNA诊断中心（DNA Diagnostics Center）和包括《谁是你爸爸》在内的20多个电视节目有合作。其中之一是《劳伦·莱克的亲子鉴定法庭》（*Lauren Lake's Paternity Court*），法官听人们讲述他们遇到的亲缘关系难题，然后戏剧性地从一个印有该公司标志的信封中拿出检测结果。一个实验室的业务经理将日间电视节目视为私人亲子鉴定增长的"主要原因"[43]。自从血液振动仪的神奇功效第一次通过国际电报线传播以来，亲子鉴定揭露出来的真相一直使大众着迷。现在，关于亲子关系的一些戏剧性事件不仅有助于报纸的销售，读者可以关注发生在他人身上的戏剧性事件，还有助于自助检测装置的销售，消费者可以利用这样的检测装置来解决或创造属于他们自己的戏剧。

事实上，"大亲子鉴定"的业务就是销售DNA检测，因此它兜售的不仅有娱乐，还有怀疑。毕竟，只有当人们有理由相信测试会揭示他们不知道的东西时，他们才会购买。营销口号有助于播下怀疑的种子，敦促消费者"发现你的真相"，"不要让不确定性把你撕裂"。[44]他们警告说，无数男人在不知不觉中为别人抚养孩子。作为直接面向消费者的DNA检测的先驱，身份基因公司致力于提高人们对虚假父亲身份的意识。

并非只有"大亲子鉴定"在创造和延续"父亲身份张冠李戴"的故事。在互联网上，男权运动团体谴责他们所认为的父亲上当受骗的现象。他们也表达了一种生物学遗传身份的权利，但这一权利与其说是孩子知道其父亲的权利，不如说是男人拒绝承认与他们没有生物学关系的孩子的权利。一些团体称之为"父亲身份强奸"（paternity rape）——女性通过性背叛，对男性（和孩子）实施的暴力。根据一项被男权运动团体、商业DNA检测网站、大众媒体，甚至学术界反复引用的统计数据，父亲身份张冠李戴的比例高达30%。[45]也就是说，近三分之一的人并不是他们认为是自己父亲的那个人的亲生子女，推而广之，很多男人在不知情的情况下养育着其他男人的孩子。这是一个非同寻常的数据，显然也是错误的。这一数字的来源存在争议，但它似乎可以追溯到美国血库协会（American Association of Blood Banks）对其实验室否定性检测结果的统计。这一统计数据的问题在于，寻求亲子鉴定的人很难作为普通人群的代表性样本。[46]

自从20世纪20年代维也纳的男性权利联盟（Rights for Men League）呼吁扩大血型检测的使用以来，那些自封的男权运动团体一直在谴责女性的背叛和父亲身份的张冠李戴。今天，互联网和"大亲子鉴定"的协同作用为这些主张注入了新的力量。近年来，田纳西州、堪萨斯州和新泽西州的立法者已经提出法案，要求所有新生儿都必须进行DNA检测。一位新泽西州议员解释说："我听说过很多上当受骗的父亲抚养他人的孩子并为其支付抚养费的故事。"[47]这些提案都没有实现，但人们可以猜测这位议员是从哪里听到这些故事的。和过去一样，现代亲子鉴定技术既关乎男性和亲子关系，也关乎女性和性。

如今，强大的新基因技术的存在、国家和消费者对它们的大规模使用，以及媒体和流行文化对这些技术的接受，似乎代表着一个明确无误的分水岭。在世纪之交，生物学意义上的父亲似乎大获全胜。现代亲子鉴定承诺生物学意义上的亲缘关系可以且应该被知道，在其出现几乎一个世纪之后，这一承诺终于实现了。科学已经彻底战胜了社会和法律对亲子关系、亲缘关系和身份的错误理解。商业化让检测变得唾手可得。追求生物学真相的意志已经彻底取代了其他社会价值。

事实上，亲子鉴定历史的最新篇章更加复杂。虽然这些进展强化了生物遗传学意义上的父亲的地位，但他绝不是唯我独尊的。他过去的社会角色一直存在，尤其是在家庭法的领域。以认为丈夫始终是婚内所生子女的父亲的婚生推定为例，1949年，意大利法院确认了这一原则，宣布雷莫·奇波利为"黑白混血儿"安东尼奥之父。40年后，加利福尼亚州的一个案件也坚持了同样的原则。一位名叫卡罗尔（Carole）的已婚妇女生了一个女儿，名叫维多利亚（Victoria）。DNA证据显示，孩子的生父是卡罗尔的男朋友，而不是她的丈夫。那么，谁才是维多利亚的法定父亲呢？根据两位可能父亲的名字，本案被命名为"迈克尔诉杰拉尔德案"（Michael H. v. Gerald D.）。官司最终打到了最高法院，1989年，大法官安东宁·斯卡利亚（Antonin Scalia）撰写了多数意见。他用隐晦的措辞宣称："根据加利福尼亚州法律，维多利亚不是私生女。"因为她是由已婚母亲所生，婚生推定原则决定了她的父亲应该是谁。就像在安东尼奥·奇波利案中一样，不管遗传证据是怎样的，维多利亚的父亲都是她母亲的丈夫。

在当代美国法律中，婚生推定的原则被认为是"可反驳的"，但可以反驳的程度因州而异。如果一个男人在一段时间内扮演了孩子父亲的角色，他可能无法否认父亲的身份，尽管最终的DNA检测表明孩子并非他亲生的。[48]婚内父亲身份的持久意义只是更广泛原则的一个例子。在现代亲子鉴定诞生近一个世纪后，生物学证据并不一定会定义法律上的父亲。法国之所以禁止随意进行DNA检测，是因为法国民法将亲子关系定义为一种社会关系。这一原则乍一看是法国人所独有的，但实际上却得到了广泛认同。巴西曾经见证了DNA检测的繁荣，但最近巴西法律一再重申"社会和情感意义上的父亲身份"的重要性。[49]在美国，法院已经裁定，一个男人的社会行为、他的意图、契约、他与孩子母亲之间的关系，以及在先前存在的亲子关系中稳定的重要性，这些都可以定义法律上的父子关系。出生证明上的名字被认为是孩子的父亲，正如《加利福尼亚州家庭法典》（California Family Code）中所说的那样，"把孩子接进自己家里，并公开把孩子当作自己的亲生孩子"的男子也会被认定为父亲。[50]即使是那些以为自己是亲生父亲而承担父亲职责的未婚男性，假如这种生物学上的联系后来被证明不存在，他们也可能要继续承担抚养义务。这正是100年前布宜诺斯艾利斯的罗克·阿尔卡迪尼的继承人所遇到的情况。和现在一样，那时候定义父亲身份的是一个人的社会行为。

即便没有生物学关系的男性可以被认为是法律上的父亲，美国法院也一再强调，"仅仅是生物学关系的存在"并不会使一个男人成为拥有父亲权利的父亲。要使父亲身份成立，他必须对孩子提供情感或经济上的投入。[51]父亲身份不是与生俱来的，而是后天形成的，因此意图原则仍然是其定义的核心。意图原则同样影响着与辅助生殖技术有关的亲子关系定义。以妊娠代孕为例，在这种代孕中，一名妇女同意怀上委托人夫妇的胚胎。在美国的一些州，代孕母亲的丈夫被认为是孩子的法律意义上的父亲，尽管他（通常是她）与孩子没有任何血缘关系。与此同时，大多数州的法律规定，匿名捐献精子的男性对孕育出的孩子不承担任何责任，因为他显然不打算扮演父亲的角色。在孩子既是代孕又有捐精的情况下，法律基于意图原则（谁打算生育和抚养这个孩子）来确定父亲（和母亲）身份，而不是根据血缘关系。[52]

父亲身份必须建立在意图和履行职责的基础之上，这一思想也适用于国籍法。未婚美国公民母亲在外国土地上所生的孩子几乎可以自动获得美国国籍。但对于一个未婚父亲来说，要想把国籍传给孩子，仅仅靠生物学关系是不够的。他必须履行自己的父亲身份，提供父亲身份的证明，在法律上承认孩子，并承诺为孩子提供支持。这方面的更高要求反映了一种由来已久的愿望,即防止美国士兵在国外出生的、未被承认的后代(通常是非白人)申请美国公民身份。生物学关系是获得这种宝贵资产的必要条件,但不是充分条件。[53]就像现代亲子鉴定的早期时代一样,在DNA时代,社会的逻辑依然存在。母亲身份和父亲身份在性别上的不对称以及父亲身份所隐含的种族维度也是如此。

✕✕✕

DNA的"真相机器"显然并没有将亲缘关系彻底生物化。它也没有解决现代亲子鉴定所强化的社会与生物学、行为与自然、意志与义务之间的紧张关系。如果说有什么不同的话,那就是,一项承诺完美揭示基因联系的科学检测让这些紧张关系变得更加明显了。

对于一些批评者来说,在确凿的生物学证据的支持下,生物遗传学意义上的父亲身份未能取得胜利,这是不合逻辑和不公正的。怎么能要求一个男人抚养一个科学证明不是他亲生的孩子呢?这是观察人士在70多年前就卓别林案的判决提出的问题。今天,这种情况仍然经常出现。[54]男权运动团体尤其直言不讳地谴责这是法律令人困惑的压迫性不公的证据。但就连女权主义法律学者也发现,该法律对生物学和社会意义上的父亲身份的矛盾看法值得注意,或许是存在问题的。[55]

这仅仅是在家庭法的范围内。在国家实践的各个领域,这种矛盾变得更加明显。虽然家庭法通常承认社会元素对于定义亲子关系的重要作用,但是与儿童抚养有关的官僚机构倾向于强调生物遗传学意义上的亲缘关系。界定移民和难民后裔的移民政策也是如此。在公民权法中,未婚父亲在国外所生的孩子必须同时证明其生物学关系和社会关系才能获得国籍。至于什么是亲缘关系,它是一种社会关系还是一种生物学关系,答案是:视情况而定。

也许问题不在于这种矛盾本身,而在于分层,也就是说,亲子关系的定义不仅因环境而异,还取决于涉及的父亲是谁。在对父亲身份的长期探索过程中,这种社会差异一直存在。在殖民地的背景下,父亲身份的定义往往与宗主国不同。法律和习俗策略性地混淆了某些男性的父亲身份,其中包括奴隶主、牧师、殖民者和士兵。

在许多这样的情况下，种族尤其起了决定作用：当白人男性与非白人女性生下孩子时，父亲身份被认为特别"不可知"。

在某种程度上，现代亲子鉴定削弱了这种分层。想要了解父亲的冲动削弱了某些父亲享有匿名特权这一传统观念。同样，现代亲子鉴定削弱了对非婚生子女的歧视，因为如果定义父亲身份的是血缘而不是婚姻，那么就更难为这种偏见辩护了。但现代亲子鉴定并没有完全消除这种分层。20世纪50年代，美国移民官员认为华裔美国父亲的父亲身份难以捉摸，而其他人的父亲身份则被认为显而易见。事实上，这一"事实"证明了基于种族的血液检测的应用是合理的。在DNA时代，分层现象依然存在。正如批评人士所指出的，用一种方式定义公民的父亲身份，而用另一种方式定义移民的父亲身份，这显然是一种歧视。像收养、继父母和基于社会情感纽带的亲缘关系，如果发生在本国人身上，会被认为是完全合法的，但如果发生在外国人身上，则被诋毁为欺诈和犯罪。[56]如果说对父亲身份的追寻是一种政治，一直受到法律、不平等结构、公共优先事项、社会和种族规范的影响，那么即使在一个新的父亲身份可以确定的时代，这种情况继续下去也不足为奇。

另一方面，定义父亲身份的不同方式未必一定有政治性。生物学本质主义并非天生"保守"。以福利私有化的名义，或者为了国家安全，基因亲缘关系可以被调动起来，成为一个国家种族主义意识形态的一部分。这也可能是那些把对女性的厌恶表露无遗的男权运动团体的战斗口号。但它也可以得到像阿根廷的"五月广场祖母"这样的人权活动人士以及被收养者和儿童权利的倡导者的拥护。社会建构主义对亲子关系的看法也没有任何内在的"进步性"。《拿破仑法典》的传统从男性意志、社会表现和契约的角度定义了父亲身份，这其实是一个社会和情感的定义。这样做保护了父权特权、隐私和财产，却牺牲了未婚妇女和她们的孩子的利益。1998年，智利立法者准备通过一项改革，允许母亲和孩子提起诉讼，以确定父亲的身份，自从19世纪以来，这还是第一次，但是一些保守派人士对此表示反对。仅仅因为基因上的那点联系，是否应该允许一个和他的亲身父亲没有其他任何关系的孩子出现，对他提出经济和道德上的要求，破坏他的合法家庭？他们认为，如果允许这样的行为，相当于将狭隘的生物学意义上的父亲身份置于基于情感、责任和父亲意愿的更有社会意义的父亲身份之上。[57]在迈克尔诉杰拉尔德案中，保守派法官安东宁·斯卡利亚将父亲身份判给了母亲的丈夫，而非孩子的生父，这同样构建了一种社会建构主义的亲缘关系。

从全球视角来看，父亲身份的政治性尤为清晰。DNA的"真相机器"已成为司法实践、公共政策、媒体文化和社会生活的常规组成部分，使用范围越来越广。科学家、法律专家和公众达成了前所未有的共识，认为这项技术"有效"。但与过去一样，它所发挥的作用继续受到当地环境的显著影响。在拉丁美洲，许多女权主义者已经拿起了DNA检测这个武器，以对抗不负责任的父亲，她们称不负责任的父亲角色为"一种针对女性的经济和情感暴力"。在印度，妇女权利倡导者强烈反对日益将其视为控制妻子的冷酷武器。[58]父亲身份可能本质上就是政治性的，但它并没有预设的政治取向。一切都取决于环境。

考虑到父亲身份在当下复杂的、有争议的，有时甚至肮脏的关联，人们很容易忘记，这曾经是一个耗费了人们很多心智去探讨的主题。弗里德里希·恩格斯和西格蒙德·弗洛伊德、维多利亚时代的小说家和早期人类学家、女权主义者和社会生物学家都把父亲身份放在他们对人类社会的描述的中心位置。对父亲身份的追寻是人类历史的一个持久动力，它推动着——实际上帮助定义了——从原始社会走向现代社会的进程。对一些思想家来说，父亲身份问题解释了一夫一妻制婚姻的出现，并与私有财产的传递有关。对另一些思想家来说，它解释了父权制，或者作为一种进化挑战，决定了人类的行为和形态。正如人类学家布罗尼斯拉夫·马林诺夫斯基曾经说过的那样，父亲身份的问题是"人类比较科学中最令人兴奋和最有争议的问题"[59]。

受这些说法的影响，20世纪的许多观察家预测，亲子鉴定科学的完善标志着几千年来父亲身份探寻史上的一个分水岭。1922年，巴尔的摩的一份报纸曾经预言："有了科学准确的亲子鉴定，世界上所有的痛苦、猜疑、谎言和不忠都将消失。"科幻小说作家阿瑟·克拉克曾预言，这种技术将导致婚姻的终结。在20世纪60年代，一位苏格兰法学家曾设想，它将会像核物理一样具有爆炸性。在DNA时代的开端，一位美国遗传学家预测，母亲的身份一直是确定的，现在父亲的身份也将是确定的："我们向性别平等又迈进了一步。"[60]

这些惊人的预测没有一个成真。对父亲身份的追寻被高度政治化和商业化，并成为一种文化上的迷恋，并没有随着DNA的出现而结束。恰恰相反，正当科学在人类历史上第一次向人们承诺父亲身份的确定性时，不确定性作为一种文化力量，似乎一如既往地强大。这在一定程度上是因为全球工业对怀疑进行了商业化。部分原因是，正如娱乐性检测所显示的那样，DNA可以轻易地解开谜团，也可以轻易地制造谜团。但最重要的是，科学本来就不能确定父亲的身份。激发对父亲身份的探寻的并不是对父亲身份的无知，这种追寻一直是社会和政治意义上的。因此，关于父亲身份，真正重要的问题不是"谁是父亲"这样一个经验性的问题，而是一个规范性的问题，即我们希望他是谁，以及哪些标准、谁的利益、意图或欲望应该定义父亲身份。

在20世纪，亲子鉴定已经从一个幻想变成了"真相机器"，但这个机器生产的真相是不确定的。它的含义取决于其用途、使用环境和使用者。这不仅适用于国家，也适用于普通人及其对家庭和身份的理解。

对于那个被家人和国家排斥的意大利黑白混血儿安东尼奥·奇波利的女儿杜尼娅来说，科学是打开身份之谜的钥匙。杜尼娅花了20年的时间探寻她父亲的生父是谁。几年前，在阅读了有关DNA检测的内容后，她订购了一套检测试剂盒。她的DNA与她在美国的远房表亲相匹配，后者向她讲述了布法罗士兵的历史。直到那时，她才明白这个故事的基本轮廓：她的祖父是驻扎在意大利的一名非裔美国大兵。这个人的身份仍然是一个谜，但她感到与他有一种深厚而持久的联系。她说，如果能够找到他，如果他还活着的话，她可能会搬到美国和他一起生活，或者和他的后代一起生活。

还有就是那个神秘的失忆症患者朱利奥·卡内拉的孙子胡里奥·卡内拉（Julio Canella）。几年前，他和他的叔叔在一个意大利电视节目上接受了DNA检测，主持人递给他一个信封，里面是检测结果。检测表明，朱莉娅·卡内拉战前出生的孩子

（包括胡里奥的父亲）和战后出生的孩子（他的叔叔）是两个不同的男人生的。因此，在墓地里发现的失忆者不可能是朱莉娅失散多年的丈夫，那么他一定是冒名顶替的马里奥·布鲁内里。然而，胡里奥·卡内拉对这样的检测结果并不在意。他说："这不是我预期的结果，但这仅仅是一个证据，就像其他所有正面和反面的证据一样，对我们来说这不会改变任何事情。"[61]这家人依然在努力证明朱利奥·卡内拉的身份，以维护家族的荣誉。无论DNA的真相如何，对胡里奥·卡内拉和杜尼娅·奇波利来说，父亲身份的问题仍然没有得到解答。

他们依然在探寻。

注释

题记引自 "Smemorato di Collegno, svelato il mistero sull'identità durante 'Chi l'ha visto?'", *Il Fatto Quotidiano*, July 10, 2014, https://www.ilfattoquotidiano.it/2014/07/10/smemorato-di-collegno-svelato-il-mistero-sullidentita-durante-chi-lha-visto/1056367/。

［1］ Marc Santora, "Rolling DNA Labs Address the Ultimate Question: 'Who's Your Daddy?'", *New York Times*, November 8, 2016, https://www.nytimes.com/2016/11/09/nyregion/rolling-dna-labs-address-the-ultimate-question-whos-your-daddy.html.

［2］ Jack P. Abbott, Kenneth W. Sell, Harry D. Krause, J. B. Miale, E. R. Jennings and W. A. H. Rettberg, "Joint AMA-ABA Guidelines: Present Status of Serologic Testing in Problems of Disputed Parentage", *Family Law Quarterly* 10, no. 3 (1976): 247—285.

［3］ "讲真话的黄金标准"，见 Jay Aronson, *Genetic Witness: Science, Law, and Controversy in the Making of DNA Profiling* (New Brunswick, NJ: Rutgers University Press, 2007), 1［引用辩护律师巴里·舍克（Barry Scheck）和彼得·诺伊费尔德（Peter Neufeld）的话］。

［4］ "真相机器"，见 Aronson, *Genetic Witness*, 1 (John Ashcroft引用司法部长John Ashcroft的话)。

［5］ American Association of Blood Banks, Relationship Testing Unit, Annual Report

Summary, 2010, 2013; http://www.aabb.org/sa/facilities/Pages/relationshipreports. aspx.这一统计数据仅包括为法律目的根据指挥系统协议执行的检测，不包括本章随后描述的自主测试。关于每年超过100万次测试，来自2019年1月10日作者对DDC DNA诊断中心遗传学家迈克尔·贝尔德（Michael Baird）的采访。

[6]　Jack Curran, "DNA and DNA Forensic Laboratories in the U.S.", *IBISWorld Industry Report*, OD4175, June 2018. 这个市场包括各种细分领域（随后讨论），包括"自主亲子鉴定"，即根据私人消费者的要求进行检测（36.1%）；法律鉴定服务，由法院或警察部门将与儿童抚养或监护、移民等民事案件以及刑事案件的法医检测委托给他们（42.6%）；涉及父母以外的亲属、通常与家谱有关的血统和"家庭关系检测"（17.1%）；兽医检测，以确定宠物的血统（4.2%）。

[7]　西班牙的情况见Pilar Benito, "Las pruebas de paternidad se incrementan al caer a la mitad el precio del test", *La Opinión de Murcia*, February 20, 2017, https:// www.laopiniondemurcia.es/comunidad/2017/02/20/las-pruebas-de-paternidad- se/807202.html。意大利的情况见Bianca Stancanelli, "Paternità a prova di test", *Panorama,* June 30, 2014, https://www.panorama.it/news/test-di-paternita/。智利的情况见Patricio Meza S., "10 mil demandas de paternidad se interponen en Chile cada año", *La Segunda*, July 13, 2013, http://www.lasegunda.com/Noticias/ Nacional/2013/07/863382/10-mil-demandas-de-paternidad-se-interponen-en-chile- cada-ano-con-el-adn-es-posible-saber-la-verdad-antes-del-nacimiento。厄瓜多尔的情况见 "Demanda de pruebas de ADN se duplicó", *La Hora*, September 30, 2009, https://lahora.com.ec/noticia/938592/demanda-de-pruebas-de-adn-se-duplicc3b3。洪都拉斯的情况见 "Se disparan pruebas de paternidad en laboratorios de la UNAH", *La Tribuna*, November 14, 2016, http://www.latribuna.hn/2016/11/14/se- disparan-pruebas-paternidad-laboratorios-la-unah/。

[8]　有关奥斯卡·弗莱雷研究所的情况，来自作者对2013年3月在巴西圣保罗对遗传学家吉尔卡·加塔斯（Gilka Gattas）的采访。加塔斯就职于圣保罗大学医学院法律医学、医学伦理和社会与劳动医学系（Departamento de Medicina Legal, Ética Médica e Medicina Social e do Trabalho）。关于巴西对DNA检测的采用，见Sidney Marins, "Brasil já usa código genético para determinar paternidade", *O Globo,* June 12, 1988, 34; Sueann Caulfield and Alexandra Minna Stern, "Shadows of Doubt: The Uneasy Incorporation of Identification Science into Legal Determination of Paternity in Brazil", *Cadernos de Saúde Pública* 33 (2017): 1—14。关于南里奥格兰德州的情况，见Claudia Fonseca, "Law, Technology, and Gender Relations: Following the Path of DNA Paternity Tests in Brazil", in

Reproduction, Globalization, and the State: New Theoretical and Ethnographic Perspectives, ed. Carolyn Browner and Carolyn Fishel Sargent (Durham, NC: Duke University Press, 2011), 138—153。关于流行杂志所做的专题报道，见"40 Coisas que Mudaram a Sua Vida nos Últimos 40 Anos", *Veja* 2008, special 40th anniversary issue。

[9] Nimble Diagnostics: http://www.nimblediagnostics.co.uk/home/pat.html; EasyDNA: https://www.easy-dna.com/contact-us/worldwide-offices/.

[10] "Paternity Tests Growing in China", *Xinhua*, April 12, 2014, http://news.xinhuanet.com/english/video/2014-04/12/c_133256589.htm; Indian Biosciences: http://inbdna.com.

[11] 这部分还包括与警察部门要求的刑事调查相关的法医检测。行业报告没有对这一部分中来自刑事取证和亲子鉴定的百分比进行分类，见Curran, "DNA and DNA Forensic Laboratories"。

[12] Centers for Disease Control and Prevention, "Nonmarital Childbearing in the United States, 1940—1999", *National Vital Statistics Reports* 48, no. 16 (October 2000), https://www.cdc.gov/nchs/data/nvsr/nvsr48/nvs48_16.pdf; Angel Castillo, "New Use of Blood Test Is Decisive in Paternity Suits", *New York Times*, June 2, 1981, 1.

[13] Ronald Kotulak, "Reliable Paternity Test Unleashes Flood of Suits", *Chicago Tribune*, November 2, 1981, A3.

[14] Carmen Solomon-Fears, "Paternity Establishment: Child Support and Beyond", Report for Congress (Congressional Research Service, June 24, 2002), 12.

[15] Solomon-Fears, "Paternity Establishment", 9; Mary R. Anderlik and Mark A. Rothstein, "DNA-Based Identity Testing and the Future of the Family: A Research Agenda", *American Journal of Law & Medicine* 28 (2002): 218.

[16] 社会科学家对女性户主家庭和贫困之间的直接联系提出了质疑，见Sylvia Chant, "Dangerous Equations? How Female-Headed Households Became the Poorest of the Poor: Causes, Consequences and Cautions", *IDS Bulletin* 35, no. 4 (2004): 19—26。

[17] Sueann Caulfield, "The Right to a Father's Name: A Historical Perspective on State Efforts to Combat the Stigma of Illegitimate Birth in Brazil", *Law and History Review* 30, no. 1 (2012): 1—36; Nara Milanich, "Daddy Issues: 'Responsible Paternity' as Public Policy in Latin America", *World Policy Journal* 34, no. 3 (2017): 8—14.

[18] 引自 Aronson, *Genetic Witness*, 15。

[19] Torsten Heinemann, Ilpo Helén, Thomas Lemke, Ursula Naue, and Martin Weiss, *Suspect Families: DNA Analysis, Family Reunification and Immigration Policies* (Farnham: Ashgate, 2016).

[20] Dorothy E. Roberts, "The Genetic Tie", *University of Chicago Law Review* 62, no. 1 (1995): 211. 关于DNA、种族和移民，见 Heide Castañeda, "Paternity for Sale: Anxieties over 'Demographic Theft' and Undocumented Migrant Reproduction in Germany", *Medical Anthropology Quarterly* 22, no. 4 (2008): 340—359; Victoria Degtyareva, "Defining Family in Immigration Law: Accounting for Non-Traditional Families in Citizenship by Descent", *Yale Law Journal* 120 (2011): 862—908; Didier Fassin, "The Mystery Child and the Politics of Reproduction: Between National Imaginaries and Transnational Confrontations", in Browner and Sargent, *Reproduction, Globalization, and the State*, 239—248。

[21] "DNA Tests for Would-Be Immigrants on Hold", *RFI*, September 14, 2009, http://www.rfi.fr/actuen/articles/117/article_5119.asp.

[22] Miriam Jordan, "Refugee Program Halted as DNA Tests Show Fraud", *Wall Street Journal*, August 20, 2008, https://www.wsj.com/articles/SB121919647430755373.

[23] U.S. Citizenship and Immigration Service, Senior Policy Council, Options Paper, "Expanding DNA Testing in the Immigration Process", https://www.eff.org/files/filenode/uscis_dna_senior_policy_council_options_paper.pdf. 该备忘录没有注明日期，但却是在索马里项目于2008年暂停后，到2012年恢复前这期间发布的。

[24] 该项目在2015年秋季被推迟，表面上是为了让同意书能够得到翻译。目前还不清楚它是否已经启动。见 "DHS Delays Refugee Rapid DNA Tests Aimed at Stemming Human Trafficking", http://www.nextgov.com/defense/2015/09/dhs-delays-dna-tests-refugee-camps-aimed-stemming-human-trafficking/120356/。

[25] Seth Freed Wessler, "Is Denaturalization the Next Front in the Trump Administration's War on Immigration?", *New York Times Magazine*, December 19, 2018, https://www.nytimes.com/2018/12/19/magazine/naturalized-citizenship-immigration-trump.html.

[26] General Counsel Opinion no. 16—54, re Authority of Service to compel persons to submit to blood tests, May 13, 1954, NARA, RG 85, File 56336/341.

[27] 报告指出，DNA被用来确定个人身份以及血缘关系，见 "Adoption of DNA Analysis in Homeland Security to Drive the Global DNA Analysis Market in the Government Sector until 2019, Says Technavio", *Business Wire Report*, February

18, 2016, http://www.businesswire.com/news/home/20160218005047/en/Rising-Adoption-DNA-Analysis-Homeland-Security-Drive。

[28] 该技术由美国遗传学家玛丽-克莱尔·金（Mary-Claire King）与她的阿根廷同事维克多·彭哈斯扎德（Víctor Penchaszadeh）等人共同研发。

[29] "Identigene Turns 20! Identigene DNA Laboratory Celebrates 20 Year Anniversary", http://www.identigene.com/news/identigene-turns-20-identigene-dna-laboratory-celebrates-20-year-anniversary.

[30] Curran, "DNA and DNA Forensic Laboratories", 6.

[31] 的确，一些意大利医生提出了他们的前辈60年前所提出的保留意见，见L. Caenazzo, A. Comacchio, P. Tozzo, D. Rodríguez and P. Benciolini, "Paternity Testing Requested by Private Parties in Italy: Some Ethical Considerations", *Journal of Medical Ethics* 34, no. 10 (2008): 735—737。他们从道德和法律角度反对邮购测试。

[32] Curran, "DNA and DNA Forensic Laboratories", 6.

[33] 关于身份权，见Anne-Emanuelle Birn, "Uruguay's Child Rights Approach to Health", in *Registration and Recognition: Documenting the Person in World History*, ed. Simon Szreter and Keith Breckenridge (Oxford: Oxford University Press, 2012), 415—447。《联合国儿童权利公约》第8条规定："儿童有权获得身份——关于他们是谁的官方记录。政府应该尊重儿童的姓名、国籍和家庭关系的权利。"见https://www.ohchr.org/en/professionalinterest/pages/crc.aspx; Bastard Nation News and Notes, http://bastardnation.blogspot.com。关于由捐精者孕育出生的人，来自澳大利亚公共机构的一个例子见 State Government of Victoria, Department of Health & Human Services, "A Right to Know Your Identity", 2015, https://www.varta.org.au/sites/varta/files/public/A%20right%20to%20know%20your%20identity%20-%20DHHS.pdf。拉丁美洲"负责任的父亲身份"运动中明确表达的身份权的例子包括墨西哥，见Secretaría de Gobernación, *El derecho a la identidad como derecho humano* (Mexico City: Secretaría de Gobernación, 2011); 秘鲁，见 the Ministry of Justice and Human Right's National Campaign for Identity and Paternal Recognition, November 21—22, 2013, https://www.minjus.gob.pe/defensapublica/interna.php?comando=611&codigo=284; 巴拉圭，见 "Campaña derecho a identidad promueve la protección de los niños desde su nacimiento", February 5, 2016, http://www.ip.gov.py/ip/campana-derecho-a-identidad-promueve-la-proteccion-de-los-ninos-desde-su-nacimiento/。"……政治问题"，见Bastard Nation Mission Statement: http://bastards.org/cgi-sys/suspendedpage.cgi。

［34］ 关于亲子鉴定套装，见 George Doe, "With Genetic Testing, I Gave My Parents the Gift of Divorce", *Vox*, September 9, 2014, https://www.vox.com/2014/9/9/5975653/with-genetic-testing-i-gave-my-parents-the-gift-of-divorce-23andme。这则报道是一篇更长的调查报告的一部分，见 Julia Belluz, "Genetic Testing Brings Families Together, and Sometimes Tears Them Apart", *Vox*, December 18, 2014, https://www.vox.com/2014/9/9/6107039/23andme-ancestry-dna-testing。关于爱尔兰女天主教徒，见 Libby Copeland, "She Thought She Was Irish—Until a DNA Test Opened a 100-Year-Old Mystery", *Washington Post*, July 27, 2017, https://www.washingtonpost.com/graphics/2017/lifestyle/she-thought-she-was-irish-until-a-dna-test-opened-a-100-year-old-mystery/?noredirect=on&utm_term=.71fb8e02e720。

［35］ Sarah Zhang, "When a DNA Test Shatters Your Identity," *Atlantic*, July 17, 2018, https://www.theatlantic.com/science/archive/2018/07/dna-test-misattributed-paternity/562928/.

［36］ Margaret Talbot, "Family Affair; Separated at Birth", *New York Times Magazine*, April 11, 1999, https://archive.nytimes.com/www.nytimes.com/library/magazine/home/041199wwln-talbot.html.

［37］ "南方白人女孩"，见 Tara Bahrampour, "They Considered Themselves White, But DNA Tests Told A More Complex Story, February 6, 2018, https://www.washingtonpost.com/local/social-issues/they-considered-themselves-white-but-dna-tests-told-a-more-complex-story/2018/02/06/16215d1a-e181-11e7-8679-a9728984779c_story.html?utm_term=.fab2b7322fe6; Ruth Padawer, "Sigrid Johnson Was Black. A DNA Test Said She Was White", *New York Times*, November 19, 2018, https://www.nytimes.com/2018/11/19/magazine/dna-test-black-family.html; Chana Garcia, "DNA Testing Forced Me To Rethink My Entire Racial Identity", *Huffington Post*, March 3, 2018, https://www.huffingtonpost.com/entry/dna-testing-forced-me-to-rethink-my-entire-racial-identity_us_5a8311b8e4b00ecc923ee61b。关于血统检测、寻根和种族认同，见 Alondra Nelson, *The Social Life of DNA: Race, Reparations, and Reconciliation After the Genome* (New York: Beacon Press, 2016)。

［38］ Doe, "With Genetic Testing".

［39］ Jim Yardley, "Health Officials Investigating to Determine How Woman Got the Embryo of Another", *New York Times*, March 31, 1999, https://www.nytimes.com/1999/03/31/nyregion/health-officials-investigating-to-determine-how-woman-got-the-embryo-of-another.html; "White Couple Win Black IVF Twins", CNN.com, February 26, 2003, http://edition.cnn.com/2003/WORLD/europe/02/26/britain.

twins.reut/index.html; Helen Weathers, "Why Am I Dark, Daddy? The White Couple Who Had Mixed Race Children after IVF Blunder", *Daily Mail*, June 13, 2009, https://www.dailymail.co.uk/news/article-1192717/Why-I-dark-daddy-The-white-couple-mixed-race-children-IVF-blunder.html; Kim Bellware, "White Woman Who Sued Sperm Bank over Black Baby Says It's Not about Race", *Huffington Post*, October 2, 2014, https://www.huffingtonpost.com/2014/10/02/black-sperm-lawsuit_n_5922180.html. 最近有一个类似的抱错婴儿的故事，见 Maîa de la Baume Maîa de la Baume, "In France, a Baby Switch and a Lesson in Maternal Love", *New York Times*, February 24, 2015, https://www.nytimes.com/2015/02/25/world/europe/in-france-a-baby-switch-and-a-test-of-a-mothers-love.html?rref=world/europe&module=Ribbon&version=context&region=Header&action=click&contentCollection=Europe&pgtype=article&_r=0。

[40] 在前面提到的四个配子和胚胎被弄错的故事中，有三个涉及精子。

[41] Alessandra Stanley, "So, Who's Your Daddy? In DNA Tests, TV Finds Elixir, to Raise Ratings", *New York Times*, March 19, 2002. https://www.nytimes.com/2002/03/19/business/media-business-so-who-s-your-daddy-dna-tests-tv-finds-elixir-raise-ratings.html.

[42] Apophia Agiresaasi, "DNA Testing Trend Brings Joy and Sorrow as Ugandans Discover Truth about Families", *Global Press Journal*, July 23, 2016, https://globalpressjournal.com/africa/uganda/dna-testing-trend-brings-joy-sorrow-ugandans-discover-truth-families/.

[43] 引自 Michael Gilding, "DNA Paternity Tests: A Comparative Analysis of the U.S. and Australia", *Health Sociology Review* 15 (2006): 92。

[44] 见 https://peaceofmindpaternity.com/contact/。

[45] 例子如下：身份基因公司，见 https://dnatesting.com/paternity-fraud/and https://dnatesting.com/paternity-fraud-the-tough-realities-men-must-face/；加拿大儿童权利委员会（Canadian Children's Rights Council），见 https://canadiancrc.com/Newspaper_Articles/Globe_and_Mail_Moms_Little_secret_14DEC02.aspx; http://fathersmanifesto.net/paternityfraud.htm。至于学者们，正如迈克尔·吉尔丁（Michael Gilding）所指出的，主要的罪魁祸首是社会生物学家，他们致力于争论父亲身份的不确定性如何影响进化策略。误导性地使用统计数据的例子，见 Steven M. Platek and Todd K. Shackelford, *Female Infidelity and Paternal Uncertainty: Evolutionary Perspectives on Male Anti-Cuckoldry Tactics* (Cambridge: Cambridge University Press, 2006); Kermyt G. Anderson, "How Well Does Paternity

父亲身份：探寻血缘之谜

Confidence Match Actual Paternity? Evidence from Worldwide Nonpaternity Rates", *Current Anthropology* 47, no. 3 (2006): 513—520。

[46] 第二种说法是，这句话来自1972年一名英国医生在一次人工授精研讨会上的随口一说。这位医生从未发表过研究结果，也没有确认过他的人口样本。迈克尔·吉尔丁在《父亲身份之谜》(*The Fatherhood Myth*) 一书中追溯了这个都市传说的历史，见 "The Fatherhood Myth", *Inside Story*, July 26, 2011, http://insidestory. org.au/the-fatherhood-myth/; Razib Khan, "The Paternity Myth: The Rarity of Cuckoldry", *Discover* blogs, June 20, 2010, http://blogs.discovermagazine.com/ gnxp/2010/06/the-paternity-myth-the-rarity-of-cuckoldry/#.Wm4x3rT83q1。

[47] Matt Friedman, "N.J. Legislator Proposes Bill Requiring Genetic Testing for All Newborns, Parents to Verify Paternity", *NJ.com*, March 1, 2012, http://www. nj.com/news/index.ssf/2012/03/nj_legislator_proposes_measure.html.

[48] Katharine K. Baker, "Bargaining or Biology? The History and Future of Paternity Law and Parental Status", *Cornell Journal of Law & Public Policy* 14 (2004): 12.

[49] Caulfield and Stern, "Shadows of Doubt".

[50] 引自 Baker, "Bargaining or Biology", 13。

[51] Leh v. Robertson, 463 U.S. 248 (1982).

[52] 在私人组织进行人工授精时，男子在受孕前的意图是确定他是否被视为合法父亲的关键，见 Baker, "Bargaining or Biology", 10—11; on surrogacy, 26—28。

[53] Kristin A. Collins, "Illegitimate Borders: Jus Sanguinis Citizenship and the Legal Construction of Family, Race, and Nation", *Yale Law Journal* 123 (2014): 2134—2235. 最高法院曾多次确认这一原则，如2001年的"源诉移民归化局"(*Nguyen v. INS*) 案和2011年的"弗洛里斯-维勒诉美国"(*Flores-Villar v. United States*) 案。法律规定，在海外出生的非婚生子女，如果其父亲或母亲中有一方在其出生前具有美国国籍，且在美国居住满五年，该子女即可获得美国国籍。但是，如果具有美国国籍的一方是该子女的母亲，在其他条件相同的情况下，其母亲只需在美国居住满一年，该子女即可获得美国国籍。然而，在2017年的"塞申斯诉莫拉莱斯·桑塔纳"(*Sessions v. Morales Santana*) 一案中，最高法院推翻了对于美国居住期要求上的差异。

[54] "Man Ordered to Pay $65K in Child Support for Kid Who Isn't His", *New York Post*, July 23, 2017, https://nypost.com/2017/07/23/man-ordered-to-pay-65k-in- child-support-for-kid-who-isnt-his/.

[55] Janet L. Dolgin, "Family Law and the Facts of Family", in *Naturalizing Power: Essays in Feminist Cultural Analysis*, ed. Sylvia Junko Yanagisako and Carol

Lowery Delaney (New York: Routledge, 1995), 47—67。这篇文章认为，家庭法对生物学事实有时接受，有时拒绝，取决于这些事实是加强还是削弱传统家庭的观念。主张从生物学转向契约作为亲子关系的决定性原则的文章见Baker, "Bargaining or Biology"。

[56] 除了本书第八章讨论的美籍华人案例，以及上文讨论的被剥夺国籍的美籍也门人案例外，关于当代德国的情况，见Castañeda, "Paternity for Sale"；法国的情况，见Fassin, "Mystery Child"。

[57] Nara Milanich, "To Make All Children Equal Is a Change in the Power Structures of Society: The Politics of Family Law in Twentieth Century Chile and Latin America", *Law and History Review* 33, no. 4 (2015): 767—802.

[58] 关于不负责任的父亲角色，见Centro de Estudios para el Adelanto de las Mujeres y la Equidad de Género, "Garantías de cumplimiento de los deberes de paternidad responsable"，报告未注明日期，http://www.diputados.gob.mx/documentos/CEAMEG/PRESPONSABLE1.pdf; Milanich, "Daddy Issues"; Anjali Thomas, "India's Doubting Fathers and Sons Embrace DNA Paternity Tests", *New York Times*, August 16, 2013, https://india.blogs.nytimes.com/2013/08/16/indias-doubting-fathers-and-sons-embrace-dna-paternity-tests/?_r=0。

[59] Bronislaw Malinowski, "Foreword", in Ashley Montagu, *Coming into Being among the Australian Aborigines: The Procreative Beliefs of the Australian Aborigines* (1937; repr., New York: Routledge, 2004), xvi.

[60] 关于巴尔的摩的报纸，见 "Has Science Found Answer to Question of Parentage?", *Baltimore Sun*, October 29, 1922, P6P2；关于苏格兰法学家，见Alistair R. Brownlie, "Blood and the Blood Groups: A Developing Field for Expert Evidence", *Journal of the Forensic Science Society* 5, no. 3 (1965): 137；关于美国遗传学家，见Margery Shaw, "Paternity Determination: 1921 to 1983 and Beyond", *JAMA* 250, no. 18 (November 11, 1983): 2537.

[61] "Smemorato di Collegno".

图书在版编目(CIP)数据

父亲身份:探寻血缘之谜 /(美)娜拉·B.米拉尼
奇著;马百亮,孙德昕译. — 上海:格致出版社:上
海人民出版社,2024.2
ISBN 978-7-5432-3514-4

Ⅰ.①父… Ⅱ.①娜…②马…③孙… Ⅲ.①父亲-
角色理论-研究 Ⅳ.①C913.11

中国国家版本馆CIP数据核字(2024)第013288号

责任编辑 刘 茹 顾 悦
装帧设计 张建圆

父亲身份:探寻血缘之谜

〔美〕娜拉·B.米拉尼奇 著

马百亮 孙德昕 译

出 版 格致出版社
     上海人民出版社
     (201101 上海市闵行区号景路159弄C座)
发 行 上海人民出版社发行中心
印 刷 上海盛通时代印刷有限公司
开 本 720×1000 1/16
印 张 20.5
插 页 2
字 数 314,000
版 次 2024年2月第1版
印 次 2024年2月第1次印刷
ISBN 978-7-5432-3514-4/K·230
定 价 88.00元

上海市版权局著作权合同登记号：图字09-2021-0456